Deutsch im Einsatz
German B
for the IB Diploma
Coursebook

SECOND EDITION

Sophie Duncker, Alan Marshall, Conny Brock, Katrin Fox

CAMBRIDGE
UNIVERSITY PRESS

University Printing House, Cambridge CB2 8BS, United Kingdom

One Liberty Plaza, 20th Floor, New York, NY 10006, USA

477 Williamstown Road, Port Melbourne, VIC 3207, Australia

314–321, 3rd Floor, Plot 3, Splendor Forum, Jasola District Centre, New Delhi – 110025, India

103 Penang Road, #05-06/07, Visioncrest Commercial, Singapore 238467

Cambridge University Press is part of the University of Cambridge.

It furthers the University's mission by disseminating knowledge in the pursuit of
education, learning and research at the highest international levels of excellence.

www.cambridge.org
Information on this title: www.cambridge.org/9781108440455

© Cambridge University Press 2018

First published 2018

20 19 18 17 16 15 14 13 12 11 10 9 8 7 6

Printed in Great Britain by Ashford Colour Press Ltd.

A catalogue record for this publication is available from the British Library

ISBN 978-1-108-44045-5 Paperback
ISBN 978-1-108-76044-7 Paperback + Cambridge Elevate edition, 2 years
ISBN 978-1-108-46422-2 Cambridge Elevate edition, 2 years

....

Inhalt

Wie man dieses Buch benutzt

Dieses Schülerbuch basiert auf den 5 im Handbuch Sprache B vorgeschriebenen Kernthemen:

- Identitäten
- Erfahrungen
- Menschliche Erfindungsgabe
- Soziale Organisation
- Ein Planet für alle

Jedes Thema wird in jeweils vier Einheiten untersucht, die zusammen alle vier Sprachfertigkeiten ansprechen, und dadurch wird sichergestellt, dass das neue Handbuch Sprache B ausführlich behandelt wird.

Der letzte Abschnitt im Schülerbuch ist vollkommen den Textsorten gewidmet.

Die Hauptbestandteile des Schülerbuches

Dieses Schülerbuch enthält eine Anzahl Besonderheiten die die Lernerfahrung verbessern:

Große Fragen zu Beginn der Einheit stellen wichtige Weltprobleme vor und stellen sicher, dass das Lernen das Leitbild des *IB*-Programms widerspiegelt – „eine bessere Welt durch interkulturelles Verständnis zu schaffen".

Lernziele

Diese sind am Anfang jeder Einheit klar aufgelistet, damit die Lerner sich mit dem Inhalt und den Fähigkeiten, die darin behandelt werden, engagieren können und Verantwortung für ihr Lernen übernehmen.

Aufgaben

In jeder Einheit gibt es eine große Auswahl an Aufgaben im Prüfungsstil, die den Lernern die Gelegenheit geben, ihre Sprachfähigkeiten zu entwickeln und sich gleichzeitig auf die neue Bewertung vorzubereiten. Die Aufgaben wurden sorgfältig ausgewählt, um den Lernern eine ansprechende und effektive Reise zu bieten, von den Einstiegs-Aktivitäten am Anfang jeder Einheit, die den Lernern helfen, Vorwissen abzurufen, und die an das folgende Thema und die jeweiligen Begriffe anknüpfen, bis zu den Abschluss-Aktivitäten, die die Reflektion und die Vertiefung des Gelernten fördern.

TOK und CAS

 Der *IB*-Kernbereich ist vollständig in das Schülerbuch integriert und mit speziellen Symbolen gekennzeichnet, um Lerner zu ermutigen, Verbindungen zu TOK und CAS zu machen und interdisziplinäre Fähigkeiten zu entwickeln. Spezifische *IB*-Kernbereich-Kästen bieten zusätzliche Ratschläge und fokussierte Aktivitäten an, um die Selbstständigkeit des Lerners zu unterstützen.

IB-KOMPETENZEN

Begriffliches Verständnis und Ansätze für das Lernen sind völlig in das Schülerbuch integriert, um Lerner dazu ermutigen, diese Kompetenzen zu verbessern. Gezielte *IB*-Kompetenzen-Kästen bieten zusätzliche Ratschläge und fokussierende Aktivitäten an, um die Selbstständigkeit des Lerners zu unterstützen.

WORTSCHATZ UND GRAMMATIK

Hierfür werden kontextualisierte Erklärungen und Aufgaben angeboten, um das Vokabular und die Grammatikkompetenzen zu verbessern.

UMFANGREICHER FACHAUFSATZ

Diese Kästen bieten Rat und Ratschläge an, um den umfangreichen Fachaufsatz in Sprache B erfolgreich zu bewältigen, und helfen damit den Lernern, sich mit dieser Aufgabe auseinanderzusetzen.

HÖRVERSTÄNDNIS

Hörverständnisübungen, die den neuen Teil der Bewertung abdecken, sind eindeutig mit spezifischen Symbolen identifiziert und helfen Lernern, diese notwendige Fähigkeit zu üben. Die entsprechenden Audio-Transkripte sind im Lehrerbuch zu finden.

Zusätzliche Aufgaben
Klare Verbindungen zu den Aufgaben im Arbeitsbuch und den Arbeitsblättern (erhältlich zusammen mit dem Lehrerbuch) helfen Lehrern, zusätzliche Übungen, die den genauen Bedürfnissen des Lerners entsprechen, zu planen und zu liefern.

Schlüsselausdrücke: werden gesondert vorgestellt, und helfen Schülern, sich bei mündlichen und schriftlichen Aufgaben effektiver auszudrücken.

Vorwort

Deutsch im Einsatz wurde speziell geschrieben, um Ihnen bei der Vorbereitung auf die *IB*-Diplomprüfung im Fach Deutsch B zu helfen. Es entspricht den Richtlinien des *IB*-Programms und enthält Texte und Aufgaben, die spezifische Aspekte der *SL*- und *HL*-Programme gründlich erklären.

In dieser umfassend überarbeiteten Ausgabe finden Sie umfangreiche Arbeitsmaterialien, damit Sie sich gezielt und mit Zuversicht auf die *IB*-Prüfungen vorbereiten können. Es gibt eine Vielzahl von schriftlichen und interaktiven Übungen, die dem Format und Stil der *IB*-Prüfungsaufgaben entsprechen oder die schrittweise auf bestimmte Aspekte der Prüfung vorbereiten. Bei der Auswahl der Texte und Themen haben wir versucht, die Interessengebiete von jungen Erwachsenen zu integrieren, und hoffen, dass Sie mit diesem Buch Freude beim Lernen empfinden und dazu ermuntert werden, Ihre Meinungen zu den verschiedenen Fragen mit Ihren Mitschülern auszutauschen.

Wie reflektiert dieses Buch die Philosophie des *IB*-Programms?

Das *International Baccalaureate* bereitet Sie als junge Erwachsene nicht nur auf das Hochschulstudium vor, sondern will Sie außerdem darin unterstützen, zu aktiven, verantwortungsbewussten und weltoffenen Menschen zu werden.

Die Methodik, die *Deutsch im Einsatz* zugrunde liegt, ist eindeutig international ausgerichtet. Die Texte stammen aus dem deutschsprachigen Raum, beziehen sich aber oft auf internationale Fragen. Die Themen wurden ausgewählt, um den Anforderungen des *IB-Guide* zu entsprechen, sollen aber auch Interesse wecken und Ihnen dabei helfen, andere Kulturen besser zu verstehen und somit Andersdenkenden gegenüber Toleranz zu entwickeln.

Die Aufgaben fördern Ihre sprachliche Kompetenz, insbesondere in Bezug auf eigenständiges Nachdenken und die Entwicklung einer kritischen Position (*Theory of Knowledge*), sowie das Nachdenken über die Welt, in der wir leben, und unsere eigene Rolle darin. Wir hoffen, dass Sie bei der aktiven Mitwirkung am Lernprozess auch ein positives Lernerlebnis haben.

Wie ist das Buch aufgebaut?

Das *IB*-Diplomprogramm für Sprache B ist thematisch aufgebaut und besteht aus fünf Kernthemen:

- Identitäten
- Erfahrungen
- Menschliche Erfindungsgabe
- Soziale Organisation
- Ein Planet für alle

Zusätzlich lesen *HL*-Schüler zwei literarische Werke.

Das Buch spiegelt diese Einteilung wider und besteht aus sechs Kapiteln. Es enthält:

- jeweils ein Kapitel (Kapitel 1–5) pro Thema
- ein Kapitel (Kapitel 6) über Textsorten.

Jedes Kapitel (1–5) ist in vier thematische Einheiten geteilt und enthält:

- authentische Texte bzw. Textauszüge unterschiedlicher Textsorten
- mindestens zwei literarische Texte
- Übungen zum Textverständnis
- mündliche und schriftliche Übungen
- kontextbezogene Grammatikübungen
- Aufgaben zur Bearbeitung der verschiedenen Textsorten
- Aufgaben zur Vorbereitung auf die schriftlichen und die mündlichen Prüfungen
- Verweise auf andere Teile des *IB*-Diplomprogramms, wie *TOK* und *CAS*.

Kapitel 6 stellt die im *IB*-Diplomprogramm aufgelisteten Textsorten in Vorlagen dar und enthält Checklisten, die Ihnen dabei helfen, Texte zu analysieren und eigene Texte zu schreiben.

Im Buch verwendete Terminologie und Symbole

Die *IB*-Terminologie für Sprache B wird überwiegend ins Deutsche übersetzt. Allerdings werden einige Kernausdrücke in der englischen Originalsprache belassen, wie z. B. *SL/HL*, *EE* und *CAS*.

Schüler und Schülerinnen werden durchgehend der Einfachheit halber als „Schüler" bezeichnet; das Gleiche gilt auch für alle anderen Bezeichnungen, die es in maskuliner und femininer Form gibt.

 Dieses Symbol weist auf Beziehungen zu *TOK* hin.

 Dieses Symbol weist auf Beziehungen zum *CAS*-Programm hin.

Wie benutzt man das Buch?

Es gibt keine vorgeschriebene Reihenfolge, in der man die Kapitel behandeln muss. Es ist auch nicht notwendig, alle Einheiten in einem Kapitel durchzuarbeiten. Ihr Lehrer wird die Themen auswählen, die am besten Ihren Interessen und Ihrem Sprachniveau entsprechen. Wir haben in den Kapiteln jeweils einige zentrale Themen ausgesucht, während es Ihrem Lehrer überlassen wird, diese zu vertiefen oder durch andere zu erweitern. Die Aspekte in verschiedenen Kapiteln überschneiden sich manchmal, da die Themenbereiche des *IB* breit gefächert sind.

Die Grammatikübungen sind als Wiederholungsübungen gedacht. Sie sind nicht allumfassend und sollen Grammatikbücher bzw. -unterricht nicht ersetzen. Sie müssen also damit rechnen, dass Ihr Lehrer solche Übungen vertiefen wird.

Was befindet sich im Arbeitsbuch?

Das Arbeitsbuch enthält zusätzliche Aktivitäten und Aufgaben zur weiteren Übung und zur Vertiefung der Grammatik und des Wortschatzes im Schülerbuch, sowie zusätzliche themenbezogene Lesetexte.

Was befindet sich im Lehrerbuch?

- Lösungen bzw. Lösungshilfen für alle Übungen
- Hinweise, wie die spezifischen Übungen und Aufgaben anzugehen sind
- umfangreiche Vorschläge zur Vertiefung bzw. Ergänzung einzelner Übungen
- Arbeitsblätter mit zusätzlichen kommunikativen Aufgaben und Aktivitäten
- eine Kopiervorlage zur Analyse der Textsortenvorlagen.

Wir wünschen Ihnen bei der Arbeit mit diesem Buch viel Freude daran, die deutsche Sprache anzuwenden und Ihre Kenntnisse zu vertiefen. Außerdem möchten wir, dass die Diskussion der Texte sowohl den Blick in die deutschsprachige Welt öffnet, als auch zu interessanten neuen Ideen und Meinungen inspiriert. Vor allem soll das Buch natürlich zum erfolgreichen Abschluss des *IB*-Diplomprogramms Deutsch B führen!

Alan Marshall, Conny Brock, Sophie Duncker

EE, CAS und *TOK*: Das Herz des *IB* Diplomprogramms

Dieser dreiteilige Kernbereich ist Pflicht für alle *IB*-Kandidaten. Es geht darum, Ihre Ausbildung zu erweitern und Ihre Fertigkeiten im praktischen Bereich anzuwenden.

Extended Essay

Der *EE* ist eine unabhängig und eigenverantwortlich recherchierte wissenschaftliche Forschungsarbeit. Das Ergebnis ist ein Aufsatz von 4000 Wörtern. In Deutsch B sollten Ihre Sprachkenntnisse ausreichen, um die verschiedenen Bewertungskriterien zu erfüllen. In dieser Arbeit sollen die Grundlagen wissenschaftlicher Forschungsarbeit geübt werden, und wenn diese Recherche nicht ausreichend demonstriert wird, dann kann auch hervorragende Sprachbeherrschung nicht zu einer besseren Note beitragen.

Kategorie	Themenbereich	Beschreibung	Beispiel
1	Sprache	Eine spezifische Untersuchung der Sprache, ihres Gebrauchs, ihrer Struktur, Entwicklung usw, normalerweise mit dem kulturellen Kontext oder einem spezifischen Text verbunden.	Deutsche Jugendsprache – eine Analyse des Vokabulars in der Sprache, die Jugendliche im Internet benutzen.
2A	Kultur und Gesellschaft – Zusammenhang mit Sprache	Eine soziokulturelle Analyse mit Bezug auf die Kultur der Zielsprache, die den Einfluss eines bestimmten Aspektes auf die Sprache beschreibt.	Online Werbung mit Jugendsprache – eine Analyse des Einflusses des Internets auf die Jugendsprache und wie diese in der Werbung eingesetzt wird.
2B	Kultur und Gesellschaft – Allgemeine soziokulturelle Untersuchung★	Eine soziokulturelle Analyse mit Bezug auf Kultur allgemein innerhalb der Zielsprachenkulturen. Diese Analyse muss sich auf ein kulturelles Artefakt beziehen.	Eine Untersuchung darüber, wie „Der große Traum" ein Bildungsideal darstellt, das bis heute im deutschen Schulsystem vorhanden ist.
3	Literatur	Eine literarische Untersuchung eines oder mehrerer Werke deutschsprachiger Autoren.	Eine Untersuchung darüber, wie der Ich-Erzähler in „Crazy" eingesetzt wird.

★ Ganz wichtig: Diese Arbeiten müssen sich auf ein sogenanntes **Artefakt** beziehen: geschriebene, gesprochene oder visuelle „Texte", oder „kulturelle Ikonen". Die Details befinden sich im *EE Guide*.

Der *EE* bietet Ihnen eine Gelegenheit, einen Aspekt der B-Sprache genauer zu untersuchen und Ihr Verständnis von kulturellen Zusammenhängen zu vertiefen. Alle notwendigen Details finden sich im *Extended Essay Guide (2018)*. Sie müssen eine Forschungsfrage entwickeln, die sich in eine der Kategorien einordnen lässt.

Die Beispiele in der Tabelle zeigen einige mögliche Themen. Der nächste Schritt besteht dann darin, eine präzise Forschungsfrage zu formulieren. Im *EE Guide* gibt es ein Kapitel mit dem Titel *The research and writing process*, in dem das Vorgehen genau beschrieben wird:

- eine Forschungsfrage entwickeln
- fünf Schritte zu einer Forschungsfrage
- Beispiele für Forschungsfragen.

Sie sollten diese Abschnitte genau durchlesen, bevor Sie mit der Recherche und der eigentlichen Schreibarbeit beginnen.

CAS – Creativity, Activity, Service

In diesem Bereich sind Sie als Schüler auf ganz unterschiedliche Weise damit beschäftigt, Ihre *CAS*-Erfahrungen zu machen und darüber zu reflektieren, wie die verschiedenen Ergebnisse (*outcomes*) erreicht wurden. Dies kann mit allen Fächergruppen in Verbindung gebracht werden, und in der B-Sprache geht es natürlich in erster Linie um Kommunikation und um das Verständnis zwischen unterschiedlichen Kulturen. Es gibt eine Wechselwirkung zwischen den Themen aus dem Deutsch-B-Unterricht und dem Interesse der Schüler, sich für bestimmte persönliche, lokale, nationale und globale Fragen zu engagieren.

Sie werden im Unterricht angeregt, diese Verbindungen zwischen dem Fach Deutsch und den *CAS*-Erfahrung herzustellen und zielgerichtete Diskussionen zu führen sowie relevante, authentische Erfahrungen zu sammeln. Hier folgen ein paar Beispiele dafür, wie diese Verbindung sich manifestieren könnte:

- In Zusammenhang mit dem Unterrichtsthema Umwelt, Abfall und Wiederverwertung könnten Sie einen Aktionstag veranstalten, an dem durch Kunstprojekte (Müllskulpturen), Aktionen (Müllsammeln) oder Informationen (Schulversammlung) die ganze Schule beteiligt wird.

- Sie könnten ein *CAS*-Projekt in Zusammenarbeit mit einer Flüchtlings-Hilfsorganisation erarbeiten und im Unterricht thematisieren, wie Migranten die Integration im Gastland mit der Bewahrung ihrer eigenen Kultur vereinbaren. Das Ergebnis kann als Collage festgehalten werden, in der die Schüler aus unterschiedlichen Ländern ihre Kultur visuell darstellen.

Sie können Ihre persönlichen *CAS*-Erfahrungen in mündlichen und schriftlichen Übungen heranziehen. Dies kann Ihnen wiederum dabei helfen, Ihre Projektberichte und Reflexionen zu schreiben – und dies kann natürlich auch in der Fremdsprache geschehen.

Auch im Unterricht wird natürlich im Rahmen der jeweiligen Themen Bezug auf allgemeine gesellschaftliche Phänomene, Menschenrechte, internationale Freiwilligendienste, Organisationen usw. genommen werden. *CAS* ist so offen und vielseitig angelegt, dass sich die Bezüge in fast jeder Stunde ergeben.

TOK – Theory of Knowledge

In diesem erkenntnistheoretischen Grundkurs beschäftigen Sie sich mit den Fragen **„Wie weiß ich etwas?"**, **„Woher kommt mein Wissen?"** und **„Wie objektiv ist dieses Wissen?"** Eine Fremdsprache zu lernen, bietet Gelegenheit, sich über diese Fragen Gedanken zu machen, und Sie denken darüber nach, wie sich Ihre eigene Perspektive von der anderen Menschen unterscheidet oder ihr ähnlich ist. In *TOK* geht es um Analyse und Beurteilung und Sie lernen, Verbindungen zwischen den Fächern und dem Kern (*EE* und *CAS*) zu erkennen und herzustellen.

Hier sind einige Fragen, die diese Schnittstelle zwischen den vier *Ways of Knowing* (Verstand, Gefühl, Wahrnehmung und Sprache) und dem Zweitsprachenerwerb zum Thema haben:

- Lernen wir unsere erste Sprache genauso wie die folgenden Sprachen?
- Wenn wir eine weitere Sprache lernen, lernen wir mehr als „nur" Vokabeln und Grammatik?

- Das Konzept des interkulturellen Verständnisses bedeutet, dass wir Gemeinsamkeiten und Unterschiede zwischen der Kultur unserer eigenen Sprache und der der Zweitsprache wahrnehmen. Ist diese Behauptung richtig?
- „Wer keine Fremdsprache kennt, weiß nichts über die eigene." (Johann Wolfgang von Goethe, 1749–1832) Wenn wir etwas über andere Kulturen lernen, bereichern wir damit die eigene?

IB Deutsch B: Prüfungsübersicht

SL

Prüfung	Details	Bewertung
Paper 1 Schriftliche Prüfung	75 Minuten 250–400 Wörter 3 Fragestellungen zur Auswahl	30 Punkte Sprache (12) + Inhalt (12) + begriffliches Verständnis★ (6) Gewichtung: 25 %
Paper 2 Hör- und Leseverständnis	45 Minuten + 60 Minuten 3 Hörtexte + 3 Lesetexte	25 (H) + 40 (L) Punkte Gewichtung: 50 %
Internal Assessment Mündliche Prüfung	12–15 Minuten (+ 15 Min. Vorbereitungszeit) Bild als Grundlage für Präsentation (3–4 Min.) und Diskussion (4–5 Min.), dann Diskussion zu einem anderen Thema (5–6 Min.)	30 Punkte Sprache (12) + Inhalt (Präs. 6 + Disk. 6) + Interaktion (6) Gewichtung: 25 %

HL

Prüfung	Details	Bewertung
Paper 1 Schriftliche Prüfung	90 Minuten 450–600 Wörter 3 Fragestellungen zur Auswahl	30 Punkte Sprache (12) + Inhalt (12) + begriffliches Verständnis★ (6) Gewichtung: 25 %
Paper 2 Hör- und Leseverständnis	60 Minuten + 60 Minuten 3 Hörtexte + 3 Lesetexte	25 (H) + 40 (L) Punkte Gewichtung: 50 %
Internal Assessment Mündliche Prüfung	12–15 Minuten (+ 20 Min. Vorbereitungszeit) Literaturauszug als Grundlage für Präsentation (3–4 Min.) und Diskussion (4–5 Min.), Diskussion zu einem anderen Thema (5–6 Min.)	30 Punkte Sprache (12) + Inhalt (Präs. 6 + Disk. 6) + Interaktion (6) Gewichtung: 25 %

★ begriffliches Verständnis = Wahl und Umsetzung der Textsorte

1 Identitäten

1.1 Wer bin ich?

Wie drücken wir unsere Identität aus?

Lernziele

- Über Selbst- und Fremdbilder nachdenken
- Sich literarisch mit dem Thema „Vorurteile" auseinandersetzen
- Mündlich und schriftlich auf damit verbundene Fragen reagieren
- Differenzierte Äußerungen mit Adjektiven und Strukturwörtern üben

In dieser Einheit liegt der Fokus auf dem Nachdenken darüber, wer wir eigentlich sind und wie wir unsere Identität ausdrücken. Unsere Identität ist zum einen unsere Persönlichkeit, sie wird zum anderen aber auch durch unsere Familie und unsere Kultur geprägt. Dabei spielen sowohl unsere Herkunft eine Rolle als auch unser Aussehen, unsere Kleidung, unsere Sprache sowie Hobbys und Freizeitaktivitäten. Damit verbunden ist, wie wir andere Menschen beurteilen und dabei vielleicht nicht ganz frei sind von Vorurteilen und Stereotypen.

1 Einstieg

WORTSCHATZ

Hier finden Sie eine Liste von nützlichen Adjektiven zum Thema.

Ordnen Sie jedem Adjektiv ein Synonym und ein Antonym zu.

Adjektiv	Synonym	Antonym/Gegenteil
tüchtig	1 verantwortungsbewusst	a unfreundlich
pflichtbewusst	2 chaotisch	b witzig
unordentlich	3 fleißig	c unbeschwert
humorlos	4 gedankenvoll	d verantwortungslos
nachdenklich	5 eigenständig	e faul
höflich	6 tatkräftig	f unsympathisch
engagiert	7 ernst	g unselbstständig
ehrlich	8 naturverbunden	h passiv
locker	9 freundlich	i selbstsicher
herzlich	10 verschlossen	j steif
schüchtern	11 arrogant	k verlogen
umweltbewusst	12 aufmerksam	l ignorant gegenüber der Natur
überheblich	13 entspannt	m bescheiden
sympathisch	14 aufrichtig	n unhöflich
selbstständig	15 liebenswert	o ordentlich

Die oben genannten Adjektive beschreiben, wie ein Mensch ist. Überlegen Sie, welche Adjektive Sie benutzen würden, um einen typischen Deutschen, Schweizer oder Österreicher zu beschreiben.

Diskutieren Sie Ihr Bild in Zweiergruppen und begründen Sie Ihre Aussagen.

2 Textverständnis

Der folgende Zeitschriftenartikel behandelt die Vorurteile über typische Eigenschaften der Deutschen. Zwei junge Menschen berichten, was sie in Deutschland erlebt haben.

Typisch deutsch!

Humorlos, ordentlich und verklemmt. Was denken junge Menschen aus anderen Ländern über deutsche Jugendliche?

Wenn man Menschen in anderen Ländern fragt, wie sie sich einen „typischen Deutschen" vorstellen, dann bekommt man oft die gleichen Antworten. Er ist tüchtig, sehr pünktlich und ordentlich ist er sowieso. Leider versteht er aber auch keinen Spaß und besonders herzlich ist er auch nicht. Aber gilt dieses zugegebenermaßen nicht besonders ansprechende Bild auch für die jüngere Generation? Sind deutsche Jugendliche denn angeblich genauso pflichtbewusst und langweilig wie ihre Eltern oder gibt es vielleicht ganz andere Vorurteile, von denen wir noch gar nichts wissen?

Andrew ist im Alter von zehn Jahren mit seinen Eltern und seinem jüngeren Bruder von England nach Deutschland gezogen. Mit im Gepäck waren auch ein paar Vorurteile: „Ich hatte schon die Vorstellung, dass deutsche Schüler ziemlich ordentlich und brav sind. Das sagt man ja über die Deutschen", erzählt Andrew. Nach einer Begegnung mit seiner damaligen Klasse hätte das aber wohl niemand mehr behauptet: „Gleich in den ersten zwei Minuten habe ich alle Vorurteile über Bord geworfen. Meine Mitschüler sind über die Bänke geklettert und rumgesprungen wie Affen! Das hätte ich mich in England niemals getraut. Meine Eltern waren total geschockt, wie unerzogen deutsche Kinder sein können." Auch in seiner weiteren Schullaufbahn bis zum Abitur hat Andrew die „ziemlich lockere" Atmosphäre im Unterricht genossen. Trotz der ganzen Blödeleien ist der deutsche Humor für ihn aber immer noch nicht ganz nachzuvollziehen: „Alle deutschen Jugendlichen, die ich kenne, stehen auf Mr. Bean. Auch wenn das keiner glaubt: in England findet das wirklich keiner lustig. Humor ist in Deutschland aber sowieso nicht so wichtig, glaube ich."

Dass wir weniger lachen als andere Nationalitäten, konnte Amanda während ihres Austauschjahres nicht bestätigen. Die damals 16-jährige Brasilianerin sagt heute, dass das Jahr in Deutschland eines der lustigsten ihres Lebens war – von Langeweile keine Spur! „Wir haben so viel Quatsch gemacht und waren ständig unterwegs. Meine Freunde haben mich sofort integriert und waren total herzlich. Das hab ich mir vorher schon anders vorgestellt." Außerdem findet sie toll, dass Jugendliche in Deutschland so selbstständig sind, weil sie überall ohne ihre Eltern hingehen dürfen – und können. In Rio de Janeiro kann Amanda nicht alleine mit dem Rad fahren oder auf Partys gehen, weil es einfach zu gefährlich ist. Und wie sieht es mit der Ordnung und Pünktlichkeit aus? „Deutsche sind definitiv viel ordentlicher und vor allem organisierter als wir. Aber das stört mich nicht – im Gegenteil. Das riesige Chaos bei uns geht mir oft auf die Nerven!" Ein Vorurteil habe sich für die Südamerikanerin dann aber doch bestätigt, fügt sie mit einem Augenzwinkern hinzu: „Bei uns sagt man, dass Europäer ein bisschen steif und verklemmt sind. Und es gibt eine Sache, bei der ich das wirklich gemerkt habe: besonders gut tanzen könnt ihr ja nicht."

Daniela Kurtz, Yaez Verlag GmbH

1

Arbeitsbuch
2 Wortbildung – „Vor-"

WEITERDENKEN

 TOK Was hat Andrews und Amandas Bild von den Deutschen beeinflusst? Inwieweit können hier auch das Alter, der Grund für den Umzug nach Deutschland oder der Kontext der Erfahrungen einen Einfluss haben? Spielen Vorurteile oder persönliche Erfahrungen eine Rolle?

Diskutieren Sie Umstände, die zu positiven oder negativen Bildern von Deutschen führen können.

1 Ergänzen Sie in der folgenden Tabelle alle Adjektive aus dem Text, die Deutsche beschreiben. Es gibt acht Adjektive zu positiven Eigenschaften und vier Adjektive zu negativen Eigenschaften.

Positive Eigenschaften	Negative Eigenschaften

2 Beantworten Sie die Fragen zu Andrew und Amanda.

Frage	Andrew	Amanda
a Wie alt waren sie, als sie nach Deutschland kamen?		
b Warum kamen sie nach Deutschland?		
c Wo haben sie ihre Erfahrungen mit Deutschen gesammelt?		

WUSSTEN SIE DAS?
Ausländer in Deutschland

Momentan leben etwa 17,1 Millionen Personen mit Migrationshintergrund in Deutschland. Das bedeutet, dass entweder sie selbst oder ihre Eltern oder Großeltern im Ausland geboren wurden. Sie machen 21 Prozent der Gesamtbevölkerung aus. 35 Prozent von ihnen kommen aus der Europäischen Union. Fast ein Drittel der in Deutschland lebenden Ausländer ist in Deutschland geboren, das heißt, entweder die Eltern oder Großeltern sind nach Deutschland eingewandert.

Das heißt, dass jeder fünfte Mensch in Deutschland aus einer anderen Kultur als der Deutschen stammt und so das Bild eines typischen Menschen, den man in Deutschland trifft, von vielen Kulturen beeinflusst wird.

Quelle: Statistisches Bundesamt: Mikrozensus – Bevölkerung mit Migrationshintergrund

Arbeitsbuch
4 Grammatik – Vergleiche

GRAMMATIK UNTER DER LUPE: VERGLEICHE

Der Komparativ

Schauen Sie sich die folgenden Beispiele zum Komparativ an:

- *Das Wetter war gestern **schöner als** heute.*
- *Das Bild der Deutschen ist **schlechter als** die Realität.*
- *Klischees sind **gefährlicher, als** man denkt.*

1 Nun benutzen Sie das Adjektiv und das Verb links in der Tabelle, um die zwei Begriffe in den Spalten 2 und 3 zu vergleichen.

a	laut lachen	mein Bruder	meine Schwester

Mein Bruder lacht lauter als meine Schwester.

b	fleißig sein	Thomas	sein Freund
c	lecker kochen	die Franzosen	die Deutschen
d	schnell fahren	die Deutschen	die Holländer

Der Superlativ

Schauen Sie sich die folgenden Beispiele zum Superlativ an:

- *Carla ist das **sportlichste** Mädchen in meiner Klasse. Carla rennt **am schnellsten**.*

- *Nicholas stellt die **interessantesten** Fragen. Er ist **am interessantesten**.*

- *Charlotte hat die **lauteste** Stimme. Sie singt **am lautesten**.*

2 Nun benutzen Sie das Adjektiv links in der Tabelle, um mit den Begriffen in den Spalten 2 und 3 ähnliche Sätze zu bilden.

a	ordentlich	Jugendliche	Menschen

Jugendliche sind die ordentlichsten Menschen. Sie sind am ordentlichsten.

b	fleißig	Michael	Klassenkamerad
c	kritisch	mein Vater	Leser
d	hilfsbereit	Vertrauenslehrer	Erwachsene

Einige Adjektive brauchen einen Umlaut im Komparativ und Superlativ:

Adjektiv	Komparativ	Superlativ
alt	älter	am ältesten
arm	ärmer	am ärmsten
groß	größer	am größten
jung	jünger	am jüngsten
kalt	kälter	am kältesten
klug	klüger	am klügsten
kurz	kürzer	am kürzesten
lang	länger	am längsten

3 Kennen Sie noch weitere Adjektive, die einen Umlaut bei der Steigerung brauchen? Stellen Sie eine Liste zusammen.

Einige wenige Adjektive sind **unregelmäßig**. Dazu gehören:

Adjektiv	Komparativ	Superlativ
gut	besser	am besten
hoch	höher	am höchsten
nah	näher	am nächsten

3 Schriftliche Übung

Der folgende Gedichtauszug zeigt im ironischen Ton, wie gefährlich die Steigerung nationalen Denkens ist. Friedrich Rückert benutzt den Superlativ und Komparativ, um zu zeigen, dass Nationalstolz dazu führen kann, dass ein Mensch sich besser als andere findet.

Lyrisch gesehen
Grammatische Deutschheit

(…)
Ich bin deutscher als deutsch,
ich deutscher,
Deutschester bin ich.
Ich bin der Deutschereste oder der Deutschestere.
Drauf durch Komparativ und Superlativ fortdeutschend
deutschten sie auf bis zum Deutschesteresteresten,
bis sie vor komparativisch- und superlativistischer Deutschung
den Positiv von Deutsch hatten vergessen zuletzt.

Friedrich Rückert (1788–1866)

Beschreiben Sie eine Person, die Ihnen sympathisch ist. Vergleichen Sie sich dann mit dieser Person. Beachten Sie die Grammatikerklärung zur Steigerung von Adjektiven.

Arbeitsbuch
3 Textverständnis

GRAMMATIK UNTER DER LUPE: MODALADVERBIEN

Wenn Sie danach gefragt werden, wie Ihnen jemand gefällt, könnten Sie z. B. sagen:

- *Anna ist nett.*

- *Thomas ist ziemlich nett.*

- *Güngör ist unsagbar nett.*

Wie unterscheiden sich diese Aussagen? Welcher der drei Leute ist der netteste? Woran sieht man das?

4 Schriftliche Übung

Die nachfolgenden Adverbien erklären, in welchem Maße ein Adjektiv zutrifft. Ergänzen Sie diese Adverbien in Ihrer Beschreibung der sympathischen Person, sodass die Beschreibung deutlich macht, wie sehr Sie den Menschen schätzen.

- sehr
- unsagbar
- überaus
- außerordentlich
- ziemlich
- höchst
- äußerst
- vergleichsweise
- kaum
- wenig

WEITERDENKEN TOK

1 Schreiben Sie Adjektive auf, die einen typischen Menschen Ihrer Kultur beschreiben. Arbeiten Sie anschließend mit einem Partner: Erklären Sie ihm, was für Sie einen Menschen aus Ihrer Kultur ausmacht.

2 Nun vergleichen Sie das Bild mit dem Bild eines typischen Deutschen. Sehen Sie Unterschiede zu den Adjektiven, die Sie für einen Deutschen verwendet haben? Woher kommen diese?

3 Fühlen Sie sich als typischer Vertreter Ihrer Kultur? Warum und warum nicht? Warum denken wir in diesen Stereotypen? Was sind die Vor- und Nachteile?

4 Es gibt viele Menschen, deren Eltern aus unterschiedlichen Kulturen kommen oder die in einem Land leben, dessen Kultur nicht ihre ursprüngliche ist. Vielleicht sind Sie so ein Mensch. Wenn ja, welcher Kultur fühlen Sie sich zugehörig? Welche Vor- und Nachteile hat ein Heranwachsen zwischen mehreren Kulturen?

1

5 Textverständnis

Wie man eine bestimmte Situation interpretiert, hängt oft von der eigenen Perspektive ab. Dabei kommen manchmal eigene Vorurteile oder Ängste zum Vorschein, die eventuell mehr über uns aussagen als über die Leute, die wir beurteilen. Die folgende Kurzgeschichte zeigt dies in lustiger Weise.

Arbeitsbuch
5 Textsorte
Kurzgeschichte
6 Schriftliche Übungen

IMMER DIESE AUSLÄNDER

„Immer diese Hetzerei, nie kann man mal in Ruhe eine Kleinigkeit essen! Dieses muss bis zum Mittag noch fertig werden, jenes eilt!" Leise vor sich hin schimpfend betrat Petra das Selbstbedienungsrestaurant und reihte sich in die Schlange der hungrigen – eiligen Mittagspausierenden. Wie so oft hatte sie im letzten Augenblick noch einen ganz dringenden Auftrag bekommen, so dass für die Mittagspause eigentlich gar keine Zeit blieb.

Endlich kam die Reihe an sie. „Eine Gulaschsuppe mit Brötchen bitte!"

Na wenigstens das war schon mal geschafft. Suchend schaute sich Petra nach einem Sitzplatz um. Aja, dort hinten sah es doch recht gemütlich aus. Schnell an den Tisch und erst einmal das Tablett und die Tasche abgestellt.

Kaum saß die sowieso schon Gestresste, da bemerkte sie, dass der Löffel fehlte. Also schnell noch einmal zurück und das nötige Esswerkzeug besorgen.

„Das Tablett und die Tasche kannst du einen Augenblick stehen lassen!" dachte sie bei sich. Schließlich war man hier unter zivilisierten Mitteleuropäern, da würde ja wohl niemand die Suppe auslöffeln und die Tasche entwenden!

Mit diesem Gedanken marschierte Petra noch einmal zurück und kam bald darauf mit einem Löffel bewaffnet an ihren Tisch. Sie staunte nicht schlecht, denn ein männlicher Mensch undefinierbarer Herkunft saß vor ihrer Gulaschsuppe und tauchte gerade seinen Löffel ein. Völlig verblüfft setzte sich Petra erst einmal hin. „Entschuldigung, das ist meine Suppe!"

Der Angesprochene lächelte freundlich, „Perdone, no entiendo", sagte er in höflichem Ton, führte seinen Löffel zum Mund und biss herzhaft in das Brötchen.

„Natürlich, ein Ausländer und verstehen tut er auch nichts…" Petra war entschlossen ihre Mahlzeit zu verteidigen. Sie tauchte ihrerseits den Löffel in die Suppe und führte ihn zum Mund. Sollte der fremdländische Suppenräuber doch sehen wo er blieb.

Der runzelte verwirrt die Augenbrauen, löffelte aber weiter, während er höflich etwas fragte, das Petra völlig unverständlich war. Sie ließ sich nicht beirren, sondern brach sich ein Stück Brötchen von der unangegessenen Seite ab. „Sicher ist sicher!"

„Das ist meine Suppe", betonte sie noch einmal. Der unverschämte Mensch zuckte die Schultern. Was blieb der sowieso schon Gestressten übrig: Sie teilte ihre Suppe zwangsläufig, wobei sie den Suppendieb mit bösen Blicken aufspießte.

Nachdem die kleine Terrine bis fast auf den Grund geleert war, stand der inzwischen völlig verwirrte Mann auf und entfernte sich hastig.

„Na so etwas", Petra tastete nach ihrer Tasche, die sie unter dem Tisch abgestellt hatte. Panik überkam sie, denn offensichtlich war die nicht mehr vorhanden. Sie schlug sich vor den Kopf. Natürlich, der dreiste Ausländer war gar nicht auf ihre Suppe aus gewesen. Er hatte es von Anfang an auf ihre Handtasche abgesehen gehabt. Das las man doch immer wieder.

„Ich Kamel, da meckere ich wegen dem Essen und in der Zwischenzeit haut der Typ mit meiner Tasche ab!"

Petra sprang auf und schaute sich um. Vielleicht würde sie den frechen Dieb noch sehen. Das war nicht der Fall, aber sie sah etwas völlig anderes: Eine Tischreihe weiter stand eine Terrine mit jetzt kalter Gulaschsuppe auf und ihrer Handtasche unter dem Tisch…

Angie Pfeiffer

1 Diese Adjektive kommen im Text vor. Wen oder was beschreiben sie? Kreuzen Sie an.

Adjektiv	Petra und ihr Handeln	Mann und sein Handeln	Restaurant und andere Gäste
fremdländisch			
unverschämt			
verwirrt			
gemütlich			
hastig			
frech			
dreist			
gestresst			
eilig			
verblüfft			
höflich			
entschlossen			
bewaffnet			

2 Welcher Eindruck entsteht von Petra und von dem Mann, wenn Sie die Adjektive ansehen? Wer hat diesen Eindruck?

3 Welche Vorurteile hat Petra?

4 Kreuzen Sie an, ob die folgenden Aussagen aufgrund des Textes richtig oder falsch sind. Begründen Sie Ihre Antwort mit Informationen aus dem Text.

richtig falsch

a Petra hat kein Interesse, den Ausländer näher kennenzulernen. [X] [ ]

Begründung: _Sollte der … doch sehen wo er blieb_ ....

b Menschen aus Petras eigenem Kulturkreis respektieren das Eigentum der anderen. [ ] [ ]

Begründung: ....

c Ausländer sind dumm. [ ] [ ]

Begründung: ....

d Ausländer respektieren das Eigentum anderer nicht. ☐ ☐

    Begründung: ....

e Ausländer haben Krankheiten, die ansteckend sind. ☐ ☐

    Begründung: ....

f Dieser Ausländer ist ein Dieb. ☐ ☐

    Begründung: ....

5 Geben Sie kurze Antworten auf die folgenden Fragen.

    a Woher kommen Petras Vorurteile? Begründen Sie Ihre Antwort mit Informationen aus dem Text.

    b Der letzte Satz sagt: „Eine Tischreihe weiter stand eine Terrine mit jetzt kalter Gulaschsuppe auf und ihrer Handtasche unter dem Tisch …" Wem gehört die kalte Suppe?

    c Wie ist der Ton des Textes? ☐

        I nachdenklich   III informativ

        II witzig   IV poetisch

WEITERDENKEN

 TOK **Bei der Geschichte handelt es sich um einen fiktionalen Text.**

Handelt es sich bei „Immer diese Ausländer" um eine typische Kurzgeschichte?

WORTSCHATZ

Ergänzen Sie die Liste der Adjektive in Aufgabe 1 der Übung „5 Textverständnis" um Synonyme und Antonyme.

---

6 Schriftliche Übung

Viele Schüler machen während ihrer Schulzeit ein Auslandsjahr. Stellen Sie eine Liste von Gründen zusammen, warum Schüler von so einem Jahr profitieren.

7 Textverständnis

Oft wird ein Land gewählt, um eine fremde Sprache zu lernen. Ist jedoch ein Aufenthalt in einem Land, in dem die Verständigung kein Problem ist, nicht besser? In der folgenden Diskussion in einem Webforum für Auslandsaufenthalte beraten Teilnehmer einen Österreicher, der überlegt, ein Jahr in Deutschland zur Schule zu gehen.

Im Text fehlen Wörter, die Sie in der stilistischen Übung von „Sprache unter der Lupe" einordnen müssen.

Eine Sprache – eine Kultur?
Der deutschsprachige Raum

Austausch Österreich–Deutschland

(neues Thema) (antworten)   Seite 1 von 3 [37 Beiträge]   ▶ Gehe zu Seite 1, 2, 3 Nächste

Autor	Nachricht
Michael	**Betreff:** Austauschjahr Österreich–Deutschland
OFFLINE Registriert: 07.09.2021, 19:32	Hallo, ich überlege, im nächsten Jahr ein Austauschjahr zu machen und nach (West) Deutschland zu gehen. Macht das **(1)** .... Sinn, wo ich doch die Sprache spreche? Oder ist es besonders schlau, **(2)** .... ich dann keine Sprachbarrieren habe und **(3)** .... nicht immer gleich als Ausländer abgestempelt werde? Es gibt doch ganz schön viele Unterschiede in der Kultur, selbst in meinem eigenen Land. Vielleicht will ich ja auch **(4)** .... in Deutschland studieren.
Hannah	**Betreff:** Austauschjahr Österreich–Deutschland
OFFLINE Registriert: 12.01.2022, 20:02	Machst du Witze? Warum soll man denn ein Jahr von Zuhause weggehen, die Freunde verlassen, um **(5)** .... so gut wie nichts Neues zu lernen? Also ich hab einen österreichischen Vater und wohne nahe an der Grenze, ich seh da keine großen Unterschiede zwischen Bayern und Österreich, **(6)** .... der Dialekt schon ganz anders ist. Vor allem denke ich, dass die interessantesten kulturellen Unterschiede in den ex-DDR-Ländern zu finden sind. Vielleicht wäre das was für dich?
Jonas	**Betreff:** Austauschjahr Österreich–Deutschland
OFFLINE Registriert: 11.09.2020, 10:46	Guten Tag, **(7)** .... meine ich, dass Sachen in Österreich schon ganz anders sind als in Deutschland. Meine Schwester studiert in Wien und redet viel davon, wie viel gemütlicher alles in Österreich ist, wie anders der Humor ist, dass Kartoffeln auf Österreichisch Erdäpfel heißen und ein Busserl ein Kuss ist. Warum **(8)** .... nicht ein Jahr dort leben? **(9)** .... du also überlegst nach Deutschland zu gehen, kann ich den Osten nur empfehlen. Hier ist es billiger zu leben und **(10)** .... ist die Gegend abwechslungsreicher als der Westen. Warum willst du unbedingt in den Westen?

neues Thema antworten Seite 1 von 3 [37 Beiträge] ► Gehe zu Seite 1, 2, 3 Nächste

Autor	Nachricht
Michael OFFLINE Registriert: 07.09.2021, 19:32	**Betreff:** Austauschjahr Österreich–Deutschland Ich hab gehört, dass Ostdeutschland dreckig und heruntergekommen ist. Stimmt das etwa nicht? Ist es nicht angenehmer, in Bayern oder Hessen zu leben?
Jonas OFFLINE Registriert: 11.09.2020, 10:46	**Betreff:** Austauschjahr Österreich–Deutschland Gehst du nicht ins Ausland, um mit Vorurteilen aufzuräumen? **(11)** .... solltest du unbedingt in den Osten kommen. Unsere Geschichte vor der Wiedervereinigung ist vielleicht etwas, was dir viel Neues gibt. Da du schon Deutsch sprichst, kannst du mit der Familie, bei der du lebst, einiges im Detail diskutieren. Vielleicht sind wir ja ganz anders, als du dir einen Deutschen vorstellst? Aber deine Ansicht, dass Ostdeutschland heruntergekommen ist … na schönen Dank auch … es gibt überall hübsche und dreckige Ecken, ob nun in Ost- oder Westdeutschland oder in deinem Österreich.
Michael OFFLINE Registriert: 07.09.2021, 19:32	**Betreff:** Austauschjahr Österreich–Deutschland Servus, naja, stimmt, entschuldige, man sieht und hört auch so viel im Fernsehen und im Internet. Also mittlerweile ist es mir egal, ob in den Osten oder den Westen. Wie sieht es denn mit dem Schulsystem aus, ist das überall gleich?
Thomas OFFLINE Registriert: 02.03.2022, 22:09	**Betreff:** Austauschjahr Österreich–Deutschland Hab' bisher nur gelesen, aber muss jetzt doch mal selbst was schreiben: Also je mehr ich da sehe, desto besser gefällt mir die Idee des Austausches im deutschsprachigen Ausland – bestimmt wäre ein Austausch im eigenen Land auch kulturell spannend. Spannender bestimmt als jedes Jahr die gleichen Sachen zu machen … Jetzt aber zu deiner Frage. Jedes Bundesland in Deutschland hat sein eigenes Schulsystem, also pass auf, wo du hinwillst. Aber eigentlich ist die Schule weniger wichtig als das neue Leben, das dich im Ausland erwartet, oder? Neue Hobbys, Freunde, Reisen, Abenteuer … alles ohne Eltern … Und sowieso sind Deutsche die liebsten Menschen der Welt!

neues Thema   antworten   Seite 1 von 3 [37 Beiträge]   ▶ Gehe zu Seite 1, 2, 3 Nächste

Autor	Nachricht
Nette	**Betreff:** Austauschjahr Österreich–Deutschland
ONLINE Registriert: 12.12.2021, 00:34	Also, jetzt hört aber auf! Es gibt nicht „die Deutschen" und auch nicht „die Österreicher". Das ist einfach eine Pauschalisierung der eigenen Erfahrungen und Vorurteile. Und vergesst nicht, dass gerade wenn die Sprache gleich sein sollte, die Missverständnisse umso fataler sind: Wir hatten einen Austauschschüler hier in Frankfurt, der kam aus Luxemburg und sprach fließend Deutsch. **(12)** .... hat es mich doch sehr irritiert, als ich die Milch gefroren fand, die er doch einfach in den Eisschrank packen sollte. Wie kann ich auch wissen, dass das für ihn das Gefrierfach war?

SPRACHE UNTER DER LUPE: STRUKTURWÖRTER

Strukturwörter helfen, Ideen und Ereignisse zu verbinden und Zusammenhänge darzustellen. Sie tragen zur Komplexität und auch zum besseren Verständnis der Sprache bei. Daher sollten Ihre Texte Strukturwörter enthalten.

Hier einige Beispiele für Strukturwörter:

ALS	ALSO	BEVOR	DA	DAHER
DANACH	DANN	DARÜBER HINAUS	DENN	NACHDEM
OBSCHON	OBWOHL	SO	SPÄTER	ÜBERHAUPT
VOR ALLEM	WEIL	WENN	WENNGLEICH	ZUERST

Suchen Sie für jede Lücke im oben stehenden Text ein passendes Strukturwort aus der Liste aus. Für einige Lücken gibt es mehrere Möglichkeiten und einige Wörter können mehr als einmal verwendet werden. Sie werden nicht alle hier genannten Strukturwörter benötigen.

Wer hat welche Meinung? Kreuzen Sie die richtige Lösung an.

Meinung	Michael	Hannah	Jonas	Thomas	Nette
1 Der Unterschied zwischen Süddeutschland und Österreich ist gering.					
2 Ein Austauschjahr bietet mehr als eine neue Schulerfahrung.					
3 Alle Deutschen sind sympathisch.					
4 Man darf nicht verallgemeinern – weder in Bezug auf ein Land noch in Bezug auf Menschen.					
5 Sprachliche Missverständnisse gibt es auch unter Muttersprachlern aus verschiedenen Kulturen.					
6 Ostdeutschland ist besser geeignet, um ein interessantes Jahr zu erleben.					
7 Es ist ein großer Vorteil, die Sprache gut zu sprechen, da man die Kultur besser mit Einheimischen diskutieren kann.					

Arbeitsbuch
7 Weiterdenken
8 Schriftliche Übungen

8 Mündliche Übung

Vergleichen Sie Ihre Argumente, die Sie in Übung 6 zusammengestellt haben, mit denen im Text. Entscheiden Sie, ob Sie einen Austausch für Deutsche im deutschsprachigen Ausland besser finden als einen Austausch im Ausland mit anderer Sprache.

Nun diskutieren Sie Ihre Meinung in der Klasse: Teilen Sie die Klasse in zwei Gruppen. Auf der einen Seite stehen alle die, die denken, dass es besser ist, ins deutschsprachige Ausland zu gehen, auf der anderen diejenigen, die ein anderes Land vorziehen. Versuchen Sie, das Gegenlager zu überzeugen. Schüler, die ihre Meinung ändern, dürfen während der Diskussion die Seite wechseln.

9 Mündliche Übung

Recherchieren Sie eine Gegend in Deutschland, Österreich oder der Schweiz. Suchen Sie Informationen über eine Schule, an der Sie gerne lernen würden, das Leben in dem Ort, die Besonderheiten und die Menschen. Suchen Sie drei Fotos von der Gegend, einer Schule und dem Leben dort. Nun stellen Sie sich vor, dass Sie dort ein Jahr zur Schule gegangen sind.

Halten Sie einen kurzen Vortrag mit den drei Fotos, in dem Sie darstellen, welche Erfahrungen Sie in dem Jahr gemacht haben und was Sie gelernt haben. Ermutigen Sie mit dem Vortrag andere Schüler zu einem Austauschjahr in der Gegend.

10 Schriftliche Übung

Schreiben Sie einen Blogeintrag über Ihre Meinung dazu, wie gut und nützlich das Austauschjahr war, das Sie in der vorhergehenden Übung erfunden haben. Benutzen Sie dazu die folgenden Informationen zum Blog sowie die Checkliste für einen Blogeintrag aus Kapitel 6. Sie sollten für *SL* 250–400 Wörter und für *HL* 450–600 Wörter schreiben.

WUSSTEN SIE DAS?
Blog

Ein Blog ist ein Text, in dem ein Autor seine Meinung, Gedanken und Eindrücke zu einem (aktuellen) Thema unterhaltsam und überzeugend den Lesern seines Blogs vermittelt. Häufig schreibt derselbe Autor jede Woche zu einem anderen Thema, das ihn beschäftigt.

Stil: Der Blogeintrag kann persönlich, anschaulich, polemisch und literarisch anspruchsvoll geschrieben sein. Er ist oft pointiert und witzig zu lesen.

Struktur: Der Blogeintrag ist klar strukturiert mit einem Anfangs- und einem Endparagrafen.

Benutzen Sie die Checkliste für einen Blog aus Kapitel 6.

11 Hörverständnis 🔊 Spur 1

Zum 20. Todestag von Falco – Eine Gedenkmesse in Wien

In diesem Bericht geht es um einen Österreicher, der weltweit berühmt geworden ist.

1 Von wem wird die Messe im Dom gesungen?

2 Was war Falco von Beruf?

   A Pfarrer

   B Musiker

   C Chorknabe

3 Der Pfarrer sieht Falco als einen …

   A Scheinheiligen

   B Menschen

   C Sieger

4 Was war der richtige Vorname von Falco?

5 Was war im Jahre 1998 die Todesursache von Falco?

   A Krankheit

   B Alter

   C Unfall

6 Falco hat eine Weile einen Beruf gelernt. Wo hätte er gearbeitet?

   A in einer Bank

   B in einem Geschäft

   C in einem Büro

7 Welches Fach hat Falco eine zeitlang studiert?

8 Wie bezeichnet man den Stil, für den Falco berühmt geworden ist?

9 Welches der folgenden Lieder Falcos war wochenlang ein Hit in England und Amerika?

   A Der Kommissar

   B Rock me Amadeus

   C Out of the Dark

10 Als was bezeichnet die Solistin Falco? Als …

   A Beispiel

   B Patrioten

   C Vorbild

1.2 Gesundheit und Wohlbefinden

Fühlen Sie sich wohl in Ihrer Haut?

Lernziele

- Überlegen, welchen Stellenwert gesunde Ernährung und Fitness im eigenen Leben einnehmen

- Informationen über die Geschichte des Turnens sammeln

- Das Vokabular zum Thema erarbeiten

Für viele Menschen ist es sehr wichtig geworden, bewusst zu essen und viel Sport zu treiben – sie verstehen dies als Teil ihrer Identität. In dieser Einheit finden Sie verschiedene Beispiele für einen bewussten Lebensstil.

1 Einstieg

In einer Gesellschaft, in der wir alle riesigen Anforderungen ausgesetzt sind, ist es besonders wichtig, sich gut zu ernähren, damit wir alle Vitamine, Mineralien und Nährstoffe bekommen, die wir zum täglichen Leben brauchen. Wir sind nur so stark, fit und gesund, wie wir uns ernähren!

Überlegen Sie kurz, was das bedeutet. Wie ernähren Sie sich – immer nur gesund? Oder denken Sie, dass alles, was Ihnen gut schmeckt, ungesund ist?

Du bist, was du isst

Arbeitsbuch
1 Wortschatz – Gesunde Ernährung

2 Textverständnis

Hier lesen Sie einen Text aus dem Internet, der eine Reihe von Tipps dazu gibt, wie man sich gesund ernähren kann. Am besten ist es, wenn man alle diese Ratschläge in den Alltag einbaut und am Ende gar nicht mehr nachdenken muss, ob man auch alles richtig macht.

Im Text fehlen Überschriften, die Sie im ersten Schritt der Textverständnisübung einordnen müssen.

COOL UND GESUND
Dreimal täglich Vitamine und Nährstoffe – mindestens!

Du bist, was du isst. Deine Gesundheit ist von deiner Ernährung abhängig. Hier findest du ein paar Tipps, mit denen du dich garantiert in deinem Körper rundum wohlfühlst.

[–a–]

Wie dein Körper und dein Gehirn funktionieren, hängt davon ab, wie du dich insgesamt ernährst. Die Tipps von „cool und gesund" helfen dabei, rundum fit zu bleiben und außerdem noch klar und schnell zu denken.

[–b–]

Bewegung macht gute Laune! Du denkst wahrscheinlich, dass Sport = Quälerei und Anstrengung ist, also das genaue Gegenteil. Falsch gedacht! Bewegung macht Spaß, auch wenn man dabei ein bisschen aus der Puste kommt, wenn es mal anstrengend wird. Wenn ihr jeden Tag nur ein ganz kleines bisschen macht, vielleicht so 20 Minuten, dann hört ihr auch nicht wieder auf. Bewegung hat unheimlich viele Vorteile:

- Sie hält Körper und Geist gesund
- Tägliche Bewegung stärkt das Knochengerüst – baut also Masse und Dichte der Knochen auf
- Wenn man nicht zunehmen will, dann muss der Energieverbrauch genauso hoch sein wie die Energieaufnahme – das wird in Kalorien gemessen.

Energie muss also verbraucht werden! Hier noch mehr Tipps:

- Du solltest jeden Tag aktiv sein – such dir eine Aktivität aus, die dir Spaß macht!
- Beim Sport lernt man unheimlich leicht neue Leute kennen!
- Du kannst Ausflüge ins Grüne machen und alle Wege per Fahrrad, mit Rollerblades oder Skates erledigen.
- Schwimmen, Fahrradfahren und Tanzen sind auch super – dabei ist der ganze Körper in Bewegung und man merkt es noch nicht einmal!
- Mindestens dreimal pro Woche solltest du so richtig außer Atem kommen – und zwar nicht vor Aufregung, sondern nach einer Fitness-Session!

[–c–]

Egal, ob es ein Schultag ist oder ob du einfach nur in Topform sein willst – Frühstück muss sein! Das liefert genau die Energie und Nährstoffe, die man für einen richtigen Start in den Tag braucht. Hier gibt es viele Optionen – am besten sind natürlich Müsli, Obst, Milch, Joghurt oder auch Vollkornbrot. Bloß die Nutella sollte man vielleicht nur am Sonntag draufschmieren …

[–d–]

Es klingt vielleicht seltsam, aber solange man jung ist, sollte man im Körper einen Vorrat an Kalzium anlegen, von dem die Knochen das ganze Leben zehren. Dazu ist auch viel Bewegung wichtig, sowie eine Ernährung mit viel Kalzium, Vitamin D und Phosphor. Als Kind und auch noch bis in die 20er hinein ist Kalzium für diese Knochenentwicklung unheimlich wichtig. Am besten tankt man Kalzium durch Lebensmittel – das sind Milch und Milchprodukte wie Käse, Joghurt und Quark, aber auch getrocknete Früchte und grünes Gemüse. Es lebe der Brokkoli und der Spinat! Schon unsere Großmütter wussten, was gut für uns ist …

1 In diesem Text fehlen Überschriften. Wählen Sie aus der Liste die Überschriften aus, die am besten passen, und schreiben Sie die entsprechenden Nummern in die Kästchen.

a ☐

b ☐

c ☐

d ☐

i Gehirnfunktion

ii Aktiv und fit

iii Bewegung ist Quälerei

iv Starke Knochen tragen einen sicher durchs Leben

v Vorbereitung für den Schulweg

vi Frühstück ist die wichtigste Mahlzeit

vii Warnung vor Kalzium

viii Gesund essen

2 Hier finden Sie einige Satzanfänge. Vervollständigen Sie diese mit Informationen aus dem Text.

a Unsere gesamte Ernährungsweise beeinflusst …

b Man sollte sich jeden Tag …

c Ihr nehmt nicht zu, wenn …

d Beim Sport findet man leicht …

e Alle Körperteile sind im Einsatz, wenn man …

f Um den Tag gesund zu beginnen, braucht man …

g In den ersten 20 Lebensjahren ist Kalzium besonders wichtig, um …

h Idealerweise nimmt man Kalzium im Körper auf, indem man …

3 Mündliche Übung

1 Planen Sie eine kleine Umfrage und überlegen Sie sich zehn Fragen, mit denen Sie herausbekommen, ob jemand gesund lebt.

2 Arbeiten Sie in kleinen Gruppen und stellen Sie einander die Fragen, die Sie ausgearbeitet haben. Machen Sie sich Notizen zu den Antworten.

3 Berichten Sie der Klasse von Ihren Ergebnissen!

4 Schriftliche Übung

Hier folgen zwei Aufgaben zur Textproduktion, wie Sie sie in *Paper 1* finden können. Sie müssen eine Textsorte aussuchen, die für die Aufgabe geeignet ist. Denken Sie dabei an den Kontext, das Ziel und die Leserschaft. Sie sollten für *SL* 250–400 Wörter und für *HL* 450–600 Wörter schreiben.

Suchen Sie sich eine der Aufgaben aus.

1 Im Text ist die Rede von Tipps von „cool und gesund". Sie möchten dazu beitragen, dass Ihre Mitschüler gesünder essen. Entscheiden Sie, was für eine Textsorte am besten geeignet wäre, um Ihre Mitschüler zu informieren.

2 Sie haben die Idee, auch Rezepte für besonders gesunde und leckere Mahlzeiten zu veröffentlichen, wie zum Beispiel Birchermüsli zum Frühstück oder einen Pausensnack. Überlegen Sie, wie man solche Ideen am besten schriftlich formulieren und veröffentlichen könnte.

5 Mündliche Übung

Hier folgt ein Auszug aus einem Blog, in dem die Autorin über ihre Erfahrungen mit dem Abnehmen berichtet.

Arbeitsbuch
1.2 Wortbildung – nehmen

Cristabellas Blog

Zumba statt Samba!

Ich habe einen neuen Sport entdeckt: Zumba! Für lateinamerikanische Musik konnte ich mich ja sowieso schon immer begeistern, dazu aber Work-out zu machen, auf die Idee bin ich nie gekommen. Aerobic mochte ich nie sonderlich, aber mit Latinomusik macht mir das richtig viel Spaß! Tanzen nach festen Schrittfolgen ist auch nicht mein Ding, aber bei Zumba ist das nicht so dramatisch, wenn man mal Fehler macht. Meine Zumbatrainerin tanzt manchmal ganz wilde, komplizierte Schritte, aber es kommt nicht darauf an, dass man es perfekt nachtanzt, der Spaß steht im Vordergrund! Susa und ich gehen einmal pro Woche zum Training, und die Diät läuft dabei richtig gut. Die Kilos purzeln jetzt nur so, aber das liegt nicht nur am Zumba, sondern auch an meiner Diät mit den kleineren Portionen und dem vielen Grünzeug! Super finde ich, dass ich auch mal ein Stück Kuchen essen kann, wenn ich so eine richtig wilde Zumba-Session hinter mir habe. Ohne Sport gibt es natürlich auch keine extra Kalorienportion – das ist einfach zu trist. Zumba gibt einem einfach ein super-gutes Gefühl – die Musik ist cool, gibt Schwung, und vertreibt das letzte Hungergefühl! Endlich ein Sport, den ich richtig mag.

Montag

Synchronfuttern verboten!

Seufz: Die Diät geht weiter. Und – strahl! – ich habe doch jetzt tatsächlich schon etwas abgenommen! Aber ich war in den letzten Wochen auch wirklich diszipliniert und bei diesem Sommerwetter mit tropischen Temperaturen habe ich auch sehr viel Sport getrieben. Und nebenbei habe ich was wirklich Interessantes gelesen: Isst man mit jemandem, der viel isst, dann isst man automatisch auch mehr! Das war mir wirklich noch nicht klar, aber ich habe mal darüber nachgedacht und es stimmt! Ich mache das genauso :-(… Anscheinend gleicht man sich vor allem dann an, wenn man seinen Mitesser (!) noch nicht besonders lange kennt. Psychologen nennen das übrigens „Synchronfuttern". Hihihi …

Donnerstag

Arbeiten Sie mit einem Mitschüler.

1 Lesen Sie die beiden Blogeinträge laut vor.

2 Versuchen Sie, Cristabella zu beschreiben: Was ist sie für ein Typ? Was ist ihr wichtig? Was denkt sie zum Thema Ernährung? Was sind ihre Hobbys?

6 Schriftliche Übung

Schreiben Sie mindestens zwei Blogeinträge für Ihren persönlichen Blog zum Thema Ernährung. Sie dürfen auch Bilder und Hyperlinks einfügen! Benutzen Sie die Checkliste für einen Blogeintrag aus Kapitel 6. Sie sollten für *SL* 250–400 Wörter und für *HL* 450–600 Wörter schreiben.

7 Mündliche Übung CAS

Arbeiten Sie in Gruppen bis maximal acht Personen.

Lesen Sie zuerst die folgende Situationsbeschreibung und die Rollenbeschreibungen unten. Verteilen Sie die Rollen. Denken Sie über Ihre Rolle nach. Machen Sie sich Notizen – aber Sie sollen keinen fertigen Text vorlesen. Versuchen Sie, möglichst spontan auf die Argumente der anderen Mitspieler zu reagieren. Überlegen Sie sich auch mögliche Fragen, die Sie den anderen stellen können.

Die Schulleiterin leitet die Diskussion, und die Versammlung soll am Schluss ein paar konkrete Vorschläge haben.

Die Situation

An Ihrer Schule gibt es bisher keine Möglichkeit für Schüler, sich eine Kleinigkeit zu essen oder trinken zu kaufen. Jetzt hat die Schülervertretung zusammen mit dem Elternrat beschlossen, diese Situation zu ändern und eine Cafeteria zu eröffnen, in der vor allem gesundes Essen angeboten werden soll. Es gibt eine Schulversammlung, in der dieser Plan diskutiert wird. Anwesend sind die Schulleiterin, einige Schülervertreter, Eltern und auch Lehrer.

Frau Meyer, die Schulleiterin

- leitet die Diskussion und sorgt für Ordnung.

- muss darauf achten, dass jeder zu Wort kommt.

- möchte einen Kompromiss finden, mit dem möglichst alle Beteiligten zufrieden sind.

- hat erkannt, wie wichtig so eine Cafeteria ist, hat aber auch Verständnis für die kritischen Gegenstimmen.

- muss vor allem darauf achten, dass die Initiative nicht zu viel kostet.

Frau Strocka, Mutter einer Schülerin der 9. Klasse

- ist berufstätig.
- hat großes Interesse an gesunder Ernährung.
- findet, dass die Ernährung für Kinder besonders wichtig ist.
- findet, dass es in der Nähe der Schule viel zu viele Imbissbuden gibt.
- hat schon konkrete Pläne, wie man so eine Cafeteria organisieren kann.

Herr Schmidt, Englischlehrer

- hält nichts von neuen Ideen.
- glaubt, dass eine Cafeteria nur Dreck und Lärm macht.
- versteht nicht, warum Eltern nicht für ein vernünftiges Pausenbrot sorgen können.
- meint, dass Schüler sich auf den Unterricht konzentrieren sollen.
- findet, dass das viele Gerede über gesunde Ernährung nur Zeitverschwendung ist.

Frau Hagen, Mathematiklehrerin

- unterstützt die Idee mit der Cafeteria.
- findet gesunde Ernährung für Schüler sehr wichtig.
- hat schon viel über solche Initiativen an anderen Schulen gelesen.
- möchte die Eltern an der Organisation beteiligen.
- denkt, dass der moderne Schulalltag neue Anforderungen an die Schule stellt.

Herr Meister, Vater von Zwillingen in der Oberstufe

- ist berufstätig, aber seine Frau ist zu Hause.
- findet, dass Kinder zur Selbstständigkeit erzogen werden sollen und ihr eigenes Schulbrot machen sollen.
- denkt, dass die Cafeteria zu teuer sein wird.
- befürchtet, dass die Kinder dann jeden Tag Eis und Schokolade essen.
- findet, dass die Ernährung eine Aufgabe der Eltern bleiben sollte.

Florian Müller-Plettke, Schulsprecher

- ist schon seit zwei Jahren Schulsprecher und kennt die Meinung der Schüler.
- hat Biologie als Leistungskurs und interessiert sich sehr für Ernährung.
- möchte, dass Eltern, Lehrer und Schüler zusammenarbeiten.
- findet, dass viele Familien zu wenig Wert auf gesundes Essen legen.
- hat die Cafeteria zu seiner Hauptaufgabe gemacht.

1

Ariane Weiss, Schülerin der 11. Klasse

- fährt jeden Tag eine Stunde zur Schule; sie muss schon um sechs Uhr aufstehen.

- macht nachmittags viel Sport und gibt auch Nachhilfe.

- bekommt nicht viel Taschengeld, aber ist bereit, für gesundes Essen auch zu bezahlen.

- findet es wichtig, dass die Schüler und die Lehrer an der Cafeteria mitarbeiten.

- glaubt, dass Schüler bei so einem Projekt viel über Teamarbeit und die Praxis der Geschäftsführung lernen können.

Nico Elsenheim, Schüler der 8. Klasse

- spielt unheimlich gern Fußball und hat deswegen oft Hunger.

- hat berufstätige Eltern, die oft keine Zeit haben, ihm ein Pausenbrot zu machen und auch abends selten kochen.

- interessiert sich sehr für das Essen und Kochen.

- ist ein guter Schüler, aber im Unterricht oft müde.

- möchte gern mit Lehrern und älteren Schülern in einem Team arbeiten.

8 Schriftliche Übung

Schreiben Sie aus der Perspektive eines Teilnehmers der Schulversammlung einen Brief an die Schulleiterin, Frau Meyer. Beziehen Sie sich darin auf die Schulversammlung und machen Sie Ihre eigene Meinung noch einmal ganz deutlich. Suchen Sie sich aus dem Rollenspiel die Figur aus, zu der Sie die meisten Ideen haben! Benutzen Sie die Checkliste für einen formellen Brief aus Kapitel 6.

9 Textverständnis

Im Folgenden lesen Sie eine kurze Biografie des Begründers der Volksbewegung für Leibesübungen. Er wird auch liebevoll „Turnvater Jahn" genannt.

Friedrich Ludwig Jahn
(1778–1852), Begründer des Turnens, Abgeordneter, Lehrer

F. L. Jahn wurde am 11.8.1778 als Sohn des Dorfpfarrers in Lanz bei Lenzen (heutiges Land Brandenburg) geboren. Er besuchte das Gymnasium in Berlin, studierte in Halle und Greifswald und arbeitete dann als Hauslehrer in Neubrandenburg. 1806 wird er Zeuge der Niederlage Preußens gegen Napoleon und trifft die Entscheidung, sich für die Einheit und Freiheit Deutschlands einzusetzen. Ab 1809 unterrichtet er an seiner alten Schule in Berlin, dem Grauen Kloster, und geht dort mit Schülern zu Leibesübungen und Spielen ins Freie. Am 18.6.1811 wird der erste Turnplatz auf der Berliner Hasenheide eröffnet – der erste von vielen solchen Plätzen, die auf seine Initiative zurückgehen. Jahn hat sich auch sehr für die Pflege der deutschen Sprache eingesetzt und sich für die Bildung des ganzen Menschen ausgesprochen, also des Geistes und des Körpers. Leider wurden einige seiner Ideen später auch für nationalistische Propaganda missbraucht, aber als Turnvater ist er heute noch berühmt.

WUSSTEN SIE DAS?
Turnen in Deutschland

Turnen ist gut für die Fitness und unterstützt eine gute Koordination der Körperteile. Wer turnt, bleibt gesund! Im 18. Jahrhundert gab es in den Lehrplänen deutscher Schulen so gut wie gar keinen Sport. Doch dann entstand in Deutschland vor etwa 200 Jahren eine breite Volksbewegung von Männern, Frauen und Kindern, die regelmäßig an der frischen Luft eine Reihe von bestimmten „Leibesübungen" absolvierten. Das war die Geburtsstunde des Turnens. Und der Drang zur Fitness hat bis heute nicht nachgelassen – bloß dass man heute auch Ideen aus anderen Kulturen übernommen hat. Pilates, Yoga und Tai-Chi sind nur einige Beispiele für die Vielzahl an Möglichkeiten.

Hier finden Sie eine Liste mit den Elementen einer Biografie:

- Lebensdaten
- Herkunft
- Schulbildung
- einschneidendes Erlebnis
- besondere Merkmale
- Philosophie, Einfluss auf andere

Finden Sie die entsprechenden Stellen im Text.

10 Schriftliche Übung

Schreiben Sie nun mit den oben genannten Elementen die Kurzbiografie eines anderen berühmten Menschen aus einem deutschsprachigen Land.

Namen, die Sie recherchieren können, sind z. B. Heinrich Heine, Immanuel Kant, Mesut Özil, Johann Wolfgang von Goethe, Wilhelm von Humboldt, Alexander von Humboldt, Kurt Hahn, Annette von Droste-Hülshoff, Christoph Waltz, Karl Lagerfeld, Paula Modersohn-Becker, Roger Federer, Nena, Elfriede Jelinek oder Angela Merkel. Es gibt noch viele andere!

NÜTZLICHE AUSDRÜCKE

Hier finden Sie einige Redewendungen und Begriffe, die man in einer Biografie verwenden kann.

XY wurde [Zeit, Ort] … geboren.

XY wuchs [bei, mit, als] … auf.

XY besuchte [Schule, Universität] in [Ort].

XY arbeitete als [Beruf] [von, bis, mit].

Im Privatleben / In seiner Freizeit beschäftigte sich XY mit [Hobby].

In seinen letzten Lebensjahren [Gesundheit, Familie, Ort, Aktivitäten].

XY verstarb [Zeit, Ort].

Denken Sie daran, dass in einer Biografie ein neutraler und formeller Schreibstil verwendet wird.

11 Mündliche Übung

Nehmen Sie Ihre Kurzbiografie als Vorlage und halten Sie eine kurze Präsentation vor der Klasse: Stellen Sie sich vor, dass Sie die berühmte Persönlichkeit sind und in der ersten Person über Ihr Leben erzählen. Dabei hilft es sehr, wenn Sie eine Requisite wie zum Beispiel einen Hut oder ein Mikrofon oder einen Stapel Bücher dabeihaben – was auch immer für Ihre Figur typisch ist. Auf einer improvisierten Bühne und z. B. mit einem Taschenlampenspot oder etwas Hintergrundmusik geht es noch viel besser!

WUSSTEN SIE DAS?

Turnstunde

Es gab schon vor F. L. Jahn verschiedene Formen der Gymnastik, doch fügte er den bis dahin bekannten Übungen den Barren und das Reck hinzu und gab ihnen die Bezeichnung „Turnen".

Es gab ab 1840 den Turnergruß „Gut Heil!", der aber 1899 vom Arbeiter-Turnerbund in „Frei Heil!" umgewandelt wurde.

Heute benutzt man den Begriff „Turnen" nur noch für das Boden- und Geräteturnen, damals galt er für alle Übungen.

In der Schule spricht man heute nach wie vor oft von der „Turnstunde", auch wenn das Fach im Zeugnis jetzt „Sport" heißt.

Der Deutsche Turner-Bund (DTB) ist einer der größten Verbände im Deutschen Olympischen Sportbund (DOSB).

Zur Herkunft des Wortes: althochdeutsch *turnēn* (drehen, wenden) stammt vom lateinischen *tornare* (mit dem Dreheisen runden, drechseln).

12 Textverständnis

Joachim Ringelnatz (1883–1934) war ein deutscher Schriftsteller, Kabarettist und Maler, der vor allem für seine humoristischen Gedichte berühmt geworden ist. 1920 veröffentlichte er seine bedeutendsten Gedichtsammlungen: „Turngedichte" und „Kuttel Daddeldu oder das schlüpfrige Leid". Erstere behandeln hauptsächlich das Thema Sport.

Hier lesen Sie eines seiner Turngedichte. Es parodiert und karikiert die ideologische Ausrichtung des Sports nach Turnvater Jahn. In dem Gedicht fehlen in den ersten drei Strophen Wörter, die Sie im ersten Schritt der Übung einfügen müssen.

Ruf zum Sport

Auf, ihr **(a)** .... und verdorrten
Leute aus **(b)** .... ,
Reißt euch mal zum Wintersporten
Von den Öfen **(c)** ....

Bleiches Volk an Wirtshaustischen,
Stellt die **(d)** .... fort.
Widme dich dem freien, **(e)** .... ,
Frohen **(f)** ....

Denn er **(g)** .... ins lodenfreie[1]
Gletscherfexlertum[2]
Und **(h)** .... uns nach der Reihe
All mit Schnee und **(i)** ....

Doch nicht nur der Sport im Winter,
Jeder Sport ist plus,
Und mit etwas Geist dahinter
Wird er zum Genuß.

Sport macht Schwache selbstbewußter,
Dicke dünn, und macht
Dünne hinterher robuster,
Gleichsam über Nacht.

Sport stärkt Arme, Rumpf und Beine,
Kürzt die öde Zeit,
Und er schützt uns durch Vereine
Vor der Einsamkeit,

Nimmt den Lungen die verbrauchte
Luft, gibt Appetit;
Was uns wieder ins verrauchte
Treue Wirtshaus zieht.

Wo man dann die sporttrainierten
Muskeln trotzig hebt
Und fortan in illustrierten
Blättern weiterlebt.

Joachim Ringelnatz

Joachim Ringelnatz (1883–1934)

[1]**lodenfreie:** Loden ist ein grünes Material, aus dem traditionelle Kleidung zum Wandern gemacht wird

[2]**Gletscherfexlertum:** scherzhafte, ironische Bezeichnung für übereifrige Bergtouristen

Da es sich hier um ein Beispiel aus der Literatur handelt, wurde die Orthografie beibehalten, die zur Zeit des Schreibens korrekt war.

1 In diesem Gedicht fehlen in den Strophen 1–3 einige Wörter. Suchen Sie aus der folgenden Liste
die passenden Wörter aus und schreiben Sie neben die Zahlen 1–9 jeweils das richtige Wort.

BEDECKT	BEWEGLICHEN	BÜROS	ERFÜLLT	FRISCHEN
FÜHRT	GLÄSER	HEIMATORT	LOS	MOOS
RENNT	RUHM	RUM	STEIFEN	TEETASSEN
VIDEOS	WINTERSPORT	WISCHEN		

2 Ergänzen Sie die Satzanfänge mit der richtigen Fortsetzung. Beziehen Sie sich dabei auf
Informationen aus dem Gedicht in den Strophen 4–6.

a Sport …

b Sport ist ein Genuss, …

c Die Auswirkungen des Sports …

d Wenn man Langeweile hat, …

e Die Sportvereine …

i bringen einen mit vielen anderen
Menschen zusammen.

ii wenn man ihn gezielt und gut überlegt
betreibt.

iii sind schnell zu spüren.

iv verstärken die Einsamkeit.

v treibt man nur im Winter.

vi lässt Sport die Zeit schnell vergehen.

vii wenn der Geist schwach ist.

viii kann man das ganze Jahr über treiben.

ix schwächen das Selbstbewusstsein.

x vergeht die Zeit mit Sport noch
langsamer.

3 In der siebten Strophe beschreibt Ringelnatz einen Teufelskreis: Durch Sport bekommt man
Appetit und geht dann doch wieder ins Wirtshaus.

Welcher der folgenden Sätze beschreibt wohl am besten die Meinung von
Ringelnatz zum Sport?

A Ringelnatz glaubt, dass Sport nur Ärger bringt.

B Ringelnatz macht sich über Sportler lustig.

C Ringelnatz macht mit Begeisterung selbst Sport.

D Ringelnatz kritisiert unsportliche Mitbürger.

WORTSCHATZ – DIE RECHTSCHREIBUNG

In Deutschland sollte im Jahr 1996 die Rechtschreibung mit der *Reform der deutschen Rechtschreibung* vereinfacht werden. Diese Reform löste große Diskussionen aus und wurde dann 2004 und 2006 noch einmal überarbeitet. Hier finden Sie einige der wichtigsten Änderungen:

- *ss – ß*: Das „ß" steht nur nach langem Vokal oder Diphthong. Ein Beispiel aus dem Gedicht: *Genuß wird zu Genuss*

- Kein Wegfall von Buchstaben bei Zusammensetzung. Beispiel: *Schiffahrt* wird zu *Schifffahrt*

- Fremdwörter werden an die deutsche Rechtschreibung angepasst. Beispiel: *Telephon* und *Geographie* werden zu *Telefon* und *Geografie*.

- Es gibt viele Veränderungen in der Groß- und Kleinschreibung.

Suchen Sie im Internet nach Zusammenfassungen dieser Veränderungen. Sie werden lange Listen finden und erkennen, warum man oft sagt, dass die Reform die Rechtschreibung nicht einfacher, sondern komplizierter gemacht hat.

---

13 Schriftliche Übung

Jetzt sind Sie an der Reihe. Die folgenden Schritte helfen Ihnen, ein Gedicht über Ihren Lieblingssport zu schreiben.

1 Schreiben Sie eine Liste mit Punkten zu Ihrem Lieblingssport. Konzentrieren Sie sich besonders auf Aspekte, die Ihnen Spaß machen oder die Sie besonders ansprechend finden. Finden Sie dabei die richtigen Ausdrücke und auch die dazugehörigen Verben:

Ballett:

- tanzen

- auf den Spitzen tanzen

- eine Pirouette drehen

- beim Tanzen Gefühle ausdrücken können

- usw.

2 Unterstreichen Sie wichtige oder besonders interessante Wörter.

3 Suchen Sie nach Reimwörtern und schreiben Sie sie auf. Hilfe bei der Suche nach Reimwörtern gibt es im Internet!

4 Versuchen Sie jetzt, nach dem Muster von Ringelnatz Ihr eigenes Turngedicht zu schreiben – die Reimschemata *aabb* und *abab* sind besonders einfach.

TIPP ZUM *EXTENDED ESSAY*

Unter dem Gedicht von Ringelnatz finden Sie einen Exkurs zum Thema „Reform der deutschen Rechtschreibung". Hieraus könnte man einen *Extended Essay* der Kategorie 2B entwickeln:

Welche Diskussionen wurden durch die Reform der Rechtschreibung im Jahr 1996 in Tageszeitungen ausgelöst und wie kam es dann zu den späteren Änderungen?

Das Artefakt, auf das sich dieser *Essay* bezieht, sind die Berichte ausgewählter Tageszeitungen. Wenn Sie die Rechtschreibreform selbst als Artefakt wählen, dann muss das ein klar formulierter Text sein, wie z. B. das amtliche Regelwerk des deutschen Rechtschreibrates.

Eine genaue Untersuchung der Änderungen selbst wäre aber dann ein *Essay* in der Kategorie 1 – Sprache: *Welche Bereiche der Sprache wurden durch die Reformen der deutschen Rechtschreibung im Jahr 1996 grundlegend verändert?*

14 Hörverständnis 🔊 Spur 2

Zwei neue Sterne am deutschen Tennis-Himmel

Hier unterhalten sich zwei Tennis Fans über die Stars der neuen Tennis-Generation. Gerade lief im Fernsehen ein Interview mit Angelique Kerber.

1   Es werden Adjektive benutzt, um das Aussehen von Angelique Kerber zu beschreiben. Nennen Sie eines davon.

2   Welchen Platz hat Angelique Kerber zurzeit auf der Weltrangliste der Tennisspielerinnen?

3   Bei den French Open hat Angelique Kerber ein Problem. Welches?

    A in Bewegung zu bleiben   B auf Sand zu spielen   C ihre Schlüssel zu finden

4   Eine „Wunschkarriere" bedeutet, dass …

    A alles so lief wie geplant.

    B man sich jeden Tag etwas wünschen durfte.

    C Tennis spielen auch ohne Training ging.

5   Welches Wort beschreibt am besten die Reaktion von Barbara Ritter auf Kerbers Spiel bei den French Open?

    A Eifersucht   B Ratlosigkeit   C Verzweiflung

6   Bei den Herren hat Alexander Zverev gerade ein Turnier gewonnen – in welcher Stadt?

7   Warum ist ein Sieg von Zverev auch für Kerber gut?

    A Er ist ebenfalls aus Deutschland.

    B Sie hofft, dass er die Schiedsrichter aufmischt.

    C Zverevs Sieg reduziert den Druck für sie, gewinnen zu müssen.

Arbeitsbuch

7 Grammatik unter der Lupe – Konditionalsätze

8 Zverev gibt keine Interviews, weil …

A sie ihn ablenken.

B andere besser über ihn reden.

C Thiem alles für ihn sagt.

9 Mit welchem Wort könnte man die Meinung von Thiem über Zverev bezeichnen?

A Neid   B Bewunderung   C Abneigung

10 Was bedeutet der Ausdruck „benimmt sich … als wenn er auf der großen Bühne steht"?

A Er möchte Schauspieler werden.

B Kleine Turniere machen ihn nervös.

C Er spielt gerne vor einem großen Publikum.

11 Was darf das Publikum bei den French Open für Kerber und Zverev tun?

WEITERDENKEN

 Inwieweit sind Bilder zur objektiven Darstellung von Tatsachen geeignet?

Sehen Sie sich die Bilder noch einmal an und überlegen Sie, wie hier Farben, Perspektiven und Motiv eingesetzt werden, um eine bestimmte Wirkung zu erzielen.

Denken Sie an Ihren *TOK*-Unterricht zurück und nehmen Sie auch andere Bilder aus aktuellen Kontexten als Diskussionsgrundlage.

15 Mündliche Übung

Sehen Sie sich die folgenden Fotos an und diskutieren Sie, was hier ausgedrückt wird. Man kann ein Foto wie einen Text lesen, also Stilmittel identifizieren und analysieren. Die folgenden Fragen helfen Ihnen dabei.

1 Was ist auf diesem Bild zu sehen? Beschreiben Sie genau, was Sie sehen.

2 Wie ist das Bild „komponiert"? Welche Farben stehen im Vordergrund? Wo ist der Mittelpunkt und was ist im Hintergrund zu sehen?

3 Was für einen Eindruck macht das Bild auf uns? Was ist die „Kommunikationsabsicht", also welche Botschaft soll mit dem Bild vermittelt werden?

4 Was ist Ihre persönliche Meinung zu dem Bild? Gefällt es Ihnen? Warum? Woran erinnert es Sie?

1.3 Werte und Glauben

Was meinen wir, wenn wir von „Glauben" sprechen?

Lernziele

- Das Leben und die Werte von Martin Luther kennenlernen
- Nicht-religiöse Formen des Glaubens untersuchen
- Vokabular zum Thema Glauben entwickeln
- Die Verwendung von Pronomen üben

Im Jahr 2017 wurde in Deutschland das Lutherjahr gefeiert – vor 500 Jahren begann Martin Luther mit seiner Reformation der katholischen Kirche, die in die Gründung der protestantischen, oder auch evangelisch-lutherischen Kirche mündete. Damit hatte dieser deutsche Mönch einen unglaublichen Einfluss auf die christliche Religion in der ganzen Welt. Er ist einer der bekanntesten Deutschen der Weltgeschichte. Hier finden Sie einen kleinen Überblick über sein Leben und die Frage, warum ihn sein Glauben dazu motivierte, so starke Veränderungen in der Gesellschaft zu bewirken.

IB-TIPP

Überlegen Sie, welche dieser Wörter sich mit dem *IB Learner Profile* in Verbindung bringen lassen. Kennen Sie Menschen, die diese Charaktereigenschaften besitzen?

verständnisvoll
prinzipientreu
friedlich **stark**
bescheiden
mutig friedlich
flexibel gebildet
entschlossen
ausgewogen ehrlich
risikofreudig
selbstbewusst
intelligent

1 Einstieg

Sehen Sie sich diese Bilder an – erkennen Sie den Mann, oder den Kontext? Sie können an der Tafel eine Mindmap zu „Martin Luther" machen, um vor dem Weiterlesen zu sammeln, was Sie bereits von ihm wissen. Recherchieren Sie auch „Martin Luther King" – können Sie eine Verbindung zwischen den beiden erkennen?

2 Textverständnis

In diesem Text finden Sie eine Reihe von Vokabeln, die mit Kirche und Religion verbunden sind. Diese Vokabeln sollten Sie kennen.

Martin Luther

Im Jahr 1517 erhebt in der kleinen unbedeutenden Stadt Wittenberg im Nordosten Deutschlands der Augustinermönch Martin Luther seine Stimme. Er fordert die Herrscher Europas heraus, den Kaiser und den Papst. Luthers Anspruch: Die christliche Kirche muss zu den Wurzeln Christi, zum Evangelium zurückkehren. Luther wird in die Geschichtsbücher eingehen, mit ihm beginnt das Zeitalter der Reformation.

Die Anfänge: Wie Luther zum Mönch wurde

Stotternheim, 2. Juli 1505: Tiefe Nacht herrscht über der Gemeinde bei Erfurt. Ein Mann ist unterwegs, allein. Plötzlich ziehen sich Wolken zusammen, ein Gewitter kommt auf. Regen setzt ein, Blitze erhellen die Nacht. Der Wanderer beginnt sich zu fürchten.

Plötzlich schlägt ein Blitz unmittelbar neben ihm ein. Der Mann erleidet Todesangst, fürchtet vom Blitz erschlagen zu werden. Er fällt hin und schreit: „Heilige Anna, hilf! Lässt Du mich leben, so will ich ein Mönch werden."

Der Mann überlebt unverletzt, das Gewitter zieht vorüber. Doch nun ziehen neue Wolken auf. Wolken, die sich über Jahrhunderte über Europa zusammenballen werden. Ein Gewitter wird niedergehen über dem Machtgefüge Europas, nach dem nichts mehr so sein wird, wie es war. Der Name des Mannes: Martin Luther.

Erregt erzählt er am nächsten Tag seinen Freunden, was ihm in der Nacht widerfahren ist, und er verkündet, an seinem Gelübde festhalten zu wollen.

Luther wird Mönch. Er tritt in den Stift der Augustiner-Eremiten ein, einem der strengsten Orden seiner Zeit.

Warum dieser extreme Schritt? Angst vor dem richtenden Gott

Wenn man verstehen will, warum Luther nur aufgrund eines bedrohlichen Gewitters einen so einschneidenden Schritt unternimmt und ins Kloster eintritt, muss man sich das christliche Verständnis des mittelalterlichen Menschen vor Augen halten.

Luther hatte in jener Nacht den Tod vor Augen. Es war weniger die Angst zu sterben, die ihn so erschreckte. Was ihn mit Panik erfüllte war der Gedanke, unvorbereitet auf seinen Schöpfer zu treffen.

Luther bekennt später im November 1521: „Ich bin nicht gern und nicht aus Eifer ein Mönch geworden, viel weniger des Bauchs wegen, sondern da mich eine Angst und Todesschreck unversehens überfiel, tat ich ein erzwungen und erdrungen Gelübde."

Luther nimmt sein Leben als Mönch sehr ernst. Permanent wähnt er sich in Sünde und begangenem Unrecht. Er kasteit sich.

Luther hat furchtbare Angst vor dem jüngsten Gericht, vor dem strafenden Gott, der nach dem Tod über den Menschen Gericht hält. Luther ist verzweifelt und depressiv.

Kein Mensch auf Erden, denkt er, sei er auch noch so bemüht und rechtschaffen, werde je vor Gott bestehen können. Denn jeder Mensch sündigt, jeder Mensch hat Phasen in seinem Leben, in denen er sich gegen Gott entscheidet.

Das bedeutet also, wenn Gott gerecht wäre, müsste der Mensch nach seinem Leben und seinen Taten in jedem Fall gerichtet und bestraft werden.

Bahnbrechend: Das Turmerlebnis

Was ist das für ein Gott, vor dem der Mensch nicht bestehen kann, fragt sich Luther? Eines Tages entdeckt er in der Bibel, im Brief des Apostels Paulus an die Römer, ein anderes, ein gütiges Gottesbild:

„Denn darin wird offenbart die Gerechtigkeit, die vor Gott gilt, welche aus dem Glauben kommt und zum Glauben führt; wie geschrieben steht: Der Gerechte wird aus dem Glauben leben."

Luther erkennt, dass Gott – anders als die Kirche lehrt – kein mitleidsloser, strafender Gott ist. Der Mensch kann von sich aus die Erlösung durch Gott nicht verdienen oder erarbeiten, nur Gott selbst kann mit seinem „Dazutun", den Menschen erlösen.

Später wird Luther sagen, dass ihm diese neue Erkenntnis der Schrift in der Studierstube des Wittenberger Klosterturms gekommen ist.

Luther entdeckt den gnädigen Gott. Damit ist gemeint, dass Gott viel größer ist als nur gerecht. Natürlich muss sich der Mensch mit seinen Taten und seinem Leben vor Gott einmal verantworten – der Mensch trägt Verantwortung.

Aber Gott holt die Menschen ab, wo sie stehen, Gott bewegt sich auf die Menschen zu und nicht von ihnen weg. Gott, sagt Luther, ist barmherzig. Gott kommt zum Sünder, er nimmt den Menschen an, er liebt den Menschen und will ihn mit seinen Sünden nicht vernichten. Es ist ein liebender Gott, kein richtender Gott, den Luther von nun an predigt.

Luther – das beste Pferd im Stall

Im Jahr 1505 tritt Luther ins Kloster ein. Schon im Februar 1507 wird er wegen vorbildlicher Lebensführung im Orden zum Priester geweiht.

Sein Beichtvater Johann von Staupitz, der Generalvikar der Kongregation, erkennt das enorme Potenzial des jungen, hochbegabten Mitbruders und schickt ihn 1508 nach Wittenberg zum Theologiestudium.

In Wittenberg hat Kurfürst Friedrich der Weise von Sachsen gerade eine Universität gegründet. Dort wird Luther bald zum Doktor der Theologie promoviert. Nun hält er selbst Vorlesungen und predigt. Schon bald wird er „das beste Pferd im Stall", also der bekannteste und talentierteste Theologe, der von sich reden machenden Universität.

1510 reist Luther im Auftrag seines Klosters nach Rom. Zwar empört er sich zu jener Zeit noch nicht über die Zustände der Kirche, doch den Sittenverfall in Rom bekommt er hautnah mit.

Seelen im Feuer – was bedeutet der „Sittenverfall in Rom"?

Religion und Glaube waren damals nicht ein gesellschaftliches Angebot an die Menschen, eine Option, jedermanns Privatsache, wie das in heutiger Zeit in den Industrieländern der Fall ist.

Der Glaube an Gott und an die Kirche war für die Menschen damals das Fenster zur Welt. Die Kirche war eine ungeheure Autorität, die den Sinn und den Zweck des Daseins bestimmte.

Die Macht der Kirche bestand darin, den Menschen den Weg ins Jenseits aufzuzeigen. Das bedeutete für die Menschen zu Zeiten Luthers Geborgenheit, aber auch Bedrohung.

Es ist nicht ganz richtig, wenn man sich heute vorstellt, die Menschen damals hätten Angst vor der Hölle gehabt. Jeder Christ, der einigermaßen anständig blieb, die christlichen Sakramente empfing und die kirchlichen Regeln befolgte, der machte sich keine Sorgen, in der Hölle zu landen.

Die Bedrohung lag vielmehr im Fegefeuer, eine Läuterungsstation, durch die jeder Mensch durchmusste, wollte er in den Himmel kommen – so lehrte es damals die Kirche. Und gegen Bares, den sogenannten Ablass, bot die Kirche den Menschen die Möglichkeit, die Zeit dieses Läuterungsfeuers erheblich abzukürzen. Für Luther bedeutete das einen Sittenverfall, d. h. die Kirche hatte ihre moralischen Maßstäbe verloren.

Gregor Delvaux de Fenffe, *Planet Wissen*

Identitäten

Setzen Sie das richtige Wort aus dem Kasten in die entsprechende Lücke ein. Achtung, bei den Verben müssen Sie die richtige Endung finden.

Erkenntnis	Ablass	empört sich	Schöpfer	Mönch
Fegefeuer	Fegefeuer	sich kasteit	Priester	barmherziger
Bedrohung	erlöst	Gelübde	Sünde	vorbildlich
Evangelium	Verantwortung	Jenseits	~~Nordosten~~	

1 Wittenberg liegt im _Nordosten_ Deutschlands.

2 Ein .... ist ein Mann, der sein normales Leben in der Familie und Gesellschaft aufgibt und in ein Kloster zieht. Dort lebt er zusammen mit anderen, die ihr Leben Gott und der Religion widmen.

3 Der Begriff .... kommt aus dem Altgriechischen und bedeutet so viel wie „gute Nachricht". Im Neuen Testament gibt es vier davon: benannt nach Markus, Matthäus, Lukas und Johannes.

4 Ein .... ist ein Versprechen vor Gott, das sehr ernst zu nehmen ist.

5 Gott wird auch .... genannt, weil er die Menschen und die Welt erschaffen hat.

6 Wenn man eine .... begeht, dann verstößt man gegen die 10 Gebote und andere Prinzipien des christlichen Glaubens.

7 Wenn jemand .... [zwei Wörter], dann bestraft er sich selbst, indem er sich keine Freude und kein bisschen Komfort oder Luxus erlaubt.

8 Wenn ein Mensch .... wird, dann wird er von allen Lasten, Sünden und Problemen befreit.

9 Eine neue .... zu haben bedeutet, dass man etwas begriffen oder verstanden hat.

10 Der Mensch hat die .... für seine Taten. Das heißt, er kann niemand anderem die Schuld für seine Fehler geben.

11 Der Gott, den Luther predigt, wendet sich den Menschen zu, er liebt sie und hilft ihnen, mit dem Leben fertig zu werden. Er ist ein .... Gott.

12 Die Art und Weise, in der Luther sich als Mönch verhält, könnte nicht besser sein – sie ist ....

13 Ein .... ist ein Mitarbeiter der Kirche, der mit dem Segen Gottes eine Gemeinde betreuen darf.

14 Luther kritisiert das Verhalten der Kirche immer mehr; er .... später sogar über den Zustand der Kirche.

15 Das .... nennt man alles, was nach dem Tode kommt.

16 Wenn etwas gefährlich ist, dann ist es eine .... für den Seelenfrieden oder die Sicherheit.

17 Im .... , in das jeder Christ nach dem Tode gelangte, wurde man von allen Sünden gereinigt. Je nachdem wie viel es zu reinigen gab, konnte diese Zeit ziemlich lange dauern.

18 Mit Geld konnte man einen sogenannten .... kaufen, was bedeutete, dass man nach dem Tod direkt in den Himmel kam.

GRAMMATIK UNTER DER LUPE: ADJEKTIVE

In diesem Abschnitt werden einige Adjektive verwendet, um Luther zu beschreiben.

Vervollständigen Sie die Tabelle. Die Regeln finden Sie in der Einheit 1.1.

Grundform	Komparativ	Superlativ
	jünger	
hochbegabt		
		am bekanntesten
	talentierter	

3 Textverständnis

Arbeitsbuch
2 Grammatik unter der Lupe – das Präteritum

In dem Text oben geht es vor allem um die Religion – wie wurde die Reformation im Kontext der Kirche motiviert und erklärt? Im folgenden Textabschnitt geht es dann eher um die Politik – wie konnte aus den Predigten des Augustinermönchs eine weltweite Bewegung werden?

Luther, der Reformator

Im Jahr 1517 hat Martin Luther 95 Thesen gegen den **(1)** …. formuliert. Dabei hat **Luther** noch nicht daran gedacht, endgültig aus der katholischen Kirche auszutreten. Allerdings hat sich der Inhalt der Thesen dann ziemlich schnell verbreitet und **Luthers** Schriften wurden überall gedruckt. Viele Menschen haben angefangen, immer lauter gegen die Kirche zu **(2)** …. , so dass schließlich auch der Papst in Rom davon erfuhr.

Für Rom war das Geld aus dem Ablasshandel sehr wichtig geworden – der Papst **(3)** …. davon den Bau des Petersdoms. Es gab immer wieder Auseinandersetzungen zwischen **Luther** und katholischen Theologen, die die Politik der Kirche für richtig hielten. Aber **Luther (4)** …. seine Position und forderte die Reformierung der katholischen Kirche, die seiner Ansicht nach unter **(5)** …. litt. Schließlich reichte es dem Papst und es kam zu einer sogenannten „Bannbulle" gegen **Luther**. Das bedeutete, dass **Luther** aus der katholischen Kirche ausgeschlossen wurde. Seine Schriften wurden in aller Öffentlichkeit **(6)** ….

Inzwischen ist Karl V. zum Kaiser gekrönt worden. Er wollte in seinem Reich eine starke **(7)** …. Kirche haben, wollte sich aber Luthers Argumente selbst anhören. **Luther** ist 1521 auf den Reichstag in Worms eingeladen worden – der Kaiser hat ihm das Versprechen gegeben, dass er auch frei wieder **(8)** …. durfte, egal was passierte.

Luther war sehr besorgt, weil in dieser Zeit die Gegner der Kirche durchaus manchmal einfach auf dem Scheiterhaufen verbrannt wurden. Er hatte zwar viel Unterstützung im Volk, aber auch starke **(9)** …. in der Kirche. Man wollte ihn dazu bewegen, seine Thesen und seine Argumente zurückzunehmen, also öffentlich für falsch zu erklären.

Luther hielt vor dem Reichstag eine berühmte Rede – er blieb standhaft. Wenn man ihn nicht vom Gegenteil überzeugen kann, dann muss er bei seiner **(10)** .... bleiben. Der letzte Satz seiner Rede soll so gelautet haben: „Hier stehe ich, ich kann nicht anders. Amen."

Die Kirche reagierte, indem sie **Luther** für vogelfrei erklären ließe. Das bedeutet, dass ihn jedermann im deutschen Reich **(11)** .... durfte, und dafür nicht bestraft wurde. Der Kaiser hielt sein Versprechen, und **Luther** durfte abreisen. Er hatte seine Meinung nicht geändert – die Reformation war jetzt nicht mehr aufzuhalten.

Doch jetzt war **Luthers** Leben in Gefahr – allerdings gab es inzwischen auch einige wichtige Landesfürsten, die seinen Ansichten folgten und die ihn **(12)** .... **Luther** versteckte sich auf der Wartburg beim Kurfürsten Friedrich dem Weisen.

Nach: Gregor Delvaux de Fenffe

Es gibt einige Lücken im Text; suchen Sie aus der folgenden Liste das Wort aus, welches in die jeweilige Lücke passt.

römisch-katholische   Meinung   verbrannt   Gegner   beschützten   Sittenverfall
verteidigte   Ablasshandel   finanzierte   protestieren   abreisen   töten

Arbeitsbuch

3 Textverständnis –
Der Aberglaube ist die
Poesie des Lebens
4 Schriftliche Übung

WORTSCHATZ – GLAUBE

Das Verb „glauben" bezieht sich nicht nur auf die Religion; man kann einem Politiker glauben, oder man kann an den Weihnachtsmann glauben, oder auch an Gespenster oder Vampire. Das Verb sowie das Substantiv werden im Deutschen sehr häufig benutzt, und zwar in vielen verschiedenen Situationen. Daran merkt man, wie wichtig „Glaube" für uns ist – wie auch immer er sich manifestiert.

Hier finden Sie eine Reihe von Redensarten, die mit dem Verb „glauben" oder dem Substantiv „der Glaube" in Verbindung stehen.

Ordnen Sie den nummerierten Redensarten den Buchstaben der jeweils richtigen Erklärung zu.

1 Ich glaub', mich tritt ein Pferd!

2 Glaube versetzt Berge.

3 in gutem Glauben

4 dran glauben müssen

5 vom Glauben abfallen

6 Es geschehen noch Zeichen und Wunder.

7 Das ist doch nicht zu glauben!

8 an den Klapperstorch glauben

a im Vertrauen auf die Richtigkeit

b ein Ausdruck von Ärger

c kindlich und naiv sein

d Ausdruck positiver Überraschung

e desillusioniert oder erstaunt sein

f sterben müssen oder zerstört werden

g Wer an etwas glaubt, kann viel erreichen.

h total überrascht sein

GRAMMATIK UNTER DER LUPE: PRONOMEN

Arbeitsbuch
5 Grammatik unter der Lupe – Pronomen

Pronomen, auch Fürwörter genannt, ersetzen ein Substantiv (auch Nomen genannt). Es wird zwischen folgenden Pronomen unterschieden:

Personalpronomen: Sie ersetzen Personen oder Gegenstände.

ich, du, er, sie, es, wir, ihr, sie, Sie

Die Hose ist super. **Sie** hängt im Schrank.

Possessivpronomen: Sie geben ein Besitzverhältnis an, zeigen die Zugehörigkeit.

mein, dein, sein/ihr/sein, unser, euer, ihr, Ihr

Meine Trompete ist groß, **deine** Flöte ist klein.

Demonstrativpronomen: Diese heben etwas oder jemanden hervor, weisen auf etwas oder jemanden hin.

dieser/diese/dieses

jener/jene/jenes

solcher/solche/solches

derselbe/dieselbe/dasselbe

Nehmen Sie **dieses** Brot oder **jenes**.

Indefinitpronomen: Diese werden verwendet, wenn man eine Person oder einen Sachverhalt nicht genauer bestimmen kann oder will, bzw. wenn man etwas verallgemeinern möchte.

jemand, niemand, etwas, nichts, alle, jeder, kein, manche, mehrere, etliche, man, irgendjemand

Niemand wusste, wohin man gehen sollte.

Relativpronomen: Sie beziehen sich auf ein Subjekt; mit ihnen wird ein Nebensatz eingeleitet.

der/die/das, welcher/welche/welches

Der Vater sprach zu den Kindern, **welche** (oder **die**) aufmerksam zuhörten.

Interrogativpronomen: Sie ersetzen im Fragesatz das Substantiv, nach dem wir fragen.

wer, was, welcher, wem, wen, wessen

Wer hat eine Frage gestellt? – Peter

Reflexivpronomen: Diese beziehen sich immer auf das Subjekt.

mich/mir, dich/dir, uns/euch, sich   Ich wasche* mich.

* Achtung: Es gibt einige Verben, die immer ein Reflexivpronomen brauchen: *waschen, duschen, verlieben*.

1 Vervollständigen Sie diese Tabelle von Personalpronomen im Nominativ, Akkusativ und Dativ.

Nominativ:	ich	du	er	sie	es	wir	ihr	sie/Sie
Akkusativ:	mich		ihn			uns		
Dativ:	mir	dir			ihm		euch	

2 Ergänzen Sie die fehlenden Formen.

   a Sind das Martins Bücher? Ja, sie gehören …

   b Schmeckt der Mutter die Gemüsesuppe? Ja, sie schmeckt … sehr gut.

   c Kaufst … dem Gärtner ein Taschenmesser? Ich habe es … schon gekauft.

   d … brauche ein Gesangbuch. Bringst du es …?

   e Herr Hagen kauft ein Sofa. … gefällt … sehr.

   f Johannes hat eine Jacke geschenkt bekommen. … passt … gut.

   g Du warst doch einen Monat krankgeschrieben. Wie geht es … jetzt?

   h Martin und Katharina, wie schmeckt … der Eintopf?

   i Guten Tag, Frau Meier! Wie geht es …?

   j Ich besuche dich im Winter und bringe … viele Bücher mit.

3 Lesen Sie sich den Textabschnitt zu Martin Luther noch einmal durch. In dem Text ist der Name **Luther** 13mal erwähnt worden.

   a Ersetzen Sie jedes Mal den Namen durch die richtige Form des Personalpronomens.

   b Sehen Sie sich den Text noch einmal an. Ist das ein guter Schreibstil? Warum nicht? Warum sollte man das Personalpronomen nicht immer verwenden?

4 Hörverständnis 🔊 Spur 3

Martin Luther und die Musik

Hören Sie sich den Mitschnitt einer Radiosendung über Martin Luther und die Musik an. Beantworten Sie anschließend die folgenden Fragen.

1 Wozu hat Luther als Schüler in Wittenberg sein Gesangstalent eingesetzt? …………………

2 Welche Bedeutung hatte die Musik für Luther?

   A aus dem Gottesdienst nicht wegzudenken

   B ein Zusatz zum Gottesdienst

   C das Gegenteil der Theologie

3 Luthers Lieder wurden auch gedruckt. Welches Wort bezeichnet dieses Produkt am besten?

A Notenbuch   B Gesangbuch   C Gemeindelied

4 In welchem Jahr hat man in Wittenberg die Notenbleilettern gefunden?

A 2102   B 2012   C 1212

5 In der Ausstellung wird deutlich, dass Luther neben der Theologie auch auf andere Bereiche Einfluss hatte:

A Landeskunde   B Technologie   C Handel

6 Warum haben manche Menschen die Lieder auswendig gelernt?

....

7 Wie werden Glaubens- und Katechismuslieder definiert?

A Als Medium, durch das Politik vermittelt wird.

B Als Lieder, die leicht zu singen sind.

C Als Mittel, die neuen Ideen zu verbreiten.

8 In welcher Stimmlage hat Luther gesungen?

A Alt   B Tenor   C Bass

9 Warum ist das Gesangbuch in der Wittenberger Bibliothek so besonders?

....

10 Was war das Verhältnis zwischen Luther und Senfl?

A Senfl hat Luther kritisiert.

B Luther war mit Senfl befreundet.

C Senfl hat Luther aus der Wartburg befreit.

11 Welche Bedeutung hatte die Musik für Luther?

A Sie hat trübe Gedanken verscheucht.

B Sie bereitete ihm Seelenpein.

C Sie war ihm peinlich.

5 Mündliche Übung

1 Sammeln Sie Beispiele für den Glauben an verschiedene Geister, Gespenster und außerirdische Lebewesen und schreiben Sie eine Liste. Woher kennen Sie diese Beispiele? Glauben Sie an Geister?

2 Suchen Sie sich Ihr „Lieblings-Gespenst" aus und recherchieren Sie im Internet: Was ist sein Ursprung? Wo findet man dieses Gespenst? Präsentieren Sie Ihre Ergebnisse vor der Klasse.

6 Textverständnis

Im folgenden Text werden viele Varianten fantastischer Wesen beschrieben.

Die Ziffern im Text stehen für Überschriften, die Sie im ersten Schritt der Übung einfügen sollen.

Geister und Grusel

Geister und Zombies, Werwölfe und Aliens, UFOs und Yetis: Die Welt ist voll von ihnen – glauben die einen. Totaler Mumpitz – sagen die anderen. Aber was ist wirklich dran an den diversen Gruselmonstern? Und warum finden sich in allen Kulturen Schreckgestalten, die den Menschen Furcht einflößen?

[–a–]

Geister und Schreckgestalten finden sich zu allen Zeiten und in jeder Kultur. Sie haben vielfältige Funktionen. Eine ist die Kindererziehung: Wer nicht brav ist oder nachts nicht schlafen will, muss mit einem Besuch vom Schwarzen Mann rechnen.

Geschichten mit Schreckgestalten sollen auch vor gefährlichen Orten wie Wäldern oder Gewässern warnen – ein Motiv, das sich ebenfalls in vielen Märchen findet.

[–b–]

Der Glaube an Geister und Gespenster wird psychologisch oft auf eine Personifizierung des Todes zurückgeführt: Wir Menschen können uns mit unserer Sterblichkeit nicht abfinden und so bieten Geister eine Möglichkeit, in einer anderen Form weiterzuleben, auch wenn das Herz nicht mehr schlägt.

Neben den klassischen Totengeistern gibt es noch zwei weitere Gruppen: Hausgeister und Naturgeister. Hausgeister sind den Menschen mal wohlgesonnen (Heinzelmännchen), mal treiben sie Schabernack (Kobolde), mal haben sie Böses im Sinn (Poltergeister).

Naturgeister sind oft mit den Elementen verbunden. Zwerge, Feen und Elfen hausen im Wald und in der Erde, während Nixen und Nymphen das Wasser bevölkern. Drachen und Lindwürmer gelten als Feuergeister, während Luftgeister wie der von Goethe und Shakespeare beschriebene Oberon sich um Wind und Wetter kümmern.

[–c–]

In modernen Gesellschaften hat der Glaube an Geister und Übersinnliches zwar nachgelassen, die Beschäftigung damit aber nicht. Dies geschieht heute meist in Form von Filmen und Büchern. Geister, Monster und Aliens sind ein wichtiger Teil der Populärkultur geworden.

Psychologisch gesehen können gruselige Filme und Romane dabei helfen, irrationale Ängste in einem gesicherten Rahmen auszuleben. Die Katharsis-Hypothese geht davon aus, dass der Zuschauer eines gewalttätigen Horrorfilms seine eigenen Aggressionen abbaut.

[–d–]

Je größer, desto gruseliger: Unter diesem Motto standen viele Tiermonster, die im 20. Jahrhundert das Licht der Welt erblickten. Eines der berühmtesten war 1933 King Kong: das erste Filmmonster, das nicht auf einer Buchvorlage basierte.

Als Reaktion auf die atomare Bedrohung im Kalten Krieg tauchten ab den 1950er Jahren immer mehr mutierte und zu enormer Größe angewachsene Kreaturen auf: Tarantula, die gefräßige Riesenspinne, Formicula, die gemeine Mega-Ameise, und nicht zu vergessen Godzilla, der japanische Drachenechsensaurier. In den 1970ern sorgte dann der Weiße Hai für steigende Nichtschwimmerraten.

[–e–]

Tiere können also durchaus bedrohlich sein und einen ängstigen. Da wundert es nicht, dass es auch menschliche Gruselfiguren gibt, die tierische Elemente in sich tragen.

Die bekannteste ist der Vampir, ein Untoter, der sich aus seinem Sarg erhebt und je nach Legende, Buch oder Film mehrere Eigenschaften einer Fledermaus in sich trägt. Manche Vampire können fliegen, andere verwandeln sich sogar in eine Fledermaus. Allen gemein ist: Sie sind nachtaktiv und ernähren sich von Blut.

Doch während es menschliche Draculas dabei in der Regel auf ihre Artgenossen abgesehen haben, beißen real existierende Vampirfledermäuse am liebsten in die Hälse von Rindern und Vögeln.

Wer sich vor Vampiren schützen will, hat am besten immer Knoblauch, Weihwasser, Amulette mit Kreuzen und einen spitzen Holzpflock dabei. Einmal durchs Herz gestochen, bleibt der Vampir für immer in seinem Sarg.

[–f–]

Außerirdische sind moderne Fabelwesen und die Schreckgestalten mit der größten Spannbreite in Verhalten und Persönlichkeit. Unter ihnen finden sich gefräßige Monster („Alien") und kuschelige Quasi-Familienmitglieder („ALF"), sie sind mal schöpferisch tätig („2001"), mal destruktiv („Independence Day"), es gibt sie in der sensiblen Variante („E.T."), als bösartige Quälgeister („Mars Attacks!") oder als weise Beschützer („The Abyss").

Und es gibt sie nicht nur im Kino, sondern auch in Wirklichkeit – das glauben zumindest erstaunlich viele Menschen. 9 Prozent und damit 25 Millionen US-Amerikaner haben laut einer Umfrage Mitte der 1990er Jahre schon einmal ein UFO gesehen. Darunter sind mit Jimmy Carter und Ronald Reagan sogar zwei ehemalige Präsidenten.

[–g–]

Obwohl das Universum unendlich groß ist und intelligentes außerirdisches Leben vielen Menschen somit wahrscheinlich erscheint, ist sich die Wissenschaft jenseits der Parapsychologie einig: Bislang gibt es keine verlässlichen Beweise für die Existenz von Aliens. Genauso wenig wie für die von Vampiren, Werwölfen, Yetis und Geistern. Aber das muss und wird ja niemanden daran hindern, trotzdem daran zu glauben.

Ingo Neumayer, *Planet Wissen*

Identitäten

1 In diesem Text fehlen Überschriften. Wählen Sie aus der Liste unten rechts die Überschriften aus, die am besten passen, und schreiben Sie die Nummern in die Kästchen.

a [ ]   i   Der Glaube an außerirdische Intelligenz

b [ ]   ii   Die Kultur des Grauens

c [ ]   iii   Tierisch gruselig

d [ ]   iv   Nachts erwachen die Blutsauger

e [ ]   v   Der Schwarze Mann als Erziehungshelfer

f [ ]   vi   Was tun, wenn man von Aliens entführt wird?

g [ ]   vii   Eine kleine Typologie

2 Im Text werden einige Beispiele für Hausgeister und Naturgeister angegeben. Schreiben Sie die Geister und ihre Eigenschaften in die folgende Tabelle.

Hausgeister:	Eigenschaften:
-	-
-	-
-	-

Naturgeister:	Eigenschaften:
-	-
-	-
-	-
-	-

3 Sind die folgenden Aussagen richtig oder falsch? Begründen Sie Ihre Entscheidung mit Informationen aus dem Text.

                                              richtig   falsch

a Überall auf der Welt gibt es Fantasiewesen, vor denen die Menschen Angst haben.   [X]   [ ]

Begründung: *... finden sich in allen Kulturen Schreckgestalten, die den Menschen Furcht einflößen ...*

b Geister spielen in der Kindererziehung eine wichtige Rolle.   [ ]   [ ]

Begründung: ....

c Geister können uns das ewige Leben schenken.   [ ]   [ ]

Begründung: ....

d Die riesigen Tiere, die man ab 1950 im Kino sehen konnte, waren eine Folge radioaktiver Strahlung. ☐ ☐

Begründung: ....

e Vampire sind nur nachts unterwegs und brauchen keine feste Nahrung. ☐ ☐

Begründung: ....

f Die Mehrheit der Amerikaner glaubt, dass es UFOs nicht nur im Kino, sondern auch in Wirklichkeit gibt. ☐ ☐

Begründung: ....

7 Textverständnis

Hier wird der Stoff von der Braunschweiger Band „Oomph!" in einem Lied verarbeitet. Die Band gehört zum Genre „Neue Deutsche Härte" – den Song können Sie im Internet finden und sich dort anhören.

Die Geister, die ich rief

Mein Schicksal war ein leeres Blatt,
Papier kann so geduldig sein.
Ich hatte dieses Warten satt,
seit Wochen fiel mir nichts mehr ein.
Ich starrte in das Dunkel meines Raums,
nach Stunden schlief ich endlich ein.
Sie kamen aus der Tiefe meines Traums
und krochen in mein Herz hinein.

Plötzlich waren sie in meiner Fantasie,
doch sie hatten ihren Preis.

Siehst du nicht die Geister, die ich rief?
Kamen in der Nacht, während ich schlief.
Wurden hier im Dunkel viel zu groß.
Die Geister, die ich rief, lassen mich nicht mehr los.

Man schlug mir einen Handel vor,
ich willigte nur zögernd ein.
Auch wenn ich den Verstand verlor,
ich wollte doch berühmter sein.

Dafür gaben sie mir diese Melodie,
doch sie hatte ihren Preis.

Siehst du nicht die Geister, die ich rief?
Kamen in der Nacht, während ich schlief.
Wurden hier im Dunkel viel zu groß.
Die Geister, die ich rief, lassen mich nicht mehr los.

Immer neue Güsse bringen sie herein,
tausend schwarze Flüsse stürzen auf mich ein.
Hör mich an, oh Meister, meine Not ist groß:
die ich rief, die Geister, werd ich nie wieder los.

Siehst du nicht die Geister, die ich rief?
Kamen in der Nacht, während ich schlief.
Wurden hier im Dunkel viel zu groß.
Die Geister, die ich rief, lassen mich nicht mehr los.

Columbia Records

WEITERDENKEN

TOK **Ein bekanntes Beispiel dafür, wo man dieses Motiv im wirklichen Leben finden kann, ist die Entdeckung der Kernspaltung. Die Wissenschaftler hatten eine Entdeckung gemacht, mit der man fast unbegrenzt und sehr sauber Energie gewinnen konnte, aber niemand hatte an die Atombombe oder Reaktorkatastrophen gedacht.**

Können Sie noch andere Beispiele finden?

1 Was war das Problem des Sängers?

2 Was war sein Ehrgeiz, sein Ziel?

3 Was ist der Preis, den er für die Melodie zahlt?

TIPP ZUM *EXTENDED ESSAY*

In diesem Kapitel finden Sie einige Ideen für einen interessanten *Extended Essay* in der Kategorie 3 – Literatur. Das Thema der Verantwortung der Wissenschaftler für die gesellschaftlichen Auswirkungen ihrer Erfindungen ist von verschiedenen Autoren literarisch verarbeitet worden.

Bertolt Brecht: „Leben des Galilei" (Schauspiel)

Friedrich Dürrenmatt: „Die Physiker" (Schauspiel)

Heinar Kipphardt: „In der Sache J. Robert Oppenheimer" (Schauspiel)

Charlotte Kerner: „Blueprint Blaupause" (Roman)

Dies ist eine kleine Auswahl von Werken, die sich mit dem Thema beschäftigen, aber es gibt noch weitere.

Der Vergleich zweier Texte bietet sich als Grundlage für eine präzise formulierte Forschungsfrage an, z. B.: Inwiefern stellen Kerner und Dürrenmatt in ihren Werken das Thema der Verantwortung der Wissenschaftler für ihre Erfindungen unterschiedlich dar?

„Wenn ich die Folgen geahnt hätte, wäre ich Uhrmacher geworden"

Albert Einstein

1.4 Wir und die Anderen

Macht es einen Unterschied, ob ein Mensch in der einen oder anderen Sprache kommuniziert?

Lernziele

- Die historische und aktuelle Situation der Migranten in Deutschland untersuchen

- Sich literarisch mit Vorurteilen gegen Ausländer auseinandersetzen

- Sich mündlich und schriftlich in verschiedenen Kontexten dazu äußern

- Reflexive Verben und Pronomen erkennen und anwenden lernen

In dieser Einheit geht es um Menschen, die nicht in ihrem Geburtsland aufwachsen und ein Leben lang dort leben und arbeiten. In vielen internationalen Schulen ist es ganz normal, dass Schüler und Lehrer mehrere Sprachen sprechen und in unterschiedlichen Ländern und Kulturen leben oder arbeiten. In Deutschland leben jetzt sehr viele Flüchtlinge, und die Menschen dort sind täglich mit diesen Themen konfrontiert.

---

1 Einstieg

Sie können einander jetzt, am Anfang der Einheit, folgende Fragen stellen und die unterschiedlichen Antworten diskutieren – hat sich vielleicht am Ende der Einheit etwas verändert?

1   Macht es einen Unterschied, ob ein Mensch in der einen oder anderen Sprache kommuniziert und seine Welt begreift?

2   Wenn Jugendliche Wörter aus anderen Sprachen ins Deutsche integrieren oder die deutsche Grammatik verändern, trifft dies auf Widerstand bei Kritikern, die von „falschem Deutsch" reden und die Reinheit der Sprache verteidigen. Wer bestimmt, wann eine Sprache korrekt verwendet wird? Wie denken Sie über die Integration von Elementen anderer Sprachen in eine Sprache, z. B. die englischen Einflüsse auf das Deutsche? Warum kreieren Gruppen, z. B. Jugendliche, ihre eigene Sprache aus einem Gemisch von verschiedenen Elementen?

1

> ## WUSSTEN SIE DAS?
> ### Migranten
>
> Mobilität bedeutet, dass Menschen ihr Heimatland verlassen (auswandern oder emigrieren),
> um in ein anderes Land zu gehen (dort einzuwandern oder zu immigrieren) und dann dort
> zu leben. Einige ziehen freiwillig um, andere sind gezwungen, ihr Land zu verlassen. Deren
> Kinder und Enkelkinder wachsen dann in einem Land auf, das nicht das Ursprungsland der
> Eltern ist. Man spricht von Immigranten der zweiten oder dritten Generation. Dies bedeutet,
> dass die Eltern oder Großeltern Einwanderer waren.

3   Stellen Sie Gründe zusammen, die zu Einwanderung führen. Dazu können Sie eine
    Mindmap benutzen.

4   Sammeln Sie Ideen zu Herausforderungen und Chancen, die einen Immigranten in einem
    neuen Land erwarten können.

2 Schriftliche Übung

1   Recherchieren Sie zur Einwanderung in Deutschland nach 1945.

*   Woher kamen die Menschen?

*   Warum?

*   In welchen Perioden?

*   Wo leben Sie?

2   Veröffentlichen Sie Ihre Ergebnisse als Wandausstellung.

3 Textverständnis

Arbeitsbuch
1 Wortbildung –
Vorsilben

Die folgenden Texte beschreiben deutsche Arbeitnehmer, die in Deutschland
zu Hause sind, aber aus anderen Kulturen kommen. Es handelt sich um
Erfolgsgeschichten, da die Integration und der Alltag mit mehreren Kulturen von
den Immigranten gemeistert werden.

Die Porträts: Menschen mit Migrationshintergrund im öffentlichen Dienst

Hamburg wirbt aktiv für Menschen mit Migrationshintergrund im öffentlichen Dienst. Hier einige Beispiele.

Sujeetha Hermanns (34) schreibt derzeit ihre Bachelor-Arbeit im Studium „Public Management". Sie ist multikulturell aufgewachsen, viele ihrer Verwandten haben eine andere Nationalität als sie selbst. Hermanns wurde zwar auf Sri Lanka geboren, ist aber in der Schweiz groß geworden und ist mit einem Deutschen verheiratet. „Ich hatte nie Berührungsängste und deshalb auch keine Probleme, mich zu integrieren", sagt sie. Sie unterstützt die Kampagne „Wir sind Hamburg! Bist Du dabei?" beispielsweise bei Motivationsworkshops für Jugendliche mit Migrationshintergrund. Ihre Erfahrung: „Viele denken, dass sie nicht gewollt sind und wissen nicht, dass es diese Möglichkeit einer Ausbildung bei der Stadt gibt."

Shahin Taghdimi (26) wurde im Iran geboren, kam als Fünfjähriger nach Deutschland. Er lebte mit seiner Familie zunächst in einem „Problemviertel" von Hamburg. Er ist froh, dass seine Eltern Wert darauf legten, dass er eine gute Schule besucht. „Sonst würde ich nicht so gut Deutsch sprechen und hätte kein Abitur gemacht", sagt er. Taghdimi findet es besonders gut, dass bei der Kampagne „Wir sind Hamburg! Bist Du dabei?" auch Eltern gezielt angesprochen werden. Gerade bei Jugendlichen mit türkischem, afghanischem oder iranischem Hintergrund sei es wichtig, die Familien einzubinden. „Meine Eltern erfüllt es mit Stolz, dass ich hier beim Finanzamt anfange", sagt er.

Der Feuerwehrbeamte Sinol Kahveci (38) lebt seit 32 Jahren in Deutschland, hat aber seinen türkischen Pass behalten. „Wenn man sich anpasst und die Sprache lernt, dann kommt man sehr gut klar. Ich erwarte aber auch Rücksicht auf meine Kultur und Tradition. Es ist ein Geben und Nehmen", sagt er. Wenn er als Moslem von Kollegen zum Essen eingeladen werde, nähmen sie zum Beispiel Rücksicht darauf, dass er kein Schweinefleisch isst. Umgekehrt verzichtet er darauf, alle Beschränkungen im islamischen Fastenmonat Ramadan einzuhalten, wenn er zu dieser Zeit auf einem Löschzug eingesetzt ist.

Passon Habib (24) ist Afghane, hat aber inzwischen einen deutschen Pass. Bei seinen ersten Erfahrungen im Polizeidienst hat er immer wieder festgestellt, dass Menschen mit Migrationshintergrund sehr genau zur Kenntnis nehmen, wenn ihr Gegenüber ihre Kultur kennt. „Das wirkt konfliktentschärfend, weil Menschen gelassener reagieren, wenn man auch ihre Sprache spricht", so Habib. Sein älterer Kollege Daniel Ravlić (32) findet es deshalb gut, „wenn sich die Polizei auf den multikulturellen Querschnitt der Bevölkerung einlassen kann".

Marco Heinen, bundesregierung.de

Beantworten Sie die folgenden Fragen mit kurzen Antworten.

1   Sinol Kahveci spricht von „Geben und Nehmen". Was meint er damit? Welche Beispiele gibt er hierfür?

2   Nennen Sie zwei Handlungen, mit denen die Kampagne „Wir sind Hamburg! Bist Du dabei?" Jugendliche mit Migrationshintergrund erreichen will.

3   Wie haben Shahins Eltern zu seinem Erfolg beigetragen?

4   Stellen Sie alle Vorteile zusammen, die die Integration von Menschen verschiedener Kulturen hat. Geben Sie an, wer die folgenden Argumente nennt:

   a   Vorteile für den öffentlichen Dienst

   b   Vorteile für den Migranten

5   Welcher Migrant hat seine eigene Nationalität behalten?

6   Welcher Migrant hat die deutsche Nationalität angenommen?

7   Welche Migranten sind in Deutschland aufgewachsen?

8   Welcher Migrant ist religiös?

GRAMMATIK UNTER DER LUPE: REFLEXIVE VERBEN

Im Text werden Verben benutzt, die das Verhalten auf das Subjekt des Satzes beziehen. Es sind die folgenden Verben:

- *sich integrieren*
- *sich anpassen*
- *sich einlassen (auf)*

1   Schreiben Sie die Sätze oder Satzteile auf, in denen die Verben vorkommen. Vorsicht, das Reflexivpronomen *sich* verändert sich (*mich, dich, sich, uns, euch*).

2   Kennen Sie noch weitere Beispiele von Verben, die ein Reflexivpronomen brauchen? Schreiben Sie alle auf und üben sie diese mit einem Partner. Einer von Ihnen nennt ein Verb und ein Pronomen, der andere bildet die richtige Verbform mit Reflexivpronomen.

   Beispiel
   Partner A: sich verlaufen – wir
   Partner B: wir verlaufen uns

3   Im Text fehlen die Reflexivpronomen. Ergänzen Sie das richtige Pronomen.

   Ich habe **(1)** …. verletzt.

   Beruhige **(2)** …. . Der Notarzt wird **(3)** …. bemühen, so bald wie möglich hier zu sein. Wir sollten **(4)** …. darüber informieren, ob du **(5)** …. hinlegen darfst.

Arbeitsbuch

2 Grammatik unter der Lupe – reflexive Verben

4 Hörverständnis 🔊 Spur 4

Mit Flüchtlingen am Arbeitsplatz in die Zukunft

1 Warum hat die deutsche Wirtschaft in der Zukunft vielleicht ein Problem?

2 In welchem Beruf gibt es besonders viele Arbeitsplätze? Ein Beruf, in dem … ☐

   A mit den Händen gearbeitet wird.

   B man Sprachkenntnisse braucht.

   C es zu viele Fachleute gibt.

3 Was suchen Menschen, die aus ihren Heimatländern nach Deutschland kommen? ☐

   A eine Karriere mit hohem Einkommen

   B den kulturellen Austausch

   C eine Bleibe und einen Job

4 Wie lange bereitet die Simon Mueller AG ausgewählte Flüchtlinge auf ihre zukünftige Ausbildung vor? ☐

   A einen halben Monat

   B ein halbes Jahr

   C vier Wochen

5 Es gibt einen alternativen Weg in eine Berufsausbildung bei Simon Mueller – welchen? ☐

   A über ein Bewerbungsgespräch

   B über einen Internet-Sprachtest

   C über eine private Empfehlung

6 Welches andere große Unternehmen, außer Simon Mueller, stellt Flüchtlinge ein?

7 Was brauchen Flüchtlinge hier für Vorkenntnisse?

8 Was ist die erste Station bei diesem Job?

9 Was ist das Positive am Außendienst?

SPRACHE UNTER DER LUPE: ZUSAMMENGESETZTE SUBSTANTIVE

Unten finden Sie einige Substantive, die in den ersten Sätzen des Textes zusammengesetzt vorkommen.

Schreiben Sie die sechs zusammengesetzten Substantive auf – Achtung, eines brauchen Sie zweimal!

Markt	Stand	Leute	Kräfte	Beruf	
Staaten	Fach	Arbeit	Ruhe	Industrie	Feld

5 Textverständnis

Die folgende Kurzgeschichte kehrt zum Thema Vorurteile zurück. Diesmal geht es um die Vorurteile, die Ausländern in Deutschland begegnen. Es geht darum, was passieren kann, wenn jemandem Unrecht geschieht.

Im Text fehlen Überschriften, die Sie im zweiten Schritt der Textverständnisübung einordnen müssen.

Arbeitsbuch

3 Wortschatz – öffentliche Verkehrsmittel

Machtspiel

[–a–]

Tayfun ist still. Sein Leben ist routiniert. Er ist fleißig in der Schule, gut im Sport und loyal zu seinen Freunden. Schule, Sport, Freunde. Schule, Sport, Freunde. Ein ruhiger Mensch. Eine geballte Faust.

[–b–]

Es ist Donnerstagabend vor ein paar Jahren in Hamburg. Tayfun ist fertig mit dem Kickbox-Training und schaut auf die Uhr. In 15 Minuten schließt die Servicestelle des Hamburger Verkehrsverbunds in Billstedt. Er rennt los. Morgen macht seine Klasse einen Ausflug, seine Monatskarte ist abgelaufen. Er muss sie heute unbedingt erneuern.

[–c–]

Als er erschöpft ankommt, hat der Schalter bereits geschlossen. Dann entdeckt er das Schild: Die Servicestelle am Hauptbahnhof habe heute noch bis 20 Uhr auf. Sieben Stationen und 12 Minuten. 62 Euro hat er dabei. Exakt so viel, wie die Monatskarte kostet. Nicht mehr. Er steigt trotzdem in die Bahn, ohne Ticket. Wird schon.

[–d–]

Als er am Hauptbahnhof aussteigt, geht es nur langsam voran. Oben, am Ende der Treppe, stehen Fahrkartenkontrolleure und lassen niemanden unkontrolliert durch. Tayfun versucht es trotzdem. „Fahrkarte?", fragt ihn der Kontrolleur. „Ich war gerade auf dem Weg mir eine Monatskarte zu holen", erklärt Tayfun. Jetzt ist er doch ein bisschen aufgeregt. „Ja, ja, erzähl das der Polizei!", sagt der Kontrolleur, nimmt ihn am Arm und führt ihn aus der Menge. Tayfun ist überrascht. „Warum denn gleich die Polizei? Ich sagte Ihnen doch, ich war gerade dabei meine Monatskarte zu holen. In Billstedt hatten sie zu", ruft er. Der Kontrolleur zerrt ihn in einen Hinterraum.

[–e–]

Tayfun hat Angst, das hatte er nicht erwartet. Zwei Polizisten betreten den Raum. Tayfun versucht, sich zu erklären. Einer der Polizisten baut sich vor ihm auf. „Setz dich!", sagt er. Ein Machtspiel. Tayfun kann nicht glauben, was passiert. „Nein, ich setz mich nicht!" – „Setz dich!" – „Hier!", Tayfun holt aus seiner Hosentasche den sorgfältig ausgefüllten und gefalteten Bogen für die Monatskarte und knallt ihn zusammen mit dem Geld auf den Tisch, „Sehen Sie?" Der Polizist packt ihn an den Schultern und drückt ihn auf den Stuhl. „Setzen!" Tayfun wehrt sich. Sofort schlägt ihn der Polizist zusammen mit seinem Kollegen auf den Boden. Tayfun fühlt, wie sich seine Schulter verrenkt. Er versucht, sich zu befreien. Die Polizisten drücken noch fester zu – und der Kontrolleur trifft Tayfun mit dem Knie mitten ins Gesicht.

[–f–]

Ein Passant, der gerade an der offenen Tür vorbeigeht, beobachtet die Szene und stürmt rein. „Was machen Sie?", ruft er. Tayfun gibt auf.

[–g–]

Es folgen zwei Gerichtsverhandlungen. Tayfuns Vater ist sauer auf seinen Sohn. Trotzdem heuert er einen Anwalt an. Viel Geld geht drauf. Der Passant ist nicht auffindbar. Ein junger Deutschtürke gegen zwei Polizisten und einen Kontrolleur. Tayfun muss 20 Sozialstunden ableisten, wegen Widerstand gegen die Staatsgewalt. Er sei milde, sagt der Richter über sich, weil Tayfun nicht vorbestraft sei.

[–h–]

So fängt Tayfuns Routine an. Still nimmt er das Urteil entgegen. Still leistet er die Sozialstunden ab. Still bleibt er.

Er schaut Fremden nicht mehr in die Augen. Manchmal selbst Freunden nicht. Dann knirscht er mit den Zähnen. Seine Augen sprechen tausend Worte. Tayfun presst die Lippen zusammen und geht. Mit seiner immer geballten Faust.

Kübra Gümüsay, *Tageszeitung*

1 Was ist in Tayfuns Leben wichtig? Kreuzen Sie an.

a Partys ☐

b gute Freunde ☐

c Erfolg im Sport ☐

d Geld ☐

e gute Leistungen in der Schule ☐

Identitäten

2 In diesem Text fehlen Überschriften. Wählen Sie aus der Liste unten rechts die Überschriften aus, die am besten passen, und schreiben Sie die Nummern in die Kästchen.

a ☐   i   Hilfe naht?

b ☐   ii   Schnell noch die Monatskarte verlängern

c ☐   iii   Vor Gericht – ein gerechtes Urteil?

d ☐   iv   Leben mit dem Unrecht – innere Immigration

e ☐   v   Auf der Polizeiwache – wer bricht das Gesetz?

f ☐   vi   Tayfun muss zum Hauptbahnhof – ohne Ticket?

g ☐   vii   Tayfun – ein Musterdeutschtürke

h ☐   viii   Erwischt! Aber warum gleich zur Polizei?

3 Kreuzen Sie an, ob die folgenden Aussagen aufgrund des Textes richtig oder falsch sind. Begründen Sie Ihre Antwort mit Informationen aus dem Text.

        richtig   **falsch**

a Tayfun verbringt seine Freizeit nicht nur vor dem Fernsehen.   ☒   ☐

Begründung: _Schule, Sport, Freunde_ ....

b Tayfun muss eine neue Fahrkarte kaufen, da er die alte verloren hat.   ☐   ☐

Begründung: ....

c Tayfun kauft keine Fahrkarte zum Hauptbahnhof, da ihm das Extrageld fehlt.   ☐   ☐

Begründung: ....

d Der Kontrolleur hört Tayfuns Erklärung zu.   ☐   ☐

Begründung: ....

e Die Polizisten wenden Gewalt an.   ☐   ☐

Begründung: ....

f Tayfun macht, was die Polizisten wollen und bleibt freundlich.   ☐   ☐

Begründung: ....

g Die Polizisten verletzen Tayfun im Gesicht.   ☐   ☐

Begründung: ....

h   Ein Passant greift ein und verhilft Tayfun zu seinem Recht.   ☐ ☐

Begründung: ....

i   Tayfuns Vater unterstützt den Sohn.   ☐ ☐

Begründung: ....

WORTSCHATZ

Hier finden Sie eine Liste von Wörtern, die verschiedene Begriffe aus dem Wortfeld Justiz, Polizei und Verbrechen gehören.

Verbinden Sie die Begriffe mit den richtigen Definitionen. „Das Recht", „Jura" und „die Justiz" sollten zur Vorbereitung nachgeschlagen und übersetzt werden.

Begriff

1 die Gerichtsverhandlung

2 der Anwalt

3 der Staatsanwalt

4 der Verteidiger

5 das Plädoyer

6 der Richter

7 die Anklage

8 der Zeuge

9 das Urteil

10 die Gerechtigkeit

Definition

a zusammenfassende Rede eines Rechtsanwaltes vor Gericht

b eine Entscheidung, die einen Rechtsstreit abschließt

c Durchführung eines Rechtsstreites

d Beschuldigung vor Gericht

e ein Jurist, der einen Bürger in einem Rechtsstreit vertritt

f ein Jurist, der für den Staat als öffentlicher Ankläger handelt

g jemand, der ein Verbrechen miterlebt hat und aus eigener Erfahrung darüber sprechen kann

h jemand, der im Namen des Staates in einem Rechtsstreit entscheidet

i Prinzip eines Verhaltens, das jedem zu gleichen Teilen sein Recht gewährt

j ein Jurist, der für einen beschuldigten Bürger spricht

6 Mündliche Übung

Die folgende Simulation erlaubt Ihrer Gruppe, Gerichtsverhandlungen nachzuspielen. Die zwei Szenarien beruhen beide auf der Kurzgeschichte. Das erste Szenario ergänzt die Geschichte, das zweite erlaubt Ihrer Klasse einen alternativen Ausgang des Geschehens zu erfinden.

Die Sprache in einer Gerichtsverhandlung ist formell, Plädoyers des Anwaltes und des Staatsanwaltes sind überzeugend und enthalten Fakten. Eine Zeugenbefragung ist Teil der Verhandlung, um Fakten und Details festzustellen. Das Urteil muss begründet werden.

1   Stellen Sie die Gerichtsverhandlung in der Klasse nach. Verteilen Sie die folgenden Rollen:

- Richter
- Angeklagter: Tayfun
- Tayfuns Anwalt

- Kläger: Staatsanwalt
- Zeugen: Polizisten und Kontrolleur

2   Nun spielen Sie eine Gerichtsverhandlung, bei der der Passant als Zeuge auftritt und die Polizisten und der Kontrolleur die Angeklagten sind. Verteilen Sie die folgenden Rollen:

- Richter
- Angeklagte: Polizisten und der Kontrolleur
- Anwalt der Polizisten und des Kontrolleurs
- Kläger: Tayfun
- Zeuge: Passant

3   Welches Urteil wird in der zweiten Verhandlung gefällt? In welcher Verhandlung wird gerecht geurteilt und warum halten Sie das Urteil für gerecht?

7 Schriftliche Übung

HL

Entscheiden Sie sich in Absprache mit Ihrem Lehrer für eine der folgenden Übungen.

Zunächst müssen Sie eine Textsorte aussuchen, die für die Aufgabe geeignet ist. Denken Sie dabei an den Kontext, das Ziel und die Leserschaft. Sie sollten für *SL* 250–400 Wörter und für *HL* 450–600 Wörter schreiben. Nutzen Sie auch die entsprechende Checkliste aus Kapitel 6.

1 Der Passant entscheidet sich am Ende doch, den Vorfall zu melden. Welche Textsorte würde man für so eine Meldung wohl verwenden?

2 Versuchen Sie sich vorzustellen, inwiefern Tayfuns Leben anders verlaufen wäre, wenn der Passant eingegriffen hätte. Schreiben Sie ein neues Ende für die Kurzgeschichte.

3 Tayfun merkt, dass er das Stillsein und die Ungerechtigkeit nicht länger erträgt. Er erzählt die Begebenheit einem Vertrauenslehrer an seiner Schule. Der Lehrer möchte sich an die Öffentlichkeit wenden – er will, dass so viele Menschen wie möglich von dem Vorfall erfahren und Tayfun unterstützen. Mit welcher Textsorte könnte man dieses Ziel erreichen?

> **WEITERDENKEN**
>
> **Im Text verhalten sich einige Personen nicht richtig. Sie legen ihrem Handeln nicht Grundwerte wie Gleichheit, Gerechtigkeit und Respekt vor anderen zugrunde.**
>
> **Welche Menschen sind dies? Diskutieren Sie auch das Verhalten des Passanten.**

8 Mündliche Übung

Versetzen Sie sich in die Lage eines in Deutschland neuangekommenen Asylbewerbers.

1 Was muss man in dieser Situation alles wissen? Sammeln Sie eine Liste von Fragen.

Hier sind einige Stichworte, die Ihnen helfen können.

- Unterkunft
- Ernährung
- Sprachunterricht
- Schule
- Geld/Bankkonto
- Asylantrag
- Hilfsorganisationen
- Kirche
- … usw.

2 Überlegen Sie jetzt in Partnerarbeit, welche Probleme in verschiedenen Bereichen auftreten können, wenn man in einer fremden Kultur lebt. Versuchen Sie, so viele Details wie möglich zu finden; benutzen Sie auch das Internet, um sich ein Bild zu machen. Tragen Sie Ihre Ergebnisse der Klasse vor.

> **Arbeitsbuch**
>
> 4 Wortschatz – Amtsdeutsch
> 5 Textverständnis – Einen Antrag auf Erteilung eines Antragsformulars

1

9 Textverständnis

Hier finden Sie einige Aussagen, die das Asylverfahren zusammenfassen. Bringen Sie diese mithilfe des Diagramms in die richtige Reihenfolge und schreiben Sie Zahlen von 1 bis 7 in die Kästchen. Achtung, es gibt weniger Sätze, als Schritte im Diagramm zu finden sind.

☐ In Deutschland wird jeder Asylbewerber genau zu den Gründen seiner Flucht befragt.

☐ Die Behörde entscheidet, ob der Asylsuchende bleiben darf.

☐ Die erste Unterkunft ist in einem der Bundesländer, darf aber nicht frei ausgesucht werden.

☐ Alle Informationen werden von der Ausländerbehörde gesammelt.

☐ Die Asylbewerber müssen ihren Antrag selbst stellen; sie dürfen nicht jemand anderen damit beauftragen.

☐ Gleich nach der Ankunft wird der Asylbewerber registriert.

☐ Wenn die Behörde entscheidet, dass der Antrag gerechtfertigt ist, darf der Bewerber im Land bleiben.

ASYLVERFAHREN IN DEUTSCHLAND

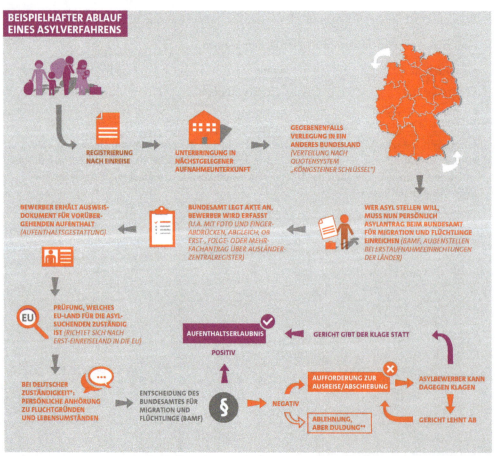

BEISPIELHAFTER ABLAUF EINES ASYLVERFAHRENS

REGISTRIERUNG NACH EINREISE → UNTERBRINGUNG IN NÄCHSTGELEGENER AUFNAHMEUNTERKUNFT → GEGEBENENFALLS VERLEGUNG IN EIN ANDERES BUNDESLAND (VERTEILUNG NACH QUOTENSYSTEM „KÖNIGSTEINER SCHLÜSSEL")

WER ASYL STELLEN WILL, MUSS NUN PERSÖNLICH ASYLANTRAG BEIM BUNDESAMT FÜR MIGRATION UND FLÜCHTLINGE EINREICHEN (BAMF, AUSSENSTELLEN BEI ERSTAUFNAHMEEINRICHTUNGEN DER LÄNDER)

BUNDESAMT LEGT AKTE AN, BEWERBER WIRD ERFASST (U.A. MIT FOTO UND FINGER-ABDRÜCKEN, ABGLEICH, OB ERST-, FOLGE- ODER MEHR-FACHANTRAG ÜBER AUSLÄNDER-ZENTRALREGISTER)

BEWERBER ERHÄLT AUSWEIS-DOKUMENT FÜR VORÜBER-GEHENDEN AUFENTHALT (AUFENTHALTSGESTATTUNG)

EU PRÜFUNG, WELCHES EU-LAND FÜR DIE ASYL-SUCHENDEN ZUSTÄNDIG IST (RICHTET SICH NACH ERST-EINREISELAND IN DIE EU)

BEI DEUTSCHER ZUSTÄNDIGKEIT*: PERSÖNLICHE ANHÖRUNG ZU FLUCHTGRÜNDEN UND LEBENSUMSTÄNDEN → ENTSCHEIDUNG DES BUNDESAMTES FÜR MIGRATION UND FLÜCHTLINGE (BAMF)

POSITIV AUFENTHALTSERLAUBNIS ← GERICHT GIBT DER KLAGE STATT

NEGATIV → AUFFORDERUNG ZUR AUSREISE/ABSCHIEBUNG → ASYLBEWERBER KANN DAGEGEN KLAGEN → GERICHT LEHNT AB

ABLEHNUNG, ABER DULDUNG**

* wenn nicht: Überstellung in Erst-Einreiseland   ** z.B.: bei Reiseunfähigkeit   Stand: September 2015

10 Mündliche Übung

Viele von Ihnen wissen wie es ist, in mehreren Sprachen zu leben. Sie haben vielleicht erfahren, dass Sprache nicht nur ein Mittel der Verständigung ist, sondern viel mit Identität und Gefühlen zu tun hat. Was bedeutet es für Sie, mit mehreren Sprachen aufzuwachsen?

Diskutieren Sie in der Gruppe, welche Sprachen Sie kennen und inwiefern das Leben mit mehreren Sprachen für Ihren Alltag und Ihre eigene Persönlichkeit wichtig ist.

WORTSCHATZ

Hier bereiten Sie den Wortschatz für den nächsten Lesetext vor und lernen Sie dabei eine Reihe von nützlichen idiomatischen Redewendungen bzw. Verben kennen.

Ordnen Sie den folgenden Ausdrücken aus dem Artikel das jeweils richtige Synonym zu.

Ausdruck aus dem Artikel		Synonym
1 die Wände hoch gehen	☐	a betonen
2 bangen	☐	b gut reden können
3 nicht auf den Mund gefallen sein	☐	c sehr wütend werden
4 erforschen	☐	d wechseln
5 anerkennen	☐	e respektieren
6 sich einstellen auf	☐	f ins Auge fassen
7 beschimpfen	☐	g berücksichtigen
8 hervorheben	☐	h wütend machen
9 umschalten	☐	i untersuchen
10 anstreben	☐	j beleidigen, angreifen
11 ärgern	☐	k Angst haben

11 Textverständnis

Viele Menschen sprechen neben Deutsch andere Sprachen, die auch das dort gesprochene Deutsch beeinflussen. So verändern sie die deutsche Sprache, schaffen eine Variante, z. B. das Kiezdeutsch, über die Sie im folgenden Artikel mehr erfahren. Kiezdeutsch ist eine Jugendsprache, die ein gutes Beispiel dafür ist, dass Sprache dynamisch ist und die Realität der sie sprechenden Kultur widerspiegelt sowie die Identität einer Gruppe stärkt.

Lass ma' lesen, yallah!

Bei Kiezdeutsch gehen Sprachbewahrer die Wände hoch. Sie bangen um die Reinheit der Sprache Goethes oder Schillers. Weil sie den Schulhof-Slang für wertvoll hält, wird Sprachforscherin Heike Wiese regelmäßig angefeindet. Sie findet: Die Jugendsprache ist oft viel logischer als Standarddeutsch.

Sharon Wendzich, 18, ist nicht auf den Mund gefallen, aber eines Tages blieb sie sprachlos auf der Straße stehen. Sie redete gerade mit ihren Freunden, als ein älteres Ehepaar auf sie zukam und einer der beiden fragte: „Wie sprecht ihr Jugendlichen eigentlich heutzutage?" Viele Monate ist das schon her und nun sitzt Sharon in der Bibliothek der Carl-von-Ossietzky-Schule in Berlin-Kreuzberg und erzählt diese Anekdote, während neben ihr die Sprachwissenschaftlerin Heike Wiese, 46, verständnisvoll nickt.

Die Professorin der Universität Potsdam erforscht seit den neunziger Jahren Kiezdeutsch – den Slang der Jugendlichen in den Multikulti-Vierteln deutscher Städte. Arabisch klingende Worte wie „yallah" („Auf geht's!") gehören in diesen Gegenden zum Wortschatz selbst deutschstämmiger Jugendlicher. Und der Satz „Gestern war ich Schule" wird allgemein als richtig anerkannt – auch wenn Präposition und Artikel fehlen.

Mitte Februar bringt Wiese ihr Buch „Kiezdeutsch. Ein neuer Dialekt entsteht" auf den Markt und stellt sich auf erboste Reaktionen ein – denn der Jugendslang ist ein hochemotionales Thema. Immer, wenn darüber etwas in den Medien erscheint, wird sie von Kritikern beschimpft, die die Reinheit der Sprache gefährdet sehen. Einmal habe jemand sogar gedroht, ihren beiden kleinen Töchtern etwas anzutun, sagt Wiese.

Die Professorin kämpft dafür, dass Kiezdeutsch als Dialekt anerkannt wird. Wer Wiese wütend erleben will, der sagt am besten, Kiezsprache sei falsches, schlechtes Deutsch. Wiese ist überzeugt, dass die Sprache aus den sozialen Brennpunkten oftmals logischer ist als Standarddeutsch. Die häufige Verwendung des Wörtchens „so" sei ein Beispiel – es werde benutzt, um die Bedeutung eines Objekts hervorzuheben: „Sind wir so Kino gegangen".

Wiese ist überzeugt, dass Kiezdeutsch sprechende Jugendliche von einem Moment auf den anderen zur formalen Sprache umschalten können. „Niemand spricht mit seiner Lehrerin so wie mit Freunden – außer man will die Lehrerin ärgern", sagt sie.

Umschalten zwischen Arabisch, Deutsch und Kiezdeutsch

Doch wie entstand der Slang? Vor allem, indem junge Menschen mit einer breiten Sprachkompetenz in deutschen Städten zusammenkämen, lautet Wieses Theorie. Es sei dabei vielerorts ein „Multiethnolekt" entstanden – also ein Dialekt, der sich aus diversen ethnischen Wurzeln gebildet hat. Dominierend seien dabei die türkisch- und arabischsprechenden jungen Leute gewesen.

Zu denen gehört etwa Dalia Hibish, 15. Auch sie besucht eine Kreuzberger Schule und arbeitet mit in einem Sprachprojekt, das Heike Wiese begleitet. Dalias Familie stammt aus dem Irak. Zu Hause spricht sie oft Arabisch, die meisten Verwandten leben in Australien und sprechen Englisch, im Unterricht redet sie Deutsch und auf dem Schulhof auch mal ein bisschen Mischmasch.

Kiezdeutsch zu sprechen mache auch gebildeten Jugendlichen einfach Spaß, sagt die Schülerin Aichat Wendlandt, die in Madagaskar geboren wurde. Weder Sharon, noch Dalia oder Aichat, die alle das Abitur anstreben, sprechen tatsächlich ständig Kiezdeutsch. Der Slang sei einfach nur die vorherrschende Sprache in ihrer Umgebung und manchmal rutsche man eben hinein, sagen alle drei.

Auch Sharon, die keine ausländischen Wurzeln hat, ist mit dem Multikulti-Slang vertraut und erzählt, wie sie einmal versehentlich in einer schriftlichen Schularbeit in den Jargon rutschte. Die Lehrerin habe an den Rand geschrieben: „Was willst du mir damit sagen?" Aber das passiere wohl jedem mal, der wie sie seit acht Jahren eine Kreuzberger Schule besucht, sagt Sharon.

Jens Twiehaus, *Spiegel/dapd*

1   Was ist Kiezdeutsch? Wer spricht es? Wo? Wer versteht es? Geben Sie kurze Antworten.

2   Wessen Eltern kommen aus welchem Land? Ordnen Sie zu.

Dalia Hibish	☐		A USA	D Irak
Aichat Wendlandt	☐		B Türkei	E Madagaskar
Sharon Wendzich	☐		C Deutschland	F Spanien

3   Übersetzen Sie die folgenden Sätze aus dem Kiezdeutsch ins Standarddeutsch:

• Gestern war ich Schule.

• Sind wir so Kino gegangen.

• Yallah.

WEITERDENKEN

Der Text spricht von der Veränderung der deutschen Sprache durch Einflüsse aus anderen Sprachen und von der Bereicherung, die viele Sprachen mit sich bringen. Die folgenden Zitate sollen Sie dazu anregen, sich zu diesem Thema eine eigene Meinung zu bilden.

„Warum soll in deutschsprachigen Gebrauchsanweisungen nicht ‚Rechner‘ statt ‚Computer‘, ‚Luftkissen‘ statt ‚Airbag‘, ‚Programm‘ statt ‚Software‘ stehen?"   *Christoph Böhr*

„Sprache ist Konstrukteur unserer Identität."   *Björn Engholm*

„Jeder interkulturelle Dialog wird zum Geschwätz, wenn kein Selbstbewusstsein von der eigenen Kultur vorhanden ist."   *Roman Herzog*

„Du hast so viele Leben, wie du Sprachen sprichst."   *Aus Tschechien*

„Wer fremde Sprachen nicht kennt, weiß nichts von seiner eigenen."   *Johann Wolfgang von Goethe*

1 Wählen Sie das Zitat, das Ihrer Meinung am nächsten kommt, und erläutern Sie an Beispielen, warum Sie die Meinung des Verfassers teilen.

2 Wählen Sie ein Zitat, dem Sie nicht zustimmen, und sammeln Sie Beweise und Beispiele, die Ihre Meinung untermauern.

3 Jeder in der Klasse versucht, einen Partner zu finden, der sich mit dem gleichen Zitat identifiziert, und diskutiert die Begründungen.

4 Suchen Sie einen Partner, der nicht Ihrer Meinung ist, und diskutieren Sie. Wer stimmt wen um?

ZUR DISKUSSION

In dem Artikel werden zwei Aspekte des Lebens mit mehreren Sprachen angesprochen: Die Jugendlichen wechseln nicht nur die Sprache, sondern sie wechseln auch zwischen Kulturen mit unterschiedlichen Werten und Regeln. Dabei kann durch die Vermischung mit den Sprachen der Migranten eine andere deutsche Sprache entstehen.

Diskutieren Sie die folgenden Fragen zum Leben mit mehreren Sprachen und Kulturen:

1 Macht es einen Unterschied, ob ein Mensch in der einen oder anderen Sprache kommuniziert und seine Welt begreift? Ist Dalia zu Hause in Arabisch eine andere als in der Schule mit ihren Freunden, wo sie Deutsch spricht?

2 Wenn Jugendliche Wörter aus anderen Sprachen ins Deutsche integrieren oder die deutsche Grammatik verändern, trifft dies auf Widerstand: Kritiker reden von „falschem Deutsch" und verteidigen die Reinheit der Sprache. Wer bestimmt, wann eine Sprache korrekt verwendet wird? Wie denken Sie über die Integration von Elementen anderer Sprachen in eine Sprache, z. B. die englischen Einflüsse auf das Deutsche? Warum kreieren Gruppen, z. B. Jugendliche, ihre eigene Sprache aus einem Gemisch von verschiedenen Elementen?

3 Über diese Fragen haben Sie bereits am Anfang der Einheit gesprochen. Hat sich an Ihrer Meinung etwas geändert? Wenn ja, warum?

Erfahrungen

2

2.1 Prägende Einflüsse

Welchen Einfluss haben Kulturen auf eine Stadt und ihre Bewohner?

Lernziele

- Die Einflüsse verschiedener Kulturen auf Deutschlands Hauptstadt untersuchen

- Mögliche Lösungsansätze zur besseren Verständigung und Toleranz im multikulturellen Berlin finden

- Über zwischenmenschliche Probleme, die durch den Bau der Berliner Mauer entstanden, nachdenken

- Mündlich und schriftlich auf damit verbundene Fragen reagieren

In dieser Einheit wird Berlin als multikulturelles Zentrum vorgestellt, welches von den Einflüssen der hier aufeinandertreffenden Kulturen geprägt wurde: Welche Vorteile resultierten daraus für die Stadt? Aber welche Spannungen und Probleme sind damit auch verbunden?

Hinzu kommt, dass Berlin 28 Jahre lang eine geteilte Stadt war, deren Teile sich aufgrund von zwei verschiedenen Gesellschaftssystemen unterschiedlich entwickelten.

WUSSTEN SIE DAS?
Berlin nach 1945

Von 1947 bis 1990 war Berlin in Ost- und Westberlin geteilt. Die Grenze zwischen der Bundesrepublik und der Deutschen Demokratischen Republik (DDR) ging mitten durch die Stadt. 1961 schloss die DDR-Regierung die Grenze und baute die Berliner Mauer, die am 9. November 1989 geöffnet wurde. Mit der Wiedervereinigung 1990 wurde Berlin wieder deutsche Hauptstadt und ist gleichzeitig die größte Stadt Deutschlands. Hier haben das deutsche Parlament – der Bundestag – und die Bundesregierung ihren Sitz. Berlin ist heute eine der populärsten Städte Europas. Viele Künstler und Musiker kommen wegen der kreativen Atmosphäre nach Berlin. Touristen aus aller Welt besuchen die Stadt. Berlin ist multikulturell und international, viele Menschen aus der ganzen Welt leben hier.

1 Einstieg

Lernen Sie durch Recherche im Internet Berlin selbst kennen. Bereiten Sie dann eine Reise nach Berlin für Ihre Klasse vor. Das Thema der Reise ist das Zusammenleben verschiedener Kulturen, also Multikulturalität. Das Programm der Reise und die Orte, die besichtigt werden, sollen den multikulturellen Charakter der Stadt und ihrer Geschichte zeigen: Recherchieren Sie zur Stadt und ihrem Angebot. Stellen Sie ein Programm für ein Wochenende zusammen, das Sie der Klasse in einem Vortrag vorstellen.

Arbeitsbuch
1 Textverständnis –
Selam Berlin

2 Textverständnis

Der Zeitungsbericht beschreibt, wie Jugendliche aus Brandenburg das Zusammenleben vieler Kulturen in Berlin kennenlernen. Besonders im Stadtteil Kreuzberg leben viele Menschen mit Migrantenhintergrund.

BUNTES BERLIN

Drei junge deutsch-türkische bzw. kurdische Kreuzbergerinnen laden Jugendgruppen, Schulklassen und Familien aus Brandenburg in ihr Stadtviertel ein.

Zuhause sind sie vor den Toren Berlins, in einem Ort mit ein paar tausend Einwohnern: Schülerinnen und Schüler der Gesamtschule Petershagen. Mit S-Bahn und U-Bahn dauert es eine Stunde, dann sind die Jugendlichen in einer für sie fremden Welt: in Kreuzberg, einem Stadtteil von Berlin. Hier wohnt die „Multikulti"-Gesellschaft. In Kreuzberg leben 160.000 Menschen aus hundert Nationen. Fast ein Drittel sind Migranten, die meisten von ihnen Türken oder türkischer Herkunft. Darum wird Kreuzberg auch „Klein-Istanbul" genannt. Kaum zu glauben, aber wahr: Keiner der Schüler aus Brandenburg war schon mal hier. Alle haben Vorurteile oder irgendeine ungenaue Vorstellung vom Leben und von den Leuten in Kreuzberg: „Die meisten haben eine andere Religion als wir Europäer", meint der 15-jährige Falk. „Überall gibt es Gekritzel an den Wänden", hat die 14-jährige Stefanie im Fernsehen gesehen. Der 16-jährige Michael hat von Straßengangs gehört. Er spielt den starken Mann: „Wenn die mich anmachen und beleidigen, werde ich rabiat."

Stadtführerin Nadja führt ihre Schülergruppe ins Kreuzbergmuseum. Vor einem Modell des Stadtteils mit allen Häusern und Straßenzügen erklärt sie den Schülern die Geschichte ihres „Kiez"[1]. In den sechziger Jahren warb Deutschland Arbeitskräfte aus dem Ausland an, die sogenannten „Gastarbeiter". Die Mieten in Kreuzberg waren niedrig, weil die Wohnungen von Deutschen nicht so begehrt waren, erläutert Nadja. Denn viele Häuser standen ziemlich nahe an der Berliner Mauer. Ein Teil von Kreuzberg war sogar von drei Seiten von der Mauer umgeben.

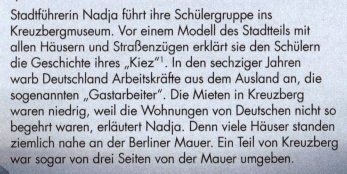

Nadja berichtet auch von den Studenten, die hier billige Wohnungen suchten. Und von den Hausbesitzern, die ihre Gebäude verfallen und leer stehen ließen. Damals begann die wilde Zeit der Kreuzberger Hausbesetzer. Junge Leute zogen gegen den Willen der Besitzer in die leer stehenden Häuser.

Hausbesetzer gibt es heute nicht mehr, dafür aber ein buntes Gemisch von Geschäften, Galerien und Werkstätten. Nadja führt ihre Gäste in einen Spezialitätenladen mit ungewöhnlichen Gewürzen, Gemüse- und Obstsorten. Sie verteilt Kichererbsen zum Probieren. So richtig begeistert sind die Brandenburger nicht. „Schmeckt eigenartig", sagen sie.

Um die Ecke, in einem türkischen Café, gibt es Tee. Falk, Anika und die anderen können sich dort endlich einmal setzen. „Manche Teesorten kannte ich nicht ", erzählt Stefanie. „Das hat gut geschmeckt, besonders der Apfeltee." Von Nadja hören sie, dass Frauen selten in das Café gehen. Hier treffen sich eher die türkischen Männer, um zu reden, Tee zu trinken oder Brettspiele zu spielen. Ein paar Meter vom Eingang des Cafés entfernt lernen die Schüler noch etwas über die wechselvolle Geschichte des Stadtteils: „Stolpersteine" auf dem Fußweg erinnern an Juden, die in Kreuzberg gewohnt haben und im Dritten Reich deportiert und getötet wurden.

Anika und Stefanie: „Das Projekt hat 'ne Menge Vorurteile beseitigt." Es hilft, die Neugierde der Jugendlichen zu wecken und Berührungsängste abzubauen.

Weiter geht's zum Oranienplatz: Dort haben vor drei Jahrhunderten französische Hugenotten gelebt. Sie haben Maulbeerbäume gepflanzt, die heute noch stehen.

Der Platz ist so groß, dass Nadja mit ihren Gästen einen türkischen Hochzeitstanz üben kann: Alle fassen sich an und drehen sich zur Musik im Kreis hin und her. Drei Jungs finden das blöd. Sie setzen sich lieber auf eine Parkbank. Eine kleine Pause für die Brandenburger, die nach knapp vier Stunden Kreuzberg-Tour ziemlich geschafft sind. Einfach sitzen und sich dort mit Bekannten treffen, das machen auch andere auf dem Oranienplatz – zum Beispiel türkische oder arabische Männer.

Ein paar Meter neben dem Oranienplatz gibt es einen neu gestalteten Park – früher war dort die Berliner Mauer. Einige Reste davon hat man zur Erinnerung im Boden gelassen. Dann erleben die Schüler eine große Überraschung: Pferde und Ziegen mitten in der Großstadt. Sie gehören zu einem Kinderbauernhof, den es bereits seit Jahrzehnten gibt, mitten zwischen alten Häusern.

Von hier geht es in eine Moschee: Ein altes Hinterhofhaus, das von außen wie alle anderen Gebäude aussieht. Innen befinden sich meterhohe Räume. Die Schüler müssen ihre Schuhe ausziehen, bevor sie den Raum betreten. Innen darf nur leise gesprochen werden, denn hier treffen sich einige Männer zum Gebet. Nadja und eine türkische Freundin erklären die Sitten und Gebräuche, dann geht es wieder ins Freie.

Letzte Station ist ein türkisches Restaurant. Es liegt nur ein paar Meter von der Hochbahntrasse entfernt, auf der die U-Bahn in Kreuzberg verläuft. Ziemlich hektisch ist es hier: viele Menschen, viele Autos. Die Brandenburger Schüler ziehen ein Resümee: Michael hatte keine Begegnung mit Straßengangs. Und: „Ich dachte, es kommen ständig kleine Kinder an und wollen was von mir, aber das war gar nicht so", meint er. Und Falk meint: „Die leben doch so wie wir" Anika findet, dass das Projekt viele Vorurteile beseitigt hat: „Ich dachte, in Kreuzberg laufen ganz viele Punks herum." Doch dafür hätte sie wahrscheinlich vor zehn oder 15 Jahren dorthin kommen müssen. Toll findet sie die großen alten Häuser. „Bei uns gibt es nur Einfamilien- und Reihenhäuser" Oliver fand besonders den Park neben dem Oranienplatz interessant. Er möchte gerne mit Freunden wieder nach Kreuzberg kommen, um sich alles noch einmal in Ruhe anzuschauen.

Klaus Martin Höfer, crashZINE.com

[1] **der Kiez:** Begriff für den Stadtteil Kreuzberg in Berlin

1 In welcher Reihenfolge werden die Orte besucht? Nummerieren Sie sie.

  a Bauernhof im Park ☐

  b Oranienplatz ☐

  c Kreuzbergmuseum ☐

  d türkisches Restaurant ☐

  e türkisches Café ☐

  f Stolpersteine ☐

  g Moschee ☐

  h Laden mit Gewürzen und Früchten ☐

2 Welche Vorurteile haben die jungen Brandenburger von Kreuzberg? Bestätigen diese sich bei dem Besuch?

3 Welche Wirkung haben solche Rundgänge, wie sie die Kreuzbergerinnen anbieten?

4 Finden Sie heraus, worauf sich die unterstrichenen Wörter des Textes beziehen, und tragen Sie dies in die leere Spalte ein.

Im Text …	bezieht sich das Wort …	auf …
a Fast ein Drittel sind Migranten, die meisten von ihnen Türken oder türkischer Herkunft.	„die"	Migranten
b „Stolpersteine" auf dem Fußweg erinnern an Juden, die in Kreuzberg gewohnt haben und im Dritten Reich deportiert und getötet wurden.	„die"	
c Einfach sitzen und sich dort mit Bekannten treffen, das machen auch andere auf dem Oranienplatz – zum Beispiel türkische oder arabische Männer.	„andere"	
d Ein paar Meter neben dem Oranienplatz gibt es einen neu gestalteten Park – früher war dort die Berliner Mauer.	„dort"	
e Sie gehören zu einem Kinderbauernhof, den es bereits seit Jahrzehnten gibt, mitten zwischen alten Häusern.	„den"	
f Innen darf nur leise gesprochen werden, denn hier treffen sich einige Männer zum Gebet.	„hier"	

WEITERDENKEN

 TOK **Die Vorurteile der Brandenburger Schüler weisen auf negative Aspekte einer multikulturellen Gesellschaft hin und auf Konflikte, die es geben kann.**

Welche positiven Seiten einer solchen Gesellschaft sehen Sie? Besprechen Sie Ihre Ideen. Tragen Sie auch Ideen dazu zusammen, wie mögliche Konflikte entschärft werden könnten.

3 Schriftliche Übung

HL

Wählen Sie eine der folgenden Aufgaben. Dabei müssen Sie eine Textsorte aussuchen, die für die Aufgabe geeignet ist. Denken Sie dabei an den Kontext, das Ziel und die Leserschaft. Schreiben Sie für *SL* 250–400 Wörter und für *HL* 450–600 Wörter.

1   In zwei Wochen ist der 9. November, der Tag an dem 1989 die Mauer fiel. Anlässlich des Jahrestags wollen Sie mit Mitschülern aus dem Deutsch- und Geschichtskurs die jüngeren Schüler Ihrer Schule, die nur wenig über das geteilte Deutschland wissen, über diese Zeit informieren.

2   Erkundigen Sie sich über eine bekannte Persönlichkeit der DDR und teilen Sie das, was Sie herausgefunden haben mit einem Freund Ihrer Partnerschule.

4 Mündliche Übung

Lesen Sie sich die Überschrift zum folgenden Text in Ruhe durch. Diskutieren Sie dann die folgenden Fragen:

- In jeder Beziehung gibt es Hindernisse – welche fallen Ihnen ein?
- Wie können diese Schwierigkeiten überwunden werden?

Arbeitsbuch

2 Textverständnis – Marianne B. spricht über ihr Leben in der DDR

5 Textverständnis

Die Mauer hat nicht nur ein Land getrennt. Auch deutsch-deutsche Liebespaare litten unter der Grenze. Das ist die Geschichte von Katja und Robin.

Wie die Liebe von Katja und Robin alle Grenzen überwand

Der erste Versuch ging schief. Das war im August 1989. Katja und Robin waren für einige Wochen ein Paar, dann haben sie sich wieder getrennt. „Schuld daran war dieses Ost–West-Ding", sagt Robin. Katja nickt. Beide sind sich einig, dass sie damals meist aneinander vorbeigeredet haben. Er aus West-Berlin. Sie aus der DDR. Zwei Wesen von verschiedenen Sternen – verlieben war möglich, miteinander leben nicht.

Katja und Robin lernen sich im Sommer 1989 bei einem Polterabend in Ost-Berlin kennen. Katja lebt damals in Potsdam, Robin in Zehlendorf. Wenige Wochen später darf Katja ausreisen. Zwei Jahre hat sie darauf gewartet. In West-Berlin angekommen, ruft sie Robin an. Sie treffen sich ein paar Mal. Doch es funktioniert nicht. „Ich habe mich gefühlt wie eine graue Maus, habe mich nicht getraut, den Mund aufzumachen", sagt Katja. Robin irritiert das. Er hat eine andere Katja kennengelernt, im Sommer in Ost-Berlin. Die war lebenslustig, quirlig, stark. Die wusste, was sie wollte – weg aus der DDR.

Endlich im Westen, ist alles anders. „Mein Selbstwertgefühl war erst mal weg", sagt Katja. Grau und minderwertig fühlt sie sich und ist schüchtern. Robin hingegen ist gerade sehr erfolgreich. Er spielt bei Camouflage, die Band wird gefeiert. Die Mädchen kreischen. „Er war so cool, sah so gut aus", erinnert sich Katja. Sie hat Angst, etwas Falsches zu sagen, weiß nicht, wie sie sich verhalten soll. Bleibt lieber stumm, hofft, dass keiner sie etwas fragt. „Unsere Begegnungen waren nicht mehr auf Augenhöhe", sagt Robin.

Erinnerung an die Enge

25 Jahre ist das jetzt her. Katja und Robin sitzen in ihrer gemeinsamen Wohnung auf dem Sofa und versuchen, sich möglichst genau zu erinnern. Katja kämpft manchmal mit den Tränen, Robin versucht, sachlich zu bleiben. Trotz allem ist deutlich zu spüren, wie stark die Gefühle sind, die zu dieser Geschichte gehören.

Katja, 47, ist groß, schlank, dunkelhaarig mit schönen lebhaften Augen. Ihre Kindheit typisch ostdeutsch: Beide Eltern sind berufstätig, mit nicht einmal einem Jahr kommt sie in die Kinderkrippe, später auf eine Russischschule. Robin, 53, ist ebenfalls groß und dunkelhaarig, sein Lächeln freundlich, seine Kindheit typisch für West-Berlin: deutsch-amerikanische Schule, Zehlendorfer Idylle.

Beim Erzählen sitzen beide dicht nebeneinander, jeder lässt den anderen ausreden, oft schaut einer den anderen an, liebevoll, zugewandt. Irgendwann fassen sie sich bei den Händen und halten sich fest – ein schönes Paar. Sie wird später seine warmherzige, liebevolle Art als das Besondere an ihm bezeichnen, er wird ihre Klarheit und Integrität erwähnen, ihr Bestreben, zwischen Denken und Handeln keinen Unterschied zu machen. Das bewundert er.

Katja, mit Mädchennamen Kyntschl, ist 19 Jahre alt, als sie einen Ausreiseantrag stellt. „Ich habe keine Luft gekriegt in der DDR", sagt sie. Noch heute könne sie dieses Gefühl der Enge erinnern. „Schon mit 15 wusste ich, dass ich da raus muss." Dem Ausreiseantrag folgt damals ein Leben in der Warteschleife. Für das Sprachtalent, das ihr die Lehrer bescheinigen, sieht Katja keine Perspektive. Statt zu studieren, lernt sie Physiotherapeutin, „einen Beruf, den man überall auf der Welt ausüben kann". Während der Antrag läuft, schreiben ihr die Behörden allerdings vor, in welchem Krankenhaus sie arbeiten muss. Kündigen kann sie dort erst, als der Antrag bewilligt ist.

Den Mauerfall verschlafen

Im August 1989 darf Katja dann raus aus der DDR. Im November fällt die Mauer. Dieses Ereignis verschläft sie allerdings in ihrer winzigen Wohnung in Schöneberg. Am nächsten Tag fährt sie ins Seniorenheim nach Marienfelde, wo sie als Physiotherapeutin arbeitet. Sie wundert sich, dass es so voll in der S-Bahn und auf den Straßen ist.

Als eine Seniorin im Heim mit ihr auf den Fall der Mauer anstoßen will, glaubt sie zunächst, die alte Dame sei vollkommen verwirrt. Dann sieht sie endlich die Bilder der Nacht – die Seniorin hat den Fernsehapparat eingeschaltet – und traut ihren Augen nicht. „So ein Mist", ist das erste, was sie denkt. „Ich hatte so viel auf mich genommen, um in den Westen zu kommen. Nun waren plötzlich alle DDR-Bürger da, einfach so. Das hat mich irgendwie wütend gemacht."

Robin ist gar nicht zu Hause, in der Nacht, als die Mauer aufgeht. Er tourt mit der Band, sitzt in Stuttgart in einer Kneipe und sieht dort die Bilder aus Berlin. Mit gemischten Gefühlen. „Mir war schnell klar, dass es mit dem Sonderstatus von West-Berlin vorbei ist, mit den Förderungen, von denen wir Künstler profitiert haben." Andererseits sind nun endlich alle Deutschen frei. Das wiederum ist ein Grund zur Freude.

„Ich war natürlich auch froh, wegen der Familie", sagt Katja. Der Abschied, vor allem von der jüngeren Schwester, war furchtbar für sie. Wie sie sich an ihr festgehalten hat, wie sie geschrien hat: „Geh nicht, Kati!", das wird sie nie vergessen. „Das habe ich der DDR so übelgenommen, dass man seine Familie im Stich lassen musste, dass man solche Entscheidungen fällen musste."

Kurz nach dem Mauerfall, im Februar 1990 macht Katja mit Robin Schluss. „Es war eine Affäre. Ich hätte mir zwar mehr vorstellen können, doch so wie es war, wollte ich es nicht", sagt sie. Genau so sagt sie es damals auch Robin. Der schluckt und staunt nicht schlecht. Da steht plötzlich wieder die Katja vor ihm, in die er sich verliebt hat – eine Frau, die weiß, was sie will. Doch es ist zu spät. Katja verschwindet aus seinem Leben.

Ein Name am Klingelschild

Robin beginnt ein Studium an der Filmhochschule in Babelsberg. Er versteht jetzt besser, wie Katja sich gefühlt haben muss, von einen Tag auf den anderen plötzlich im Westen. „Ich kannte den Osten zwar von Besuchen bei der Familie, trotzdem war ich überrascht, wie anders die Menschen dort sprachen und dachten", sagt er.

Robin denkt damals öfter an Katja, erst jetzt kann er richtig einschätzen, was sie mit dem Ausreiseantrag auf sich genommen hat, schließlich wusste sie nicht, was sie „drüben" erwartet. Trotzdem hat sie diese Ungewissheit ausgehalten und diesen Schritt gewagt. Im Nachhinein imponiert ihm das sehr. Wie es Katja geht, weiß er nicht, der Kontakt ist völlig abgebrochen.

2001 dann dieser Tag, an dem Katja an der Westfälischen Straße zu tun hat, in der Robin wohnte, als sie kurz zusammen waren. Plötzlich der Gedanke, nachzuschauen, ob er noch immer dort lebt. Sie findet seinen Namen am Klingelschild. Und wählt die alte Telefonnummer. Auch die stimmt noch. Katja wird weitergeleitet ins Tonstudio, wo Robin gerade arbeitet. Sie sagt „Hallo" und: „Hier ist Katja." Und denkt: Ob er sich noch erinnert?

Robin weiß sofort, wer dran ist und fragt schon im zweiten Satz, wann sie sich sehen könnten. Sie verabreden sich bei ihr in Schöneberg, reden stundenlang über die vergangenen elf Jahre. „Schon da hat es wieder gefunkt", sagt Robin. Er habe nicht schlecht gestaunt. Das war die Katja, in die er sich 1989 verliebt hatte: selbstbewusst, lebenslustig, stark. Katja sagt, dass sie erst noch eine Weile skeptisch war. 2004 ziehen sie dann zusammen, 2008 heiraten sie.

Und das Ost–West-Ding, spielt das noch eine Rolle für sie? Das ist schon längst kein Thema mehr, sagen beide. Inzwischen geht es eher um Gemeinsamkeiten. „Wir kommen beide aus liberalen Familien, die viel Wert auf Bildung legen", sagt Robin. „Das passt."

Am 9. November wollen Katja und Robin an der East-Side-Gallery jeder einen weißen Luftballon in den Himmel steigen lassen, zusammen mit vielen anderen Berlinern. Die Ballons sollen den ehemaligen Grenzverlauf markieren und ein Symbol für deren Auflösung sein. „Den Mauerfall haben wir verpasst, dieses Mal wollen wir dabei sein", sagt Robin. Und Katja sagt, dass sie die Ausreise nie bereut hat. Es geschafft zu haben, bestärkt sie seitdem bei allem, was das Leben ihr abverlangt.

Regina Köhler

1   Bringen Sie die Ereignisse in die richtige chronologische Reihenfolge, so wie sie im Text dargestellt sind. Nummerieren Sie sie.

a   Nun kann er Katjas anfängliche Hemmungen und Schwierigkeiten im Osten nachvollziehen. ☐

b   Deutschland ist in Ost und West geteilt. ☐

c   Nach über einem Jahrzehnt sehen sich die beiden wieder. ☐

d   Robin wird von Katja überraschend kontaktiert. ☐

e   Katja beendet ihre Beziehung mit Robin. ☐

f   Sie freut sich über den Mauerfall, ist aber andererseits auch ein wenig verstimmt, da die Mauer kurze Zeit nach ihrer Ausreise fällt. ☐

g   Robin und Katja lernen sich auf einem Hochzeits-Vorabend in Ost-Berlin kennen. ☐

h   Wenige Monate später fällt die Mauer und Deutschland ist wieder eins. ☐

i   Katja bekommt eine Ausreisegenehmigung und besucht Robin in Westdeutschland. ☐

j   Robin zieht nach Ostdeutschland, um Film zu studieren. ☐

k   Ihr Besuch bei Robin zeigt sie in einem ganz anderen Licht. ☐

l   Im August darf Katja endlich den Osten verlassen. ☐

m   Siebzehn Jahre nach ihrem ersten Treffen heiraten Robin und Katja. ☐

2   Welche nummerierten Wörter entsprechen den Begriffen aus den ersten zwei Abschnitten des Textes am besten? Tragen Sie jeweils die richtige Nummer ein.

a   Versuch   ☐   i   Wartezeit

b   lebenslustig   ☐   ii   schweigsam

c   Selbstwertgefühl   ☐   iii   durchdacht

d   minderwertig   ☐   iv   achten

e   stumm   ☐   v   heiter

f   sachlich   ☐   vi   Experiment

g   bewundern   ☐   vii   unbedeutend

h   Warteschleife   ☐   viii Selbstvertrauen

81

Erfahrungen

3 Kreuzen Sie bei den folgenden Aussagen an, ob sie aufgrund des Textes richtig oder falsch sind. Begründen Sie Ihre Antwort mit Informationen aus dem Text.

		richtig	falsch

a Katja ist Ostdeutsche.   [X]   [ ]

Begründung: Sie aus der DDR ....

b Katjas Mutter kümmerte sich ausschließlich um ihre Kinder und den Haushalt.   [ ]   [ ]

Begründung: ....

c Ihre Trennung 1989 begründen Robin und Katja mit ihrem Altersunterschied.   [ ]   [ ]

Begründung: ....

d Robins Musikgruppe Camouflage kommt beim weiblichen Geschlecht gut an.   [ ]   [ ]

Begründung: ....

e Die Erinnerung an die Anfänge ihrer Liebesgeschichte löst bei dem Ehepaar unterschiedliche Reaktionen aus.   [ ]   [ ]

Begründung: ....

4 Beantworten Sie die folgenden Fragen, die sich auf den Text beziehen. Schreiben Sie die Nummer der richtigen Antwort in das Kästchen.

a Wie verhält sich Katja beim Wiedersehen mit Robin in West-Berlin?   [ ]

    I   cool   III quirlig

    II   zurückhaltend   IV lebenslustig

b Wie alt ist Katja, als sie sich dazu entschließt, die DDR zu verlassen?   [ ]

    I   19   III 17

    II   21   IV 15

c Weshalb entscheidet sie sich gegen das Sprachstudium, obwohl ihr Fremdsprachen besonders liegen?   [ ]

    I   Sie verdient mit ihren Fremdsprachenkenntnissen nicht genug.

    II   Das Studium dauert ihr zu lange.

    III Sie bevorzugt einen ortsunabhängigen Job.

    IV Die DDR schreibt ihr vor, dass sie eine Ausbildung zur Physiotherapeutin macht.

d Was fällt Katja besonders schwer am Tag ihrer Ausreise in die BRD?

    I ihre Heimat nun endgültig zurückzulassen

    II der Abschied von ihrer jüngeren Schwester

    III der Abschied von ihren Eltern

    IV ihre Patienten im Krankenhaus zurückzulassen

5 Bestimmen Sie, worauf sich die unterstrichenen Wörter aus dem letzten Abschnitt des Textes („Ein Name am Klingelschild") beziehen und tragen Sie es in die rechte Spalte ein.

Im Text ...	bezieht sich das Wort ...	auf ...
a ... wie anders die Menschen <u>dort</u> sprachen...	„dort"	Osten
b Im Nachhinein imponiert ihm <u>das</u> sehr.	„das"	
c Auch <u>die</u> stimmt noch.	„die"	
d <u>Das</u> ist schon längst kein Thema mehr, sagen beide.	„das"	
e ... ein Symbol für <u>deren</u> Auflösung sein.	„deren"	

6 Beantworten Sie folgende Fragen zum Text.

a Womit begründet Katja die Trennung von Robin?

b Warum kann Robin Katjas Anpassungsschwierigkeiten im Westen letztendlich doch nachvollziehen?

c Welche Kritik äußert Katja an der DDR?

d Was haben die Familien von Robin und Katja trotz des Ost–West-Gefälles gemein?

WEITERDENKEN

 TOK Diskutieren Sie in kleinen Gruppen:

- Katja fühlt sich beim ersten Wiedersehen mit Robin in West-Berlin wie eine „graue Maus". Haben Sie selbst schon Situationen erlebt, in denen Sie nicht Sie selbst waren und sich ganz anders verhalten haben als sonst? Weshalb?

- Sie beschreibt ebenfalls den herzzereißenden Abschied von ihrer jüngeren Schwester, als sie endlich die DDR verlassen darf. Haben Sie selbst Erfahrungen mit Fernbeziehungen gemacht oder einen Verwandten längere Zeit schon nicht mehr gesehen?

Arbeitsbuch
Einheit 3.2
4 Wortschatz und Kreuzworträtsel – die DDR

WORTSCHATZ

Welche Definition passt zu welcher Redewendung? Ordnen Sie die Paare einander zu.

1 aneinander vorbeireden ☐

2 der Polterabend ☐

3 sich wie eine graue Maus fühlen ☐

4 auf Augenhöhe sein ☐

5 der Ausreiseantrag ☐

6 jemanden im Stich lassen ☐

7 mit jemandem Schluss machen ☐

8 es hat gefunkt ☐

a ein deutscher Hochzeitsbrauch (bzw. eine Hochzeitsvorfeier) bei dem dem angehenden Ehepaar durch das Zerbrechen von Porzellan viel Glück gewünscht wird

b sich von jemandem trennen

c sich unscheinbar und unattraktiv vorkommen

d sich ineinander verlieben

e gleichwertig sein

f sich missverstehen

g jemanden mit seinen Problemen alleine lassen

h ein Formular zum Antrag auf Ausreise aus der DDR

6 Mündliche Übung CAS

Katja entschied sich bewusst gegen ein Leben in der Deutschen Demokratischen Republik. Trotz unzähliger Nachteile wie Stasi, Ausreiseverbot usw. hatte die DDR auch positive Seiten. Spätestens seit Wolfgang Beckers Überraschungshit „Good Bye, Lenin!" machen sich in Ostdeutschland Gefühle der Nostalgie und Sehnsucht nach vergangenen Zeiten sowie nach DDR-Produkten breit. Diesen Trend nennt man Ostalgie.

Recherchieren Sie diesen Trend im Internet und bereiten Sie eine kurze Präsentation über typische Ostprodukte und Markenzeichen vor, die sich zunehmend großer Beliebtheit erfreuen. Nehmen Sie die folgenden Anhaltspunkte als Auftakt Ihrer Nachforschungen: das Sandmännchen, Jungpioniere, Datschen, Trabis, Spreewälder Gewürzgurken und Hallorenkugeln.

7 Schriftliche Übung CAS

HL

Wählen Sie eine der folgenden Aufgaben. Dabei müssen Sie eine Textsorte aussuchen, die für die Aufgabe geeignet ist. Denken Sie dabei an den Kontext, das Ziel und die Leserschaft. Sie sollten für *SL* 250–400 Wörter und für *HL* 450–600 Wörter schreiben.

1 Sie sind als Journalist bei der Berliner Zeitung tätig und haben von einem Bekannten von dem Ehepaar Robin und Katja erfahren. Jetzt haben Sie den Auftrag bekommen, eine weitere ungewöhnliche Liebesgeschichte zur Zeit der Mauer und danach aufzuspüren und über diese zu berichten.

2 Der Ausreiseantrag, der Katja genehmigt wurde, war eher eine Ausnahme und viele Ostdeutsche sahen die Flucht in den Westen als einzigen Ausweg aus der DDR. Warum wollten sie weg? Ist Ihnen bekannt, auf welchen Umwegen Menschen zu fliehen versuchten? Recherchieren Sie im Internet falls nötig und teilen Sie Ihre Ergebnisse Ihren Mitschülern mit.

8 Hörverständnis 🔊 Spur 5

Herausforderungen des Lebens zwischen den Kulturen

Hören Sie sich das Interview an, das die Frage des Lebens zwischen zwei Kulturen wieder aufgreift. Beantworten Sie anschließend die Fragen dazu.

1 Wie alt war Dr. Bahadir, als sie Deutschland verließ? ....

2 Sie lebte insgesamt .... Jahre lang in der türkischen Hauptstadt.

3 Wie sah sie Deutschland nach ihrer Rückkehr aus Istanbul? ☐

A 😠   B 😃   C 🙄

4 Welches deutsche Klischee zählt Dr. Bahadir nicht auf? ☐

A Es ist kalt in Deutschland.

B Es ist nicht so schön wie in der Türkei.

C Die Deutschen sind ziemlich kalt.

5 Welche Sprache wird in Unternehmen vorwiegend gesprochen? ☐

A Esperanto   B Spanisch   C Englisch

6 Wie sieht sie den Einfluss des Englischen auf die deutsche Sprache? ☐

A Es ist ein Trend, den sie gutheißt.

B Sie findet es schade, aber Deutsch ist einfach zu schwierig.

C Sie bezweifelt, dass man sich ohne Deutsch richtig einleben kann.

7 Für Dr. Bahadir ist die deutsche Sprache .... zur Kultur.

8 Was ist ihrer Meinung nach das Wichtigste, um sich in der Gesellschaft zurechtzufinden? ☐

A zu verstehen, wie die Behörden funktionieren

B offen für alles zu sein

C das deutsche Verkehrssystem zu verstehen

TIPP ZUM *EXTENDED ESSAY*

In der Kategorie 2B des *Extended Essays* von Deutsch B können Sie sich auch auf deutsche Filme als „kulturelle Artefakte" konzentrieren. Sowohl Wolfgang Beckers „Good Bye, Lenin!" (2003) als auch Florian Henckel von Donnersmarks „Das Leben der Anderen" (2006) thematisieren die DDR-Problematik, jedoch auf unterschiedliche Art und Weise: Letzterer Film, der ebenfalls mit dem Oscar als bester ausländischer Film ausgezeichnet wurde, deckt die dunklen Machenschaften der Stasi auf, während die Komödie „Good Bye, Lenin!" die DDR von einer nostalgischen Seite zeigt. Ein weiterer Film zum Thema „Jugend in der DDR" ist die 1999 erschienene Komödie „Sonnenallee" von Leander Haußmann, basierend auf dem gleichnamigen Roman von Thomas Brussig.

2.2 Eine kulinarische Reise

Welche Gepflogenheiten beim Essen und Trinken verbinden Sie mit den deutschsprachigen Ländern?

Lernziele

- Klischees über das deutsche Essen untersuchen

- Sich in verschiedenen Kontexten mündlich und schriftlich dazu äußern

- Sich mit einem kulinarischen Wahrzeichen – der deutschen Currywurst – literarisch auseinandersetzen

- Umgangssprachliche Redewendungen, die mit dem Essen zu tun haben, erarbeiten und den Wortschatz erweitern

Thema dieser Einheit ist es, über den kulinarischen Aspekt einen Einblick in die Kultur der deutschsprachigen Länder zu gewinnen. Man lernt ein Land besser kennen, wenn man sich mit den Gepflogenheiten beim Essen und Trinken vertraut macht. Wie gut kennen Sie die deutsche Küche?

1 Einstieg

Diskutieren Sie die Fragen mit einem Mitschüler und wählen Sie eine Antwort. Tragen Sie den entsprechenden Buchstaben in das Kästchen ein. Sagen Sie, worauf Ihre Antworten basieren.

Arbeitsbuch

1 Wortschatz – Weihnachtsbäckerei

1   In Deutschland gibt es viele verschiedene Brotsorten. Was ist aber Pumpernickel?

   A   Brötchen

   B   Schwarzbrot

   C   Weißbrot

   D   Mischbrot

2   Was kann man in einer Konditorei kaufen?

   A   Bücher und Zeitschriften

   B   Obst und Gemüse

   C   Autoteile und Zubehör

   D   Kuchen und Torten

3   John F. Kennedy sagte einst während eines Berlinaufenthalts: „Ich bin ein Berliner." Was sind Berliner aber noch?

   A   Brötchen

   B   Fruchtbonbons

   C   gefüllte Pfannkuchen

   D   Schokoladenbonbons

4   Was isst man zu einem typisch deutschen Frühstück?

   A   Spiegeleier, Speck, Würstchen, Toast, Bohnen, Tee

   B   Brötchen, Marmelade, Butter, Wurst, Käse, Eier, Kaffee

   C   Knäckebrot, Haferbrei, Käsebrot, Kaffee, Tee

   D   Reissuppe, Fladenbrot, grünen Tee

5   Was würde man auf dem Oktoberfest nicht essen?

   A   Erdbeeren und Sahne

   B   Brezeln

   C   Weißwurst

   D   Brathähnchen

2 Textverständnis

In diesem Artikel lesen Sie nun mehr darüber, was verschiedene Deutsche zum Thema Essen in ihrem Land denken und sagen.

WAS IST TYPISCH DEUTSCHES ESSEN?

Der deutschen Küche hängt schon seit langer Zeit der Ruf an, besonders schwer im Magen zu liegen. Was ist denn nun eigentlich heutzutage typisch deutsches Essen? Dreht sich alles nur um die Wurst? Oder etwa nicht? Wir haben verschiedene Personen aus Deutschland zu diesem Thema befragt.

Marianne und Oskar:
Dazu gehören für uns als Brandenburger deftiger Eintopf und verschiedene Kartoffelgerichte. Fleisch, Würste und Sauerkraut sind hierzulande ungemein beliebt, aber auch der internationalen Küche, zum Beispiel der italienischen, sind die Deutschen nicht abgeneigt.

Johannes:
Das Klischee von Kartoffeln und Würsten ist doch längst überholt. Deutschland ist ein Multikulti-Land und so sieht's auch beim Essen aus. Typisch deutsch ist deshalb für mich der Döner Kebab, den es an jeder Straßenecke gibt, denn die türkische Küche ist aus der deutschen gar nicht mehr wegzudenken.

Thomas:
Das deutsche Essen ist auf keinen Fall einheitlich, sondern in jeder Region anders. Im Norden isst man wegen der geografischen Lage viele Fischgerichte, aber im Süden, vor allem in Bayern, wo ich lebe, kommt man an Weißwurst und Schweinshaxe nicht vorbei. Am besten schmeckt es heruntergespült mit Bier.

Angela:
Ich liebe besonders die deutsche Tradition von Kaffee und Kuchen. Am Nachmittag essen wir leckere Kuchen wie Streuselkuchen, Bienenstich, Käsekuchen, die frisch vom Bäcker kommen, mit einer Tasse Kaffee oder Kakao. Manchmal gehe ich auch in schicke Konditoreien, wo es köstliche Sahnetorten und Feingebäck gibt und man nach Herzenslust schlemmen kann.

Felix:
Currywurst mit Pommes, definitiv. Gerade hier in Berlin hat die Wurst Kultstatus. Ich bin oft unterwegs, deswegen esse ich alles, was schnell geht: Burger, Pizza, belegte Brote, Frikadellen und Hähnchen.

Wer sagt was? Ordnen Sie den befragten Personen die richtige Aussage zu.

1 Marianne und Oskar ☐

2 Johannes ☐

3 Thomas ☐

4 Angela ☐

5 Felix ☐

A Deutsches Essen ist sehr vielfältig.

B Essgewohnheiten werden dem Lebensstil angepasst.

C Ausländische Einflüsse haben die deutsche Küche bereichert.

D Internationale Gerichte werden abgelehnt.

E Herzhafte traditionelle Gerichte werden bevorzugt.

F Es gibt weitere deutsche kulinarische Bräuche jenseits von Fleisch und Würsten.

3 Schriftliche Übung CAS

An Ihrer Schule gibt es mehrere Schüler aus Deutschland. Verfassen Sie für die nächste Ausgabe ein Interview mit Ihren deutschen Freunden über typisch deutsches Essen. Sie könnten u. a. die folgenden Fragen stellen: Was essen die Deutschen wirklich? Warum? Inwiefern stimmen die Klischees von Wurst und Bier? Welche Gerichte sind in bestimmten Regionen Deutschlands beliebt? Benutzen Sie die Checkliste für ein Interview aus Kapitel 6. Sie sollten für *SL* 250–400 Wörter und für *HL* 450–600 Wörter schreiben.

TIPP FÜR DIE PRÜFUNG

Verwenden Sie umgangssprachliche Redewendungen, um authentischer zu klingen und eine bessere Note zu bekommen. Vergessen Sie nicht, dass Sie in der Prüfung mit *Paper 2* zeigen müssen, wie gut Sie die deutsche Sprache beherrschen – dazu gehören ein umfangreiches Vokabular, komplexe Satzstrukturen und eben auch Umgangssprache.

Arbeitsbuch
2 Schriftliche Übungen

SPRACHE UNTER DER LUPE: REDEWENDUNGEN

In der deutschen Sprache gibt es viele Redewendungen, die mit Essen zu tun haben.

1 Suchen Sie zu jeder Redewendung die richtige Bedeutung aus und tragen Sie die entsprechende Nummer in das Kästchen ein.

a	seinen Senf dazugeben	i	eine Person ist schwierig
b	einen Bärenhunger haben	ii	ständig etwas kritisieren
c	mit jemandem ist nicht gut Kirschen essen	iii	wenn man viel gegessen hat, lernt man nicht gut
d	in den sauren Apfel beißen	iv	sich das Beste heraussuchen
e	jemandem Honig ums Maul schmieren	v	sehr hungrig sein
f	ein voller Bauch studiert nicht gern	vi	ein Problem, für das man verantwortlich ist, selbst lösen
g	seine Suppe selbst auslöffeln	vii	eine unangenehme Aufgabe erledigen
h	sich die Rosinen rauspicken	viii	ungefragt seine Meinung äußern
i	immer ein Haar in der Suppe finden	ix	es geht um alles
j	es geht um die Wurst	x	jemandem schmeicheln

2 Recherchieren Sie die Bedeutung der folgenden Redewendungen, die ebenfalls vom Essen und Trinken inspiriert sind.

a wie aus dem Ei gepellt sein

b es ist alles in Butter

c jemandem reinen Wein einschenken

d sich nicht die Butter vom Brot nehmen lassen

e rot wie eine Tomate werden

f sich gleichen wie ein Ei dem anderen

g es sieht hier aus wie Kraut und Rüben

h Abwarten und Tee trinken!

i jemanden in die Pfanne hauen

4 Textverständnis

Weihnachten fern von zu Hause erleben

Arbeitsbuch
6 Textverständnis –
Hola aus Bogota

Wie erleben ausländische Besucher kulinarische Köstlichkeiten zur Weihnachtszeit? Können sie dadurch die deutsche Kultur besser kennenlernen? Wir haben den Kolumbianer Jairo, 35, auf dem Berliner Weihnachtsmarkt am Roten Rathaus dazu befragt.

[–a–]

Ich komme aus Cali in Kolumbien, das berühmt für das Salsatanzen ist, wohne aber schon seit mehreren Jahren in Bogota, der Hauptstadt Kolumbiens.

[–b–]

Das kolumbianische Weihnachtsfest ist ziemlich laut, ausgelassen und meiner Meinung nach weniger besinnlich als in Deutschland. In Cali tanzt man auf den Straßen, man trifft sich mit Freunden und verbringt viel Zeit mit der Familie. Wir feiern auch die Adventszeit – bei uns heißen diese neun Tage, die am 24. Dezember vorbei sind, *novena*.

[–c–]

In jeder Bäckerei und jedem Imbiss gibt es *buñuelos*, leckeres Schmalzgebäck. Hier in Deutschland gibt es das auch – ich glaube, sie heißen Krapfen oder Quarkbällchen, allerdings sind sie in Kolumbien nicht süß, sondern herzhaft. Dann gibt es noch *natilla*, eine Puddingcreme, die ich eigentlich nicht so gern mag, weil sie ziemlich süß ist. Ansonsten essen wir zu Weihnachten typisch kolumbianische Gerichte wie Reis, Bohnen, Hühnchen und Kochbananen, keinen festlichen Weihnachtsbraten wie hier in Deutschland.

[–d–]

Meine Frau kommt aus Spremberg, einer Kleinstadt südlich von Berlin, und wir fahren morgen zu ihren Eltern, um gemeinsam Weihnachten zu feiern. Ich war noch nie in Berlin und hoffe, dass wir im Januar noch einmal hierher kommen können. Wir wollen gleich noch in die Reichstagskuppel und zum Brandenburger Tor.

[–e–]

Es gibt nicht nur eine Art von Weihnachtsmarkt, sondern viele verschiedene – der Markt hier am Roten Rathaus unterscheidet sich vom Weihnachtsmarkt auf dem Alexanderplatz. Jeder Markt hat ein anderes Motto und zahlreiche Verkaufsstände, an denen man verschiedene Produkte kaufen kann – Holzschnitzereien, leckeren Käse, Räuchermännchen, Strickmützen usw.

Erfahrungen

[–f–]

Ja, ein Lebkuchenherz für meine Frau und wollene Handschuhe für meinen Schwiegervater. Jetzt fehlt nur noch etwas für meine Schwiegermutter, aber vielleicht finde ich noch einen kleinen Schwippbogen, die sammelt sie.

[–g–]

Ganz klar – das Essen. Alles ist super lecker. Ich habe in den letzten zwei Tagen bestimmt ein Kilo zugelegt– zuerst haben wir eine Rostbratwurst mit Brötchen gegessen und dazu einen Glühwein getrunken, aber den alkoholfreien. Meine Frau ist schwanger, da trinke ich aus Solidarität auch keinen Alkohol. Die bunte Tasse hab ich behalten, die nehme ich mit nach Kolumbien. Nachdem wir auf dem Riesenrad waren, haben wir uns noch gebrannte Mandeln und Schokowaffeln gegönnt.

[–h–]

Ich habe vorhin auch Aachener Printen probiert, aber die waren viel zu hart für meinen Geschmack.

[–i–]

Auf jeden Fall! Ich liebe den Karneval in Barranquilla, der jedes Jahr Ende Februar stattfindet. Es gibt einen mehrtägigen Straßenumzug, auf dem man viele Tanzgruppen erleben kann, und in der Stadt wird überall gefeiert. Außerdem liegt Barranquilla an der Küste und das Wetter ist dementsprechend viel angenehmer als in Bogota, wo es oft regnet.

1 Im Interview fehlen die Fragen/Aussagen des Interviewers. Wählen Sie aus der Liste unten rechts die Fragen/Aussagen, die am besten passen, und schreiben Sie die Nummern in die Kästchen. Achtung: Es gibt mehr Antworten als Fragen – finden Sie die richtigen Paare!

a ☐
b ☐
c ☐
d ☐
e ☐
f ☐
g ☐
h ☐
i ☐

i Hat dir irgendetwas nicht so gut geschmeckt?

ii Hast du dir etwas gekauft?

iii Wieso feierst du das Weihnachtsfest dieses Jahr in Deutschland?

iv Gibt es eine kolumbianische Tradition, die du deutschen Reisenden empfehlen würdest?

v Inwiefern unterscheidet sich das kolumbianische Weihnachtsfest vom deutschen?

vi Gibt es eine deutsche Tradition, die du anderen ausländischen Besuchern empfehlen würdest?

vii Toll, dann habt ihr ja heute noch viel vor. Gibt es etwas, was dich hier auf dem Weihnachtsmarkt überrascht hat?

viii Was isst man in Kolumbien zu Weihnachten?

ix Was gefällt dir am besten auf dem Weihnachtsmarkt?

x Jairo, woher kommst du?

2 Suchen Sie zu den Begriffen aus dem Interview jeweils denjenigen Begriff aus, der diesen am besten beschreibt. Tragen Sie die entsprechende Nummer in das Kästchen ein.

a besinnlich ☐

b herzhaft ☐

c zahlreich ☐

d zugelegt ☐

e uns … gegönnt ☐

f dementsprechend ☐

i herzlich   vi zugenommen

ii scharf   vii dement

iii wenige   viii beschaulich

iv viele   ix folglich

v schmackhaft   x uns … erlaubt

5 Textverständnis

DIE LIEBE ZUR CURRYWURST

Ich versuche stets, dem deutschen Essen etwas Positives abzugewinnen. Vergessen Sie die Sauerkraut-Klischees (und beachten Sie bitte, dass Sauerkraut angeblich eine erlesene Delikatesse ist, wenn es von den Franzosen goutiert und „choucroute" genannt wird).

Widmen Sie Ihre Aufmerksamkeit[1] lieber der wachsenden Anzahl von Michelin-Sterneköchen, dem köstlichen Vollkornbrot und dem außergewöhnlichen Bier. Aber das ist nicht die ganze Wahrheit[2], stimmt's?

Es gibt wirklich nichts, was sich zur Rehabilitierung des deutschen Straßenimbiss-Angebots, und erst recht nicht der Berliner Currywurst hervorbringen ließe, die für mich das schwärzeste Schaf[3] in dieser Kategorie ist. Nicht, dass sie besonders schwarz wäre, die Currywurst. Eher neonrot und knallgelb. Die Currywurst ist ungefähr so natürlich wie Nylon, und wenn man sie mit Pelle („mit Darm", sagt der Kenner) verzehrt, schmeckt sie auch so. Berlin, das in seiner typischen Art die Liebe zur Currywurst als einen Loyalitätsbeweis gegenüber der Stadt ansieht, auch wenn die Touristen nach dem dritten Bissen die öffentlichen Toiletten heimsuchen müssen; Berlin hat nun ein Museum eröffnet, einen Schrein für die schreckliche Wurst mit Soße. Es befindet sich beim Checkpoint Charlie und hat es sich zum Ziel gesetzt, 350.000 Besucher im Jahr anzuziehen. Die Organisatoren des Museums wollen die Touristen davon überzeugen, dass die Currywurst irgendwie schick ist. Aber wie macht man aus einem Schweinewürstchen, das in einer Pampe aus Ketchup, Currypulver und Cayennepfeffer schwimmt, etwas Begehrenswertes? Wien hat seine Schnitzel, Brüssel hat seine Muscheln, und Berlin hat eine kaum essbare, frittierte Technicolor-Wurst. Das ist wohl ziemlich ungerecht.

[1]**seine Aufmerksamkeit etwas widmen:** sich auf eine bestimmte Sache konzentrieren

[2]**nicht die ganze Wahrheit sein:** nicht hundertprozentig der tatsächlichen Lage entsprechend

[3]**ein schwarzes Schaf sein:** eine Person, der negative Attribute zugesprochen werden

[4]**sich aufgeschlossen zeigen:** sich offen und interessiert präsentieren

[5]**in Vergessenheit geraten:** nicht in Erinnerung bleiben

[6]**in Mode kommen:** schick sein

EINE WURST UNTER DRUCK

Die Currywurst hat ihre Anhänger. Der ehemalige deutsche Bundeskanzler Gerhard Schröder war früher mit einer strengen Vegetarierin verheiratet. Wenn er auf dem Weg zur Arbeit und damit den Argusaugen seiner Gattin Hillu entronnen war, ließ er seinen Chauffeur anhalten, um eine Currywurst zu verschlingen. Der für seine beißende Kritik bekannte amerikanische Koch und Autor Anthony Bourdain hatte sogar etwas Gutes über die Currywurst zu berichten. Aber schließlich probierte und pries Bourdain auch den Mastdarm eines namibischen Warzenschweins. Er gehört einfach zu dieser Sorte Mensch.

Auf den Straßen Berlins hat die Currywurst Konkurrenz von den Dönerkebab-Läden bekommen, die in türkischer, aber auch libanesischer und irakischer Hand sind. Berlin zeigt sich mittlerweile gegenüber der ungefähr 300.000 Einwohner zählenden türkischen Gemeinde aufgeschlossener[4], und so haben die Bürger gelernt, dass man dem kleinen Hunger auch anders beikommen kann. Es lässt sich sogar fast behaupten, dass Döner gesünder als Currywurst ist. Schließlich gibt es Dönerkebab-Läden, die ein Salatblatt und eine Tomatenscheibe auf das Fleisch klatschen, das damit der vitaminfreien Berliner Wurst den Rang abläuft. Will das neue Museum das Gleichgewicht wiederherstellen? Will es die Currywurst davor retten, völlig verdientermaßen in Vergessenheit zu geraten[5], und sie stattdessen zu einem Teil der kulinarischen Geschichte der Stadt etablieren?

RIVALITÄT ZWISCHEN DEUTSCHEN STÄDTEN

Nun ja, vielleicht. Und es ist wohl auch ein wenig Rivalität zwischen deutschen Städten im Spiel. Die Berliner Version der Wurstgeschichte geht so: Es waren die Frauen, die in der zerstörten Stadt nach dem Krieg die Trümmer wegräumen und genug verdienen mussten, um ihre Familien zu ernähren. In den Jahren unmittelbar nach dem Krieg entwickelte sich eine ziemlich außergewöhnliche Generation von Unternehmerinnen. Eine von ihnen war Herta Heuwer, die 1949 eine Wurstbude am Stuttgarter Platz, dem Rotlichtviertel im britisch besetzten Teil Westberlins, eröffnete. Britische Soldaten beschafften ihr die Ingredienzien für ihre Currywurst-Mischung, die in einem Emailkübel angerührt wurde: Tomatenmark, Currypulver, Worcestersoße und eine angeblich geheime Zutat. Bis zum Jahr 1959 hatte die Soße eine derartige Beliebtheit erlangt, dass sie unter dem Namen „Chillup" patentiert wurde. Mit zunehmendem Wohlstand der Westberliner kam es in Mode[6], am Ende eines Abends eine Currywurst am Ku'damm zu essen. Gewöhnlich traf man sich nach Theaterschluss bei Frankys Curry-Station am rauen Ende des Ku'damms – weit weg von den Designerläden und beschaulichen Cafés –, um eines der ekligen Würstchen zu verzehren und dazu Sekt zu schlürfen. Dort konnte man Schauspieler, Journalisten und Prostituierte sehen, für die eine Party nie zu Ende war. Franky, der ein Penthouse am Ku'damm besaß, starb eines Nachts im Bett, nachdem er mit einer Zigarette im Mund eingeschlafen war. Ich erinnere mich noch an seine Beerdigung auf dem Friedhof Heerstraße in Berlin in den Neunzigerjahren. Zur Trauerfeier gaben sich Unterweltgrößen wie Tommy Turnschuh sowie zahlreiche über und über tätowierte Boxer und falsche Blondinen in Schwarz ein Stelldichein. Danach gingen natürlich alle eine Currywurst essen.

Andere deutsche Städte machen Berlin die Currywurst streitig. Die Hauptfigur in Uwe Timms 1993 erschienenem Buch Die Entdeckung der Currywurst behauptet, 1947 eine solche Wurst in Hamburg gegessen zu haben. Und im Ruhrgebiet sind einige davon überzeugt, dass die Currywurst ihre Idee war.

DIE IMBISSBUDE VERSCHWINDET

Warum sich jemand für diese Wurst starkmachen sollte, ist mir einfach schleierhaft. Doch geht es bei diesen Wurstkriegen nicht um die Fähigkeit der Wurst, Michelin-Kritiker zu überzeugen, sondern um das Gemeinschaftsgefühl[7], das sie hervorruft. Die Currywurst verband einen bestimmten Westberliner Menschenschlag, der nun vom Aussterben bedroht ist. Das Gleiche gilt für das Ostberliner Currywurst-Pendant, das an Konnopkes Imbiss serviert wurde. Das gesamte Konzept der Imbissbuden und deren Angebot verschwinden. Das Buch Der Fritten-Humboldt ist eine interessante Neuerscheinung des Goldmann Verlags und beschreibt, wie die Imbissbude zu einem Teil des deutschen Straßenbildes wurde, wie sie nun verschwindet, und wie die Menschen, für die sie zu einem zweiten Zuhause[8] wurde, nun irgendwie obdachlos sind. Der Autor des Buches ist der Grafikdesigner Jon Flemming Olsen, der zusammen mit dem philosophierenden Komiker Olli Dittrich in der Kult-Comedyserie Dittsche spielt. Außerdem ist Olsen Gründer der Countryband Texas Lightning, die Deutschland auf einem Eurovision Song Contest vertrat. Bei den Recherchen für sein Buch stand der Autor oft hinter der Theke einer Imbissbude und weiß daher, wovon er spricht. Natürlich ist er als jemand, der es im Leben zu etwas gebracht hat, nicht gerade ein typischer Vertreter der Currywurst- und Pommesesser. Doch hat er verstanden, dass es hier nicht ums Essen oder dessen Zubereitung geht: Es geht darum, den Deutschen einen Ort zu bieten, an dem sie über die Höhen und Tiefen[9] ihres Lebens fabulieren können.

DIE HERZ-LUNGEN-MASCHINE DES BILLIGEN SATTMACHGEWERBES

„Hier macht sich niemand schöner, als er ist", endete eine Besprechung von Olsens Erkundungstour in der Frankfurter Allgemeinen Zeitung. Die Currywurstbude ist nur ein Teil der vom Rezensenten Alexander Marguier so bezeichneten „Herz-Lungen-Maschine des billigen Sattmachgewerbes". Bei seinen Recherchen lernte Olsen Hakim aus dem afghanischen Herat kennen, der dort zum Kürschner ausgebildet wurde. Auf Umwegen kam Hakim nach Deutschland und bietet nun in einem zerbeulten alten Campingbus in der Nähe einer Heidelberger Kaserne Schweinerippchen mit selbst gemachter Würzmischung an. Seine wichtigste (und begeisterte) Kundschaft sind amerikanische Soldaten. Typisch deutsch? Na ja, nicht wirklich. Aber ein Zeichen dafür, was in einem modernen, im Wandel befindlichen Deutschland möglich ist.

Roger Boyes ist Deutschland-Korrespondent der britischen Tageszeitung „The Times". Er lebt seit zwanzig Jahren in Deutschland und schreibt die Kolumne „My Berlin" im „Tagesspiegel". In seinem Buch „My dear Krauts" beschreibt er mit typisch britischem Humor die Eigenheiten des täglichen Lebens in Deutschland.

www.goethe.de

[7]**das Gemeinschaftsgefühl:** sich anderen Personen zugehörig fühlen

[8]**ein zweites Zuhause sein:** sich an einem Ort so wohlfühlen, dass man sich wie daheim fühlt

[9]**die Höhen und Tiefen des Leben:** glückliche Momente erleben und Schicksalsschläge ertragen müssen

Erfahrungen

1 Kreuzen Sie an, welche vier Aussagen der Autor bezüglich der Currywurst trifft.
   Nutzen Sie die Information aus den Abschnitten 1, 2 und 3 des Textes.

   a Die Currywurst ist eine vorzügliche deutsche Delikatesse. ☐

   b Die Wurst ist ihres Rufes und Ruhms unwürdig. ☐

   c Berlin und seine Wurst können sich durchaus mit anderen Metropolen
      auf kulinarischer Ebene messen. ☐

   d Die Currywurst war trotz ihres angeblich ungenießbaren Geschmacks
      auch bei politischen Größen beliebt. ☐

   e Er schließt sich Anthony Bourdains wohlwollendem Urteil an. ☐

   f Der Currywurst droht zunehmend von vitaminreicheren Rivalen
      verdrängt zu werden. ☐

   g Einzig Berlin erhebt Anspruch auf die Erfindung der Currywurst. ☐

   h In der Nachkriegszeit von einer pfiffigen Trümmerfrau ins Leben
      gerufen, avancierte die Wurst nicht nur zum Liebling der Arbeiterklasse. ☐

2 Beantworten Sie folgende Fragen zum fünften und sechsten Abschnitt des Textes.

   a Welche bedrohliche Tendenz ist in Deutschland zu beobachten?

   b Welche Bedeutung hat die Imbissbude für die deutsche Bevölkerung?

3 Suchen Sie zu den Begriffen aus den Abschnitten 4 und 5 die Synonyme aus, die ihnen am
   besten entsprechen. Schreiben Sie die zugehörige Nummer in das Kästchen.

   a sich starkmachen ☐   i   Handwerker, der   vi   schwindeln
                                        Pelze verarbeitet
   b schleierhaft ☐   vii unverständlich
                                   ii   scherzhaft
   c hervorruft ☐   viii sich für etwas
                                   iii sinnieren   einsetzen
   d verschwinden ☐
                                   iv   beschweren   ix   Chef
   e fabulieren ☐
                                   v   zu Ende gehen   x   verursacht
   f Kürschner ☐

4   Schreiben Sie die Nummer der jeweils zutreffenden Antwort in das Kästchen.

a   Welche wunderbare Entdeckung hat Jon Flemming Olsen gemacht?

    I   Er ist einem jungen Mann aus Afghanistan begegnet, der ebenfalls begeisterter Currywurst-Anhänger ist.

    II   Dass die Currywurst nichts Besonderes ist.

    III   Er traf auf Hakim, der in seiner Heimat ein ähnliches Gericht an amerikanische Kunden verkauft.

    IV   Er lernte einen Afghanen kennen, der fernab seiner Heimat ähnlich erfolgreich wie einst Herta Heuwer sein würziges Fleischgericht an den Mann bringt.

b   Wie ist der Ton des Autors im Text durchweg?

    I   entsetzt   III   verbittert

    II   ironisch   IV   erbost

WUSSTEN SIE DAS?

Das deutsche Currywurst-Museum

Fahren Sie demnächst nach Berlin? Dann sollten Sie auf jeden Fall das deutsche Currywurst-Museum in unmittelbarer Nähe vom Checkpoint Charlie besuchen. Dieses originelle, skurrile Museum, das 2009 gegründet wurde, widmet sich ausschließlich einem kulinarischen Wahrzeichen Berlins, der Currywurst, seiner Geschichte, Zubereitung und Präsenz in den Medien.

6 Schriftliche Übung

Es sind Sommerferien. Sie machen mit Freunden eine Rundreise durch Deutschland. Letzte Woche waren Sie in Bayern, jetzt erkunden Sie Berlin, danach ist der Norden dran. Sie planen auch einen kurzen Abstecher nach Österreich. Es gefällt Ihnen ausgezeichnet und vor allem die regional unterschiedlichen Gerichte faszinieren Sie. Gerade heute haben Sie Currywurst mit Pommes probiert.

Schreiben Sie eine E-Mail an Ihre Eltern, in der Sie ihnen von typischen Speisen und Getränken aus ganz Deutschland berichten. Nutzen Sie das Internet, um sich über die kulinarische Landschaft Deutschlands und Österreichs zu informieren. Vergleichen Sie dabei auch die deutsche und österreichische Küche mit Ihrer eigenen. Folgen Sie den Richtlinien für eine E-Mail aus Kapitel 6.

Arbeitsbuch
1 Wortschatz, Schritt 8 –
ein britisches Paar
erlebt die beliebte
deutsche Kaffee- und
Kuchenkultur

[1]**Schwarzwälder Kirsch:**
Schwarzwälder Kirschtorte

[2]**Sahnebaiser:** Gebäckname

[3]**Bienenstich:** Kuchenname

[4]**Mohrenkopf:** eine
schokoladenüberzogene
Süßigkeit

[5]**Sacher- und Linzertorte:**
österreichische
Tortenspezialitäten

7 Textverständnis

In diesem Hit des österreichischen Sängers Udo Jürgens aus dem Jahr 1976 geht es um die Tradition von Kaffee und Kuchen.

Aber bitte mit Sahne

Sie treffen sich täglich um Viertel nach drei aaahh ooojehh

am Stammtisch im Eck in der Konditorei aaahh ooojehh

und blasen zum Sturm auf das Kuchenbuffet auf
Schwarzwälder Kirsch[1] und auf Sahnebaiser[2]

auf Früchteeis, Ananas, Kirsch und Banane – aber bitte
mit Sahne, aber bitte mit Sahne…

Sie schmatzen und schwatzen, dann holen sie sich aaahh
ooojehh

noch Buttercremetorte und Bienenstich[3] aaahh ooojehh

sie pusten und prusten, fast geht nichts mehr rein,

nur ein Mohrenkopf[4] höchstens, denn Ordnung
muss sein

Bei Mathilde, Ottilie, Marie und Liliane – aber bitte
mit Sahne, aber bitte mit Sahne…

Und das Ende vom Lied hat wohl jeder geahnt,
aaahh ooojehh

der Tod hat reihum sie dort abgesahnt aaahh
ooojehh

die Hinterbliebenen fanden vor Schmerz keine Worte,

mit Sacher- und Linzer-[5] und Marzipantorte

hielt als letzte Liliane getreu noch zur Fahne –

aber bitte mit Sahne, aber bitte mit Sahne…

Doch auch mit Liliane war es schließlich vorbei
aaahh ooojehh

sie kippte vom Stuhl in der Konditorei hmmmm ooojehh

auf dem Sarg gab's statt Kränze verzuckerte Torten

und der Pfarrer begrub sie mit rührenden Worten

dass der Herrgott den Weg in den Himmel ihr bahne –

aber bitte mit Sahne, aber bitte mit Sahne…

noch ein Tässchen Kaffee, aber bitte mit Sahne

noch ein kleines Baiser, aber bitte mit Sahne

Oder soll's vielleicht doch ein Keks sein? Aber bitte
mit Sahne…

Udo Jürgens, *Edition Montana/Aran*

1 Bringen Sie die Ereignisse in die richtige Reihenfolge, so wie sie im Text dargestellt sind.
Nummerieren Sie sie.

a Freunde und Familie trauern um sie. ☐

b Liliane stirbt in der Konditorei. ☐

c Mathilde, Ottilie und Marie sterben aufgrund ihres exzessiven Kuchenessens. ☐

d Man kommt täglich zum Kaffeeklatsch in der Konditorei zusammen. ☐

e Liliane isst weiter. ☐

f Gemeinsam essen die Damen verschiedene Kuchen, Torten und Eissorten. ☐

g Ihr Sarg ist mit Torten geschmückt. ☐

2 Beantworten Sie die folgenden Fragen.

a Wie würden Sie den Ton des Sängers charakterisieren? Welches Wort
von der Liste passt am besten? ☐

    I betroffen   IV ironisch

    II verständnisvoll   V kritisch

    III belehrend   VI entspannt

b Was ist das eigentliche Thema dieses Liedes? ☐

    I Warnung vor Esssucht und Übergewicht

    II Spaß am Kuchenessen

    III Freundschaft bis in den Tod

3 Welche nummerierten Wörter entsprechen den Begriffen aus dem Liedtext am besten?
Tragen Sie jeweils die richtige Nummer ein.

a Stammtisch ☐	I	fiel
b schmatzen ☐	II	anstelle von
c schwatzen ☐	III	beerdigte
d kippte ☐	IV	trinken
e statt ☐	V	sich unterhalten
f Kränze ☐	VI	mitreißenden
g begrub ☐	VII	Blumengebinde
h rührenden ☐	VIII	Nachtisch
	IX	Tänze
	X	klatschen
	XI	sentimentalen
	XII	gewohnten Treffpunkt
	XIII	laut essen

WEITERDENKEN **TOK**

Diskutieren Sie in kleinen Gruppen:

- Gefällt Ihnen dieses Lied? Begründen Sie Ihre Meinung.

- Was halten Sie von der Warnung, die es ausspricht? Ist sie übertrieben oder todernst? Warum?

- Welche weiteren Lieder sind Ihnen bekannt, die vor etwas warnen oder über etwas aufklären wollen? Was halten Sie von dieser Art der Aufklärung?

---

8 Mündliche Übung CAS

Arbeiten Sie in Gruppen bis maximal fünf Personen.

Lesen Sie zuerst die Situationsbeschreibung sowie die Rollenbeschreibungen. Verteilen Sie anschließend die Rollen.

Denken Sie über Ihre Rolle nach. Machen Sie sich Notizen – aber versuchen Sie, möglichst spontan auf die Argumente der anderen Mitspieler zu reagieren.

Die Situation

Was ist typisch deutsches Essen? An dieser Frage scheiden sich immer wieder die Geister. Die Tourismus-Beauftragte des Kultusministeriums, Frau Biel, hat mehrere Personen aus verschiedenen Bereichen zu einer Diskussionsrunde eingeladen. Alle Beteiligten haben unterschiedliche Ansichten.

Frau Biel leitet die Diskussion.

Frau Biel, Tourismusbeauftragte des Kultusministeriums

- sorgt sich um das schlechte Ansehen der deutschen Küche im Ausland.
- will herausfinden, ob es neue Trends gibt.
- möchte für alle Aspekte der deutschen Küche werben.

Frau Lehmann, Imbissbudenbesitzerin der „Extrawurst"

- verkauft typisch deutsche Gerichte, d. h. Currywurst mit Pommes, Bockwurst, Frikadelle, Brathähnchen usw.
- arbeitet seit 40 Jahren in der Imbissbude und sieht ihren Stand als urdeutsche Instanz.
- beobachtet, wie sich ein Trend weg von der Currywurst zum Döner, Sushi usw. entwickelt.

Herr Precious

- ist ursprünglich aus Manchester in England, lebt aber schon seit 20 Jahren in Deutschland.

- ist Offizier der britischen Armee, der bisher in drei verschiedenen Regionen Deutschlands lebte – im Norden, Süden und Osten.

- liebt die Vielfältigkeit der deutschen Küche, die sich von Region zu Region unterscheidet.

Herr Özdemir, Besitzer des türkischen Restaurants „Bosporus"

- ist in Deutschland geboren und aufgewachsen, seine Eltern wanderten vor 30 Jahren ein.

- betrachtet türkisches Essen als integralen Bestandteil der deutschen Küche.

- verkauft täglich hunderte von Kebabs und Böreks an seine Kunden.

Frau Jung, Gründerin und Inhaberin von „Voll Veggie", einer vegetarischen Restaurantkette

- bietet vegetarische Gerichte aus aller Welt an.

- möchte eine gesündere Alternative zur traditionellen deutschen Küche auf den Tisch bringen.

- hat gerade ihr fünftes Restaurant eröffnet, da sich ihr Essen großer Beliebtheit erfreut.

Die Gesprächsrunde soll am Schluss einige konkrete Ergebnisse haben.

---

9 Schriftliche Übung

HL

Wählen Sie eine der folgenden Aufgaben. Sie sollten für *SL* 250-400 Wörter und für *HL* 450-600 Wörter schreiben.

1 Wählen Sie ein typisches Gericht aus der Schweiz, Österreich oder Deutschland und recherchieren Sie dessen Ursprung, die benötigten Zutaten und die Zubereitungsweise. Schreiben Sie dann einen kurzen Blogeintrag, in dem Sie Ihr Gericht mit Foto vorstellen. Wenn Sie möchten und können, kochen Sie dann dieses Gericht und beschreiben Sie dieses Kocherlebnis und den Geschmack des Gerichts in Ihrem Eintrag. Folgen Sie den entsprechenden Richtlinien für einen Blog aus Kapitel 6.

2 In der Nähe Ihrer Schule befindet sich eine Flüchtlingsunterkunft, an der Sie jeden Tag vorbeigehen. Es existieren bereits einige Schulprojekte wie Deutsch- und Musikunterricht, aber Sie selbst sind noch nicht involviert. Sie spielen mit dem Gedanken, für die Flüchtlinge an einem Samstag mehrere typisch deutsche Gerichte zu kochen, sie vorzustellen, gemeinsam zu essen und somit einen kleinen Beitrag zur Integration dieser Menschen in die deutsche Kultur zu leisten. Schreiben Sie eine mitreißende Rede, in der Sie weitere Schüler dazu auffordern, Ihnen bei Ihrer Idee zu helfen. Folgen Sie den entsprechenden Richtlinien für eine Rede aus Kapitel 6.

10 Hörverständnis 🔊 Spur 6

Hat's geschmeckt? Was hat ein Brite zur Küche der deutschsprachigen Länder zu sagen?

Fraser Halliwell, stellvertretender Direktor einer kolumbianischen Schule aus Bogota, war mit einer Gruppe von Schülerinnen anderthalb Wochen auf einer internationalen Konferenz im schleswig-holsteinischen Internat Louisenlund und Berlin, wo er für ein deutsches Online Portal interviewt wurde.

1   Wie alt war Fraser bei seinem ersten Deutschlandbesuch?

2   In welchem Jahr probierte er rheinischen Sauerbraten zum ersten Mal?

    A   1996

    B   1986

    C   1980

3   In wievielen Ländern hat Fraser gelebt?

4   Welchen Kuchen erwähnt er nicht, als er von der deutschen Kaffee und Kuchen Louisenlund Tradition spricht?

    A   Mohnkuchen

    B   Käsekuchen

    C   Bienenstich

5   Der jährliche Pro-Kopf Schokoladenkonsum der Deutschen beträgt .... kg.

6   Wieviele Millionen Gastarbeiter kamen bis 1973 nach Deutschland?

7   Welches Land beeinflusste die Berliner Küche?

    A   Frankreich

    B   Spanien

    C   Österreich

8   Woher kommt die Kartoffel ursprünglich?

    A   Südamerika

    B   Südostasien

    C   Südafrika

9   Wo liegt Louisenlund?

    A   im Osten Deutschlands

    B   im Westen Deutschlands

    C   im Norden Deutschlands

11 Textverständnis

Im Folgenden lesen Sie einen Auszug aus Uwe Timms 1993 veröffentlichtem Roman „Die Entdeckung der Currywurst".

Die Entdeckung der Currywurst

Vor gut zwölf Jahren habe ich zum letzten Mal eine Currywurst an der Bude von Frau Brücker gegessen. Die Imbißbude stand auf dem Großneumarkt – ein Platz im Hafenviertel: windig, schmutzig, kopfsteingepflastert. Ein paar borstige Bäume stehen auf dem Platz, ein Pissoir und drei Verkaufsbuden, an denen sich die Penner treffen und aus Plastikkanistern algerischen Rotwein trinken. Im Westen graugrün die verglaste Fassade einer Versicherungsgesellschaft und dahinter die Michaeliskirche; deren Turm nachmittags einen Schatten auf den Platz wirft: Das Viertel war während des Krieges durch Bomben stark zerstört worden. Nur einige Straßen blieben verschont, und in einer, der Brüderstraße, wohnte eine Tante von mir, die ich als Kind oft besuchte, allerdings heimlich. Mein Vater hatte es mir verboten. Klein-Moskau wurde die Gegend genannt, und der Kiez war nicht weit.

Später, wenn ich auf Besuch nach Hamburg kam, bin ich jedesmal in dieses Viertel gefahren; durch die Straßen gegangen, vorbei an dem Haus meiner Tante, die schon vor Jahren gestorben war, um schließlich – und das war der eigentliche Grund – an der Imbißbude von Frau Brücker eine Currywurst zu essen.

Hallo, sagte Frau Brücker, als sei ich erst gestern dagewesen. Einmal wie immer?

Sie hantierte an einer großen gußeisernen Pfanne.

Hin und wieder drückte eine Bö den Sprühregen unter das schmale Vordach: eine Feldplane, graugrün gesprenkelt, aber derartig löchrig, daß sie nochmals mit einer Plastikbahn abgedeckt worden war.

Hier geht nix mehr, sagte Frau Brücker, während sie das Sieb mit den Pommes frites aus dem siedenden Öl nahm, und sie erzählte, wer inzwischen alles aus dem Viertel weggezogen und wer gestorben sei. Namen, die mir nichts sagten, hatten Schlaganfälle, Gürtelrosen, Alterszucker bekommen oder lagen jetzt auf dem Ohlsdorfer Friedhof. Frau Brücker wohnte noch immer in demselben Haus, in dem früher auch meine Tante gewohnt hatte.

Da! Sie streckte mir die Hände entgegen, drehte sie langsam um. Die Fingergelenke waren dick verknotet. Is die Gicht. Die Augen wollen auch nicht mehr. Nächstes Jahr, sagte sie, wie jedes Jahr, geb ich den Stand auf, endgültig. Sie nahm die Holzzange und griff damit eine der selbst eingelegten Gurken aus dem Glas. Die haste schon als Kind gern gemocht: Die Gurke bekam ich jedesmal gratis. Wie hältste das nur in München aus?

Imbißstände gibts dort auch.

Darauf wartete sie. Denn dann, und das gehörte mit zu unserem Ritual, sagte sie: Jaa, aber gibts da auch Currywurst?

Nein, jedenfalls keine gute.

Siehste, sagte sie, schüttete etwas Curry in die heiße Pfanne, schnitt dann mit dem Messer eine Kalbswurst in Scheiben hinein, sagte Weißwurst, grausam, und dann noch süßer Senf. Das veddelt einen doch. Sie schüttelte sich demonstrativ: Brrr, klackste Ketchup in die Pfanne; rührte; gab noch etwas schwarzen Pfeffer darüber und schob dann die Wurstscheiben auf den gefältelten Pappteller: Das is reell. Hat was mitm Wind zu tun. Glaub mir Scharfer Wind braucht scharfe Sachen.

Ihr Schnellimbiß stand wirklich an einer windigen Ecke. Die Plastikbahne war dort, wo sie am Stand festgezurrt war, eingerissen, und hin und wieder, bei stärkeren Böen, kippte eine der großen Plastik-Eistüten um. Das waren Reklametische, auf deren abgeplattetem Eis man die Frikadellen und, wie gesagt, diese ganz einmalige Currywurst essen konnte.

Ich mach die Bude dicht, endgültig.

Das sagte sie jedesmal, und ich war sicher, sie im nächsten Jahr wiederzusehen. Aber in dem darauffolgenden Jahr war ihr Stand verschwunden.

Daraufhin bin ich nicht mehr in das Viertel gegangen, habe kaum noch an Frau Brücker gedacht, nur gelegentlich an einem Imbißstand in Berlin, Kassel oder sonstwo, und dann natürlich immer, wenn es unter Kennern zu einem Streit über den Entstehungsort und das Entstehungsdatum der Currywurst kam: Die meisten, nein, fast alle reklamierten dafür das Berlin der späten fünfziger Jahre. Ich brachte dann immer Hamburg, Frau Brücker und ein früheres Datum ins Gespräch.

Die meisten bezweifelten, daß die Currywurst erfunden worden ist. Und dann noch von einer bestimmten Person? Ist das nicht wie mit Mythen, Märchen, Wandersagen, den Legenden, an denen nicht nur einer, sondern viele gearbeitet haben? Gibt es den Entdecker der Frikadelle? Sind solche Speisen nicht kollektive Leistungen? Speisen, die sich langsam herausbilden, nach der Logik ihrer materiellen Bedingungen, so wie es beispielsweise bei der Frikadelle gewesen sein mag: Man hatte Brotreste und nur wenig Fleisch, wollte aber den Magen füllen, da bot sich der Griff zu beiden an und war noch dazu voller Lust, man mußte das Fleisch und das Brot ja zusammenmanschen. Viele werden es getan haben, gleichzeitig, an verschiedenen Orten, und die unterschiedlichen Namen bezeugen es ja auch: Fleischbengelchen, Boulette, Fleischpflanzerl; Hasenohr, Fleischplätzchen.

Schon möglich; sagte ich, aber bei der Currywurst ist es anders, schon der Name verrät es, er verbindet das Fernste mit dem Nächsten, den Curry mit der Wurst. Und diese Verbindung, die einer Entdeckung gleichkam, stammt von Frau Brücker und wurde irgendwann Mitte der vierziger Jahre gemacht.

Uwe Timm

Kreuzen Sie an, ob die folgenden Aussagen aufgrund des Textes richtig oder falsch sind. Begründen Sie Ihre Antwort mit Informationen aus dem Text.

richtig   falsch

1   Der letzte Besuch des Ich-Erzählers ist über ein Jahrzehnt her.   [X]   [ ]

Begründung: *Vor gut zwölf Jahren habe ich zum letzten Mal eine Currywurst an der Bude von Frau Brücker gegessen.*

2   Die Gegend um die Imbissbude war im Zweiten Weltkrieg nicht verschont geblieben.   [ ]   [ ]

Begründung: ....

3   Sein Vater wollte nicht, dass er seine Tante in Klein-Moskau besucht, folglich sah er diese nie.   [ ]   [ ]

Begründung: ....

4   Seine Tante und die Currywurst-Verkäuferin wohnten in zwei benachbarten Häusern.   [ ]   [ ]

Begründung: ....

5   Wenn sich der Ich-Erzähler bei Frau Brücker eine Currywurst bestellte, bekam er die eingelegte Gurke stets umsonst.   [ ]   [ ]

Begründung: ....

6   Er stammt aus Hamburg, wohnt aber in München.   [ ]   [ ]

Begründung: ....

7   Es existieren viele Versionen über den Ursprung der Currywurst.   [ ]   [ ]

Begründung: ....

8   Er bezweifelt, dass Frau Brücker die Currywurst erfunden hat.   [ ]   [ ]

Begründung: ....

WEITERDENKEN

TOK **Diskutieren Sie in kleinen Gruppen:**

Verbinden Sie mit Ihrer Heimat ein bestimmtes Gericht oder einen speziellen Ort? Weshalb? Welche Gefühle, welche Erinnerungen verbinden Sie mit diesem Gericht oder Ort?

2.3 Feste und Traditionen

> Welche Bedeutung haben Feste und Traditionen für ein Land?

Lernziele

- Über die Bedeutung von Brauchtum in deutschsprachigen Ländern nachdenken
- Sich mündlich und schriftlich in verschiedenen Kontexten dazu äußern
- Sich mit weniger bekannten Traditionen wie der Walpurgisnacht auseinandersetzen
- Satzstrukturen zum Ausdrücken von Begeisterung üben

1 Einstieg CAS

Diskutieren Sie folgende Fragen zu dem Diagramm in kleinen Gruppen. Erklären Sie, worauf Ihre Antworten basieren.

- Welche Feste und Traditionen assoziieren Sie mit deutschsprachigen Ländern?
- An welchem deutschen Fest würden Sie gern einmal teilnehmen? Warum?
- Welche Bräuche existieren in Ihrem Land? Welche mögen Sie, welche nicht? Warum?
- Welche Bedeutung haben Feste und Traditionen für ein Land?

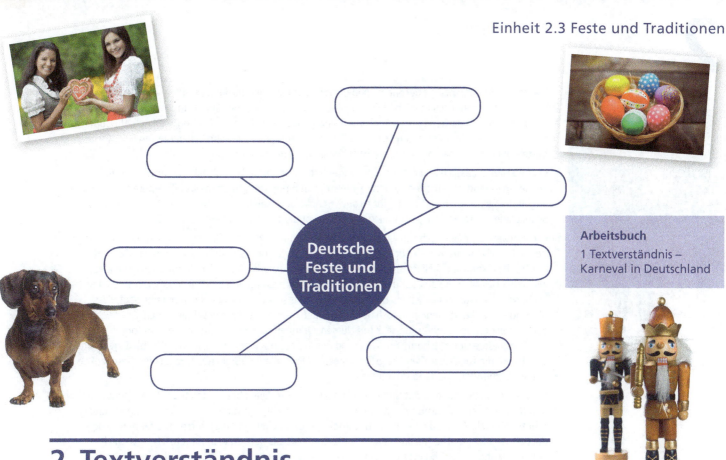

Deutsche Feste und Traditionen

Arbeitsbuch
1 Textverständnis –
Karneval in Deutschland

2 Textverständnis

Lesen Sie im folgenden Text, wie eine Studentin die Weihnachtszeit – das wichtigste Fest in Deutschland – erklärt.

Hannah Illing studiert gerade im 4. Semester Volkswirtschaftslehre in Bamberg, einer kleinen Stadt in Bayern. Auch dort gibt es einen Weihnachtsmarkt. Besonders bekannt ist Bamberg aber für seine vielen Weihnachtskrippen, Bamberg wird deshalb auch „Krippenstadt" genannt.

Im letzten Abschnitt des Textes fehlen Wörter, die Sie im sechsten Schritt der Textverständnisübung einordnen müssen.

Arbeitsbuch
Einheit 2.2
1 Wortschatz –
Weihnachtsbäckerei

Weihnachtszauber

Hannah Illing (21) erzählt, wie sie die Adventszeit und Weihnachten in Deutschland erlebt.

Ich liebe Weihnachten. An Weihnachten herrscht in deutschen Städten eine ganz besondere Stimmung. Sehr feierlich und entspannt. Man merkt, dass die Menschen sich eine Auszeit von ihrem stressigen Alltag gönnen und ihr Leben ein paar Tage lang ruhiger angehen.

Sie genießen es, gemeinsam mit ihrer Familie das Weihnachtsfest zu feiern.

Eigentlich beginnt Weihnachten schon mit der Adventszeit im Dezember. Mindestens einmal gehe ich an einem Adventssonntag in die Kirche. Dann hängt über dem Altar ein großer Adventskranz mit vier roten Kerzen. Jeden Sonntag wird eine neue angezündet. Wenn die vierte Kerze brennt, weiß ich, dass Weihnachten kurz vor der Tür steht. Dann wird meine Vorfreude immer größer. Auch daheim haben wir einen Adventskranz auf dem Esszimmertisch stehen. Wir zünden die Kerzen jeden Sonntag an und singen Adventslieder dazu. Am besten gefällt mir das Lied „Wir sagen euch an den lieben Advent".

Was ich an der Adventszeit besonders liebe, das ist das Plätzchenbacken. Draußen wird es früh dunkel, es ist kalt und regnerisch und ich bleibe am liebsten im gemütlichen Haus. Dann lade ich meine Freundinnen zum Backen ein. Am schönsten sind natürlich die Butterplätzchen, weil man die super mit Schokolade oder mit bunten Streuseln verzieren kann. Aber mir schmecken die Vanillekipferl am besten, auch wenn man da aufpassen muss, weil sie leicht zerbrechen.

Wichtig ist mir, dass ich einen Adventskalender habe. Der darf in keinem Jahr fehlen. Es ist immer wieder spannend, ein Türchen zu öffnen. Meistens ist hinter dem Türchen das Bild eines pausbackigen Engels oder eine Kerze. Natürlich gibt es auch Schokoladenkalender, hinter deren Türchen Figuren aus Schokolade versteckt sind. So kann ich mir schon vor dem Frühstück den Tag versüßen.

In die Adventszeit fällt auch Nikolaus. Das feiern wir am Abend des 6. Dezember, also am Namenstag des heiligen Nikolaus. Als ich noch ein Kind war, war das immer sehr aufregend für mich. Denn in Deutschland kommt der Nikolaus persönlich in die Häuser. Er ist dann nicht in rot-weiß gekleidet wie der Coca-Cola-Nikolaus, sondern trägt einen Bischofsmantel und einen Bischofsstab. Auch der echte Nikolaus war schließlich ein Bischof. Der Nikolaus schimpft immer ein wenig und sagt, dass die Kinder in Zukunft mehr im Haushalt helfen sollen oder besser für die Schule lernen. Aber er hat auch einen großen braunen Jutesack mit Nüssen, Orangen und Schokolade dabei und sorgt für eine ganz besondere Überraschung: Am Vorabend des 6 Dezember stellen die Kinder ihre blankgeputzten Schuhe vor die Tür, und hoffen, diese am nächsten Morgen mit Süßigkeiten und kleinen Geschenken gefüllt vorzufinden. Das fand ich immer super.

Am tollsten an der Adventszeit sind die Weihnachtsmärkte. Die gibt es in jeder deutschen Stadt. Am berühmtesten ist der Nürnberger Weihnachtsmarkt. Er heißt „Nürnberger Christkindlesmarkt" und ist sehr traditionell: Es gibt die berühmten Nürnberger Lebkuchen und Bratwürste. Die Tannenzweige dort dürfen nicht mal aus Plastik sein. Sie müssen direkt aus dem Wald kommen. Ich treffe mich auf dem Weihnachtsmarkt oft mit meinen Freunden und trinke Glühwein. Besonders schön ist das natürlich, wenn es schon geschneit hat. Dann sind die Dächer der vielen kleinen Holzbuden mit einer Schneeschicht bedeckt, die wie Puderzucker aussieht.

Am allerwichtigsten in der Adventszeit ist natürlich der 24. Dezember, also Heiligabend. In Deutschland findet die Bescherung nämlich schon am Vorabend von Weihnachten statt. Die Festtage verbringe ich mit meiner Familie. Besonders freue ich mich über „weiße Weihnachten", also wenn es an Heiligabend schneit. Die Bescherung mit den Geschenken gibt es am späten Nachmittag, wenn es draußen schon dunkel ist. Dann versammelt sich die ganze Familie unter dem Christbaum. Wir hören dann immer Weihnachtslieder von einer CD. Unter dem Christbaum steht eine Holzkrippe. Das ist eine wichtige Tradition. Nach der Bescherung gehen wir dann in die Christmette, die meistens um 21 Uhr beginnt. Zum Abschluss der Messe singen wir in der Kirche alle „Stille Nacht". Das ist dann eine sehr feierliche Stimmung.

Am 25. und am 26. Dezember sind die Weihnachtsfeiertage. Dann kommen unsere Verwandten zu Besuch und meine Mutter kocht für uns ein Weihnachtsessen. Das ist immer sehr lecker. Oft gibt es die traditionelle deutsche Weihnachtsgans mit Kartoffelknödeln und Blaukraut. Natürlich darf auch der Nachtisch nicht fehlen: Bratäpfel, gefüllt mit Rosinen und Nüssen. **(a)** .... mag ich am liebsten.

Die Feiertage **(b)** .... viel zu schnell und dann steht auch schon Silvester vor der Tür. Ich feiere oft mit Freunden. Am Abend des 31. Dezember treffen wir uns dann bei mir zu Hause und kochen zusammen. Da darf dann natürlich auch das „Dinner for One" nicht **(c)** .... , ein englischer Sketch, der an Silvester jedes Jahr im deutschen Fernsehen läuft. In Deutschland ist der Sketch Kultprogramm – ich war **(d)** .... , dass er in England gar nicht bekannt ist. Um 24 Uhr stoßen wir mit Sekt oder Champagner an und schießen wie überall auf der Welt Feuerwerksraketen ab, um das neue Jahr zu **(e)** .... Am 1. Januar **(f)** .... wir uns kleine Schweinchen aus Marzipan, weil das Glück bringen **(g)** .... In denen steckt meistens eine Ein-Cent-Münze aus Goldpapier. Sie soll dafür sorgen, dass uns im **(h)** .... Jahr das Geld nicht ausgeht. Ich hebe die Münzen immer auf, ich habe sogar noch ein paar alte Pfennige zu Hause. Eigentlich sollte ich mittlerweile also ziemlich **(i)** .... sein.

(j) .... beliebt ist das traditionelle Bleigießen – man lässt auf einem Löffel Blei erwärmen und kippt dann das geschmolzene Blei in eine Schale **(k)** .... Wasser. Aus der dadurch entstandenen Figur werden dann **(l)** .... für das neue Jahr angestellt.

Hannah Illing

1 Bringen Sie die weihnachtlichen Ereignisse in die
richtige Reihenfolge, so wie sie im Text dargestellt sind.
Nummerieren Sie sie.

a Bescherung ☐

b Silvester ☐

c Weihnachtsmesse/Christmette ☐

d Nikolaus ☐

e Weihnachtsfeiertage ☐

f Neujahr ☐

g Advent ☐

h Weihnachtsschmaus/Weihnachtsessen ☐

i Heiligabend ☐

2 Finden Sie heraus, worauf sich die unterstrichenen
Wörter aus dem Text beziehen, und tragen Sie dies in
die leere Spalte ein.

Im Text ...	bezieht sich das Wort ...	auf ...
a wird eine neue angezündet	„neue"	Kerze
b weil man die super mit Schokolade oder mit bunten Streuseln verzieren kann	„die"	
c Der darf in keinem Jahr fehlen.	„Der"	
d hinter deren Türchen Figuren aus Schokolade versteckt sind	„deren"	
e die wie Puderzucker aussieht	„die"	
f der an Silvester jedes Jahr im deutschen Fernsehen läuft	„der"	
g In denen steckt meistens eine Ein-Cent-Münze aus Goldpapier.	„denen"	

Erfahrungen

3 Welche nummerierten Wörter entsprechen den Begriffen aus dem Text am besten? Tragen Sie jeweils die richtige Nummer ein.

a Stimmung ☐

b gönnen ☐

c Vorfreude ☐

d gemütlichen ☐

e aufpassen ☐

f schimpft ☐

g berühmtesten ☐

h Lebkuchen ☐

i versammelt ☐

i rügt

ii vorsichtig sein

iii Anspannung

iv Atmosphäre

v erlauben

vi beschaulichen

vii bekanntesten

viii trifft

ix Aura

x eingestehen

xi freudige Erwartung

xii Weihnachtsgebäck

xiii Neugier

4 Die folgenden Aussagen beziehen sich auf den Text. Kreuzen Sie an, ob sie aufgrund des Textes richtig oder falsch sind. Begründen Sie Ihre Antwort mit Informationen aus dem Text.

	richtig	**falsch**
a Hannah Illing empfindet die Weihnachtszeit als ausgesprochen festlich und einzigartig.	X	☐

Begründung: *herrscht eine ganz besondere Stimmung* ....

b Das Schönste an der Adventszeit ist für sie der Adventskranz mit vier roten Kerzen. ☐ ☐

Begründung: ....

c Sie hat beim Plätzchenbacken gerne Gesellschaft. ☐ ☐

Begründung: ....

d Sowohl Butterplätzchen als auch Vanillekipferl lassen sich besonders gut dekorieren. ☐ ☐

Begründung: ....

e Hinter jedem Adventskalendertürchen verbirgt sich eine Überraschung, aber nicht immer etwas Süßes. ☐ ☐

Begründung: ....

f Am 6 Dezember putzen Kinder ihre Schuhe und stellen sie vor die Tür, damit der Nikolaus sie mit Süßigkeiten füllt. ☐ ☐

Begründung: ....

5 Beantworten Sie die folgenden Fragen zum mittleren Teil des Textes. Schreiben Sie die Nummer der richtigen Antwort in das Kästchen.

a Auf den berühmten deutschen Weihnachtsmärkten …

    I kommt man in geselliger Runde zusammen.

    II kann man vor allem neue Leute beim Glühweintrinken kennenlernen.

    III gibt es ausschließlich Lebkuchen und Würste.

    IV trifft man sich erst, wenn es geschneit hat und die vielen Holzbuden schneebedeckt sind.

b Was passiert am 24. Dezember in Deutschland?

    I Man freut sich auf die Bescherung am Folgetag.

    II Es ist Heiligabend und man bekommt Geschenke.

    III Man singt Weihnachtslieder und geht danach mit der Familie in die Kirche zur Messe.

    IV Es gibt ein großes Festessen im Kreis der Familie.

c Welcher Begriff beschreibt die Weihnachtsfeiertage am besten?

    I anstrengend   II entspannt   III angespannt   IV aufregend

6 Im letzten Abschnitt fehlen Wörter. Suchen Sie für jede Lücke im Text das passende Wort aus den angebotenen Begriffen aus.

	A	B	C	Lösung
a	DER	DIE	DEN	B
b	GEHEN	SIND	VERGEHEN	….
c	FEHLEN	MISSEN	FEHLT	….
d	GESCHOCKT	WUNDERT	ÜBERRASCHT	….
e	GRÜSSEN	BEGRÜSSEN	WILLKOMMEN	….
f	SCHENKEN	GEBEN	ESSEN	….
g	SOLLTE	WIRD	SOLL	….
h	KOMMENDEN	NEUEM	NÄCHSTES	….
i	VERSCHWENDERISCH	REICH	UNVERMÖGEND	….
j	ALSO	GLEICHZEITIG	EBENFALLS	….
k	WARMES	KALTES	GEFRORENES	….
l	IDEEN	VERMUTUNG	PROGNOSEN	….

7 Beantworten Sie folgende Fragen zum letzten Teil des Textes.

a Was ist das Außergewöhnliche am Sketch „Dinner for One"?

b Was macht man in Deutschland am 31. Dezember, wenn die Uhr Mitternacht schlägt?

3 Mündliche Übung

Hier folgt eine Liste von typischen Dingen, die in Deutschland zur Advents-, Weihnachts- und Neujahrszeit gehören.

Wählen Sie einen Begriff und sammeln Sie hierzu so viele Informationen wie möglich – sowohl im Text als auch im Internet. Bereiten Sie ein Kurzreferat vor und erzählen Sie der Klasse, was Sie herausgefunden haben.

- Adventskranz
- „Dinner for One"
- Bleigießen
- Weihnachtsplätzchen
- Weihnachtsmarkt
- Weihnachtskrippe
- Adventskalender
- Nikolaus
- Glücksbringer

WORTSCHATZ – WORTBILDUNG MIT „WEIHNACHT"

Sie sehen eine Liste von Wörtern mit dem Kernwort „Weihnacht". Lesen Sie sich die Sätze durch und setzen Sie die passenden Wörter ein. Bitte beachten Sie, dass „Weihnachtslieder" zweimal eingesetzt werden muss.

1 Der tschechische .... „Drei Haselnüsse für Aschenbrödel" läuft jedes Weihnachtsfest im Fernsehen. Der Märchenfilm wurde im Jahr 1973 gedreht.

2 Spekulatius, Zimtsterne und Lebkuchen sind typisches ....

3 Der Däne Hans Christian Andersen schrieb mehrere traurige ....

4 In meiner Schule singen wir in der Adventszeit .... zu Beginn der Vollversammlung.

5 Wer hat mir diese .... geschickt? Es steht kein Absender drauf.

6 Ich mag .... , am liebsten mit einer Tasse Kakao, aber meine Geschwister finden ihn zu trocken und mögen die Rosinen nicht.

7 Mein Gymnasium macht jedes Jahr eine .... für seine Lehrer und Angestellten. Jedes Weihnachten wird gewichtelt, das heißt, dass wir uns anonym Geschenke machen und dann geraten wird, wer wem was geschenkt hat.

8 Am .... sitze ich immer mit meiner Familie zusammen. Wir hören .... , unterhalten uns, essen eine .... mit Kartoffeln und Rotkraut und genießen die Zeit miteinander.

9 Meinem Vater gefällt die Holzschnitzkunst auf dem Wiener .... Wir fahren jedes Jahr nach Österreich, um Ski zu fahren, aber der Markt ist immer unser erster Stopp.

10 Während der .... besuchen meine Familie und ich immer Verwandte und entspannen uns daheim.

| WEIHNACHTSMARKT |
| WEIHNACHTSFEIERTAGE |
| WEIHNACHTSABEND |
| WEIHNACHTSSTOLLEN |
| WEIHNACHTSGANS |
| WEIHNACHTSKARTE |
| WEIHNACHTSGEBÄCK |
| WEIHNACHTSLIEDER |
| WEIHNACHTSMÄRCHEN |
| WEIHNACHTSFEIER |
| WEIHNACHTSFILM |

NÜTZLICHE AUSDRÜCKE

So können Sie Ihre Begeisterung ausdrücken:

Ich bin ganz begeistert von ...

... gefällt mir total.

Ich stehe total auf ... *

... ist wunderschön/toll/einzigartig/
unvergesslich/klasse/spitze.

Ich schwärme von ...

Ein einmaliges Erlebnis!

So was kannst du sonst
nirgendwo erleben.

... gern ...

Das hast du noch nicht gesehen!

... Lieblings- ...

umgangssprachlich

4 Schriftliche Übung (CAS)

HL

Wählen Sie eine der folgenden Aufgaben. Dabei müssen Sie eine
Textsorte aussuchen, die für die Aufgabe geeignet ist. Denken Sie
dabei an den Kontext, das Ziel und die Leserschaft. Sie sollten für
SL 250–400 Wörter und für *HL* 450–600 Wörter schreiben.

1   Das letzte Weihnachtsfest haben Sie bei einer deutschen
Mitschülerin und Freundin in Nürnberg verbracht und Sie
waren ganz begeistert von den dortigen Traditionen. Dieses Jahr
wurden Sie wieder eingeladen und Sie dürfen einen Freund/eine
Freundin mitbringen.

Schreiben Sie eine E-Mail an Ihren Freund/Ihre Freundin, in
der Sie nicht nur die deutschen Weihnachtstraditionen erklären,
sondern regelrecht von diesen schwärmen, um ihn/sie davon
zu überzeugen mitzukommen. Verwenden Sie die nützlichen
Ausdrücke oben, um Ihre Begeisterung auszudrücken.

2   Es ist Anfang Dezember. Sie sind gerade beim Schüleraustausch in
Berlin und ganz begeistert von der vorweihnachtlichen Stimmung
in der Hauptstadt. Der Direktor des Berliner Gymnasiums
Ihres Gastbruders/Ihrer Gastschwester bittet Sie, in der letzten
Vollversammlung des Jahres einen Vortrag über das Weihnachtsfest
oder ein anderes festliches Ereignis in Ihrem Heimatland zu halten.

Bereiten Sie diesen Vortrag vor. Falls Sie über Weihnachten
sprechen, verwenden Sie die typischen Begriffe der Advents-,
Weihnachts- und Neujahrzeit, die Sie bereits kennengelernt haben.

WEITERDENKEN

Diskutieren Sie in kleinen Gruppen:

- Warum beschenken sich die Menschen zur Weihnachtszeit? Welchen religiösen Hintergrund hat diese Tradition?

- Welche Bedeutung haben Geschenke für Sie? Zu welchen Anlässen bekommen Sie Geschenke?

- Fühlen Sie sich unter Druck gesetzt, jedes Jahr teure und originelle Geschenke zu kaufen? Oder kennen Sie Leute, für die das so ist? Was könnte man tun, um dies zu vermeiden?

- Was halten Sie von Alternativen, wie z. B. selbstgemachten Geschenken, Geldspenden an Wohltätigkeitsorganisationen oder die Entscheidung einer Familie, sich gegenseitig nichts zu schenken? Begründen Sie Ihre Meinung. Welche Vorteile gibt es und welche Probleme könnten auftreten?

---

5 Schriftliche Übung (CAS)

HL

Es ist Anfang Dezember. Sie haben gerade ein zweiwöchiges Arbeitspraktikum in einem Obdachlosenheim beendet. Diese Erfahrung hat Sie tief bewegt und Sie möchten auch in Zukunft helfen. Ihre Freunde, Mitschüler und Familie hingegen sind nur noch damit beschäftigt, möglichst viele Weihnachtsgeschenke zu besorgen, und das macht Sie wütend.

Schreiben Sie eine mitreißende und aufrüttelnde Rede, in der Sie Ihre Mitschüler dazu auffordern, an all jene Menschen zu denken, denen es nicht so gut geht. Erwähnen Sie Ihre Erfahrungen im Obdachlosenheim. Überzeugen Sie Ihre Zuhörer, mit dem sinnlosen Weihnachtskonsum und Geschenken aufzuhören und stattdessen Geld an wohltätige Einrichtungen zu spenden. Benutzen Sie die Checkliste für eine Rede aus Kapitel 6. Schreiben Sie für *SL* 250–400 Wörter und für *HL* 450–600 Wörter.

GRAMMATIK UNTER DER LUPE: DAS PRÄSENS

Der Text enthält durchweg verschiedene Formen des Präsens. Das Präsens hat die folgenden vier Bedeutungen:

Was beschreibt das Präsens?	Beispiel
Etwas, was im Moment passiert	Hannah **ist** Studentin in Deutschland.
Etwas, was bis heute noch so ist	Sie **wohnt** seit zwei Jahren in Bamberg.
Etwas, was zeitlos gültig ist	Bamberg **ist** eine kleine Stadt in Bayern.
Die Zukunft	Hannah **geht** morgen auf den Weihnachtsmarkt.

1 Zur Auffrischung: Tragen Sie alle Regeln zum Präsens zusammen, an die Sie sich erinnern können. Die folgenden Fragen helfen Ihnen dabei:

- Wie sind die Endungen für regelmäßige Verben z. B. *besuchen*?

- Was für Sonderfälle gibt es, in denen die Endungen etwas anders sind? Geben Sie Beispiele an. Wie konjugiert man diese unregelmäßigen Verben?

- Welche Verben mit Vokalwechsel kennen Sie? Gibt es da Regelmäßigkeiten?

Die Pluralformen *wir* und *sie/Sie* sind nicht schwer – im Gegenteil: Sie haben immer die Infinitivform des Verbs (außer bei dem Verb *sein*)! So können Sie sich leicht an die Formen erinnern und Fehler vermeiden.

2 Nennen Sie die richtige Konjugation.

a Sie heißt/heiße/heißen Hannah.

b Du besuchen/besuchst/besucht sie zu Weihnachten in Deutschland.

c Hannah studierst/studieren/studiert in Süddeutschland.

d Wir genießt/genießen/genieße die vorweihnachtliche Stimmung.

e Ihr trinken/trinke/trinkt Glühwein auf dem Weihnachtsmarkt.

f Sie singen/singst/singe „Stille Nacht" in der Kirche.

3 Hannah macht beim Glühweintrinken auf dem Weihnachtsmarkt eine neue Bekanntschaft, Pablo. Setzen Sie die richtige Verbform in die Lücken.

a **Hannah:** Woher .... (kommen) du?

b **Pablo:** Ich .... (kommen) aus Madrid.

c **Hannah:** .... (sein) du das erste Mal in Deutschland?

d **Pablo:** Nein, ich .... (haben) Freunde hier in Bamberg.

e **Hannah:** Als was .... (arbeiten) du in Madrid?

f **Pablo:** Ich .... (sein) Touristenführer von Beruf. Was .... (machen) du?

g **Hannah:** Ich .... (studieren) Wirtschaft mit Sprachen und .... (wollen) später im Ausland arbeiten.

h **Pablo:** .... (sprechen) du auch Spanisch?

i **Hannah:** Naja. Ich .... (lernen) an der Uni Spanisch, Russisch und Englisch, aber leider .... (sein) mein Spanisch nicht so gut. Was .... (gefallen) dir am besten hier auf dem Weihnachtsmarkt?

j **Pablo:** Ich .... (essen) besonders gern Bratwürste und gebrannte Mandeln. Die .... (geben) es in Spanien nicht und die .... (sein) total lecker. Außerdem .... (sein) alles so festlich geschmückt.

k **Hannah:** Wann .... (fahren) du zurück nach Spanien?

l **Pablo:** Mein Zug .... (fahren) nächste Woche. .... (wollen) du noch einen Glühwein?

6 Mündliche Übung

Arbeiten Sie in kleinen Gruppen.

Wählen Sie ein weiteres Fest in deutschsprachigen Ländern (z. B. das Oktoberfest, St. Martins-Tag, Basler Fasnacht, Donauinselfest, Walpurgisnacht). Informieren Sie sich über seine Besonderheiten, seinen Ablauf, seinen geschichtlichen Hintergrund und wann und wo es stattfindet. Verfassen Sie ein Referat und tragen Sie es Ihren Mitschülern vor.

WEITERDENKEN TOK

Diskutieren Sie in kleinen Gruppen:

- Warum sind traditionelle Feste wichtig für verschiedene Regionen, Länder und Nationen?

- Welche typischen Feste gibt es in dem Land oder der Gegend, aus der Sie kommen? Welche finden Sie besonders interessant, und warum?

- Trotz seines religiösen Ursprungs ist das Weihnachtsfest weltweit verbreitet. Was denken Sie, inwiefern kann man von einer Globalisierung von Festen und Traditionen sprechen?

- Welche weiteren Festlichkeiten kennen Sie, die zunehmend globalisiert werden? Beschreiben Sie diese.

- Was denken Sie über die Globalisierung von Festen und Traditionen? Begründen Sie Ihre Meinung.

WEITERDENKEN CAS

Schauen Sie sich die Fotos links an. Diskutieren Sie die Fragen mit Ihren Mitschülern.

- Was wissen Sie über die abgebildeten Traditionen? Welche sind typisch für die Schweiz und welche für Österreich?

- Welche weiteren Schweizer und österreichischen Festlichkeiten und Bräuche sind Ihnen bekannt?

- Betrachten Sie die Liste und diskutieren Sie, was sich hinter diesen Schweizer und österreichischen Traditionen verbirgt.

Hornussen
Wiener Kaffeehauskultur
Jodeln
Tiroler Maskenschnitzerei
Glasbläserei
Alphorn
Fahnenschwingen
Jassen
Fondue
Tschäggättä
Talerschwingen

7 Textverständnis

Lesen Sie den folgenden Text, der eine weitere deutsche Tradition vorstellt: Die legendäre Walpurgisnacht, in der die Hexen und Teufel ihr Unwesen auf dem Brocken treiben. Die Walpurgisnacht ist weniger bekannt als andere deutsche Feste und wird nur in einigen Regionen gefeiert.

WENN IM HARZ DIE HEXEN TANZEN

In der Nacht vom 30. April zum 1. Mai ist in Deutschland die Hölle los. Sebastian Stumpf berichtet über die Walpurgisnacht.

1 Feuer brennen, Hexen tanzen und Teufel lachen — ein lautes Fest bringt Stimmung in die kühle Dunkelheit: Im Harz ist Walpurgisnacht. Schon bei den alten Germanen, so erzählt man sich, flogen jedes Jahr in der Nacht zum 1. Mai die Hexen auf Besen, Mistgabeln, Schweinen oder Katzen auf die höchsten Berge. Auf diesen sogenannten Blocksbergen feierten sie mit dem Teufel Hochzeit und bekamen von ihm neue Zauberkräfte. Dann zündeten die Menschen überall große Feuer an und machten Lärm mit Rasseln und Kochtöpfen, um die Hexen und bösen Geister zu verjagen.

2 Der berühmteste Blocksberg ist der Brocken im Harz, einem Gebirge in Mitteldeutschland. Goethe machte den Berg und die Walpurgisnacht mit seinem Drama „Faust" so bekannt, dass er immer noch ein beliebtes Reiseziel für Touristen ist. Ende April laufen dort Tausende von Menschen als Hexen und Teufel umher und feiern eine laute Party. An über 20 Orten gibt es Festprogramme und am Brocken wird Goethes Faust heute als Rockoper aufgeführt.

3 Die Walpurgisnacht ist längst ein großes Volksfest geworden, zu dem jedes Jahr viele Menschen aus ganz Deutschland reisen. Es findet am Abend vor dem Namensfest der heiligen Walburga statt. Sie ist die Schutzpatronin gegen böse Geister. Ein Fest wurde allerdings Ende April schon seit uralten Zeiten an vielen Orten gefeiert. Das waren Frühlingsfeste, bei denen man die bösen Geister und den Winter verjagte, um den Sommer und das Licht zu begrüßen. Die Kirche wollte wohl den unchristlichen Brauch verändern. Aber der Tag blieb ein wildes Fest der Liebe und des Alkohols.

4 Und so gibt es das Maifeuer auch ohne Hexen. Es wird am Abend des 30. April angezündet und sein Höhepunkt ist der „Maisprung". Dann springen Liebespaare über die Flammen, weil das Glück bringen soll. In ganz Deutschland und Österreich sehr beliebt ist auch der Tanz in den Mai. In der Schweiz ist er sogar ein Symbol der Freiheit: Dort war das Tanzen im Calvinismus streng verboten, aber mutige junge Leute trafen sich zur Walpurgisnacht trotzdem heimlich auf dem „Tanzbödeli", um sich ein wenig zu amüsieren.

5 Der letzte Tag im April wird manchmal mit Hexen und Teufeln, manchmal mit Feuer und lauter Party oder mit Musik und Tanz gefeiert. So sieht das Fest in jeder Region etwas anders aus, aber heute muss sich niemand mehr davor fürchten — auch wenn in dieser Nacht immer noch die Hölle los ist.

Sebastian Stumpf, *Presse und Sprache*

1 Beantworten Sie die folgenden Fragen zu Abschnitt 1 mit kurzen Antworten.

  a Wann im Jahr findet die Walpurgisnacht statt?

  b Wo findet sie statt?

  c Was geschieht angeblich?

  d Wie reagieren die Menschen darauf?

  e Seit wann gibt es diese Legende?

Erfahrungen

2   Kreuzen Sie an, ob die folgenden Aussagen zu den Abschnitten 2 und 3 aufgrund des Textes richtig oder falsch sind. Begründen Sie Ihre Antwort mit Angaben aus dem Text.

richtig **falsch**

a   Der Brocken wurde durch Goethes Werk „Faust" berühmt.   ☒ ☐

    Begründung: *... machte den Berg und die Walpurgisnacht mit seinem Drama „Faust" so bekannt ...*

b   Heutzutage verkleiden sich nur noch wenige Menschen zur Walpurgisnacht.   ☐ ☐

    Begründung: ....

c   Goethes Meisterwerk wird heutzutage zeitgemäß aufgeführt.   ☐ ☐

    Begründung: ....

d   Das Riesenereignis wird jährlich von vielen ausländischen Gästen besucht.   ☐ ☐

    Begründung: ....

e   In der Vergangenheit unternahm man erfolglose Versuche, die Festlichkeiten sittsamer zu gestalten.   ☐ ☐

    Begründung: ....

3   Finden Sie heraus, worauf sich die unterstrichenen Wörter aus den Abschnitten 3 und 4 beziehen, und tragen Sie dies in die leere Spalte ein.

Im Text ...	bezieht sich das Wort ...	auf ...
a es wird am Abend des 30. April angezündet	„es"	*das Maifeuer*
b zu dem jedes Jahr viele Menschen aus ganz Deutschland anreisen	„dem"	
c es findet am Abend vor dem Namensfest ... statt	„es"	
d bei denen man die bösen Geister und den Winter verjagte	„denen"	
e sein Höhepunkt ist der „Maisprung"	„sein"	
f weil das Glück bringen soll	„das"	
g in der Schweiz ist er sogar ein Symbol	„er"	
h dort war das Tanzen im Calvinismus streng verboten	„dort"	
i um sich ein wenig zu amüsieren	„sich"	

4 Welche nummerierten Wörter entsprechen den Begriffen aus den Abschnitten 3 bis 5 am besten? Tragen Sie jeweils die richtige Nummer ein.

a längst ☐   i verliebte   viii seit Langem

b verjagte ☐   ii unerschrockene   ix vertrieb

c Schutzpatronin ☐   iii unbemerkt

d wohl ☐   iv bangen

e mutige ☐   v verjähren

f heimlich ☐   vi Heilige

g fürchten ☐   vii wahrscheinlich

5 Beantworten Sie die folgende Frage zum letzten Abschnitt mit einer kurzen Antwort.

Was bedeutet die letzten Zeilen des Textes „… aber heute muss sich niemand mehr davor fürchten – auch wenn in dieser Nacht immer noch die Hölle los ist"?

8 Schriftliche Übung ⬤CAS

HL

Wählen Sie eine der folgenden Aufgaben. Dabei müssen Sie eine Textsorte aussuchen, die für die Aufgabe geeignet ist. Denken Sie dabei an den Kontext, das Ziel und die Leserschaft. Schreiben Sie für *SL* 250–400 Wörter und für *HL* 450–600 Wörter.

1 Informieren Sie sich über ein weiteres Fest in deutschsprachigen Ländern (Oktoberfest, St. Martins-Tag, Basler Fasnacht, Donauinselfest usw.), seine Besonderheiten, seinen Ablauf, seinen geschichtlichen Hintergrund und wann und wo es stattfindet. Stellen Sie sich vor, Sie wären persönlich vor Ort und erleben dieses Fest hautnah mit. Sie wollen Ihren Freund daheim dazu zu animieren, dieses Fest selbst zu erleben.

2 Im Unterricht haben Sie etwas über die Globalisierung von Festen und Traditionen gelernt. Beziehen Sie zu dieser Frage ganz klar Stellung entweder für oder gegen die kulturelle Globalisierung und teilen Sie dies Ihren Mitschülern mit.

TIPP FÜR DIE PRÜFUNG: *PAPER 1*

Versuchen Sie, komplexe Satzstrukturen und einen anspruchsvollen Wortschatz zu verwenden. Vielleicht schreiben Sie über ein Erlebnis in der Gegenwart, z. B. eine E-Mail über das Osterfest in Deutschland, das Sie gerade zum ersten Mal erleben. Vergessen Sie aber nicht, auch Erfahrungen aus der Vergangenheit mit einzubeziehen. Damit zeigen Sie dem Prüfer, dass Sie im Deutschen wortgewandt sind und sich kompetent in mehreren Zeitformen ausdrücken können.

9 Textverständnis

Diskutieren Sie folgende Fragen in kleinen Gruppen:

- Welche Weihnachtsgedichte und Weihnachtslieder kennen Sie?

- Worum geht es darin? Welche Themen werden normalerweise angesprochen?

- Der Titel des folgenden Gedichts lautet: „Weihnachtslied, chemisch gereinigt".
  Was assoziieren Sie damit? Was denken Sie darüber?

In dem Gedicht, das Sie als Nächstes lesen, zeigt Ihnen Erich Kästner seine eigene Version des Weihnachtsfests.

Weihnachtslied, chemisch gereinigt

Morgen, Kinder, wird's nichts geben!
Nur wer hat, kriegt noch geschenkt.
Mutter schenkte Euch das Leben.
Das genügt, wenn man's bedenkt.
Einmal kommt auch eure Zeit.
Morgen ist's noch nicht soweit.

Doch ihr dürft nicht traurig werden.
Reiche haben Armut gern.
Gänsebraten macht Beschwerden.
Puppen sind nicht mehr modern.
Morgen kommt der Weihnachtsmann.
Allerdings nur nebenan.

Lauft ein bisschen durch die Straßen!
Dort gibt's Weihnachtsfest genug.
Christentum, vom Turm geblasen,
macht die kleinsten Kinder klug.
Kopf gut schütteln vor Gebrauch!
Ohne Christbaum geht es auch.

Tannengrün mit Osrambirnen[1] –
Lernt drauf pfeifen[2]! Werdet stolz!
Reißt die Bretter von den Stirnen[3],
denn im Ofen fehlt's an Holz!
Stille Nacht und heil'ge Nacht –
Weint, wenn's geht, nicht! Sondern lacht!

Morgen, Kinder, wird's nichts geben!
Wer nichts kriegt, der kriegt Geduld!
Morgen, Kinder, lernt fürs Leben!
Gott ist nicht allein dran schuld.
Gottes Güte reicht so weit …
Ach, du liebe Weihnachtszeit!

Erich Kästner, 1899–1974

Einige Wörter und Redewendungen aus Kästners Gedicht sind heutzutage kaum mehr üblich und können weder wörtlich übersetzt noch im Wörterbuch nachgeschlagen werden.

[1]**Osrambirnen:** Glühbirnen der Marke Osram

[2]**auf etwas pfeifen:** wenn jemandem etwas egal ist

[3]**die Bretter von den Stirnen reißen:** eine ironische Anspielung auf die Redewendung „ein Brett vor dem Kopf haben", die bedeutet, dass jemand manche Dinge nicht versteht.

1 Diskutieren Sie die folgenden Fragen mit einem Mitschüler und vergleichen Sie anschließend Ihre Antworten. Denken Sie daran, Ihre Antworten zu begründen.

    a   Wie ist Ihr erster Eindruck von diesem lyrischen Werk?

    b   Ein bekanntes deutsches Weihnachtslied beginnt mit der Strophe *Morgen, Kinder, wird's was geben.* Der erste Vers in Kästners Gedicht lautet „Morgen, Kinder, wird's nichts geben!" Warum und mit welcher Wirkung hat Kästner diese Änderung vorgenommen?

    c   Was meinen Sie, was wollte Kästner zur damaligen Zeit – 1928 – kritisieren?

    d   Das Gedicht wurde vor fast 90 Jahren veröffentlicht. Finden Sie es heute noch aktuell?

    e   Wie ist Kästners Ton? ☐

        I zynisch   II mitfühlend   III festlich   IV unzufrieden

2 Kreuzen Sie an, ob die folgenden Aussagen richtig oder falsch sind. Begründen Sie Ihre Antwort mit Informationen aus dem Gedicht.

	richtig	**falsch**
a Der Weihnachtsbraten verdirbt den Magen.	X	☐

    Begründung: *Gänsebraten macht Beschwerden.* ....

b Die Armen bekommen Geschenke.	☐	☐

    Begründung: ....

c Der Weihnachtsmann besucht nicht alle.	☐	☐

    Begründung: ....

d Der Autor des Gedichts macht sich über Religiosität lustig.	☐	☐

    Begründung: ....

3 Nennen Sie die literarische Gattung, zu der das Gedicht gehört. ☐

    A Fabel   B Parabel   C Ballade   D Satire

WUSSTEN SIE DAS?
Erich Kästner (1899–1974)

Eine deutsche Kindheit ist ohne Erich Kästner kaum vorstellbar. Der gebürtige Dresdner wurde durch seine Kinderbücher bekannt, in denen es um Familie, Freundschaft und Abenteuer geht. Zu seinen beliebtesten Romanen gehören „Das doppelte Lottchen", „Pünktchen und Anton", „Emil und die Detektive" und „Das fliegende Klassenzimmer", die ebenfalls erfolgreich verfilmt wurden. Sein 1957 erschienenes Kinderbuch „Als ich ein kleiner Junge war" trägt stark autobiografische Züge und erzählt von seiner Kindheit in Dresden.

Kästner bekannte sich öffentlich gegen das nationalsozialistische Streben und Schriftstellerkollegen, die sich von der Kriegseuphorie mitreißen ließen. Er ging jedoch nicht wie so viele andere ins Exil, sondern blieb selbst nach der Bücherverbrennung seiner Werke 1933 in Deutschland und schrieb unter Pseudonymen weiter.

Unvergessen und nach wie vor aktuell bleiben auch seine sozialkritischen, satirischen Gedichte, Beobachtungen und Kommentare.

10 Hörverständnis 🔊 Spur 7

So feiern Flüchtlinge in Deutschland ihr erstes Weihnachten

Wie verbringen Flüchtlinge die Weihnachtsfeiertage in Deutschland? Wie feiern jene, die nicht dem christlichen Glauben angehören? Einige Neuankömmlinge wurden zu diesem Thema befragt.

1 Zur Weihnachtszeit versucht man, den .... ein Gefühl der Zugehörigkeit zu vermitteln.

2 Woher kommt Dina?

   A Pakistan   B Usbekistan   C Afghanistan

3 Wie alt ist sie?

   A 10   B 19   C 9

4 Was ersetzt sie auf ihrem Bild?

   A Drache   B Krippe   C Sterne

5 Wo erleben Flüchtlinge in Frankfurt ihr erstes Weihnachtsfest?

   A Bei Verwandten oder bei einer deutschen Gastfamilie

   B In einer umgebauten Turnhalle

   C A und B

6 Wofür interessieren sich gläubige Migranten oft?

   A Für andere Sprachen   B Für andere Kulturen   C Für andere Religionen

7 In diesem Jahr waren .... % aller Antragsteller christlicher Glaubensbekennung.

8 Inwiefern unterscheidet sich das syrische Weihnachtsfest vom deutschen?

   A Es gibt weniger Lichter.

   B Es gibt keinen Weihnachtsbaum.

   C Es gibt mehr Geschenke.

9 Viele Migrantenfamilien verbringen die Weihnachtszeit ...., weil sie nun in Sicherheit leben.

10 In welchem Bundesland werden Kindern von Flüchtlingsfamilien am Heiligabend Geschenke gemacht?

   A Sachsen-Anhalt   B Brandenburg   C Sachsen

11 Seit wann lebt die Libanesin Mageda Abou-Khalil schon in Deutschland?

   A 1987   B 1978   C 1971

2.4 Die Sehnsucht nach dem Leben

Inwiefern stärkt uns das Reisen?

Lernziele

- Über die Bedeutung, die Vorteile, aber auch die Herausforderungen des Reisens – in der Gruppe oder allein – nachdenken

- Mündlich und schriftlich auf damit verbundene Fragen reagieren

- Sich mit den Erfahrungen und Meinungen von ausländischen Besuchern in Deutschland auseinandersetzen

„Reisen ist die Sehnsucht nach dem Leben", meinte schon der Schriftsteller Kurt Tucholsky. Das Reisen hilft nicht nur dabei, mehr über andere Menschen, Kulturen und Länder zu erfahren, sondern auch, sich selbst besser kennenzulernen, unabhängig zu werden und Hindernisse zu überwinden. In dieser Einheit geht es um die Frage, inwiefern das Reisen uns stärkt und unseren Horizont erweitert.

„Die beste Bildung findet ein gescheiter Mensch auf Reisen."

Johann Wolfgang von Goethe

2

Arbeitsbuch
Einheit 2.4
1 Quiz

1 Einstieg

Wie gut kennen Sie sich mit den deutschsprachigen Reiseländern aus?

Wählen Sie jeweils die richtige Antwort auf die folgenden Fragen aus und vergleichen Sie Ihre Antworten mit einem Partner. Begründen Sie Ihre Entscheidung.

1 Wie heißt der sagenumwobene Felsen am deutschen Mittelrhein?

A Loreley ☐

B Marianne ☐

C Kunigunde ☐

D Sieglinde ☐

2 Welches Land grenzt nicht an Österreich?

A Deutschland ☐

B Italien ☐

C Tschechien ☐

D Türkei ☐

3 Wo spielt die Handlung der Heidi-Kinderbücher der Schriftstellerin Johanna Spyri?

A Österreich ☐

B Belgien ☐

C Schweiz ☐

D Deutschland ☐

4 Als Nationalheld der Schweiz gilt …

A Wilhelm Tell ☐

B Siegfried der Drachentöter ☐

C Jeanne d'Arc ☐

D Till Eulenspiegel ☐

5 Welche Insel gehört nicht zu Deutschland?

A Texel ☐

B Amrum ☐

C Rügen ☐

D Sylt ☐

6 Aus welchem Land kam Prinzessin Sissi, die 1854 zur Kaiserin gekrönt wurde?

A Schweiz ☐

B Österreich ☐

C Schweden ☐

D Bayern ☐

7 Wie viele Landessprachen sind in der Schweiz anerkannt?

A 2 ☐

B 3 ☐

C 4 ☐

D 5 ☐

8 Welche Stadt war die Hauptstadt der BRD vor der Wende?

A Bonn ☐

B Bielefeld ☐

C Bamberg ☐

D Bochum ☐

2 Textverständnis

Im folgenden Interview werden fünf kolumbianische Schülerinnen aus Bogota – Laura, Valentina, Sofia, Ana und Antonia – zu ihrem Deutschlandaufenthalt im Oktober 2016 befragt. Begleitet von zwei Lehrern nahmen sie knapp eine Woche an einer internationalen Round Square Konferenz in der Internatsschule Louisenlund teil, gefolgt von drei Tagen in Berlin.

Im Interview fehlen die Fragen der Interviewerin und in den Antworten auf die letzte Frage fehlen Wörter, die Sie im zweiten Schritt der Textverständnisübung einordnen müssen.

> **Arbeitsbuch**
> 4 – Eine deutsch-englische Romanze

Ein spannender Aufenthalt in Deutschland

[–a–]

Laura: Wir waren schon auf anderen internationalen Konferenzen im Ausland – und Deutschland hat mich gereizt, weil ich noch nie dort war und nur wenig über das Land weiß. Es scheint weit weg, sicherlich, aber es gibt viele deutsche Schulen hier in Kolumbien, Firmen, Restaurants usw. Selbst James Rodriguez, einer unserer besten Fußballspieler, ist jetzt in Bayern.

Ana: Ich war früher schon mal mit meiner Familie in Berlin und wollte unbedingt noch mal hin – und das Internatsleben in Deutschland hat mich auch neugierig gemacht.

Valentina: Das ist doch Sinn der Sache, dass man sich auf neue Abenteuer und Kulturen einlässt.

Antonia: Mir war es ehrlich gesagt egal, wo die Konferenz ist, weil man dort ja eh mit der ganzen Welt zusammenkommt.

Sofia: Das sehe ich genauso. Ich fand das Thema der Konferenz interessant, aber auch die Vorstellung, nach Europa zu reisen. Außerdem wollte ich sehen, wie gut ich mich verständigen kann.

[–b–]

Sofia: Deutsch wiederholt und geübt. Ich wollte ja nicht nur Bahnhof verstehen! Außerdem haben uns unsere Mütter Freundschaftsbändchen in den kolumbianischen Nationalfarben und Süßigkeiten besorgt, als kleine Geschenke halt.

Laura: Vergiss nicht unseren Tanz!

Antonia: Ja, richtig. Wir haben mehrere Tage unseren kolumbianischen Tanz einstudiert – Übung macht den Meister und das hat sich dann am Abend der Aufführung auch ausgezahlt. Mich hat total überrascht, wie begeistert viele der anderen Jugendlichen von unserem Tanz waren – für uns ist das ja ganz normal. Jedes Teilnehmerland sollte etwas Kulturelles für den ersten Abend der Konferenz vorbereiten und wir haben eine Mischung aus typisch kolumbianischen Tänzen getanzt, also Cumbia, Salsa usw.

[–c–]

Sofia: Louisenlund war echt schön und ganz anders als Bogota, das ja auf einem Berg liegt. Wir waren direkt am Wasser und konnten sogar segeln gehen.

Ana: Ich fand's ziemlich kalt, aber das lag bestimmt auch an der windigen Gegend und der Jahreszeit.

Valentina: Bogota ist toll, es ist viel los, aber auch ziemlich chaotisch. Louisenlund war ziemlich klein und abgelegen, aber mitten im Wald, also ganz anders, als wir es gewohnt sind.

Antonia: Ich mochte das Internat an sich, aber der Ort war todlangweilig – wir haben gewohnt, wo sich Fuchs und Hase Gute Nacht sagen.

[–d–]

Sofia: In verschiedenen Häusern des Internats Louisenlund. Ich habe mir ein Zimmer mit einer Engländerin aus Cornwall geteilt, aber Ana hatte ein Einzelzimmer. Ich fand das ganz gut, dass wir fünf nicht zusammengewohnt haben, da wir so auch mehr Leute kennengelernt haben.

[–e–]

Antonia: Vielen fiel erst mal die Serie „Narcos" ein, aber denen haben wir dann schnell erklärt, dass Kolumbien jetzt nicht mehr so ist, das war ja in den 1970ern und 80ern.

Laura: Ich glaube, in dem Punkt sind wir den Deutschen recht ähnlich. Deutschland wird oft immer noch mit Nazideutschland und Hitler assoziiert, obwohl das schon über 70 Jahre her ist. Meiner Meinung nach haben die Deutschen aus der Vergangenheit gelernt und sind für viele Länder jetzt eine Art Vorbild, gerade mit Angela Merkels Flüchtlingspolitik. Ich liebe mein Heimatland Kolumbien, aber ich habe oft das Gefühl, dass wir nicht aus unseren Fehlern lernen.

[–f–]

Antonia: Eigentlich mit allen, die wir kennengelernt haben. Klar, es gab auch ein paar schräge Vögel, aber das hat nichts mit irgendeiner Nationalität zu tun. Ich mochte die Argentinier sehr gern, klar, wir lagen sofort auf einer Wellenlänge, schon allein durch Sprache und Kultur.

Valentina: Stimmt – aber auch mit einer Jungsgruppe aus Indien, was uns zuerst total überrascht hat. Die waren super lustig und gut drauf.

Laura: Ich war zusammen mit einer Südafrikanerin untergebracht – und die war auch kein Kind von Traurigkeit. Wir haben zusammen getanzt und gesungen, das war toll. Sie hat mir ein paar Musikvideos von südafrikanischen Gruppen vorgespielt und die höre ich heute immer noch.

[–g–]

Antonia: Die öffentlichen Verkehrsmittel haben mich total beeindruckt – gerade in Berlin. In Bogota gibt es Busse, Taxis, auch Uber, aber uns fehlt eine S- oder U-Bahn.

Valentina: Vielleicht eher gefallen als überrascht – die vielen Geschäfte in Berlin. Wir waren auf dem Ku'damm shoppen und bestimmt zwei Stunden in Primark und H&M. H&M gibt es zwar auch bei uns, aber die Klamotten sind viel günstiger in Deutschland.

Ana: Ich hätte nicht erwartet, bei einem Serviceprojekt der Freiwilligen Feuerwehr mitzumachen – das hat mir richtig gut gefallen.

[–h–]

Antonia: Ich war auch bei der Freiwilligen Feuerwehr.

Valentina: Sofia und ich haben geholfen, einen Waldweg anzulegen, aber das fand ich ziemlich langweilig, und so wirklich praktisch bin ich nicht. Ich hätte gern bei Lauras Projekt mitgemacht.

Laura: Das glaub' ich. Meins war echt das beste Projekt. Meine Gruppe hat eine Schule besucht, wo Flüchtlinge verschiedenen Alters Deutsch und Englisch lernen. Wir haben uns mit vielen unterhalten und zwei Afghanen haben mir ein paar arabische Wörter beigebracht, das war toll. Als ich sie nach ihren Plänen für die Zukunft gefragt habe, meinten sie allerdings, dass sie unbedingt wieder in ihre Heimat zurückwollen, wenn es dort wieder sicher ist. Das fand ich ziemlich bewegend.

[–i–]

Ana: In Berlin waren wir nur wenige Tage, aber ständig auf Achse. Wir haben uns den Reichstag und die Kuppel angeschaut, das Brandenburger Tor …

Valentina: Ähm, das Holocaust-Mahnmal – schon beeindruckend, aber sehr traurig. Wir waren auch im Jüdischen Museum, das fand ich interessant. Sofia?

Sofia: Checkpoint Charlie, erinnert ihr euch? Da hatten wir die Russenmützen auf! Und genau daneben, wie hieß diese Halle noch mal?

Ana: Panoramapunkt Assisi – davon hatte ich vorher noch nie gehört. Man kann auf einer großen Leinwand sehen, wie das geteilte Berlin aussah und Berichte lesen, wie es war, im geteilten Deutschland zu leben.

Antonia: Stimmt – das kann ich mir überhaupt nicht vorstellen, meine Verwandten an der Küste nicht besuchen zu können. Am coolsten fand ich die East Side Gallery entlang der Spree, wo man unzählige Graffitis auf Resten der Berliner Mauer sehen kann.

[–I–]

Ana: Ich habe noch nie **(a)** .... gewohnt, und vor allem nicht mit Leuten, die ich nicht kenne. Das fand ich .... **(b)** schon gewöhnungsbedürftig, aber dann habe ich schnell neue Freunde gewonnen. Außerdem will ich eine neue Sprache lernen, um mich besser .... **(c)** zu können.

Laura: Ich fand die verschiedenen Gastsprecher interessant, weil viele von .... **(d)** über Hindernisse und Schwierigkeiten sprachen, und wie sie diese bewältigt haben.

Antonia: Zugegeben, ich hatte schon einige .... **(e)** und Klischees im Kopf, habe dann aber festgestellt, dass wir einander doch alle ziemlich .... **(f)** sind. Die Interessen von Jugendlichen – egal ob aus Ghana oder Finnland – sind nicht so verschieden: .... **(g)**, Familie, Schule.

Sofia: Ich wollte bis zur Konferenz unbedingt hier in Bogota an der Los-Andes-Uni studieren, überlege mir aber jetzt gerade, vielleicht nach Europa zu gehen, nach Spanien oder vielleicht sogar Deutschland. Das Leben dort gefällt .... **(h)**. Und du, Valentina?

Valentina: Ich bin mehr aus mir herausgegangen. Gerade die Diskussionsgruppen auf der Konferenz haben mir geholfen, auch mal die Initiative zu .... **(i)**.

Das Interview führte Conny Brock

[–j–]

Valentina: Ach, alles war super lecker! Besonders Kinderschokobons – die haben wir fast jeden Tag gekauft.

Sofia: Wisst ihr noch, wie ich in Berlin eine Currywurst bestellt habe? Der Verkäufer hat mich sogar verstanden. Also, die Würste waren wirklich der Hammer! Wisst ihr, dass hier auf der Avenida 19 in Bogota gerade eine neue Würstchenbude aufgemacht hat?

Ana: Wir hatten vorher gehört, dass man in Deutschland gern Fleisch isst, also schon wie daheim, aber ich fand das Essen sehr abwechslungsreich. In Louisenlund gab es Fisch, Salate, Falafel, Chinesisch …

Laura: In Berlin waren wir Pizza essen und in einem gemütlichen Restaurant …

Antonia: Kartoffelkeller!

Laura: Richtig! Dort gab es viele Kartoffelgerichte, süße und herzhafte. Ich hab' Kartoffelpuffer probiert, die kannte ich vorher nicht – auch nicht das Apfelmus, das dazu serviert wurde.

[–k–]

Laura: Die Deutschen sind auf jeden Fall sehr nett, aber auch ein bisschen reserviert – zumindest anfangs. Wir Kolumbianer sind sehr warm und herzlich, es gibt ständig Umarmungen und ich glaube, das ist nicht nur in Deutschland anders, sondern generell in Europa.

Antonia: Na gut, die deutschen Schüler waren ja auch Gastgeber der Konferenz. Schon allein deswegen hatten sie bestimmt jede Menge Verantwortung. Ich finde, sie haben sich richtig ins Zeug gelegt – alles war gut organisiert und sie waren immer hilfsbereit. Mich haben einige deutsche Schüler nach unserem kolumbianischen Tanz angesprochen, das fanden sie toll. Einigen Mädels haben wir in der Abschlussdisko ein paar Salsaschritte beigebracht.

Sofia: Also, ich fand sie sehr nett, aber auch ziemlich zurückhaltend, zum Beispiel in unserer Baraza-Gruppe, wo wir verschiedene Themen miteinander diskutiert haben.

Valentina (lacht): Sofia, du redest ja auch wie ein Wasserfall – kein Wunder, dass sie keine Gelegenheit hatten, auch was zu sagen.

Erfahrungen

1 Im Interview fehlen die Fragen der Interviewerin. Wählen Sie aus der Liste die Fragen/
Aussagen, die am besten passen, und schreiben Sie die Nummern in die Kästchen.

a ☐

b ☐

c ☐

d ☐

e ☐

f ☐

g ☐

h ☐

i ☐

j ☐

k ☐

l ☐

i   Der Titel der Konferenz in Louisenlund war „The journey
that makes us". Was denkt ihr, inwiefern hat euch euer
Deutschlandaufenthalt persönlich bereichert?

ii   Wie hat euch das deutsche Essen geschmeckt?

iii   Ihr wart eine Woche im relativ abgeschiedenen Louisenlund. Wie hat
euch der Ort gefallen?

iv   An welchen anderen Serviceprojekten habt ihr noch teilgenommen?

v   Wieso habt ihr euch für eine Konferenz in Deutschland entschieden?
Das ist ja doch ziemlich weit von Kolumbien weg.

vi   Was hat euch an Deutschland weniger gefallen?

vii   Was meint ihr – inwiefern unterscheiden sich die Deutschen
von Kolumbianern?

viii   Auf der Konferenz waren 996 Delegierte aus 40 Ländern. Mit
welchen Nationalitäten habt ihr euch besonders gut verstanden?

ix   Was hat euch an Deutschland überrascht?

x   Wie habt ihr euch auf eure Deutschlandreise vorbereitet?

xi   Nach einer Woche in Louisenlund seid ihr für einige Tage nach Berlin
gereist. Was habt ihr dort erlebt?

xii   Welche Reaktionen gab es auf eure Heimat Kolumbien?

xiii   Wie war es für euch, alleine zu wohnen?

xiv   Wo wart ihr untergebracht?

2 In den Interviewantworten der letzten Frage fehlen Wörter. Suchen Sie für jede Lücke im
Text das passende Wort aus der Liste aus.

	A	B	C	Lösung
a	ZUSAMMEN	ALLEIN	EINSAM	B
b	ZULETZT	ERSTENS	ANFANGS	....
c	REDEN	VERSTÄNDIGEN	KOMMUNIZIEREN	....
d	IHNEN	SIE	EINIGEN	....
e	NACHTEILE	VORURTEILE	VORTEILE	....
f	ÄHNLICHEN	ÄHNLICHE	ÄHNLICH	....
g	FREMDE	FREUNDE	FREMDEN	....
h	MIR	ICH	MICH	....
i	HABEN	NEHMEN	ERGREIFEN	....

3 Lesen Sie die Antworten der Befragten noch einmal. Welche Tatsachen treffen auf wen zu?
Entscheiden Sie sich und kreuzen Sie das entsprechende Kästchen in der Tabelle an.

Tatsachen	Ana	Antonia	Laura	Sofia	Valentina
… war nicht zum ersten Mal in Deutschland.	X				
… hatte Spaß an dem Wassersportangebot in Louisenlund.					
… gefiel der ruhige Ort nicht.					
… musste sich kein Zimmer teilen.					
… verstand sich besonders gut mit Jugendlichen aus einem weiteren südamerikanischen Land.					
… hätte sich gewünscht, bei einem anderen Serviceprojekt mitmachen zu können.					
… glaubt, dass sich die Deutschen in ihrer Art sehr von den Kolumbianern unterscheiden.					
… fand es schwierig, das Leben der Deutschen mit der Mauer nachzuvollziehen.					
… mochte besonders gern deutsche Süßigkeiten.					
… brachte anderen Konferenzteilnehmern die kolumbianische Kultur ein wenig näher.					
… kann sich vorstellen, eventuell sogar nach Deutschland zu ziehen.					
… hat durch die Teilnahme an der Konferenz an Selbstbewusstsein gewonnen.					

SPRACHE UNTER DER LUPE: REDEWENDUNGEN

In dem Interview gibt es viele feststehende Redewendungen, d. h., zusammengehörige Wortgruppen, die nicht wortwörtlich zu verstehen sind.

Suchen Sie zu jeder nummerierten Redewendung die richtige Bedeutung und tragen Sie den entsprechenden Buchstaben in das Kästchen ein.

1 nur Bahnhof verstehen ☐

2 Übung macht den Meister ☐

3 wo sich Fuchs und Hase Gute Nacht sagen ☐

4 ein schräger Vogel sein ☐

5 auf einer Wellenlänge liegen ☐

6 kein Kind von Traurigkeit sein ☐

7 auf Achse sein ☐

8 sich ins Zeug legen ☐

9 wie ein Wasserfall reden ☐

a ununterbrochen reden

b ein lebensfroher Mensch

c unterwegs sein

d sich mit jemandem gut verstehen

e sich anstrengen

f etwas nicht verstehen

g eine komische Person

h wer viel übt, kann etwas richtig gut lernen oder beherrschen

i an einem einsamen Ort sein

WEITERDENKEN

 Wann waren Sie das letzte Mal an einem Ort „wo sich Fuchs und Hase Gute Nacht sagen" oder Sie „nur Bahnhof verstanden haben"? Wann und wofür haben Sie sich in letzter Zeit „ins Zeug gelegt"? Kennen Sie jemanden, der „wie ein Wasserfall redet"? Mit wem „liegen Sie auf einer Wellenlänge"?

Tauschen Sie sich mit einem Mitschüler über Ihre Erfahrungen aus.

3 Schriftliche Übung CAS

Wählen Sie eine der folgenden Aufgaben. Denken Sie dabei an den Kontext, das Ziel und die Leserschaft. Sie sollten für *SL* 250–400 Wörter und für *HL* 450–600 Wörter schreiben.

1 Herr Fraser, einer der Lehrer, der die Mädchen begleitet hat, schreibt am Ende der Louisenlunder Konferenz einen Bericht an den Direktor der Schule.

2 Die Reise der fünf Mädchen aus Kolumbien neigt sich dem Ende zu – es ist ihr letzter Tag in Berlin. Laura schreibt eine E-Mail an ihre Eltern, in der sie über ihre Zeit in Berlin berichtet – und gleichzeitig über das Erlebte auf der Konferenz in Louisenlund reflektiert.

3 Sie sind mit den fünf Kolumbianerinnen befreundet, die Ihnen ganz begeistert von ihrer Deutschlandreise erzählt haben. Schreiben Sie einen Artikel für die Schülerzeitung, in dem sie von ihren Erfahrungen berichten – sowohl auf der Konferenz als auch in Berlin.

4 Mündliche Übung ⓒ

Arbeitsbuch
2 Wortschatz –
Reisen

1 Diskutieren Sie folgende Fragen zu den Fotos in kleinen Gruppen.

- Welche Situation wird auf den Fotos dargestellt?

- Welcher Urlaubstyp sind Sie?

- Können Sie sich vorstellen, Ihre Ferien mal komplett anders zu verbringen und stattdessen etwas Gemeinnütziges zu machen?

2 Diskutieren Sie die folgenden Fragen mit einem Partner. Betrachten Sie dazu auch die Bilder.

- Waren Sie schon oft auf Klassenfahrten mit Ihren Mitschülern unterwegs? Welche positiven und negativen Erfahrungen haben Sie dabei gemacht?

- Warum sind Klassenfahrten wichtig? Inwiefern profitieren Jugendliche von diesen Ausflügen?

- Hätten Sie Lust, mit Ihrer Schulklasse für längere Zeit (mehrere Wochen oder Monate) wegzufahren? Sehen Sie darin Vorteile und Bereicherungen? Welche Probleme könnten sich daraus entwickeln?

5 Mündliche Übung ⓒ

Diskutieren Sie folgende Frage zu den Fotos unten in kleinen Gruppen.

Was bedeutet das Sprichwort: „Andere Länder, andere Sitten"?

6 Textverständnis

Hier lesen Sie nun einen Text über die Erfahrungen einer deutschen Studentin beim Aufenthalt in Südkorea.

Im letzten Teil fehlen Wörter, die Sie im vierten Schritt der Textverständnisübung einordnen müssen.

Freiwilligendienst in Südkorea

Auf dem Flughafen wurde ich von großen Flachbildschirmen empfangen: „Welcome to Seoul/South Korea!" Ich wollte ins Ausland – am besten weit weg in einen völlig neuen Kulturkreis – und entschied mich für einen Freiwilligendienst in Paekchon-Myun, einem kleinen Dorf im Süden der Halbinsel, wo ich an einer ökologischen Uni die Projekte unterstützen und Englisch unterrichten sollte. Die ersten Tage in Seoul zogen wie Filmstreifen an mir vorbei: Menschenmassen, Schwüle, Hochhäuser, Gedrängel, Geschrei – und alles in einer unbekannten Sprache.

Kommunenleben an der Grünen Universität

Die Uni, an der ich arbeitete, liegt in der Provinz Jeollanam-Do, in einem kleinen Dorf mit gerade einmal hundert Einwohnern/-innen. Während sich die größten Städte in Südkorea kaum vom Standard und dem Aussehen westlicher Metropolen unterscheiden, sieht es auf dem Land ganz anders aus: Dort leben, in kleinen Häusern, noch mehrere Generationen zusammen. Alte Frauen waschen die Wäsche im Fluss und bestellen das kleine Gemüsebeet am Haus. Stadt und Land sind in Südkorea zwei Welten.

Die Green University ist eine private Uni, die erst 2001 gegründet wurde; ein Projekt, das auf eine Idee von Professoren/-innen und Studierenden zurückgeht. Die Green University macht es sich zur Aufgabe, nachhaltige Lebensformen zu verwirklichen und in der Öffentlichkeit publik zu machen sowie alternative Medizin und koreanische Traditionen zu bewahren. Nachhaltiges Kommunenleben und universitäres Leben sollen verbunden werden, um so Erlerntes gleich praktisch umsetzen zu können.

So haben wir zum Beispiel im Oktober das Uni-Reisfeld abgeerntet und dabei die traditionellen landwirtschaftlichen Methoden benutzt. Denn auch wenn das Leben auf dem Land noch nicht einem hohen Lebensstandard entspricht, haben die Technologien auch hier ihren Platz. So wird heute normalerweise die Sense durch Maschinen ersetzt und das natürliche Düngemittel durch Chemikalien. Das hat auch Vorteile, denn eine natürliche Landwirtschaft ist ganz schön anstrengend. Vor allem wenn 40 Prozent des Reisfeldes aus Unkraut bestehen.

Parallele zur deutschen Geschichte

Umweltbewusstsein ist in Korea ein recht neues Thema. Während in Europa die Umweltbewegungen in den 1960ern aufkamen, wird in Korea das Thema Umwelt erst jetzt diskutiert. Das hängt sicherlich auch mit der Geschichte zusammen: Korea ist von dem grausamen Krieg von 1950–53 geprägt, der das gesamte Land zerstörte und dem Tausende zum Opfer fielen. Der Krieg, in dem die von Russland und China unterstützten Kommunisten im Norden und der von den US-Amerikanern unterstützte Süden gegeneinander kämpften, besiegelte bis heute die Trennung des Landes. Ich wurde oft danach gefragt, wie es denn bei uns in Deutschland mit der Wiedervereinigung gewesen sei, und spürte dabei den Wunsch nach einem gemeinsamen Korea.

An der Uni war ich immer wieder überrascht, wie wenig politische und gesellschaftliche Diskussionen geführt wurden. Es wurde zwar über Umweltpolitik geredet, aber ich erlebte auch eine schockierend hohe unkritische Akzeptanz der derzeitigen politischen und gesellschaftlichen Situation im Land. Menschen scheint man als Maschinen zu sehen, nicht als selbst denkende Individuen. Was ja auch ein Vorurteil ist, das man in Europa über Asiaten/-innen hat.

Und das in einem demokratischen Korea? Vielleicht geschahen der Aufbau des Landes und der wirtschaftliche Aufschwung zu schnell für die koreanische Bevölkerung. Die Folge: eine nicht reflektierte Übernahme des neuen Systems. Arbeiten und Schuften bis zum Umfallen – Konkurrenz und Wettkampf als Motivation. So kam es mir vor.

Gastfreundlichkeit und Spiritualität

Der **(a)** .... war nicht nur ein **(b)** .... in das Landleben, **(c)** .... auch eine gute **(d)** .... Ich habe viele Leute kennengelernt – und nach dem Projekt **(e)** .... ich noch drei Monate alleine herum, unterwegs zu verschiedenen Einladungen. Im Januar war ich beispielsweise bei einer Studentin, um „Chon-Wol-Deborim" gemeinsam zu verbringen: Neujahr nach dem Mondkalender. Wir **(f)** .... mit ihrer ganzen Familie, **(g)** .... traditionelles Essen und hielten die Neujahrszeremonie im Haus der Nachbarn ab. Denn auch wenn die Hälfte der Südkoreaner/-innen **(h)** .... ist, ist Korea immer **(i)** .... ein Land der Spiritualität – des Glaubens an Geister.

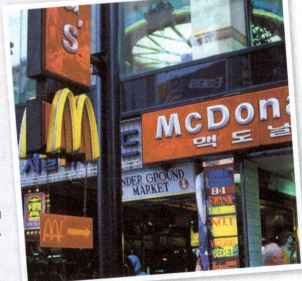

Auf diesen Reisen habe ich eine Menge über die Vielschichtigkeit der koreanischen Kultur gelernt: die Kontraste zwischen Stadt und Land, zwischen Moderne und Tradition, Reich und Arm, Jung und Alt. Der Einfluss des Westens ist für koreanische Städter/-innen mittlerweile Teil des Alltags: McDonalds und „Dunkin Donuts" gibt es an jeder Ecke. Und zum Frühstück gibt es Croissants. Kleine Schönheits-OPs wie das Einsetzen von schmalen Plastikchips in den Augenlidern, um das asiatische Schlupflid zu vermeiden, sind übrigens häufig. Weil die westlichen Frauen in den Hollywood-Filmen doch immer so „hübsch" aussehen. Am besten als Geburtstagsgeschenk von Mama. Ich fand es seltsam zuzusehen, wie sich gerade die junge Generation immer mehr von ihrer eigenen Kultur entfernt und mit westlichen Idealen identifiziert. Die Erfahrungen in Südkorea gaben mir einen tiefen Einblick in die Kultur und Mentalität dieses Landes. Diese Reise hat mich in vieler Hinsicht bereichert und zu Neuem inspiriert.

Therese Koppe, www.fluter.de, Redaktion und Alltag

Erfahrungen

1 Beantworten Sie die folgenden Fragen, die sich auf die ersten drei Abschnitte des Textes beziehen. Schreiben Sie die Nummer der richtigen Antwort in das Kästchen.

a Wie waren Thereses erste Eindrücke von Südkorea bei ihrer Ankunft?

I beeindruckend

II schockierend

III überwältigend

IV abschreckend

b Was war ihr Beweggrund, einen Freiwilligendienst in Südkorea zu absolvieren?

I Sie war von dem lokalen Projekt fasziniert.

II Sie wollte in eine unbekannte Welt fernab der Heimat eintauchen.

III Sie wollte sich schon immer ehrenamtlich im Ausland engagieren und ein bisschen die Welt verändern.

IV Sie hatte schon viel von der südkoreanischen Halbinsel gehört.

c Was denkt sie über den Einsatz von Maschinen in der traditionell betriebenen Landwirtschaft?

I Sie erwähnt es lobend, da es die Arbeit gegen Schädlinge erleichtert.

II Sie verurteilt deren Einsatz ebenso wie den von Chemikalien.

III Sie glaubt, dass beide Ansätze sowohl Vorteile als auch Nachteile haben.

IV Sie bevorzugt die natürliche landwirtschaftliche Vorgehensweise.

d Wie ist ihre Einstellung dazu, dass Umweltschutz für viele Südkoreaner völliges Neuland ist?

I verständnisvoll angesichts ihrer Vergangenheit

II kritisch, gerade im Vergleich zu Europa, wo Umweltbewusstsein schon seit Jahrzehnten diskutiert wird

III optimistisch, da sie selbst bei einem ökologischen Projekt mitmacht

IV empört, da man sich mit der Geschichte Koreas für fehlendes Interesse und Engagement zu rechtfertigen versucht

2 Im Abschnitt „Parallele zur deutschen Geschichte" kritisiert die Autorin verschiedene Aspekte der südkoreanischen Gesellschaft. Welche drei der folgenden Kritiken äußert sie?

a Die Koreaner üben keine Kritik an Politik und Gesellschaftsstrukturen ihres Landes.

b Das ökonomische Wachstum des Landes ist wichtiger als die Individualität des Einzelnen.

c Das Landleben Südkoreas orientiert sich immer mehr am schnelllebigen Rhythmus der Großstädte.

d Der südkoreanische Glauben an Geister ist Therese völlig unverständlich.

e Jugendliche wenden sich verstärkt von ihrer eigenen Kultur zugunsten der westlichen ab.

3 Entscheiden Sie, welche nummerierten Wörter den Wörtern aus dem Text am besten entsprechen. Schreiben Sie die Nummer in das Kästchen.

a   unterstützen

b   Schwüle

c   Gedrängel

d   unterscheiden

e   gegründet

f   verwirklichen

g   bewahren

h   entspricht

i   ersetzt

i	abweichen	x	abgelöst
ii	realisieren	xi	Gekreische
iii	gleichen	xii	unangenehme Hitze
iv	gleicht	xiii	ausgesetzt
v	bewähren	xiv	Wärme
vi	beibehalten	xv	Gespräch
vii	Gewimmel	xvi	gebaut
viii	ins Leben gerufen		
ix	helfen		

4 Im letzten Abschnitt fehlen einige Wörter. Suchen Sie für jede Lücke im Text das passende Wort aus der Liste aus und schreiben Sie den Buchstaben in das Kästchen.

	A	B	C	Lösung
a	JAHR	AUSTAUSCH	FREIWILLIGENDIENST	....
b	ERFAHRUNG	EINBLICK	PERSPEKTIVE	....
c	SONDERN	ABER	ALSO	....
d	EREIGNIS	ERLEBNIS	ERFAHRUNG	....
e	REISTE	BESUCHTE	VERBRACHTE	....
f	WAREN	FEIERTEN	BLIEBEN	....
g	ESSEN	KOCHTEN	PROBIERTE	....
h	MUSLIMISCH	CHRISTLICH	CHRISTLICHE	....
i	NOCH	SCHON	WIEDER	....

WEITERDENKEN CAS TOK

Diskutieren Sie die folgenden Fragen in kleinen Gruppen:

• Welches Urteil fällt die Autorin im letzten Absatz über die Folgen der Globalisierung? Welche Beispiele führt sie an?

• Was denken Sie persönlich über den westlichen Einfluss auf die asiatische Kultur? Fluch oder Segen?

• Fallen Ihnen weitere Länder und Beispiele ein?

7 Schriftliche Übung (CAS)

HL

Wählen Sie eine der folgenden Aufgaben. Dabei müssen Sie eine Textsorte aussuchen, die für die Aufgabe geeignet ist. Denken Sie dabei an den Kontext, das Ziel und die Leserschaft. Schreiben Sie für *SL* 250–400 Wörter und für *HL* 450–600 Wörter.

1 Sie sind seit letztem Sommer Mitglied bei Couchsurfing und sind quer durch ganz Europa gereist, wo Sie bei anderen Mitgliedern übernachtet und deren Heimatstädte besser kennengelernt haben. Nun hat sich ein ehemaliger Gastgeber bei Ihnen angekündigt, der drei Tage in Ihrer Stadt bleiben und diese kennenlernen möchte.

2 Sie haben im Fernsehen eine interessante Sendung zum Thema „umweltbewusstes Reisen" gesehen. Sie sollen die weitere Schulgemeinschaft (einschließlich Eltern) darüber informieren.

3 Sie sind gerade von einem mehrmonatigen Auslandsaufenthalt aus einem Land zurückgekehrt. Berichten Sie Ihrer Schulgemeinschaft davon – sowohl von schönen Momenten als auch schwierigen.

8 Mündliche Übung (CAS)

Arbeiten Sie in Gruppen bis maximal sechs Personen.

Lesen Sie zuerst die Situationsbeschreibung sowie die Rollenbeschreibungen. Verteilen Sie anschließend die Rollen.

Denken Sie über Ihre Rolle nach. Machen Sie sich Notizen – aber versuchen Sie, möglichst spontan auf die Argumente der anderen Mitspieler zu reagieren.

Die Situation

Die Abiturientin Anna macht gerade ihr Abitur. In den letzten Monaten hat sie immer mehr mit der Idee geliebäugelt, einen einjährigen Freiwilligendienst im Ausland zu machen, bevor sie anfängt zu studieren. Ihr Cousin Jannik ist gerade aus seinem Auslandsjahr zurückgekehrt. Er ist total begeistert von seiner Erfahrung und ermutigt Anna, das Gleiche zu tun. Ihr reisefreudiger Geografielehrer, Herr Herzog, unterstützt dieses Vorhaben auch, aber ihre langjährige Freundin Tina, ebenfalls Abiturientin, hat andere Pläne. Sie würde am liebsten mit Anna in der gleichen Stadt studieren und dort zusammenziehen. Auch ihre Eltern haben unterschiedliche Ansichten. Alle Beteiligten treffen sich auf einem Informationsabend zum Thema Auslandsjahr. Nach dem formellen Teil des Abends unterhalten sie sich in großer Runde über Annas Situation.

Die Rollen:

Anna, 19 Jahre, Abiturientin aus Cottbus

- langweilt sich zu Tode in der Kleinstadt, in der sie aufgewachsen ist, und möchte gern mehr von der Welt sehen.

- bewundert/beneidet ihren Cousin um seine Erfahrung.

- interessiert sich für Sprachen und Sozialwissenschaften.

- hat noch keine Ahnung, was sie studieren soll.

- ist seit zwei Jahren mit Tim zusammen und würde am liebsten mit ihm zusammen ins Ausland gehen.

Tina, 19 Jahre, Annas beste Freundin und ebenfalls Abiturientin aus Cottbus

- ist seit mehreren Jahren mit Anna befreundet.

- freut sich auf ihr Studium in Leipzig und möchte es schnell durchziehen.

- möchte mit Anna in Leipzig zusammen in eine WG ziehen und die nächsten Jahre erst mal in Deutschland bleiben.

- glaubt, dass ein Auslandsjahr verlorene Zeit ist und man sich lieber auf „vernünftige" Sachen konzentrieren sollte.

Herr Herzog, Annas Lehrer und der Diskussionsleiter

- unterrichtet seit 20 Jahren Erdkunde und Fremdsprachen.

- lebte als Student und Lehrkraft selbst mehrere Jahre im Ausland.

- ermutigt seine Abiturienten, ihre Chancen wahrzunehmen und sich nach dem Abitur erst mal eine Auszeit zu nehmen und etwas von der Welt zu sehen.

- ist fest davon überzeugt, dass junge Menschen in Auslandseinsätzen wirklich etwas bewirken können.

Jannik, 21, Annas Cousin, der in Berlin studiert

- ist gerade von seinem 12-monatigen Freiwilligendienst in Chile zurückgekehrt.

- erlebte dort die beste Zeit seines Lebens, hatte viel Spaß, lernte neue Freunde kennen, besuchte neue Orte und verbesserte seine Sprachkenntnisse.

- musste allerdings auch einige Hürden überwinden und sich daran gewöhnen, auf eigenen Beinen zu stehen und sein Leben selbst zu organisieren; musste auch lernen, sich zu verständigen, während ihn oft das Heimweh plagte.

- glaubt, dass sein Auslandsaufenthalt ihn nicht nur persönlich bereichert hat, sondern auch seiner Karriere nützen wird.

- möchte seine Cousine Anna ermutigen, sich auch für ein Auslandsjahr zu entscheiden.

Barbara, Annas Mutter, Krankenschwester

- sorgt sich um das Wohlergehen ihrer Tochter.

- denkt, dass ein schneller Studienstart besser sei, und will nicht, dass ihre Tochter ihre Zeit im Ausland verschwendet.

- findet, dass ihre Tochter nach dem Studium oder einer Ausbildung immer noch ins Ausland gehen kann.

- möchte, dass Anna zur Studienberatung geht, um sich noch mal genauestens zu informieren.

- befürchtet, dass Anna nach einem Auslandsaufenthalt das Reisefieber packt und sie ihr Studium noch weiter herauszögert.

Fritz, Annas Vater, pensioniert

- unterstützt seine Tochter in ihrem Vorhaben.

- wünschte, er hätte als junger Mann selbst die Chance gehabt, die Welt bereisen zu können – aber das blieb ihm in der DDR versagt.

- findet nicht, dass ein schneller Studienstart günstig wäre, da Anna noch nicht genau weiß, was sie eigentlich machen möchte.

NÜTZLICHE AUSDRÜCKE

Die folgenden Ausdrücke sollen Ihnen bei diesem Rollenspiel helfen, Ihren Standpunkt zu vertreten. Vergessen Sie nicht, Ihre Meinung stets zu begründen.

Ich bin der Meinung, dass ..., weil ...

Ich bin fest davon überzeugt, dass ...

Ich bin der Ansicht, dass ...

Ich bin der Auffassung, dass ...

Ich persönlich finde/denke/ glaube, dass ...

Es scheint mir, dass ...

Ich habe den Eindruck, dass ...

Einerseits ..., andererseits ...

Erstens ..., zweitens ..., drittens ...

Außerdem ...

Finden/Glauben/Meinen Sie nicht auch, dass ...?

9 Hörverständnis 🔊 Spur 8

Ein Austauschjahr in Indiana

Zum 20-jährigen Bestehen der Austauschorganisation IF wurden mehrere Ex-Austauschschüler zu ihren Auslandserfahrungen für die Online-Sonderausgabe interviewt. Eine von ihnen ist Conny B, die im Alter von 16 Jahren 1995 ein Jahr im US-Bundesstaat Indiana verbrachte.

1 Woher kam die Idee, Conny nach Amerika zu schicken? ☐

  A Sie selbst schlug es ihrer Familie vor.

  B Ihre Oma war die einzige, die den Vorschlag machte.

  C Zwei Familienmitglieder.

2 Woher stammt sie? ☐

  A Westdeutschland   C Aus der deutschsprachigen Schweiz

  B Ostdeutschland

3 Warum reagierte Conny wenig enthusiastisch auf den Vorschlag, ein Auslandsjahr in den USA zu machen? ☐

  A Sie wollte lieber nach England.   C Sie fand die USA langweilig.

  B Ihre Freunde waren ihr wichtiger.

4 Was gefiel ihr nicht an der neuen Schule? ☐

  A Theologie als   B der Matheunterricht   C die Schuluniform
  Unterrichtsfach

5 In welchem Fach glänzte sie wider Erwartens? ☐

  A Englisch   B Amerikanische   C Programmieren
                       Geschichte

6 Connys Gastfamilie wohnte … ☐

  A mehr als eine Stunde von der Schule entfernt.

  B eine Stunde von der Schule entfernt.

  C weniger als eine Stunde von der Schule entfernt.

7 Weihnachten markierte den Wendepunkt ihres Amerikaaufenthalts, denn endlich fühlte sie sich richtig ....·

8 Conny steht mit ihrer amerikanischen Familie immer noch in Kontakt.

  richtig   **falsch**

  ☐   ☐

9 Welche Eigenschaft sollte man laut Conny mitbringen, wenn man einen Auslandsaufenthalt in Betracht zieht? ☐

  A Neugier   B Verantwortungsbewusstsein   C Selbstsicherheit

3 | **Menschliche Erfindungsgabe**

3.1 Fernsehen: die Macht des Publikums

> Welche positive, welche schädliche Wirkung können Medien auf uns haben?

Lernziele

- Über den Einfluss des Publikums auf die Unterhaltungsindustrie nachdenken
- Die Auswirkung von Castingshows auf Kandidaten kritisch hinterfragen
- Den Einfluss der Medien auf unsere Freizeitgestaltung untersuchen
- Satzstrukturen mit Relativpronomen üben

Inwiefern beeinflussen die Medien die Art und Weise, wie wir miteinander kommunizieren? Welche positive, welche schädliche Wirkung können Medien auf uns haben? Welche Rolle spielen wir, das Publikum – und welche Verantwortung tragen wir? Diese Einheit befasst sich mit der umstrittenen Rolle und Einflussnahme der Medien.

---

1 Einstieg CAS

Diskutieren Sie folgende Fragen in kleinen Gruppen und begründen Sie Ihre Aussagen.

- Welche Rolle spielt das Fernsehen in Ihrem Leben?
- Welche Alternativen nutzen Sie zur Unterhaltung?
- Welche Programme interessieren Sie und welche nicht?

> **Arbeitsbuch**
>
> 6 Textverständnis – das Fernsehverhalten der Deutschen

2 Mündliche Übung CAS

Sehen Sie sich die folgende Karikatur eines Ehepaares bei seiner allabendlichen Freizeitgestaltung an und diskutieren Sie mit einem Mitschüler, was hier dargestellt wird.

Bild: „Loriot", Katalog 1993, 2003
Diogenes Verlag AG, Zürich

1 Was ist auf diesem Bild zu sehen? Beschreiben Sie möglichst viele Details.

2 Wie ist das Bild aufgebaut? Was und wer stehen im Vordergrund bzw. Hintergrund? Welche Farben dominieren?

3 Was für einen Eindruck macht das Bild auf Sie?

4 Was ist Ihre persönliche Meinung zu dem Bild? Was könnte hier passiert sein?

3 Textverständnis

Der folgende Text des inzwischen verstorbenen deutschen Humoristen Loriot ist ein Sketch – eine kurze, komische Szene mit effektvoller Schlusspointe. Lesen Sie diesen Text laut und paarweise.

Fernsehabend (1977)

Ein Ehepaar: Mann (M) und Frau (F)

F: „Wieso geht der Fernseher denn gerade heute kaputt?"

M: „Die bauen die Geräte absichtlich so, dass sie schnell kaputtgehen."

F: „Ich muss nicht unbedingt fernsehen."

M: „Ich auch nicht. Nicht nur, weil heute der Apparat kaputt ist, ich meine sowieso, ich sehe sowieso nicht gerne Fernsehen."

F: „Es ist ja auch wirklich NICHTS im Fernsehen, was man gern sehen möchte."

M: „Heute brauchen wir, Gott sei Dank, überhaupt nicht erst in den blöden Kasten zu gucken."

F: „Nee, es sieht aber so aus, als ob du hinguckst."

M: „Ich?"

F: „Ja."

M: „Nein, ich sehe nur ganz allgemein in diese Richtung. Aber du guckst hin. Du guckst da immer hin."

F: „Ich? Ich gucke da hin? Wie kommst du denn darauf?"

M: „Es sieht so aus."

F: „Das kann gar nicht so aussehen, ich gucke nämlich vorbei. Ich gucke absichtlich vorbei. Und wenn du ein kleines bisschen mehr auf mich achten würdest, hättest du bemerkt, dass ich absichtlich vorbei gucke. Aber du interessierst dich ja überhaupt nicht für mich."

M: „Jajajaja."

F: „Wir können doch einfach mal ganz woanders hingucken."

M: „Woanders? Wohin denn?"

F: „Zur Seite, oder nach hinten."

M: „Nach hinten? Ich soll nach hinten sehen? Nur weil der Fernseher kaputt ist, soll ich nach hinten sehen? Ich lass mir doch von einem Fernsehgerät nicht vorschreiben, wo ich hinsehen soll."

F: „Was wäre denn heute für ein Programm gewesen?"

M: „Eine Unterhaltungssendung."

F: „Ach."

M: „Es ist schon eine Unverschämtheit, was einem so Abend für Abend im Fernsehen geboten wird. Ich weiß gar nicht, warum man sich das überhaupt noch ansieht. Lesen könnte man stattdessen, Karten spielen oder ins Kino gehen oder ins Theater. Stattdessen sitzt man da und glotzt auf dieses blöde Fernsehprogramm."

F: „Heute ist der Apparat ja nun kaputt."

M: „Gott sei Dank."

F: „Ja."

M: „Da kann man sich wenigstens mal unterhalten."

F: „Oder früh ins Bett gehen."

M: „Ich gehe nach den Spätnachrichten der Tagesschau ins Bett."

F: „Aber der Fernseher ist doch kaputt."

M: „Ich lasse mir von einem kaputten Fernseher nicht vorschreiben, wann ich ins Bett zu gehen habe."

Loriot (Vicco von Bülow)

1   Bringen Sie die Ereignisse des Fernsehabends in die richtige Reihenfolge. Nummerieren Sie sie.

a   Die Ehefrau antwortet, dass sie ganz bewusst am Fernseher vorbeischaue.

b   Er empört sich darüber, dass das Fernsehen seinen Tagesablauf diktiert.

c   Er verkündet, wann er an diesem Abend zu Bett gehe.

d   Er streitet das ab, ist sich allerdings sicher, dass seine Frau in die Richtung des kaputten Fernsehapparats schaut.

e   Sie ist der Meinung, dass es nichts Interessantes im Fernsehen gäbe.

f   Der Ehemann zählt Alternativen zum Fernsehprogramm auf.

g   Der Fernseher ist kaputt.

h   Sie fühlt sich von ihrem Mann ignoriert.

i   Die Ehefrau glaubt, dass ihr Mann den Fernseher anstarrt.

Menschliche Erfindungsgabe

2   Entscheiden Sie, welche der nummerierten Begriffe den Begriffen aus dem Text am besten entsprechen. Tragen Sie die entsprechenden Nummern in die Kästchen ein.

a	kaputt	☐	i	bewusst	
b	Geräte	☐	ii	Dreistigkeit	
c	Gott sei Dank	☐	iii	abschreiben	
d	gucken	☐	iv	verdammt noch mal	
e	absichtlich	☐	v	starrt	
f	achten auf	☐	vi	sich auseinandersetzen mit	
g	vorschreiben	☐	vii	beschädigt	
h	Unverschämtheit	☐	viii	Unbeirrbarkeit	
i	glotzt	☐	ix	versehentlich	
j	sich unterhalten	☐	x	befehlen	

xi   glücklicherweise

xii schauen

xiii Aufmerksamkeit schenken

xiv unterschreiben

xv   Apparate

3   Kreuzen Sie bei den folgenden Aussagen an, ob sie aufgrund des Textes richtig oder falsch sind. Begründen Sie Ihre Antwort mit Informationen aus dem Text.

richtig   **falsch**

a   Der Fernseher des Ehepaars funktioniert nicht mehr.   [X]   ☐

Begründung: Wieso geht der Fernseher denn gerade heute kaputt?

b   Der Ehemann behauptet – unabhängig vom defekten Fernsehapparat – überhaupt nicht fernsehen zu wollen.   ☐   ☐

Begründung: ....

c   Seine Ehefrau wirft ihm vor, ihr nicht genug Aufmerksamkeit zu schenken.   ☐   ☐

Begründung: ....

d   Er findet es schade, die Unterhaltungssendung, die an diesem Abend im Fernsehen gelaufen wäre, zu verpassen.   ☐   ☐

Begründung: ....

e   Beide versichern einander, nicht unglücklich darüber zu sein, dass sie nicht fernsehen können.   ☐   ☐

Begründung: ....

4 Lösen Sie folgende Aufgaben und Fragen zum Text.

a Fassen Sie die Situation zusammen.

b Wie funktioniert die Kommunikation zwischen den Eheleuten?

c Inwiefern ist der Titel „Fernsehabend" ironisch?

d Dieser Sketch stammt aus dem Jahr 1977, wurde also vor mehr als 40 Jahren geschrieben. Wäre diese Situation heute noch denkbar?

e Wie beschreibt Loriot das Fernsehverhalten der damaligen Zeit?

f Was wird noch kritisiert?

g M: „Ich lasse mir von einem kaputten Fernseher nicht vorschreiben, wann ich ins Bett zu gehen habe." Wie interpretieren Sie die letzte Zeile des Sketches?

WEITERDENKEN TOK

1 Diskutieren Sie folgende Fragen:

- Inwiefern lassen wir uns von den Medien beeinflussen?
- Welche Rolle spielt das Publikum heutzutage in den Medien?
- Hat das Publikum Einfluss auf die Fernsehprogramme, die letztendlich produziert und gesendet werden?
- Was denken Sie, welche Programme sind bei einem jüngeren, welche bei einem älteren Publikum beliebt?

2 Besprechen Sie das folgende Zitat Andy Warhols mit einem Mitschüler.

„In Zukunft kann jeder Mensch für 15 Minuten Berühmtheit erlangen."

Was denken Sie – hatte Warhol mit seiner Aussage aus den sechziger Jahren recht?

---

4 Einstieg CAS

Diskutieren Sie folgende Fragen in kleinen Gruppen und nennen Sie Gründe für Ihre Antworten.

- Mögen Sie Castingshows? Besprechen Sie die verschiedenen Formate, die Sie kennen.
- Was glauben Sie, warum sind Castingshows bei Kandidaten schon so lange beliebt? Welche Nachteile haben diese Shows zur Talentsuche für die Teilnehmer?
- Weshalb sehen sich Zuschauer diese Sendungen gern an?
- Welche Vorteile ziehen Fernsehsender aus Castingshow?
- Könnten Sie sich vorstellen, selbst bei einer Castingshow mitzumachen?

WUSSTEN SIE DAS?

Loriot

Vicco von Bülow (1923–2011) alias Loriot gilt bis heute als Altmeister des deutschen Humors, der mit seinen pointierten Sketchen, Karikaturen und Filmen zwischenmenschliche Beziehungen und Missverständnisse auf die Schippe nahm. Zu den beliebtesten Sketchen des Komikers, in denen stets seine kongeniale Partnerin Evelyn Hamann mitspielte, gehören „Das Frühstücksei", „Die Nudel", „Feierabend" und „Liebe im Büro".

Arbeitsbuch

2 Wortschatz – Wortbildung mit „Fernseh"

5 Textverständnis

Seit dem Einzug der Castingshows ins Fernsehen sucht Deutschland jedes Jahr einen neuen Superstar. Wird aber wirklich einer gefunden? Und wenn ja, zu welchem Preis für die Kandidaten? Wie erklärt sich die fortwährende Popularität dieser Shows? Diese Fragen werden im folgenden Text angesprochen.

Castingshows – Fluch und Segen zugleich

Einmal auf der Bühne stehen vor jubelnden Fans: Viele Teenager träumen davon. Castingshows erscheinen als ideale Strategie, um das zu erreichen. Doch die Teilnehmer sollten realistisch bleiben: Oft starten sie nicht die große Karriere, sondern kämpfen mit Stress und einem aufgepfropften Image.

X Factor, DSDS[1] und Popstars – Castingshows sind aus dem deutschen Fernsehen kaum noch wegzudenken. Obwohl die Chart-Erfolge der meisten Sieger überschaubar sind, ist der Glaube an die große Karriere ungebrochen. Doch wer an so einer Show teilnehmen will, sollte sich vorher nach den eigenen Beweggründen fragen. Denn viele wissen nicht, welche Folgen die TV-Präsenz haben kann.

Im Moment erlebt Meike aus Schwarzenbach an der Saale, wie es ist, im Rampenlicht zu stehen. Sie hat zwar aktuell den Einzug in die Endrunde der „Popstars"-Staffel geschafft, ein leichter Weg war es aber nicht: Die junge Frau gilt bei den anderen Kandidatinnen als Außenseiterin. Und wie sieht es aus, wenn sie die Show gewinnt? Bei vielen Kandidaten ist danach in Sachen Ruhm nicht viel passiert.

Martin Kesici zum Beispiel gewann vor sieben Jahren die Castingshow „Star Search". Inzwischen bezeichnet der Berliner seinen Sieg als Fluch und Segen zugleich. „Ich wollte schon immer Rockstar werden, hab' vor der Show bereits Musik gemacht. Einige meiner Rocker-Kollegen haben mich nach der Sendung eher belächelt", sagt der 37-Jährige. Außerdem habe er feststellen müssen, dass ihn viele Leute aus der Musikbranche fallen ließen, als der große Erfolg plötzlich ausblieb.

[1]DSDS: „Deutschland sucht den Superstar" – eine beliebte deutsche Castingshow

Raus aus der anonymen Masse

Doch nicht jedem, der an einer Castingshow teilnimmt, geht es um die Musik, glaubt der Psychologe Stefan Woinoff aus München. „Viele wollen einfach was Bedeutsames sein. Sie glauben, sich aus der anonymen Masse der Menschen herausheben zu können, sobald sie bekannt sind", sagt der Experte. Gerade junge Leute glaubten, eine Castingshow sei der kürzeste Weg, reich und berühmt zu werden.

Für andere sei der Eventcharakter besonders wichtig. „Viele langweilen sich und wollen mal etwas Besonderes erleben, ihre Gefühle pushen", erklärt der Psychologe. Ihnen allen rät Woinoff zur ehrlichen Selbstanalyse: „Sie sollten sich fragen, wie wichtig es ihnen wirklich ist, Musik zu machen. Sind sie überhaupt bereit, den Preis für ein bisschen Ruhm zu zahlen?" Dieser Preis könne sehr hoch sein, warnt Woinoff. Wer in die Öffentlichkeit geht, werde nicht nur positives Feedback bekommen.

Produktionsfirma bestimmt den Tagesablauf

Hat jemand musikalisches Talent, warten im Laufe einer Castingstaffel aber noch ganz andere Probleme, so Woinoff. „Je weiter man kommt, desto häufiger wird man fremdbestimmt. Irgendwann entscheidet die Produktionsfirma über den gesamten Tagesablauf." Die eigene Selbstdarstellung haben Teilnehmer von Anfang an nicht selbst in der Hand. „Wie man in der Öffentlichkeit gezeigt wird und welche Aufnahmen über den Sender gehen, entscheiden ebenfalls die Redakteure, die das Format für einen Sender produzieren", sagt Martin Kesici.

Je weniger Talent vorhanden ist, desto größer ist die Wahrscheinlichkeit, lächerlich gemacht zu werden. Darum rät Stefan Woinoff, sich von einem objektiven Publikum auf Popstartauglichkeit testen zu lassen. Freunde, die ehrlich ihre Meinung sagen, sind dafür bestens geeignet. „Die sind sicher keine Fachleute, aber können schon mal eine erste Resonanz geben", glaubt auch Vocal Coach und ehemaliges „Popstars"-Jurymitglied Jane Comerford („Texas Lightning") aus Hamburg.

Ausbildung muss Plan A sein

Wer sich nicht der Illusion hingibt, durch die Teilnahme an einer Castingshow schnell erfolgreich zu werden, sei in der Lage, das Ganze mit der notwendigen Portion Gelassenheit zu sehen, sagt der Medienpsychologe Jo Groebel. „Auf keinen Fall sollten junge Leute für dieses Abenteuer ihre Ausbildung abbrechen", warnt der Wahl-Berliner, der im Gegensatz zu Stefan Woinoff und Martin Kesici in einer Castingshow einen spannenden Wettbewerb sieht. „Eine ordentliche Ausbildung sollte immer Plan A sein – eine Castingshow maximal Plan B", so Groebel.

In einem Punkt sind sich alle drei jedoch einig: Wer nicht weiß, wie Medien funktionieren, kann nicht abschätzen, was im Falle einer mehr oder weniger erfolgreichen Castingshow-Teilnahme auf ihn einstürzt. Um nicht abzuheben, braucht es Menschen, die es gut mit einem meinen. „Das sind in erster Linie Eltern und Geschwister", so Stefan Woinoff. Eins sollte jedem, der an so einer TV-Show teilnehmen will, vorher bewusst sein, stellt der Experte klar: Durch die schnelle Popularität entkommt man seinem alten Leben nicht, sondern ist mehr denn je darauf angewiesen, Menschen zu haben, denen man vertraut.

Manja Greß, *Deutsche Presse Agentur (dpa)*

Menschliche Erfindungsgabe

1 Entscheiden Sie, welche der nummerierten Begriffe den Wörtern aus dem Text am besten entsprechen. Tragen Sie die entsprechenden Nummern in die Kästchen ein.

a	überschaubar	☐	i	Einzelgängerin	xi	Schluss machten
b	ungebrochen	☐	ii	schockiert	xii	begrenzt
c	Beweggründe	☐	iii	einsetzte	xiii	amüsiert
d	Folgen	☐	iv	Ausländerin	xiv	Veranlassung
e	geschafft	☐	v	kontinuierlich	xv	verspottet
f	Außenseiterin	☐	vi	bewerkstelligt		
g	Ruhm	☐	vii	Konsequenzen		
h	belächelt	☐	viii	aussetzte		
i	fallen ließen	☐	ix	im Stich ließen		
j	ausblieb	☐	x	Anerkennung		

2 Kreuzen Sie bei den folgenden Aussagen an, ob sie aufgrund des Textes richtig oder falsch sind. Begründen Sie Ihre Antwort mit Informationen aus dem Text.

            richtig falsch

a Castingshows erweisen sich oftmals nicht als Sprungbrett für die ersehnte Karriere, sondern verursachen viele Probleme für die Teilnehmer.   [X] ☐

Begründung: *sondern kämpfen mit Stress* ....

b Castingshows erfreuen sich nach wie vor großer Beliebtheit.   ☐ ☐

Begründung: ....

c Gewinner Martin Kesici betrachtet diese Shows auch kritisch, da er nach seiner Teilnahme von Kollegen nicht mehr ernst genommen wurde.   ☐ ☐

Begründung: ....

d Die Motivation für die Teilnahme an Castingshows führt Woinoff auf die Liebe zur Musik zurück.   ☐ ☐

Begründung: ....

e   Teilnehmer jeden Alters glauben, dass Castingshows eine schnelle
    und lukrative Karriere ermöglichen.   ☐ ☐

    Begründung: ....

f   Interessierte sollten ihr Talent kritisch betrachten.   ☐ ☐

    Begründung: ....

g   Woinoff betont, dass Kandidaten vom Publikum nicht nur
    unterstützt werden.   ☐ ☐

    Begründung: ....

3 Beantworten Sie folgende Fragen zum Text.

a   Mit welchen Hindernissen müssen begabte Kandidaten rechnen?

b   Auf welches weitere Problem weist Ex-Teilnehmer Kesici hin?

c   Worauf sollten sich weniger talentierte Bewerber einstellen?

d   Wozu rät Woinoff?

e   Wovor warnt Groebel übereifrige Kandidaten?

f   Weshalb findet Woinoff die familiäre Unterstützung der Kandidaten unheimlich wichtig?

g   Was bedeutet der letzte Satz „Durch die schnelle Popularität entkommt man seinem alten
    Leben nicht, sondern ist mehr denn je darauf angewiesen, Menschen zu haben, denen
    man vertraut"?

4 Finden Sie heraus, worauf sich die unterstrichenen Wörter beziehen, und tragen Sie dies in
die leere Spalte ein.

Im Text …	bezieht sich das Wort …	auf …
a der <u>Berliner</u>	„Berliner"	Martin Kesici
b <u>der</u> an einer Castingshow teilnimmt	„der"	
c <u>die</u> sind sicher keine Fachleute	„die"	
d <u>denen</u> man vertraut	„denen"	

5 Wie würden Sie die Gefühle der drei Personen in Bezug auf Castingshows charakterisieren?
Welches der nummerierten Wörter passt am besten auf die jeweilige Person?

a   Martin Kesici   ☐   i   angespannt   iv   warnend

b   Stefan Woinoff   ☐   ii   desillusioniert   v   argwöhnisch

c   Jo Groebel   ☐   iii zustimmend   vi   gleichgültig

149

Arbeitsbuch
4 Sprache unter der Lupe – Relativpronomen
5 Weiterdenken

6 Fassen Sie die Vor- und Nachteile (Fluch und Segen) von Castingshows in einer Tabelle stichpunktartig zusammen.

Castingshows	
Fluch	**Segen**
•	•
•	•
•	•
•	•
•	•
•	•

GRAMMATIK UNTER DER LUPE: RELATIVPRONOMEN

1 Lesen Sie die vier Sätze mit Relativpronomen. Wie entscheidet man, welches Pronomen verwendet werden muss? Fassen Sie gemeinsam die Regeln zusammen, die Sie zu Relativpronomen kennen.

a Doch nicht jedem, **der** an einer Castingshow teilnimmt, geht es um die Musik, glaubt der Psychologe Stefan Woinoff aus München.

b Die Kandidatin Meike, **die** aus Schwarzenbach kommt, hat es bis in die Endrunde geschafft.

c Das Phänomen Castingshows, **das** vor Jahren Einzug ins Fernsehen hielt, ist aus unserer Zeit kaum wegzudenken.

d Um nicht abzuheben, braucht es Menschen, **die** es gut mit einem meinen.

Die folgende Tabelle fasst noch einmal alle Relativpronomen zusammen.

Relativpronomen

	Maskulinum	Femininum	Neutrum	Plural
Nominativ	der	die	das	die
Akkusativ	den	die	das	die
Genitiv	dessen	deren	dessen	deren
Dativ	dem	der	dem	den

2 Fügen Sie beide Sätze zu einem Satz zusammen, indem Sie ein Relativpronomen verwenden.

Martin Kesici sieht den Castingprozess kritisch. Er gewann den Talentwettbewerb „Star Search" vor mehreren Jahren.

Lösung
Martin Kesici, <u>der</u> den Talentwettbewerb „Star Search" vor mehreren Jahren gewann, sieht den Castingprozess kritisch.

a Kandidaten müssen mit Kritik und Rückschlägen rechnen. Sie hoffen auf eine schnelle Karriere.

b Jo Groebel empfiehlt als Plan A eine Ausbildung. Er ist Medienexperte.

c Martin Kesici wurde nach seinem Sieg von vielen Freunden in der Musikbranche belächelt. Er wollte schon immer Rockstar werden.

d Finalistin Meike will als erfolgreiche Sängerin durchstarten. Sie gilt bei den anderen Kandidaten als Außenseiterin.

e Der Psychologe Stephan Woinoff rät zu einer ehrlichen Einschätzung des eigenen Talents. Er betont die Wichtigkeit der Familie als Rückenstärkung.

WUSSTEN SIE DAS?
Castingshows in Deutschland

Die beliebtesten Castingshows sind „DSDS" (Deutschland sucht den Superstar), „Germany's next Topmodel", „Das Supertalent", „Popstars", „The Voice of Germany" und „X Factor".

Durchschnittlich bewerben sich 30.000–40.000 Kandidaten.

Die höchste Einschaltquote bisher konnte DSDS mit 12 Millionen Zuschauern im Finale der ersten Staffel 2003 verbuchen.

Es gibt nur wenige Gewinner dieser TV-Formate, die danach erfolgreiche Karrieren hatten – viele Ex-Kandidaten sieht man weiterhin in anderen Reality TV-Shows, z. B. im Promi-Kochduell, im Dschungel usw. – oder sie verschwinden oft ganz von der Bildfläche. Nichtsdestotrotz, Alexander Klaws, Gewinner der allerersten DSDS-Staffel, gelang es, sich langzeitig als Sänger in renommierten deutschen Musicals zu etablieren.

WEITERDENKEN TOK

Diskutieren Sie in kleinen Gruppen:

• Welche Funktion erfüllen die Juroren?

• Nach welchen Kriterien werden Kandidaten ausgewählt? Zählt einzig das Gesangstalent? Wie werden Kandidaten dann in Castingshows behandelt?

• Weshalb schalten die Zuschauer Castingshows ein? Genießen sie vorwiegend die Musik oder gibt es andere Beweggründe? Was könnte wohl der Begriff „Fremdschämen" bedeuten? Inwiefern lässt er sich auf das Phänomen Castingshows beziehen?

• Was glauben Sie persönlich: Sind Castingshows eher ein Fluch oder ein Segen?

6 Schriftliche Übung (CAS)

HL

Wählen Sie eine der folgenden Aufgaben. Dabei müssen Sie eine Textsorte aussuchen, die für die Aufgabe geeignet ist. Denken Sie dabei an den Kontext, das Ziel und die Leserschaft. Schreiben Sie für *SL* 250–400 Wörter und für *HL* 450–600 Wörter.

1 Sie haben gelesen, dass Fernsehen für viele Kinder und Jugendliche die wichtigste Freizeitbeschäftigung darstellt. Nun wollen Sie Ihre Mitschüler über die Folgen des Fernsehens informieren und gleichzeitig ermutigen, sich anderen Freizeitaktivitäten zu widmen.

2 Ein Freund von Ihnen will bei einer bekannten Castingshow teilnehmen. Geben Sie ihm einige Ratschläge und Tipps, um dem Druck der Öffentlichkeit und der Kritik standzuhalten und Enttäuschungen zu vermeiden.

7 Mündliche Übung (CAS)

Arbeiten Sie in Gruppen bis maximal acht Personen.

Lesen Sie zuerst die Situationsbeschreibung sowie die Rollenbeschreibungen. Verteilen Sie anschließend die Rollen.

Denken Sie über Ihre Rolle nach. Machen Sie sich Notizen – aber versuchen Sie, in der Diskussion möglichst spontan auf die Argumente der anderen Mitspieler zu reagieren.

> ## Die Situation
>
> Gerade sind mehrere Staffeln verschiedener Castingshows fast gleichzeitig gestartet, „DSDS", „Germany's next Topmodel", „Das Supertalent" und „The Voice". Tausende von Bewerbern haben sich gemeldet, die Sender berichten von Rekordquoten, allerdings scheint sich auch eine ernstzunehmende Gegenbewegung zu entwickeln, da kritische Stimmen in Bezug auf die Vermarktung von Menschen immer lauter werden. Aufgrund der Aktualität des Themas hat der bekannte Moderator Oliver Schmidt mehrere Personen zu einer Talkrunde mit dem Thema „Castingshows – Fluch oder Segen?" eingeladen, in der alle Teilnehmer klar Stellung beziehen und ihre Meinung vertreten können.

> **Lisa Lieb, 25 Jahre, Gewinnerin der letztjährigen Staffel von „Deutschland sucht den Superstar"**
>
> - ist eine begabte Sängerin und Gewinnerin der letzten DSDS-Staffel
>
> - hatte eine Nummer 1 in den Charts, danach allerdings blieben die großen Erfolge aus
>
> - vor drei Monaten trennte sich ihre Plattenfirma von ihr, seitdem versucht sie, ein neues Label zu finden
>
> - genoss ihre Erfahrung mit DSDS, sieht aber auch die Schattenseiten und möchte ambitionierte Kandidaten davor warnen

Harry Hansen, 45 Jahre, Chef des Privatsenders, der DSDS und andere Castingshowformate produziert

- ist seit mehreren Jahren im Fernsehgeschäft tätig
- will wegen der hohen Einschaltquoten weiterhin Sendungen wie Castingshows zeigen
- glaubt zu wissen, welche Art von Sendungen die Zuschauer sehen wollen
- kennt sich bei den Medien gut aus

Joana Hoffmann, 23 Jahre, erfolglose Kandidatin

- arbeitet in einem Supermarkt an der Kasse, nachdem sie ihre Ausbildung als Bürokauffrau für eine Teilnahme an DSDS aufgab
- versucht schon seit drei Jahren vergeblich, in die nächste Runde zu kommen
- weiß, dass sie nicht die beste Stimme hat, gibt aber trotzdem die Hoffnung nicht auf und nimmt weiterhin Gesangsstunden
- möchte unbedingt etwas Besseres aus ihrem Leben machen und etwas Besonderes sein
- wird von der Presse „jaulende Joana" genannt und verspottet, hat aber lieber einen schlechten Ruf als gar keine Aufmerksamkeit

Inga Blume, 35 Jahre, Fernsehkritikerin

- möchte qualitativ anspruchsvollere Fernsehsendungen
- ist entschieden gegen die Verdummung des Publikums durch viele Castingshows
- verabscheut es, dass Kandidaten zugunsten hoher Einschaltquoten ausgebeutet und vorgeführt werden

Dieter Dreist, 50 Jahre, Juror bei DSDS

- ist selbstverliebt und scharfzüngig
- ist schon lange im Musikgeschäft, da er einst selbst Mitglied in einer Popgruppe war
- hat keine Angst davor, Kandidaten in die Schranken zu weisen und öffentlich bloßzustellen

Susanne Schulze, 41 Jahre, Zuschauerin

- will sich nach Feierabend einfach nur entspannen und sich nicht mit kritischen Themen auseinandersetzen
- trifft sich jeden Samstagabend mit ihren Freundinnen, um zusammen DSDS zu schauen
- amüsiert sich über talentlose Bewerber und fiebert mit ihren Favoriten mit

Max Meier, 19 Jahre, interessierter Teilnehmer und Sänger

- ist ambitioniert und begeisterungsfähig, aber auch etwas arrogant
- begann mit dem Singen im Alter von sechs Jahren und hat eine echte Begabung
- hofft auf eine schnelle Karriere im Musikgeschäft
- hat schon mehrere lokale Talentwettbewerbe gewonnen und hat es gerade in die nächste Runde, den sogenannten „Recall", geschafft
- hört nicht auf Warnungen, da er glaubt, besser als alle anderen Teilnehmer vor ihm zu sein

Oliver Schmidt, 42 Jahre, Moderator

- langjähriger Talkshow-Moderator

- muss dafür sorgen, dass alle zu Wort kommen

- stellt die einzelnen Teilnehmer der Gesprächsrunde vor und leitet die Diskussion mit geschickten Fragen

8 Hörverständnis 🔊 Spur 9

Interview mit Sabine Fischer

Hören Sie sich das Interview der Münchner Abendzeitung mit Sabine Fischer, einer ehemaligen Kandidatin von „Germany's Next Topmodel" an, und beantworten Sie die folgenden Fragen.

1 Vor wem weinte Sabine nach ihrem Rauswurf? ☐

  A Team Weiß

  B den anderen Kandidatinnen

  C den Mitarbeitern der Show

2 Welchen Platz belegte Sabine? ☐

  A Platz 5

  B Platz 10

  C Platz 9

3 Weswegen schied Sabine aus dem Modelwettbewerb aus? ☐

  A Sie hatte Heimweh.

  B Wegen eines schlechten Unterwassershootings.

  C Man fand sie „fake".

4 Wie steht Sabine zur Entscheidung der Juroren, sie gehen zu lassen? ☐

  A Sie findet es ungerecht.

  B Es ist ihr egal.

  C Sie kann es verstehen.

5 Worauf ist sie dennoch besonders stolz? ☐

  A Sie war die einzige, die mehrere Jobs ergatterte.

  B Nicht vor den anderen Mädchen geweint zu haben.

  C Viel über sich gelernt zu haben.

6 Wie viele Modelaufträge bekam sie?

  ....

7 Wie erklärt sie sich, dass die anderen Mädchen sie nicht mochten? ☐

  A Neid

  B ihre gute Beziehung zu Heidi Klum

  C Sie versteht es bis heute nicht.

8 Wie äußert sich Sabine zu Modelmama Heidi Klum? ☐

  A desinteressiert

  B lobend

  C kritisch

9 Sabine sagt, als Kandidatin bei „Germany's Next Topmodel" bräuchte man … ☐

  A ein dickes Fell.

  B die Hilfe der Juroren.

  C Durchhaltevermögen.

10 Was hält sie von einer erneuten Teilnahme an dem Modelwettbewerb? ☐

  A ausgeschlossen

  B vielleicht

  C auf jeden Fall

11 Was plant Sabine als Nächstes? ☐

  A sich auszuruhen

  B beim Dschungelcamp mitzumachen

  C nach Amerika zu ziehen

12 Worauf will sie sich nun konzentrieren?

  ....

3.2 Kino mal auf Deutsch

> Wie drückt sich kulturelle Identität aus?

Lernziele

- Verschiedene Filmgenres besprechen
- Sich mit dem Thema Flucht, Integration und Immigration im Kino vertieft auseinandersetzen
- „Willkommen bei den Hartmanns" als Spiegel der deutschen Gesellschaft verstehen, deren Gegenwart von Begriffen wie „Flüchtlingskrise" und „Willkommenskultur" geprägt ist
- Satzstrukturen üben, um Filme zu besprechen und Filmrezensionen zu schreiben

1 Einstieg

Wie gut kennen Sie sich mit dem deutschen Film aus? Wählen Sie die richtige Antwort aller fünfzehn Fragen aus und vergleichen Sie Ihre Antworten. Begründen Sie Ihre Entscheidung.

1 Welches berühmte Lied trällerte die deutsche Ikone Marlene Dietrich in Sternbergs Film „Der blaue Engel"?

   A Alles aus Liebe ☐

   B Ich bin die fesche Lola ☐

   C Verdammt, ich lieb dich ☐

   D Flugzeuge im Bauch ☐

2 Wie heißen die berühmten Filmstudios in Potsdam?

   A Dammtor ☐

   B Mediamarkt ☐

   C Saturn ☐

   D Babelsberg ☐

3 In welchem Horrorfilm rennt Franka Potente um ihr Leben?

A Anatomie ☐

B Lola rennt ☐

C Blueprint: Blaupause ☐

D Elementarteilchen ☐

4 In welchem Jahr spielt Sönke Wortmanns „Das Wunder von Bern"?

A 1947 ☐

B 1963 ☐

C 1954 ☐

D 1971 ☐

5 Welcher Film gewann im Jahr 2007 den hochdotierten Oscar in der Kategorie Bester Fremdsprachiger Film?

A Gegen die Wand ☐

B Wer früher stirbt ist länger tot ☐

C Vier Minuten ☐

D Das Leben der Anderen ☐

6 Welcher deutsche Sänger gab sein Schauspieldebüt in Wolfgang Petersens Klassiker „Das Boot"?

A Marius Müller Westernhagen ☐

B Herbert Grönemeyer ☐

C Udo Lindenberg ☐

D Peter Fox ☐

7 Welche Schriftsstellerin lieferte die literarische Vorlage zum Film „Nirgendwo in Afrika"?

A Stephanie Zweig ☐

B Caroline Link ☐

C Gudrun Pausewang ☐

D Charlotte Kerner ☐

8 In welchem afrikanischen Land spielt „Nirgendwo in Afrika"?

A Nigeria ☐

B Zimbabwe ☐

C Kenia ☐

D Sudan ☐

9 Welches Thema behandelt der Jugendfilm „Sommersturm"?

A Heimat, Integration, Identität ☐

B Hoffnung, Erfolg, Familie ☐

C Sexualität, Vorurteile, Außenseiter ☐

D Armut, Arbeitslosigkeit, Gesellschaft ☐

10 Wo spielt der mit Moritz Bleibtreu besetzte Film „Das Experiment"?

A Schule ☐

B Altersheim ☐

C Nervenheilanstalt ☐

D Gefängnis ☐

11 Welcher österreichische Schauspieler brillierte als sadistischer SS-Offizier in Quentin Tarantinos Film „Inglorious Basterds"?

A Til Schweiger ☐

B Daniel Brühl ☐

C Christoph Waltz ☐

D Matthias Schweighöfer ☐

12 Welcher deutsche Film war bei den Oscars im Jahr 2017 als bester ausländischer Film nominiert?

A Toni Erdmann ☐

B Die Fremde ☐

C Dr Aleman ☐

D Aus dem Nichts ☐

13 Wie heißt der Regisseur, der mit Action- und Katastrophenfilmen wie „Independence Day" und „The Day After Tomorrow" bekannt wurde?

A Wolfgang Petersen

B Werner Herzog

C Wim Wenders

D Roland Emmerich

14 Worum geht es in Oliver Hirschbiegels Film „Der Untergang" (2004)?

A die Versenkung des Passagierschiffs Lusitania im Ersten Weltkrieg

B der Untergang der Titanic

C Hitlers letzte Tage im Führerbunker

D der Untergang der Wilhelm Gustloff im Jahr 1945

15 Aus welchem Land stammt der Schauspieler und Politiker Arnold Schwarzenegger?

A Amerika

B Österreich

C Deutschland

D Schweiz

2 Mündliche Übung CAS

Finden Sie zu jedem Filmgenre ein Beispiel. Vergleichen Sie Ihre Antworten mit einem Mitschüler. Diskutieren Sie, worauf Ihre Antworten basieren. Es muss sich bei Ihren Antworten nicht unbedingt um deutschsprachige Filme handeln.

Filmgenres		
der Science-Fiction-Film	der Dokumentarfilm	der Actionfilm
der Katastrophenfilm	der Horrorfilm	die Literaturverfilmung
der Western	der Zeichentrickfilm	die Komödie
der Kriegsfilm	der Thriller	die Tragikomödie
der Fantasyfilm	der Liebesfilm	die Filmbiografie
der Märchenfilm	der Historienfilm	das Drama

ZUR DISKUSSION CAS

1 Zu welchem Genre gehören wohl diese deutschsprachigen Filme? Sie können auch das Internet als Hilfe nutzen.

Frau im Mond	Lola rennt
Sophie Scholl	Bang Boom Bang
7 Zwerge – Männer allein im Wald	Olympia
Der Baader Meinhof Komplex	Das Boot
Der kleine Eisbär	Die Wolke
Nosferatu – eine Symphonie des Grauens	Der junge Karl Marx
Luther	Napola – Elite für den Führer
Almanya – Willkommen in Deutschland	Krabat

2 Diskutieren Sie die folgenden Fragen in kleinen Gruppen.

- Welche der oben aufgeführten Filme sind Ihnen bekannt und zu welchem Genre gehören diese?

- Kennen Sie weitere deutschsprachige Filme? Wenn nicht, recherchieren Sie im Internet.

SPRACHE UNTER DER LUPE

Sie lernen nun Wörter kennen, die Sie in einer Filmbesprechung verwenden können.

1 Suchen Sie zu jedem Begriff die Nummer der passenden Definition und tragen Sie ihn ein.

a das Filmgenre ☐

b der Regisseur ☐

c das Erscheinungsjahr ☐

d das Drehbuch ☐

e die Handlung ☐

f die Charaktere ☐

g die Hauptdarsteller ☐

h die Hauptrolle ☐

i die Nebenrolle ☐

j der Produzent ☐

i der Zeitpunkt, zu dem der Film erstmals gezeigt wird

ii die Person, die für die geschäftliche Seite der Verfilmung verantwortlich ist, z. B. für die Finanzierung

iii die wichtigsten Schauspieler eines Films

iv eine kleine Rolle in einem Film

v die wichtigste Rolle eines Films, steht im Mittelpunkt der Handlung

vi die Gattung des Films

vii die Person, die für die künstlerische Seite der Verfilmung verantwortlich ist, z. B. für die Auswahl des Drehbuchs und der Darsteller

viii die verschiedenen Figuren der Handlung

ix die textliche Basis eines Films

x das Geschehen eines Films

2 Entscheiden Sie, welche der folgenden Begriffe und Formulierungen in eine positive Kritik gehören und welche in eine negative, und schreiben Sie sie in eine Tabelle. Kennen Sie weitere Ausdrücke?

Ein Meisterwerk!	Lächerlich!
Der Überraschungshit des Jahres!	Die Schauspieler sind völlig fehlbesetzt.
Aufrüttelnd!	Ein wahres Vergnügen!
Fesselnd!	Bleiben Sie zu Hause!
Es herrscht gähnende Leere!	Langatmig
Die Charaktere sind unglaubwürdig.	Einer der besten Filme des Jahres!
Die Handlung ist vorhersehbar.	Sparen Sie das Geld!
Daniel Brühl in einer Paraderolle!	Ein Flop!
Unterstes Niveau!	Die Leistung der Hauptdarsteller ist besonders erwähnenswert.
Zwischen den Schauspielern stimmt die Chemie nicht.	Enttäuschend!
Der Film wird dem Buch nicht gerecht.	
Ein Film, der zum Nachdenken anregt.	

Positive Filmkritik	Negative Filmkritik

3 Mündliche Übung

Diskutieren Sie folgende Fragen in kleinen Gruppen.

- Zu welchen Situationen kann es kommen, wenn verschiedene Kulturen aufeinanderstoßen?
- Haben Sie selbst schon einmal solch ein Aufeinanderprallen der Kulturen erlebt?
- Was wissen Sie über die Flüchtlingswelle in Deutschland? Recherchieren Sie gegebenenfalls.
- Was glauben Sie: Wie können Immigranten erfolgreich in den deutschen Alltag integriert werden? Nennen Sie Beispiele. Welche Probleme können dabei auftreten?

4 Textverständnis

Nun lesen Sie eine Filmrezension einer 2016 produzierten deutschen Integrationskomödie.

Arbeitsbuch

1 Textverständnis –
Willkommen bei
den Hartmanns

Eine fast normale Familie: „Willkommen bei den Hartmanns"

Sie ist ein Gutmensch. Sie hat ein ausgeprägtes Helfersyndrom[1]. Deshalb möchte die ehemalige Schuldirektorin auch in der Flüchtlingskrise etwas tun. Sie bringt Altkleider ins Flüchtlingszentrum. Aber da winkt man ab, es gibt schon zu viele Spenden. Sie würde gern Deutschunterricht geben. Aber auch da winkt man ab. Es gibt schon zu viele pensionierte Lehrer, die sich dabei gegenseitig ausstechen. Bleibt nur noch eine Möglichkeit: Nimmt man eben einen Flüchtling auf.

Das ist die Grundkonstellation des Films „Willkommen bei den Hartmanns", der am Mittwoch Premiere in Berlin feiert und am Donnerstag ins Kino kommt. Regisseur Simon Verhoeven, sonst eher für Beziehungskomödien wie „Männerherzen" bekannt, traut sich was. Indem er das Flüchtlingsthema als Komödie verarbeitet und dabei nach allen Seiten austeilt.

Der Flüchtling hält die Familie zusammen

Die Suche nach dem richtigen Kandidaten gerät dann fast zu einer Castingshow. Deutschland sucht den Superflüchtling[2]. Dabei bewirbt sich auch ein Italiener, der halt auch Wohnraum sucht und sich diskriminiert fühlt. Als schließlich ein Nigerianer in das Münchener Luxushaus einzieht, wird er zwar mit einem plakativen Plakat empfangen, das dem Film den Titel gibt. Aber schon bald steht die Familie Kopf.

Dafür kann der Flüchtling nichts. Aber er fungiert als ein Katalysator. Denn bei den Hartmanns sind alle mit ihren eigenen Krisen beschäftigt, und die brechen direkt vor dem Neuzugang auf. Die Mutter (Senta Berger), die sich unnütz fühlt. Der Vater (Heiner Lauterbach), der Angst vorm Altern hat und sich noch mal als Hansdampf beweisen muss.

Der Unternehmersohn (Florian David Fitz), der über seinen Geschäften fast das eigene Kind vergisst. Und die Tochter (Palina Rojinski), die mit 31 ihr Langzeitstudium schmeißen will. Eigentlich eine typisch deutsche Familie, die uns da begegnet, und doch eine, die so zerrissen ist wie die Republik. Wobei der Fremde (Eric Kabongo) zum Kitt wird, der die Familie erst zusammenhält, auch wenn das immer wieder sein Asylverfahren gefährdet.

Der traut sich wirklich was, der Verhoeven. Dass er den Vater stottern lässt, dass es ja auch schwarze Schafe unter den Flüchtlingen gebe. Dass der Flüchtling die Tochter fragt, warum sie noch keine Kinder hat, wo sie doch schon alt sei. Dass ihn alle wie ein Baby behandeln. Der Witz geht aber noch deutlich weiter. Wenn man auch im Flüchtlingsheim Rassismus ausmacht. Wenn plötzlich Rechtsradikale Mahnwache vor dem Haus halten. Und sich schließlich der Verfassungsschutz für den jungen Nigerianer interessiert und die Familie überwachen lässt, während man die Nazis vor der Tür übersieht.

[1]**Helfersyndrom:** das zwanghafte Bedürfnis verspüren, anderen zu helfen

[2]**Deutschland sucht den Superflüchtling:** Eine ironische Anspielung auf die deutsche Castingshow „Deutschland sucht den Superstar"

Willkommen bei einem neuen Filmgenre: der Integrationskomödie. Vor einer Woche startete bereits „Ostfriesisch für Anfänger", in der Dieter Hallervorden als Hinterwäldler Ausländer in sein Haus aufnehmen soll. Noch böser geriet vor drei Wochen die Satire „Welcome to Norway", in der zwei Norweger mit einem pleitegegangenen Hotel Geld machen wollen, das sie zum Flüchtlingsheim erklären.

In der allgemeinen Anspannung der derzeitigen Flüchtlingskrise bietet sich mit der Komödie eine Chance, das Thema einmal etwas lockerer anzugehen, festgefahrene Positionen zu hinterfragen und Konflikte im Lachen aufzulösen. Das polarisiert natürlich, und es wird nicht wenige geben, die meinen, so könne man mit dem Thema nicht umgehen.

Kann man aber natürlich doch. Erst recht, wenn man es so feinfühlig angeht wie Simon Verhoeven. „Willkommen bei den Hartmanns" ist so etwas wie der Film zur Lage der Nation und kommt genau zur richtigen Zeit. Auch wenn Verhoeven zuweilen Angst hatte, von den realen Ereignissen überrollt zu werden.

Er hatte das Drehbuch schon weitestgehend fertig, als die Kanzlerin ihr „Wir schaffen das" propagierte, und hat die Dialoge bis zum Schluss aktualisiert. Klug hat er das Thema aber in eine Familienkomödie eingebettet, in der es auch noch um andere Dinge und ganz normale Generationenkonflikte geht.

Ein Name zu wenig auf dem Filmplakat
Dabei konnte Verhoeven auf eine veritable Filmfamilie zurückgreifen. Allen voran sein Vater Michael Verhoeven, der den Film mitproduzierte, und seine Mutter Senta Berger. Mit Florian David Fitz und Elyas M'Barek verfügte er gleich über zwei Frauenschwärme. Und dann gelingt ihm auch noch die Wiedervereinigung der alten „Männer"-Buddies Heiner Lauterbach und Uwe Ochsenknecht. Sie alle spielen mit Lust und auf den Punkt. Und bringen das Publikum zugleich zum Lachen und zum Nachdenken.

Nur eins muss sich der Film schon vorwerfen lassen, auch wenn dafür wohl die Marketingabteilung verantwortlich sein dürfte. Auf dem Filmplakat sieht man sechs Darsteller, genannt werden aber nur fünf Stars, nicht Eric Kabongo. Das Feingefühl des Films, hier vermisst man es. Willkommen im Filmbusiness.

Peter Zander

1 Beantworten Sie die folgenden Fragen.

a Was bedeutet „Willkommen bei den Hartmanns" im Kontext dieses Films?

b Inwiefern ist Verhoevens Werk hochaktuell?

c Inwiefern provoziert der Film und zu welchem Zweck?

d Welche weiteren Themen werden in dieser Flüchtlingskomödie angesprochen?

e Wie stellte der Regisseur sicher, dass sein Film angesichts der politischen Ereignisse trotzdem zeitgemäß und authentisch blieb?

f Wie bewerten Sie die folgende Aussage des Autors: „In der allgemeinen Anspannung der derzeitigen Flüchtlingskrise bietet sich mit der Komödie eine Chance, das Thema einmal etwas lockerer anzugehen, festgefahrene Positionen zu hinterfragen und Konflikte im Lachen aufzulösen."?

g Lesen Sie den letzten Paragraphen der Rezension. Welcher brisante Fehler ist den Machern des Films unterlaufen?

h Wie beurteilt der Autor dieser Filmkritik den Regisseur und seinen Film? Positiv oder negativ? Diskutieren Sie mit einem Mitschüler mit Beispielen aus dem Text.

Menschliche Erfindungsgabe

2 Entscheiden Sie, welche nummerierten Wörter den Wörtern aus dem Text am besten entsprechen, und tragen Sie die Nummern in die Kästchen ein.

a	Gutmensch	☐	i	Experte	xii	umsetzt	
b	ausgeprägtes	☐	ii	verteilt	xiii	wertlos	
c	ehemalige	☐	iii	überbieten	xiv	Beiträge	
d	Spenden	☐	iv	sensibel	xv	frühere	
e	winkt man ab	☐	v	aufhören	xvi	Provinzler	
f	ausstechen	☐	vi	Hanswurst	xvii	bedroht	
g	verarbeitet	☐	vii	lehnt man ab	xviii	Hüter von Sitte und Moral	
h	austeilt	☐	viii	ergründen	xix	ankreiden	
i	unnütz	☐	ix	unverkennbares	xx	Frauenhelden	
j	Hansdampf	☐	x	Tausendsassa	xxi	bankrotten	
k	schmeißen	☐	xi	werfen	xxii	kritisiert	
l	gefährdet	☐					
m	Hinterwäldler	☐					
n	pleitegegangenen	☐					
o	hinterfragen	☐					
p	feinfühlig	☐					
q	Frauenschwärme	☐					
r	vorwerfen	☐					

3 Kreuzen Sie an, ob die folgenden Aussagen aufgrund der Filmkritik richtig oder falsch sind. Begründen Sie Ihre Antwort mit Informationen aus dem Text.

	richtig	**falsch**

a Frau Hartmanns Wunsch, Flüchtlinge in ihrer Muttersprache zu unterrichten, geht nicht in Erfüllung.   [X] ☐

Begründung: *Aber auch da winkt man ab. Es gibt schon zu viele pensionierte Lehrer, die sich dabei gegenseitig ausstechen.*

b Die Hartmanns nehmen einen Italiener in ihr Haus und ihre Familie auf.   ☐ ☐

Begründung: ....

c Die Integrationskomödie ist im filmischen Werk Simon Verhoevens keine Ausnahme.   ☐ ☐

Begründung: ....

d Der Flüchtling (Eric Kabongo) ist für die Probleme der einzelnen Familienmitglieder nicht verantwortlich, trägt aber dazu bei, diese aufzudecken. ☐ ☐

Begründung: ....

e Verhoevens Flüchtlingskomödie ist die erste ihres Genres. ☐ ☐

Begründung: ....

GRAMMATIK UNTER DER LUPE: RELATIVPRONOMEN

Finden Sie heraus, worauf sich die unterstrichenen Wörter beziehen, und tragen Sie dies in die leere Spalte ein.

Im Text …	bezieht sich das Wort …	auf …
1 der Angst vorm Altern hat	„der"	Vater
2 das dem Film den Titel gibt	„das"	
3 die uns da begegnet, und doch eine, die so zerrissen ist wie die Republik	„eine"	
4 dass ihn alle wie ein Baby behandeln	„ihn"	
5 in der es auch noch um andere Dinge und ganz normale Generationenkonflikte geht	„der"	

Arbeitsbuch

3 Sprache unter der Lupe – Relativpronomen

WEITERDENKEN

TOK **Diskutieren Sie die folgende Frage in kleinen Gruppen:**

Eignen sich Komödien, um heikle Themen wie die weltweite Flüchtlingskrise, Integration und Immigration anzusprechen?

5 Hörverständnis 🔊 Spur 10

Interview mit einem Filmhistoriker

Der Berliner Filmhistoriker Frederik Murnau wird in einem Fernsehinterview zum Überraschungserfolg von „Willkommen bei den Hartmanns" befragt.

Hören Sie seine Antwort an und beantworten Sie die folgenden Fragen.

1 Frederik Murnau behauptet, wir befänden uns in einer Zeit der ....

2 Wie viele Flüchtlinge kamen 2015 nach Deutschland? ☐

A 300.000 B 500.000 C 800.000

3 Warum findet er den Film „Angst essen Seele auf" wichtig? Nennen Sie zwei Gründe.

4 Die Darstellung des nigerianischen Flüchtlings Diallo in „Willkommen bei den Hartmanns" findet er ....

Arbeitsbuch
2 Textverständnis –
Good Bye, Lenin!

5 „Almanya" thematisiert die Situation von türkischen Gastarbeitern in Deutschland in welchem Zeitraum?

A 2011   B 70er Jahre   C 90er Jahre

6 Worum geht es in Fatih Akins „Gegen die Wand"?

7 Woher stammt der Gastarbeiter Ali in „Angst essen Seele auf"?

8 Welcher weitere Faktor ist seiner Meinung nach für den Erfolg des Films „Willkommen bei den Hartmanns" verantwortlich?

TIPP FÜR DIE PRÜFUNG

Wenn möglich, schreiben Sie über einen deutschsprachigen Film – das beeindruckt den Prüfer mehr. Sollte es sich um eine Literaturverfilmung handeln, z. B. „Die Vermessung der Welt" oder „Herr Lehmann", dann vergleichen Sie den Film auch mit dem Buch. Erwähnen Sie in diesem Zusammenhang weitere Filme, die thematische Parallelen oder Unterschiede aufweisen.

6 Schriftliche Übung CAS

Schreiben Sie nun selbst zwei Filmkritiken, eine positive und eine negative. Mindestens eine sollte sich auf einen deutschsprachigen Film beziehen.

Berücksichtigen Sie die oben erwähnten Aspekte – Regisseur, Erscheinungsjahr, Schauspieler, Filmgenre, Handlung, Hauptrolle, Filmszenen, geschichtlichen Hintergrund und natürlich auch Ihre Bewertung des Films. Verwenden Sie die vorher geübten Begriffe und Formulierungen aus der Tabelle sowohl für eine begeisterte Kritik als auch einen Filmverriss.

7 Textverständnis

Im folgenden Interview wird der Schauspieler Elyas M'Barek interviewt. Im Film „Willkommen bei den Hartmanns" spielt er Dr. Tarek Berger, eine Nebenrolle.

Im Interview fehlen die Fragen/Aussagen des Interviewers und in den Antworten h, j und k von Elyas M'Barek fehlen Wörter, die Sie im ersten bzw. zweiten Schritt der Textverständnisübung einordnen müssen.

„Die Lehrer hatten mich aufgegeben"

Die Schullaufbahn von Elyas M'Barek verlief wie eine Achterbahnfahrt[1]. Vom Gymnasium bis runter auf die Hauptschule und wieder zurück. Beim Abi war er dann Klassenbester. Seine Disziplin hat ihm auch bei seiner Schauspielkarriere geholfen.

[–a–]

Ich bin mittelmäßig bis gut gestartet und hab dann in der Pubertät total abgebaut, weil ich keine Lust mehr hatte. Ich hab aufgehört zu lernen – und musste etliche Klassen wiederholen. Ich bin vom Gymnasium bis runter auf die Hauptschule. Dort hab ich dann die Kurve gekriegt[2], weil ich durch Erfolge neue Motivation bekam. Ich hab wieder angefangen zu lernen und alles nachgeholt. Im Abitur war ich dann sogar richtig gut. Das war eine wichtige Erfahrung. Ich habe gemerkt, dass man niemals aufgeben darf.

[–b–]

Ja. Meine Lehrer hatten mich aufgegeben und meine Eltern dachten wohl, aus dem Jungen wird nichts mehr. Und es hat trotzdem noch funktioniert. Am Ende ging es sogar soweit, dass ich als Klassenbester mein Abi gemacht habe. Es war wichtig zu sehen, dass wenn man was tut und sich nicht selbst aufgibt, man es immer irgendwie schaffen kann.

[–c–]

Das war eher so alibimäßig. Ich habe ja während meiner Schulzeit schon gedreht, aber es gab keine größeren Rollen für mich wie heute mit „Türkisch für Anfänger". Insofern hab ich damals angefangen, BWL zu studieren, weil ich dachte, dann kann ich darauf aufbauend immer noch Filmproduktion studieren.

[–d–]

Ja, die sollten schon das Gefühl haben, ich mach was Richtiges. Aber ich hab's nicht nur für sie gemacht, auch für mich. Als Absicherung. Nach dem Motto: Ich mach ja doch was Sinnvolles!

[–e–]

Nach der zweiten Staffel „Türkisch für Anfänger" hab ich dann aufgehört. Obwohl ich theoretisch sogar fünf Semester studiert habe. Physisch war ich aber nicht anwesend. Ich hab auch nur drei Scheine[3] gemacht.

[–f–]

Das stimmt. Ich hab das aber nie als Problem empfunden. Das ist ja immer so, wenn man Nachwuchsschauspieler ist, bekommt man fast immer nur Klischeerollen angeboten, weil man äußerlich ein bestimmtes Rollenprofil erfüllt. Es passiert den Wenigsten, dass sie gleich mit tollen Rollen gesegnet sind. Aber ich hab das nie als Problem empfunden. Ich war froh, dass ich überhaupt drehen durfte.

[–g–]

Nicht wirklich. Eigentlich hab ich mir nie groß Gedanken um meine Zukunft gemacht, als ich zur Schule gegangen bin. Als ich das erste Mal vor der Kamera stand, wusste ich es dann.

[–h–]

Ich war von der Arbeit an so einem Filmset total (a) .... Von der Arbeitsatmosphäre. Von diesen total geordneten Abläufen im absoluten Chaos. Auch die Leute, die da arbeiteten, haben mich (b) .... Bis dahin kannte ich nur (c) .... Berufe. Ich fand's toll, diese ganzen Zirkusleute da zu sehen, die zum Teil mit 40 oder 50 noch die coolsten Dudes sind.

[–i–]

Genau – mein Opa hatte mal ein Kino, aber das ist auch schon der einzige Bezug zum Film. Mein Bruder hat als Kind mal gedreht, da hat mich eine Casting-Agentin dann mal gesehen mit ihm. Und die hat mich dann immer wieder eingeladen. Bis es irgendwann geklappt hat. Eigentlich war es ein Zufall.

[–j–]

Das kann man nie sagen. Natürlich ist es nie verkehrt, ein Handwerk zu (d) .... Ich persönlich hab sehr viel durchs Arbeiten selbst gelernt. Von älteren Kollegen, (e) .... ich um Rat gebeten habe. Ich glaube, wenn man zum Theater will, sollte man auf jeden Fall eine klassische Ausbildung machen. Für den Film ist das nicht unbedingt notwendig – auch wenn mir da sicher viele Kollegen (f) .... würden. Ich mache viel aus dem Bauch heraus[4] und lasse mich sehr von meiner (g) .... leiten. Das könnte mir wohl eh keine Schauspielschule beibringen.

[–k–]

Ich war immer (h) .... und war neugierig und offen. Und ich war immer gut organisiert: Hab versucht, Kontakte zu (i) .... , eine Agentur zu finden und mich auch sonst einfach um alles (j) ....

[–l–]

Ich glaube ja, falsch kann man nie irgendwas machen. Jeder trifft falsche Entscheidungen, das gehört aber auch dazu, weil man durch die Fehler dann wieder lernt. Aber so viel kann ich nicht falsch gemacht haben, sonst wäre ich nicht glücklich in dem, was ich tue.

[–m–]

Ich rate jedem, nur das zu tun, worauf man wirklich, wirklich, wirklich Lust hat. Und dabei muss man auf sein Herz hören, nicht so sehr auf den Verstand oder andere Menschen! Denn man darf nicht vergessen: Der Beruf ist das, womit man 70 Prozent seines Tages verbringt. Dabei sollte man nicht unglücklich sein.

Das Interview führte Lars Christiansen

WUSSTEN SIE DAS?
Elyas M'Barek

Elyas M'Barek, Jahrgang '82, gehört zu den erfolgreichsten, Schauspielern Deutschlands. Seine Mutter ist Österreicherin, sein Vater Tunesier, Elyas M'Barek selbst wuchs in München auf. Seinen Durchbruch als Schauspieler hatte er in der Kultserie „Türkisch für Anfänger", die humorvoll den Alltag in einer deutsch-türkischen Patchworkfamilie zeigt. Weitere deutsche Filme, in denen er mitwirkte, sind „Die Welle", „Mädchen, Mädchen", „Offroad", und „What a Man".

[1]**Achterbahnfahrt:** auf die Höhen und Tiefen in einer Lebenssituation bezogen

[2]**die Kurve kriegen:** etwas schaffen trotz anfänglicher Schwierigkeiten; Erfolg haben

[3]**Scheine machen:** Leistungsnachweise an der Universität erbringen

[4]**etwas aus dem Bauch heraus machen:** etwas instinktiv/intuitiv machen; sich von seinem Gefühl leiten lassen

1 Im Interview fehlen die Fragen/Aussagen des Interviewers. Wählen Sie aus der folgenden Liste die Fragen/Aussagen, die am besten passen, und schreiben Sie die Nummern in die Kästchen.

a ☐

b ☐

c ☐

d ☐

e ☐

f ☐

g ☐

h ☐

i ☐

j ☐

k ☐

l ☐

m ☐

i   Du hast keine Schauspielschule besucht. Würdest du sagen, eigentlich ist es aber notwendig?

ii   Was kannst du frischgebackenen Abiturienten für ihren Lebensweg raten?

iii   Eine Zeit lang gehörtest du zu den schlechtesten Schülern.

iv   Wusstest du schon früh, dass du Schauspieler werden willst?

v   Kannst du das näher beschreiben, bitte.

vi   Ganz generell: Was hast du richtig gemacht?

vii   Und was falsch?

viii   Elyas, du bist als Cem in der Serie „Türkisch für Anfänger" bekannt geworden. Cem fällt beim Abitur durch. Wie ist deine eigene Schulkarriere verlaufen?

ix   Nach dem Abi hast du dann angefangen, BWL zu studieren.

x   Wovon würdest du Abiturienten heutzutage abraten?

xi   Am Anfang deiner Schauspielkarriere hast du viele Jugendliche mit Migrationshintergrund gespielt.

xii   Hast du das Studium auch begonnen, um deine Eltern zufriedenzustellen?

xiii   Ein Einstieg in die Filmbranche über deine Familie war aber nicht möglich.

xiv   Irgendwann war dann aber Schluss mit Studium …

xv   Hat es dich verärgert, zu Beginn deiner Karriere fast ausschließlich Kleinkriminelle mit Migrationshintergrund spielen zu müssen?

2 In den Interviewantworten der Fragen/Aussagen h, j und k fehlen Wörter. Suchen Sie für jede Lücke im Text das passende Wort aus und tragen Sie den entsprechenden Buchstaben ein.

	A	B	C	Lösung
a	REIZVOLL	BEGEISTERT	ENTSPANNEND	B
b	BEEINDRUCKT	IMPONIERT	BEEINDRUCKEND	….
c	SPIESSIG	SPIESSIGE	SPIESSIGEN	….
d	ÜBEN	ERLERNEN	MACHEN	….
e	WER	DER	DIE	….
f	VERNEINEN	KRITISIEREN	WIDERSPRECHEN	….
g	INTUITION	INTERESSE	GEFÜHL	….
h	VERBISSEN	EHRGEIZIG	DESILLUSIONIERT	….
i	MACHEN	SCHMIEDEN	KNÜPFEN	….
j	GEKÜMMERT	ORGANISIERT	BESORGT	….

3 Entscheiden Sie, welche nummerierten Wörter den Wörtern aus dem Text am besten entsprechen. Tragen Sie die Nummern in die Kästchen ein.

a mittelmäßig ☐

b Lust ☐

c aufgeben ☐

d Sinnvolles ☐

e geklappt ☐

f Zufall ☐

g Ausbildung ☐

h neugierig ☐

i Entscheidungen ☐

j Verstand ☐

i	Freude	xi	Verständnis
ii	wissbegierig	xii	Leidenschaft
iii	funktioniert	xiii	herausragend
iv	Entschlüsse	xiv	Lehre
v	interessant	xv	Glücksfall
vi	Scharfsinn	xvi	Einfall
vii	resignieren	xvii	abgeben
viii	durchschnittlich		
ix	Entschluss		
x	Nützliches		

TIPP FÜR DIE PRÜFUNG

Sollten Sie sich in der Prüfung dafür entscheiden, bei *Paper 2* ein Interview zu schreiben, dann achten Sie darauf, dass dieses möglichst lebensnah und authentisch wirkt. Stellen Sie sich vor, Sie würden gefragt und antworten darauf. Der Prüfer sollte das Gefühl haben, eine Unterhaltung mitzuerleben.

8 Mündliche Übung

Diskutieren Sie folgende Fragen in kleinen Gruppen.

- Haben Sie schon mal für einen längeren Zeitraum woanders als zu Hause gewohnt? (Freiwilligendienste, Austauschprogramme, Sprachschulen, Internatsaufenthalte usw.)

- Wie haben Sie sich in dieser ungewohnten Umgebung anfangs gefühlt? Was war bei der Umstellung am leichtesten, was am schwierigsten? Was haben Sie am meisten vermisst?

- Das Leben im Internat: Wie stellen Sie sich das vor? Was denken Sie, welche Vor- und Nachteile ein Internatsaufenthalt hat?

9 Textverständnis

Der Freiburger Benjamin Lebert schrieb 1999 im Alter von 16 Jahren seinen Debütroman und Überraschungshit „Crazy", in dem sich alles ums Erwachsenwerden, Anderssein, Freundschaft und Familie, die erste Liebe und Zukunftsängste dreht. Sein Protagonist, Ich-Erzähler und in vielen Aspekten Alter Ego, der halbseitig gelähmte Jugendliche Benni, wird von seine Eltern wegen schlechter Noten ins Internat Neuseelen geschickt, wo er sich nach mehreren Schulwechseln erneut zurechtfinden und einleben muss. Der folgende Auszug schildert Bennis Ankunft in Neuseelen und seinen ersten Tag als Internatsschüler.

Crazy

1 Nun ist es also amtlich. Ich bleibe hier. Wenn möglich bis zum Abitur. Meine Eltern gehen. Wir verabschieden uns. Ich sehe sie den Gang zurücklaufen. Höre das Knarzen der Türe. Die Schritte auf dem Holzbelag. Die Treppe. Herr Richter begleitet sie. Er hat versprochen, bald wiederzukommen. Er muß mit meinen Eltern über das Finanzielle sprechen. Da bin ich ja fehl am Platz. Hoffentlich sehe ich sie bald wieder. Ich nehme eine Tasche und beginne auszupacken. Unterwäsche, Sweatshirts, Pullover, Jeans. Wo zum Kuckuck ist mein kariertes Hemd?

2 Janosch sagt, das Essen sei schlecht. Sehr schlecht sogar. Und das ganze sieben Tage in der Woche. Er steht im Badezimmer und wäscht sich die Füße. Ich warte. Alle Waschbecken sind schon belegt. Es ist ein großes Badezimmer. Sechs Waschbecken, vier Duschen. Alles gekachelt. Alles belegt. Fünf Schüler warten mit mir. Der Rest schläft. Über den Boden läuft Wasser. Es gibt keinen Duschvorhang. Meine Füße werden naß. Hoffentlich bin ich bald dran. Aber es dauert noch. Janosch drückt einen Pickel aus. Dann werden die Hände gewaschen. Als ich an der Reihe bin, sehe ich nichts. Der Spiegel ist beschlagen. Das kommt vom Duschen. Angenehm. Janosch wartet auf mich. Ich beschließe, mich zu beeilen. Schnell putze ich mir die Zähne und wasche mir das Gesicht. Dann trockne ich meine Hände. Zusammen verlassen wir den Waschsaal. Er ist nur zehn Meter von unserem Zimmer entfernt. Wir laufen über den Gang. Er heißt Hurenflügel, hat man mir erzählt. Oder auch Landorf-Gang. Wegen dem Erzieher. Sechzehn Schüler wohnen hier, verschiedenen Alters. Von dreizehn bis neunzehn. Aufgeteilt in drei Dreier-, drei Zweier- und ein Einzelzimmer.

Das Einzelzimmer ist für einen besonders rauhen Gesellen. Er heißt Troy. An seinen Nachnamen kann ich mich nicht mehr erinnern. Janosch erzählt viel von ihm. Er sei ungeheuer seltsam und schon lang hier. Sehr lange sogar.

Unser Erzieher Lukas Landorf läuft über den Hurenflügel. Er macht kein Gesicht. Die schwarzen, zerzausten Haare hängen ihm wild über die Stirn. Seine Brille ist altmodisch. Er ist ein wenig größer als ich. Nicht viel. Janosch sagt, Landorf würde den grünen Pullover nie wechseln. Er sei sehr geizig. Schwabengeiz eben, sagt Janosch.

3 Ansonsten sei er ein netter Kerl. Nicht zu streng. Feten würde er nie bemerken. Sogar Mädchen ließe er aufs Zimmer. Eine Schlaftablette. Andere Erzieher seien viel wachsamer. Lukas Landorf kommt auf uns zu. Er lächelt. Sein Gesicht ist jung. Er kann kaum älter als dreißig sein. »Na?« fragt er. »Hat dir der gute Janosch schon alles gezeigt?« »Ja«, antworte ich. »Alles.« »Bis auf die Bibliothek«, sagt Janosch. »Die haben wir vergessen. Darf ich sie ihm noch zeigen?« »Nein, darfst du nicht. Morgen ist ein anstrengender Tag. Macht, daß ihr ins Bett kommt!« Mit diesen Worten geht Landorf wieder. Sein Gang ist wackelig. Schon jetzt vermißt er die Ferien. Ich auch. Nur ein paar Tage Südtirol waren es diesmal. Mehr nicht. Ein kleiner Zank mit meiner älteren Schwester Paula inbegriffen. Doch es war das Paradies. Das weiß ich jetzt.

4 Wir gehen ins Zimmer. Janosch will mit mir sprechen. Es geht um ein Mädchen, in das er sich verliebt hat. Die Eingliederung läuft hier ziemlich schnell ab. Um die sieben Stunden bin ich jetzt hier, und schon muß ich mich mit Mädchen beschäftigen. Dabei bin ich doch eigentlich gar nicht der Typ dafür. Und das nicht

nur wegen meiner Behinderung. Nein. Mit Mädchen hatte ich bisher genausoviel Glück wie in der Schule. Nämlich gar keins. Nur im Zuschauen hatte ich immer Glück. Im Zuschauen, wie andere Typen die Mädchen aufgabelten, in die ich mich verliebt hatte. Darin war ich echt gut. Janosch redet und redet. Er tut mir richtig leid. Er redet von Blumensträußen, strahlenden Lichtern und unendlich großen Brüsten. Ich stelle mir alles genau vor und stimme ihm inbrünstig zu. So ein Mädchen ist wirklich toll. Ich setze mich aufs Bett. Mein linkes Bein schmerzt. Das ist immer so am Abend. Seit sechzehn Jahren schon schmerzt mein linkes Bein. Mein behindertes Bein. Wie oft schon wollte ich es einfach abschneiden? Abschneiden und wegwerfen mitsamt dem linken Arm? Wozu brauche ich die beiden auch? Nur um zu sehen, was ich nicht kann: rennen, springen, glücklich sein. Aber ich habe es nicht getan. Vielleicht brauche ich sie ja zum Mathematik lernen.

Benjamin Lebert, *Crazy*

1 Kreuzen Sie an, ob die folgenden Aussagen aufgrund des Textes richtig oder falsch sind. Begründen Sie Ihre Antwort mit Informationen aus dem Text.

	richtig	falsch
a Benjamin ist traurig, dass seine Eltern ihn alleine lassen, um mit Herrn Richter über das Finanzielle zu sprechen.	X	

Begründung: Hoffentlich sehe ich sie bald wieder.

b 13–19 Schüler wohnen mit Benjamin auf dem Landorf-Gang.

Begründung: ....

c Lukas Landorf ist ziemlich entspannt, was seine Aufsichtspflicht der Internatsschüler auf seinem Flur angeht.

Begründung: ....

d Janosch erzählt Benni von seiner Freundin Malen, mit der er seit Kurzem zusammen ist.

Begründung: ....

e Benjamin hat noch keine Erfahrung mit dem anderen Geschlecht gemacht.

Begründung: ....

f Er war noch nie verliebt.

Begründung: ....

g Benjamin glaubt, seine Behinderung sei dafür verantwortlich, dass er kein Glück bei Mädchen hat.

Begründung: ....

2 Beantworten Sie die folgenden Fragen zum Protagonisten und seinem Autor.

a Benni findet es „angenehm", dass er sich nicht im Spiegel sehen kann. Wie ist sein Ton in diesem Zusammenhang?

I   selbstironisch   III realistisch

II enttäuscht   IV   optimistisch

b Benjamin Lebert lässt seinen Ich-Erzähler im Präsens sprechen. Welche Wirkung hat diese Zeitform auf die Leser?

c Welche weiteren Merkmale weist seine Sprache auf?

d Wie steht Benni zu seiner Behinderung? Lesen Sie die letzten sechs Zeilen des Romanauszugs erneut.

WEITERDENKEN

 Arbeiten Sie zu zweit.

Wie würden Sie sich an Benjamins Stelle fühlen und verhalten? Wie bewerten Sie die Entscheidung seiner Eltern, ihn auf ein Internat zu schicken?

TIPP ZUM *EXTENDED ESSAY*

Hat Ihnen der obige Auszug aus „Crazy" gefallen? Benjamin Leberts Roman kann im Fokus Ihrer Facharbeit für Deutsch B über ein literarisches Werk stehen (Kategorie 3 – Literatur).

„Crazy" wurde auch verfilmt; diesen Film können Sie ebenfalls als Grundlage für eine Facharbeit in der Kategorie 2B wählen.

Es ist auch möglich, „Crazy" mit „Sommersturm" zu vergleichen – beides Filme, in denen die Protagonisten mit ihrem Anderssein zu kämpfen haben; Benni, der halbseitig gelähmt ist, und Tobi, der sich in seinen besten Freund verliebt.

Folgende Forschungsfrage wäre möglich:

● Wie stellen beide Filme auf unterschiedliche Weise die Probleme der Jugendlichen mit ihrem Anderssein dar?

Das Problem der Fremdenfeindlichkeit in Deutschland wird schon seit Jahrzehnten im deutschen Kino thematisiert – besonders Rainer Werner Fassbinder sticht dabei hervor. Seine Filme aus den 70er Jahren, „Katzelmacher" und „Angst essen Seele auf", sind Zeugnis der Schwierigkeiten ausländischer Gastarbeiter, sich in der deutschen Gesellschaft einzugewöhnen. Heutzutage ist der türkischstämmige Regisseur Fatih Akin besonders für seine gesellschaftskritischen Werke, in denen er Identität und Integration thematisiert, bekannt. Oder wie wäre es mit „Willkommen bei den Hartmanns", dem Film im Mittelpunkt dieser Einheit?

3.3 Musik heute

Kann uns die Kunst helfen, die Welt besser zu verstehen?

Lernziele

- Das Umweltbewusstsein in der Popmusik untersuchen

- Die gesellschaftliche Integration durch Musik und andere Künste besprechen

- Aus unterschiedlichen Perspektiven schriftlich darauf reagieren

Was können wir durch künstlerischen Ausdruck über eine andere Kultur lernen? Welchen Einfluss hat Musik auf uns Menschen? Inwiefern kann sich dieser vorteilhaft oder unvorteilhaft auswirken? Dieser Fragestellung widmet sich diese Einheit.

1 Einstieg CAS

Wie gut kennen Sie sich in der deutschen Musik aus?

1   Lösen Sie die folgenden Fragen und vergleichen Sie anschließend Ihre Antworten mit einem Mitschüler. Diskutieren Sie, worauf Ihre Antworten basieren.

    a   Welche deutsche Sängerin gewann den Eurovision Song Contest zuletzt?

        I   Lena   III   Nicole

        II   Nena   IV   Nina Hagen

    b   In welcher deutschen Stadt starteten die Beatles ihre Karriere?

        I   Berlin   III   Düsseldorf

        II   Hamburg   IV   München

    c   In welchem afrikanischen Land existiert eine erfolgreiche deutschsprachige Musikszene?

        I   Namibia   III   Swasiland

        II   Kenia   IV   Ägypten

3

d Welche deutsche Band benannte sich nach dem Beruf der „Halbgötter in Weiß"?

    I   Die Toten Hosen   III Wir sind Helden

    II Polarkreis 18   IV Die Ärzte

e Wie lautet die erste Zeile des Nena-Klassikers „99 Luftballons"?

    I   Denkst du vielleicht grad an mich, dann singe ich ein Lied für dich

    II 99 Luftballons auf ihrem Weg zum Horizont

    III Hast du etwas Zeit für mich, dann singe ich ein Lied für dich

    IV Von 99 Luftballons und dass so was von so was kommt

2 Diskutieren Sie folgende Fragen in kleinen Gruppen.

- Sind Ihnen Musikprojekte bekannt, die der Allgemeinheit helfen oder geholfen haben? Erzählen Sie etwas darüber.

- Glauben Sie, dass die Musikbranche und ihre Künstler einen positiven oder negativen Einfluss auf die Umwelt haben? Warum?

---

2 Textverständnis

Im Folgenden lesen Sie einen Text zum Thema Umweltbewusstsein in der Musikbranche.

Klimawandel in der Popmusik

Popmusiker entdecken ihr Umweltbewusstsein. Sie sammeln Geld für den Regenwald, gehen klimaneutral auf Tournee und agitieren gegen die Konsumgesellschaft. Das neue Öko-Bewusstsein verändert die Unterhaltungsindustrie.

An diesem Wintertag bot sich im Tresor ein ungewöhnlicher **Anblick**. Sonst ist es Techno-Musik, die in dem legendären Berliner Club unter zuckendem Stroboskop-Licht die Körper der Tanzenden ins Schwitzen bringt. Doch diesmal floss der Schweiß auf Fahrrädern, die Strom für Scheinwerfer und Kameras produzierten: Der Techno-Tempel hatte sich in ein Öko-Labor verwandelt.

Die Idee: Die Reggaekünstler Mellow & Pyro wollten einen Videoclip drehen, aber das möglichst klimaneutral. Dazu erstrampelten Freiwillige auf umgebauten Drahteseln die Energie. Der zusätzlich nötige, konventionell aus der Steckdose abgezapfte Stromverbrauch betrug am Ende nur eine einzige Kilowattstunde. Insgesamt fielen beim Dreh so nur 0,93 Tonnen Kohlendioxid an, die auch noch mit einer **Spende** an eine Stiftung neutralisiert wurden. Mellow & Pyro hatten den ersten klimafreundlichen Videoclip der Popgeschichte gedreht.

Eine symbolische Aktion, die aber eines beleuchtet: Auch in der Popindustrie setzt sich, wenn auch immer noch vergleichsweise langsam, ein ökologisches Bewusstsein durch. **Indizien** dafür finden sich nicht nur in schummrigen Berliner Techno-Katakomben, sondern auch im hellen Licht der großen Bühnen: Die Black Eyed Peas unterstützen das Projekt „Green For All" und als im Mai in der New Yorker Carnegie Hall der „Rainforest Fund" zur Spenden-Gala lud, kamen Lady Gaga, Elton John, Bruce Springsteen, Sting und viele andere, um Geld für den Regenwald zu sammeln.

Auch deutsche Musiker **beschäftigt** das Thema: Schon 2008 schickte die von der Partei Die Grünen unterstützte Heinrich-Böll-Stiftung einige der bekanntesten deutschen Bands auf eine sogenannte „Klimatour". Wir sind Helden, Mia und Polarkreis 18 sollten mit ihrer Popularität **gut Wetter machen** unter ihren **Anhängern** für ökologische Ideen.

Dass die Unterhaltungsindustrie selbst aber gewaltige Mengen an Kohlendioxid in die Atmosphäre bläst, wenn bei Tourneen oft mehrere Dutzend LKW die Bühnenaufbauten durchs Land karren, die Entourage der Stars durch die Welt jettet oder bei Open-Air-Festivals Zehntausende im eigenen Auto anreisen und kampieren, rückt erst in letzter Zeit zunehmend ins Bewusstsein. Weshalb die spektakulären Werbe-Aktionen und Image-Kampagnen zunehmend ergänzt werden durch ganz konkrete **Maßnahmen**, die dafür sorgen sollen, dass die Scheinwelt Pop **umweltverträglicher** glitzert. So standen die Geraer Songtage in diesem April unter dem Motto „Gutes Klima für gute Musik".

Das Festival in der thüringischen Stadt bot der Kampagne „Klima sucht Schutz" eine Plattform und mühte sich, die anfallenden CO_2-Emissionen möglichst gering zu halten: Die Werbeflyer werden auf Recyclingpapier gedruckt, die Besucher angehalten, mit öffentlichen Verkehrsmitteln anzureisen.

Das Bemühen der Popmusik, ihren Beitrag zum Klima- und Umweltschutz zu leisten, wird in Deutschland bereits institutionalisiert: So wurde beispielsweise die Green Music Initiative „als nationale Plattform zur Förderung einer klimafreundlichen Musik- und Entertainmentbranche" gegründet. Die aktuellsten Aktionen: Im Vorfeld der Verleihung des deutschen Musikpreises Echo lud man die Musikwirtschaft zum „Green Music Dinner" und zusammen mit dem „Melt!", dem renommiertesten deutschen Festival für Indie-Rock, startet man eine Umwelt-Offensive, um den CO_2-Ausstoß von Fans und Festival möglichst gering zu halten. Selbst die an eher weltabgewandten Themen interessierte Gothic-Szene hat schon ihre eigene Öko-Initiative: Während des letzten Wave-Gotik-Treffens in Leipzig, dem größten seiner Art, veranstaltete „Goth for Earth" einen Roundtable. Auf dem Werbeflyer reckte ein in Lack und Leder gekleidetes Model einen mit Muttererde verschmierten Spaten.

Aber auch auf der anderen Seite eines von Ölpest bedrohten großen Teiches[1] ist das Thema längst angekommen. Pearl Jam spendete 210.000 US-Dollars, um die 5.474 Tonnen Kohlendioxid auszugleichen, die während einer ihrer Welttourneen anfielen. Mit dem Geld wurden außerhalb von Seattle, der Heimatstadt der Band, Bäume gepflanzt. Doch dass es hier vor allem darum geht, ein Zeichen zu setzen, wissen auch Pearl Jam: Der Klimaexperte, der für die Band den CO_2-Ausstoß berechnete, wies auch darauf hin, dass es zumindest fünfzig Jahre dauern wird, bis die neu gepflanzten Bäume dieselbe Schadstoffmenge absorbiert haben würden. Ein grünes Bewusstsein hatten zuvor bereits Dave Matthews, Coldplay, Radiohead und sogar die Rolling Stones nach Konzertreisen mit vergleichbaren Aktionen demonstriert. Auch eine von Deutschlands bekanntesten Rockgruppen, Die Ärzte, ging ökologisch korrekt auf Tour und die Berliner Reggae-Band Seeed spielt nur noch in Hallen, die mit Öko-Strom betrieben werden.

Dass die getroffenen Maßnahmen bisweilen kaum zielgerichtet sind, ihr Nutzen für die Umwelt bisweilen zweifelhaft, tut da kaum etwas zur Sache. Geht es doch vor allem darum, Künstlern und Konsumenten ein gutes Gewissen zu verschaffen, und bei manchem Musiker mag es sich auch um einen Teil der Imagepflege handeln. Sich um die Welt zu sorgen, so scheint es, gehört mittlerweile zum guten Ton[2] in der Szene.

Thomas Winkler, www.goethe.de

[1] **auf der anderen Seite eines von Ölpest bedrohten großen Teiches:** hier sind die USA gemeint, die auf der anderen Seite des von der Ölverschmutzung bedrohten Atlantiks liegen

[2] **zum guten Ton gehören:** korrekten Umgangsformen entsprechend

WORTSCHATZ

Verbinden Sie die nummerierten Begriffe aus dem Text mit den zutreffenden Kurzdefinitionen und tragen Sie die entsprechenden Buchstaben in die Kästchen ein.

1 klimaneutral ☐

2 Drahteseln ☐

3 schummrig ☐

4 Scheinwelt ☐

5 Scheinwerfer ☐

a Bühnenszenerie   f Drahtzaun

b Rampenlicht   g Fahrrädern

c schummeln   h dämmrig

d umweltfreundlich

e umweltbelastend

1   Lesen Sie den ersten Teil des Textes (bis „mit öffentlichen Verkehrsmitteln anzureisen") und beantworten Sie die folgenden Fragen.

   a   Inwiefern handelte es sich bei dem Videodreh um eine Ausnahme?

   b   Welcher Leistung können sich Mellow & Pyro rühmen?

   c   Inwiefern handelt es sich bei dem steigenden Umweltbewusstsein in der Musikbranche um einen allgemeingültigen Trend?

   d   Wo liegt der Widerspruch in den Bemühungen?

   e   Was wurde bei den Geraer Songtagen für die Umwelt getan?

2   Verbinden Sie die folgenden Begriffe (im Text fettgedruckt) mit den zutreffenden Kurzdefinitionen und tragen Sie die entsprechenden Nummern in die Kästchen ein.

   a   agitieren ☐

   b   Anblick ☐

   c   Spende ☐

   d   Indizien ☐

   e   beschäftigt ☐

   f   gut Wetter machen ☐

   g   Anhängern ☐

   h   Maßnahmen ☐

   i   umweltverträglicher ☐

i   sich für oder gegen etwas stark machen

ii   interessiert

iii   Bild

iv   Beweise

v   fleißig

vi   Mitstreitern

vii   Einblick

viii   eine positive Stimmung verbreiten

ix   argumentieren

x   Schenkung

xi   Wege

xii   umweltfeindlicher

xiii   Sekte

xiv   umweltbewusster

3   Welche Meinung des Autors wird im letzten Abschnitt des Textes deutlich?

WEITERDENKEN TOK

Diskutieren Sie in kleinen Gruppen:

- Tragen Sie zusammen, welche umweltschützenden Maßnahmen in dem Text erwähnt werden.

- Was denken Sie über diese Schritte? Haben sie langfristige Bedeutung?

- Was halten Sie persönlich von den im Text dargestellten Maßnahmen? Begründen Sie Ihre Meinung.

- Welche weiteren Maßnahmen sollten innerhalb der Musikbranche getroffen werden, um das Umweltbewusstsein langfristig zu verändern?

- Inwiefern könnten sich andere Medienbereiche, z. B. Film, Fernsehen, Werbung, ebenfalls für die Umwelt stark machen?

ZUR DISKUSSION CAS

1 Einsatz für einen guten Zweck: Promis setzen sich häufig für wohltätige und soziale Zwecke ein – als UN-Botschafter, als Veranstalter von Benefizkonzerten usw. Was halten Sie davon? Welche Stars fallen Ihnen ein? Recherchieren Sie, wenn nötig. Inwiefern richtet ihr Engagement oft auch Schaden an?

2 Sie wollen mit einer Gruppe von Schulfreunden zu einem mehrtägigen Festival fahren. Besprechen Sie in kleinen Gruppen, wie Sie Ihre An- und Abreise sowie den Konzertaufenthalt möglichst umweltfreundlich gestalten können.

3 Schriftliche Übung CAS

HL

Wählen Sie eine der folgenden Aufgaben. Dabei müssen Sie eine Textsorte aussuchen, die für die Aufgabe geeignet ist. Denken Sie dabei an den Kontext, das Ziel und die Leserschaft. Sie sollten für *SL* 250-400 Wörter und für *HL* 450-600 Wörter schreiben.

1 Sie sind begeisterter Konzertgänger, setzen sich aber auch für den Umweltschutz ein und sind Mitglied einer Schülerumweltinitiative. Sie haben auf den letzten Konzertveranstaltungen jedoch bemerkt, dass diese nur wenig umweltschonend organisiert wurden, und schreiben einen energischen Leserbrief an eine viel gelesene Lokalzeitung.

2 Sie können es kaum glauben – Ihre absolute Lieblingsband wird in einem halben Jahr in Ihrer Heimatstadt auftreten. Schreiben Sie einen informellen Brief an diese Gruppe, in dem Sie sie dazu auffordern, ein umweltfreundliches Konzert zu veranstalten.

3 Informieren Sie sich über ein deutschsprachiges Musikfestival, z. B. Wacken, Rock am Ring, Bayreuther Festspiele und stellen Sie sich vor, Sie befinden sich gerade auf diesem Festival. Verfassen Sie einen Blog über Ihre Erlebnisse. Sie berichten über einen Zeitraum von drei Tagen. Schreiben Sie einen Blogeintrag für jeden dieser drei Tage. Lassen Sie Ihrer Fantasie freien Lauf und kommentieren Sie das Programm, das Sie sehen, sowie andere Ereignisse. Sie können aber auch auf Themen aus der Einstiegsdiskussion oder dem Artikel zurückgreifen und z. B. das Essen oder die hygienischen Zustände beschreiben.

TIPP FÜR DIE PRÜFUNG: BLOGEINTRAG

Ein Blogeintrag ist eine Mischung aus Tagebucheintrag und Bericht: Es ist ein persönlicher Eintrag, in dem Gefühle und Meinungen über ein bestimmtes Ereignis zum Ausdruck kommen. Zweck des Blogs ist es jedoch, andere daran teilhaben zu lassen, d. h. dass es nicht so persönlich wie ein Tagebucheintrag sein sollte.

Verschwenden Sie keine Zeit darauf, detaillierte Bilder zu malen. Sie werden nach Sprache und Inhalt bewertet, nicht nach Ihrem künstlerischen Talent.

---

4 Mündliche Übung CAS

Sie interessieren sich dafür, nach Deutschland geflüchteten Menschen dabei zu helfen, sich in die deutsche Gesellschaft zu integrieren. Wie könnten Sie dieses Vorhaben in die Tat umsetzen? Besprechen Sie Ihre Ideen mit einem Mitschüler.

5 Textverständnis

Musik zur Integration

Eigentlich wollte Marco Goerlich nur seine alte Gitarre bei einer Flüchtlingsunterkunft abgeben. Aber es kam anders: Aus der Spende wurde ein Musikprojekt mit jungen Leuten.

Eigentlich wollte er nur seine alte Gitarre bei einer Flüchtlingsunterkunft abgeben. Aber es kam anders: Aus der Spende wurde ein Musikprojekt mit jungen Leuten.

Marco Goerlich erinnert sich sehr gut an den Moment, als er zum ersten Mal mit seiner **ausrangierten** Akustikgitarre vor der Flüchtlingsunterkunft stand. Eigentlich will er das Instrument nur in der Turnhalle abgeben. „Ich habe mir gedacht, vielleicht gibt es ja jemanden unter den jungen Leuten, der seine eigene Gitarre in seiner Heimat zurücklassen musste und sich jetzt über einen Ersatz auf Zeit freut", erzählt der 41-Jährige. Es kommt anders. Ganz anders.

Marco Goerlich ist sofort von mehreren Jugendlichen umringt, als er die Flüchtlingsunterkunft mit der Gitarre unterm Arm betritt. „Play and sing" – er soll spielen und singen, fordern sie ihn auf. Und er singt und spielt, einen Song seiner

Bremer Band „Stun". Und dann geht alles ganz schnell. Aus der Gitarren-Spende wird ein Musikprojekt mit jungen Leuten, das von der deutschen Hip-Hop-Band „Fettes Brot" **unterstützt wird** – und selbst in den USA inzwischen Förderer hat.

Jeden Dienstag kehrt Marco Goerlich seit seinem ersten Besuch vor rund sechs Wochen zu den jungen Flüchtlingen zurück – und gibt ihnen Gitarrenunterricht. Über seine Band und eigene Auftritte hat er viele Musiker in seinem Freundeskreis. Über seine private Facebook-Seite ruft er zu Spenden auf. „Nach nur wenigen Stunden hatte ich gleich mehrere **Zusagen**", erzählt Marco Goerlich. 16 Gitarren kommen zusammen. Und nicht nur das: Der Verein Bremer Musikszene bietet Goerlich und den Gitarrenschülern aus der Flüchtlingsunterkunft einen Raum an, den sie einmal in der Woche nutzen können.

„Die Jungs sind völlig begeistert und ernsthaft bei der Sache."
„Die Jungs sind völlig **begeistert** und ernsthaft bei der Sache", erzählt der 41-Jährige. Die **Verständigung** klappt irgendwie: auf Englisch, Französisch oder eben über Zeichensprache. Die meisten der Jugendlichen kommen aus Syrien oder Afghanistan, aus Großstädten und ländlichen Regionen. Seit zwei bis drei Monaten leben sie in der Unterkunft. Marco Goerlich erfährt nach und nach ihre ganz persönlichen Geschichten, warum sie ihr Land und ihre Familien verlassen mussten. Warum sie als 13- oder 16-Jährige allein nach Europa geschickt wurden. Dass es die einzige **Möglichkeit** ist, nicht ins Militär und den Krieg ziehen zu müssen. „Entweder du machst mit, oder du wirst auf der Straße erschossen" – das erzählen sie ihm.

Der Großteil der Jugendlichen will wieder zurückkehren, wenn sich die Lage in ihren Heimatländern ein wenig beruhigt hat. Bis dahin wollen sie so viel wie möglich mitnehmen aus dem Land, das ihnen im Moment Sicherheit bietet. „Sie wollen Deutsch lernen, möglichst viel von der Lebensweise hier erfahren", sagt Goerlich. Manche von ihnen halten Kontakt zu ihren Familien, über Facebook oder ihr Handy. Andere haben keine Verbindung, wissen nicht, ob Mütter, Väter und Geschwister überhaupt noch leben. „Gitarrespielen und Musik helfen den Jugendlichen, an etwas anderes zu denken, **sich abzulenken** und überhaupt etwas zu tun zu haben", sagt Marco Goerlich. „Der Alltag in der Turnhalle ist vor allem von Langeweile bestimmt."

Das perfekte Ablenkungsprogramm für die jungen Flüchtlinge ist ein Konzert der Hip-Hop-Band „Fettes Brot" vor gut eineinhalb Wochen im Pier 2. Goerlichs Band „Stun" ist mit den Profi-Musikern befreundet, sie laden die Gitarrenschüler aus der Flüchtlingsunterkunft zu Bühnenaufbau, Soundcheck und Konzert ein. „Das war der absolute Höhepunkt für die Jungs, einmal auf einer echten Bühne zu stehen und danach das Konzert zu erleben", sagt Goerlich. „Und es ist Motivation, sich noch mehr in den Gitarrenunterricht reinzuhängen."

Mit einem der jungen Flüchtlinge hat der Bremer inzwischen einen eigenen Song aufgenommen. Der Jugendliche hat den arabischen Text verfasst, Goerlich einen Hip-Hop-Song darauf geschrieben. „Er ist ehrgeizig und hat einen riesigen Spaß an der Musik", sagt der Bremer. „Nach seiner Rückkehr in die **Heimat** will er eine eigene Band gründen."

Marco Goerlich ist Gitarrist und Sänger der Band Stun. Vor einigen Wochen hat er ein Musikprojekt für Flüchtlinge ins Leben gerufen.

Unterstützung aus den USA

Die gespendeten Gitarren nehmen die Jugendlichen mit in ihre Unterkunft, sie sind verantwortlich dafür, dass die Instrumente nicht abhandenkommen oder beschädigt werden. „So hat jeder auch die Möglichkeit, in den Tagen zwischen dem Unterricht zu üben", sagt Goerlich. „Das funktioniert gut, allerdings brauchen wir immer wieder mal einen neuen Satz Saiten." Das spricht sich über Facebook herum. Bis in die USA, zu dem Gitarrenhersteller „Fender". Das Unternehmen ist begeistert von dem Musikprojekt aus Bremen und reagiert prompt. „In diesen Tagen ist ein Paket mit Saiten und T-Shirts zu uns unterwegs", sagt Goerlich. „Das ist einfach fantastisch und freut mich wahnsinnig."

Marco Goerlich ist erstaunt, wie viel Unterstützung er bekommt. Der Bremer hat sich schon lange überlegt, wie er aktiv helfen kann. „Ich habe die Bilder von Flüchtlingen gesehen, wie sie durch Europa ziehen, an Grenzen tagelang ausharren, auf den Straßen schlafen, ihre Heimatländer von Krieg und Terror zerstört werden", erzählt er. „Wenn sie hier ankommen, haben sie nichts weiter als die Hoffnung, dass es irgendwie besser wird. Das hat mich wahnsinnig bewegt." Der Musiker schreibt einen Song, unterlegt ihn mit Bildern von Flucht und Krieg. Er gibt ihm den Titel „Syrian Tears": syrische Tränen.

Mit dem Gitarrenprojekt hat Marco Goerlich für seinen Einsatz die richtige Form gefunden: „Es ist ein **(a)** .... zur Integration ins ganz normale Leben, und das **(b)** .... Spaß. Und man tut nicht nur den Jungs etwas Gutes, sondern auch ihren Familien. Wenn sie über Facebook sehen, dass ihre Kinder gut aufgenommen werden und sich jemand kümmert, ist viel **(c)** ...." Der Bremer will durch sein Musikprojekt andere Menschen **(d)** .... motivieren, sich ebenfalls auf diese einfache Art zu **(e)** .... , wie er sagt. „**(f)** .... kann etwas, sei es Töpfern, Stricken oder etwas ganz anderes Alltägliches."

Jeden Dienstag fährt der Personalreferent nach seiner Arbeit zum Probenraum der Bremer Musikszene. **(g)** .... wartet bereits die Gruppe junger Flüchtlinge auf **(h)** .... , die Gitarren unterm Arm. Und auch wenn es manchmal ein wenig zeitlicher Stress ist: „**(i)** .... eineinhalb Stunden machen mir nichts aus. Ganz im **(j)** .... , es macht einfach Spaß."

Sabine Doll, *Weser Kurier*

WORTSCHATZ

| Saite | ausharren | prompt | jemandem etwas/nichts ausmachen |

Vervollständigen Sie den Lückentext mit den obigen Begriffen aus dem Text.

Jasmin Isabel Kühne gehört zu den erfolgreichsten deutschen Harfenistinnen. Am Ende ihres letzten Auftritts schenkte ihr ein Fan eine neue **(a)** .... für ihr Instrument.

Sie bedankte sich **(b)** ....

Ihr **(c)** .... es **(d)** .... **(e)** .... , wenn sich Fans ihr annähern – im Gegenteil, sie freut sich über das öffentliche Interesse an ihrer Person.

Die Fans müssen schließlich auch nach dem Konzert eine Weile **(f)** .... , um ein Autogramm zu bekommen.

1 Beantworten Sie die folgenden Fragen zum Artikel.

   a Mit welcher Absicht ging Marco Goerlich ins Flüchtlingsheim?

   b Wie reagierten die Jugendlichen auf ihn?

   c Wovon profitiert sein Musikprojekt?

2 Entscheiden Sie, welche Wörter (im Text fettgedruckt) den nummerierten Begriffen am besten entsprechen. Tragen Sie die Nummern in die Kästchen ein.

a ausrangierten	☐	i Kommunikation	ix Geburtsland
b unterstützt wird	☐	ii ambitioniert	x gefördert wird
c Zusagen	☐	iii sich aufzumuntern	
d begeistert	☐	iv Gelegenheit	xi alten
e Verständigung	☐	v minderwertigen	
f Möglichkeit	☐	vi Verständnis	
g sich abzulenken	☐	vii Versprechen	
h Heimat	☐	viii enthusiastisch	

3 Die folgenden Aussagen beziehen sich auf den Text. Entscheiden Sie, ob sie aufgrund des Textes richtig oder falsch sind, und begründen Sie Ihre Antwort mit Informationen aus dem Text.

	richtig	falsch
a Marco Goerlichs Gitarrenspende war ein Hit bei den Jugendlichen.	X	☐

   Begründung: *Er soll spielen und singen, fordern sie ihn auf.*

b Für sein Projekt bekommt Marco Goerlich ausschließlich Hilfe aus dem Ausland.	☐	☐

   Begründung: ....

c Einmal pro Woche unterrichtet Marco Goerlich seine Schützlinge.	☐	☐

   Begründung: ....

d Ihre Proben finden im Flüchtlingsheim statt. ☐ ☐

Begründung: ....

e Die Jugendlichen leben seit weniger als einem Jahr im Flüchtlingsheim. ☐ ☐

Begründung: ....

f Das Gitarrenprojekt ist eine willkommene Abwechslung für die
minderjährigen Flüchtlinge. ☐ ☐

Begründung: ....

g Nach dem Gitarrenunterricht müssen die Jungs ihre Gitarren immer
an Marco Goerlich zurückgeben. ☐ ☐

Begründung: ....

h Marco Goerlich hatte sich vor seinem Gitarrenprojekt nie wirklich
mit der Flüchtlingsproblematik auseinandergesetzt. ☐ ☐

Begründung: ....

4 In den letzten zwei Abschnitten fehlen Wörter. Suchen Sie für jede Lücke im Text das
passende Wort aus und tragen Sie den entsprechenden Buchstaben in das Kästchen ein.

	A	B	C	Lösung
a	BEITRAG	BETRAG	EINTRAG	A
b	MACHT	TUT	IST	....
c	GEREICHT	ERREICHT	REICHT	....
d	DADURCH	DAFÜR	DAZU	....
e	ENGAGIEREN	HELFEN	ENGAGIERT	....
f	JEDES	JEDER	JEDEN	....
g	DORT	WO	HIER	....
h	ER	IHN	IHM	....
i	DIESEN	DIESE	DIESER	....
j	GEGENTEIL	ANDERS	VERGLEICH	....

6 Mündliche Übung CAS

Sie haben von dem Musikprojekt von Marco Goerlich gehört, sind begeistert und wollen auch aktiv werden. Unterhalten Sie sich mit einem Mitschüler, wie Sie jugendlichen Flüchtlingen am besten helfen könnten. Vergessen Sie nicht: Konzentrieren Sie sich auf Ihre eigenen Interessen und Hobbys, denn die Flüchtlinge sind in Ihrem Alter. Marco Goerlich selbst meinte, dass jeder etwas kann, sei es Töpfern, Stricken oder etwas ganz anderes Alltägliches.

7 Schriftliche Übung CAS

HL

Wählen Sie eine der folgenden Aufgaben. Dabei müssen Sie eine Textsorte aussuchen, die für die Aufgabe geeignet ist. Denken Sie dabei an den Kontext, das Ziel und die Leserschaft. Schreiben Sie für *SL* 250–400 Wörter und für *HL* 450–600 Wörter.

1 Sie wollen ein Benefizkonzert veranstalten und die Einnahmen dem örtlichen Flüchtlingsheim spenden. Fragen Sie Mitschüler, Freunde und bekannte Bands um Rat und Hilfe bei Ihrem Vorhaben und versuchen Sie, die Bands zu überzeugen, umsonst aufzutreten.

2 Sie haben von Marco Goerlichs Projekt gehört und haben die Idee, einen Chor aus Deutschen und Flüchtlingen zu gründen. Stellen Sie Ihren Plan Ihren Mitschülern und Lehrern vor.

8 Hörverständnis 🔊 Spur 11

Der Flüchtlingschor

Dorothea Wilke, ehemalige Musiklehrerin und 65 Jahre alt, ist ehrenamtliche Leiterin des Flüchtlingschors „Wir gehören zusammen" im brandenburgischen Spremberg. Sie wurde vom Wochenanzeiger darüber befragt, wie sie auf die Idee kam, einen Chor mit Immigranten zu gründen, und wie sich dieser inzwischen entwickelt hat.

Hören Sie sich ihre Antworten an und beantworten Sie die folgenden Fragen.

1 Nach mehreren Jahrzehnten der Tätigkeit als Musiklehrerin wurde Dorothea Wilke ....

2 Wie viele Bekannte von ihr arbeiten im Flüchtlingsheim?

3 Dorothea Wilke hörte, dass im Flüchtlingsheim viel .... herrscht.

3

4   Wie viele Mitglieder hat Dorothea Wilkes Flüchtlingschor zum Zeitpunkt des Interviews?

5   Welche Altersgruppe umfasst der Chor?

    A   16–53

    B   18–56

    C   6–55

6   Warum schwankt die Teilnehmerzahl?

    A   Die Chormitglieder haben nach einer Weile keine Lust mehr.

    B   Die Flüchtlinge bekommen Asyl und ziehen weg.

    C   Viele Frauen, die im Chor singen, haben oft keine Zeit, da sie sich um ihre Kinder kümmern müssen.

7   Aus welchem der folgenden Länder stammen die Mitglieder des Flüchtlingschors *nicht*?

    A   Algerien

    B   Sudan

    C   Syrien

8   Weshalb meldeten sich drei Deutsche zum Flüchtlingschor?

    A   Sie wollten den Flüchtlingen bei der deutschen Sprache helfen.

    B   Sie wollten auch singen.

    C   Sie wollten die Flüchtlinge bei Behördengängen unterstützen.

9   Malak aus Syrien, der auch im Chor singt, hat …

    A   nur noch seine jüngere Schwester in Deutschland.

    B   seine jüngere Schwester und seine Eltern in seiner syrischen Heimat verloren.

    C   in Deutschland keine Familie und ist auf sich gestellt.

10 Wie oft trifft sich der Flüchtlingschor?

    A   zweimal im Monat

    B   zweimal wöchentlich

    C   jeden Montag und Mittwoch

3.4 Werbung: Spaß, Verdummung oder Manipulation?

Wie beeinflussen die Medien uns?

Lernziele

- Sich mit verschiedenen Perspektiven zur Wirkung von Werbung auseinandersetzen
- Mündlich und schriftlich auf damit verbundene Fragen reagieren
- Eine Glosse über die Welt der Werbung besprechen
- Den Gebrauch des Passivs wiederholen und üben

Medien haben die Aufgabe, uns zu informieren – aber wie beeinflussen sie uns? Wie verändern die Medien die Art und Weise, wie wir miteinander agieren und kommunizieren?

1 Einstieg CAS

Diskutieren Sie folgende Fragen zu dem Diagramm in kleinen Gruppen.

- Welches Adjektiv trifft Ihrer Meinung nach auf Werbung am besten zu? Begründen Sie Ihre Meinung mit konkreten Beispielen.
- Wählen Sie nun das Adjektiv, das Sie am wenigsten mit Werbung in Verbindung bringen. Weshalb? Nennen Sie Gründe und Beispiele für Ihre Antwort.
- Welche weiteren Adjektive fallen Ihnen zum Thema Werbung ein?
- Wie stehen Sie persönlich zum Thema Werbung – lassen Sie sich von ihr beeinflussen?

Arbeitsbuch
3 Wortschatz – Adjektive
8 Quiz – Produkte und Werbeslogans

sexistisch · nutzlos · informativ · auffordernd · frech · **Werbung ist** · unterhaltsam · verführerisch · witzig · manipulativ

WUSSTEN SIE DAS?

Ingeborg Bachmann (1926–1973)

Ingeborg Bachmann ist eine der wichtigsten deutschsprachigen Schriftstellerinnen des 20. Jahrhunderts. Die gebürtige Österreicherin war vorwiegend als Lyrikerin tätig und feierte auf diesem Gebiet auch ihre größten Erfolge. Abschied, Veränderung, Vergangenheitsbewältigung und Flucht werden in ihren Werken thematisiert.

Aufgrund ihrer herausragenden schriftstellerischen Leistungen wurde sie mit zahlreichen Literaturpreisen ausgezeichnet. Es wurde sogar eine Literaturauszeichnung nach ihr benannt. Der Ingeborg-Bachmann-Preis wird jährlich an ausgewählte Autoren und Autorinnen verliehen.

Sie führte ein eher unruhiges Dasein und lebte z. B. in Wien, Prag, Rom, Paris, Neapel, London und Zürich. Sie war mit Schriftstellerkollegen wie Paul Celan und Max Frisch liiert.

WEITERDENKEN

Welches Adjektiv passt zu welchem Synonym? Ordnen Sie die Paare einander zu und besprechen Sie Ihre Entscheidungen.

1	sexistisch	☐	a	bildend
2	frech	☐	b	anregend
3	verführerisch	☐	c	beeinflussend
4	auffordernd	☐	d	einladend
5	manipulativ	☐	e	ermunternd
6	witzig	☐	f	unbrauchbar
7	informativ	☐	g	keck
8	unterhaltsam	☐	h	lustig
9	nutzlos	☐	i	machohaft

2 Textverständnis

Sie lesen nun ein Gedicht von Ingeborg Bachmann, in dem sie ihre Meinung zur Werbung ausdrückt.

Reklame

Wohin aber gehen wir
ohne sorge sei ohne sorge
wenn es dunkel und wenn es kalt
wird
sei ohne sorge
aber
mit musik
was sollen wir tun
heiter und mit musik
und denken
heiter
angesichts eines Endes

mit musik
und wohin tragen wir
am besten
unsre Fragen und den Schauer aller
Jahre
in die Traumwäscherei ohne sorge sei
ohne sorge
was aber geschieht
am besten
wenn Totenstille

eintritt

Ingeborg Bachmann, 1926–1973

---

1 Was assoziieren Sie mit dem Titel des Gedichts, „Reklame"?

2 Welche Situation wird hier angesprochen?

    A Die Oberflächlichkeit und die gewollte Beeinflussung der Werbebranche werden kritisiert.

    B Ein Produkt wird angepriesen.

    C Der Konsumrausch der Menschen wird dargestellt.

3 Warum sind einige Verse kursiv gedruckt, andere nicht? Welche Funktion könnten sie haben?

4 Warum gibt es vor dem letzten Vers eine Leerzeile?

5 Welche Bedeutung hat das Wort „Traumwäscherei"?

6 Welches Urteil wird über die Werbebranche gefällt?

3 Textverständnis

Im folgenden Text geht es um die Frage, ob Werbung die Käufer wirklich manipuliert.

Die Macht der Werbung – oder das Märchen vom bösen Wolf

Du wirst manipuliert. Durch Werbung. Ferngesteuert greifen die Menschen nach Markenprodukten.

Du gehst durch den Supermarkt und willst dir eine Cola kaufen, aber nicht irgendeine, sondern nur Coca-Cola, weil sie für dich nach Lebensfreude schmeckt. Du willst eine Jeans und holst die nicht bei Aldi, sondern im neuen Diesel-Store.

Warum? Ganz einfach! Du wurdest manipuliert. Durch Werbung. Wie in Science-Fiction-Romanen werden dir immer und immer wieder Markenbotschaften eingetrichtert. Wie ein Mantra graben sich die Produktnamen in dein Hirn. Du wurdest manipuliert. Durch Werbung. Du würdest dich ja gerne anders entscheiden. Nach dem Preis. Nach Qualität. Nach objektiven Kriterien. Aber du wurdest manipuliert. Durch die böse Werbung …

Ich arbeite seit zehn Jahren in dieser Branche und diese Argumentation begegnet mir immer wieder. Und jedes Mal verblüfft sie mich aufs Neue. Intelligente und selbstbewusste Menschen versuchen mir zu erklären, dass sie durch Werbung manipuliert werden. Sie glauben allen Ernstes, dass sie gegen die Markenbotschaften wehrlos sind. Doch das ist Unsinn. Denn Werbung kann niemandem den freien Willen nehmen. Jeder bleibt zu jedem Zeitpunkt Herr seiner Entscheidungen.

¹**unterschwellige Werbung:** versteckte Werbung, die darauf abzielt, das Kaufverhalten der Konsumenten zu beeinflussen, indem Werbebotschaften kurzzeitig eingeblendet werden.

Werbung schafft es lediglich, die Entscheidung für eine bestimmte Marke wahrscheinlicher zu machen. Dadurch, dass die Marke sympathisch dargestellt wird. Durch die Lieferung von Argumenten, die die Wahl für dieses Produkt und gegen die Konkurrenz leichter machen sollen. Oder durch eine häufige Wiederholung des Logos an allen Orten, damit die Marke wichtig und präsent erscheint. Die letztendliche Entscheidung liegt aber ganz in der Hand des selbstständig denkenden Menschen.

An diesem Punkt der Diskussion trumpft dann immer jemand auf, dass es aber in den 50er Jahren dieses Experiment in Amerika gegeben hat. Damals wurden im Kino in nicht wahrnehmbaren Sekundenbruchteilen Befehle wie „Iss Popcorn" oder „Trink Cola" eingeblendet. Der Verkauf schnellte dann in die Höhe. Die Menschen wurden durch sogenannte „unterschwellige Werbung¹" manipuliert und konnten sich dem Konsumzwang nicht entziehen.

Ein schönes Beispiel. Nur es hat einen Haken: Es ist erlogen. Es stammt aus dem Buch „Die geheimen Verführer" des Werbefachmannes James Vicarny. Fünf Jahre später gab der Autor in einem Interview dann zu, dass er die Geschichte nur erfunden hatte, um Kunden für sein Unternehmen zu akquirieren. Bei allen zukünftigen Experimenten unter Laborbedingungen wurden die Ergebnisse stets widerlegt. So wurden bei einem groß angelegten Versuch eines kanadischen TV-Senders versteckte Botschaften in einer Fernsehsendung eingeblendet. Danach wurden 500 Zuschauer befragt: Fast die Hälfte der Befragten gab an, sie hätten Hunger oder Durst, denn sie vermuteten wohl, dass bei dem Experiment ähnlich wie bei dem bekannten Kino-Experiment zum Konsum von Lebensmitteln aufgefordert wurde. Die tatsächlich versteckte Botschaft „Call now!" hatte niemand wahrgenommen.

Genauso wenig wie Vicarnys Befehle machen Werbeanzeigen oder TV-Spots die Menschen zu willenlosen Konsum-Zombies und Marken-Junkies. Sie haben den freien Willen und sie können frei entscheiden. Gruppenzwang, Prestigesucht oder Gewohnheit kann Menschen zu mancher Markenwahl manipulieren. Werbung vermag das zum Glück nicht.

Ingo Rütten, NEON.de

1   Beantworten Sie die folgenden Fragen zum ersten Teil des Textes. Schreiben Sie die Nummer der richtigen Antwort in das Kästchen.

a   Wie ist der Ton des Autors im gesamten Text?

  I   bissig   II   wütend   III   verständnisvoll   IV   entsetzt

b   Die Annahme vieler Menschen, sie würden durch Werbung in ihrem Kaufverhalten manipuliert …

  I   sieht der Autor häufig und sie erstaunt ihn.

  II   begegnet dem Autor immer wieder, lässt ihn aber gleichgültig.

  III   stößt beim Autor auf Verständnis.

  IV   verursacht beim Autor ernste Zweifel an seiner Tätigkeit in der Werbebranche.

c   Welchen Stellenwert misst der Autor der Werbung zu?

  I   Sie steuert die Konsumenten unbewusst, sodass sie bestimmte Produkte kaufen.

  II   Sie soll dem Konsumenten die Entscheidung für ein bestimmtes Produkt erleichtern.

  III   Er spricht der Werbung jegliche Stärke ab, da der Konsument das letzte Wort hat.

  IV   Sie suggeriert Konsumenten, dass sie nur Waren mit bestimmten Logos kaufen dürfen.

2   Beantworten Sie die folgenden Fragen, die sich auf den Text ab „An diesem Punkt der Diskussion" beziehen.

Arbeitsbuch

6 Sprache unter der Lupe – das Passiv

    a   Warum ist ein angeblich vor mehreren Jahrzehnten durchgeführter Versuch vielen Kritikern in Erinnerung geblieben?

    b   Wo liegt die Ironie dieses Versuchs?

    c   Was wollte James Vicarny damit erreichen?

    d   Was geschah bei einem ähnlichen Experiment in Kanada?

    e   Wie lautet das Schlussurteil des Autors – was bewirkt Werbung und was nicht?

3   Finden Sie heraus, worauf sich die unterstrichenen Wörter beziehen und tragen Sie dies in die leere Spalte ein.

Im Text …	bezieht sich das Wort …	auf …
a weil <u>sie</u> für dich nach Lebensfreude schmeckt	„sie"	Coca-Cola
b verblüfft <u>sie</u> mich aufs Neue	„sie"	
c <u>sie</u> hätten Hunger oder Durst	„sie"	
d Werbung vermag <u>das</u> zum Glück nicht	„das"	

SPRACHE UNTER DER LUPE: DAS PASSIV

Schauen Sie sich die folgenden zwei Beispiele an. Wo liegt der Unterschied? Bei welchem Beispiel steht die Tätigkeit im Vordergrund, und bei welchem die Person?

- *Das kleine Mädchen isst die leckere Schokolade.*

- *Die leckere Schokolade wird vom kleinen Mädchen gegessen.*

Im Text verwendet der Autor verschiedene Passivformen. Das Passiv steht in starkem Kontrast zum Aktiv: Im Passiv ist die Tätigkeit wichtiger als die Person, die sie ausführt.

Bilden Sie das Passiv immer mit der gebeugten Form des Hilfsverbs *werden* und dem Partizip Perfekt des Vollverbs:

- *Die Schokolade **wird gegessen.***

Das Passiv kann durch die Präpositionen „von" (mit Dativ) und „durch" (mit Akkusativ) ergänzt werden. So kann man zeigen, wer oder was die Handlung (Vollverb) durchführt. „Von" wird verwendet, wenn dies eine Person oder ein belebtes Objekt ist:

- *Ich wurde **von** einem Autofahrer angefahren.*

„Durch" benutzt man, wenn es sich um ein unbelebtes oder abstraktes Objekt handelt:

- *Ich wurde **durch** einen Unfall verletzt.*

Hier finden Sie eine kurze Zusammenfassung der Formen:

Passiv Präsens			Passiv Präteritum	
ich	werde		wurde	
du	wirst		wurdest	
er/sie/es	wird	gefragt	wurde	gefragt
wir	werden	manipuliert	wurden	manipuliert
ihr	werdet	angerufen	wurdet	angerufen
Sie/sie	werden		wurden	

Passiv Perfekt			
ich	bin		
du	bist		
er/sie/es	ist	gefragt	
wir	sind	manipuliert	worden
ihr	seid	angerufen	
Sie/sie	sind		

Wandeln Sie die folgenden Beispiele aus dem Aktiv in das Passiv um. Achten Sie dabei auf die verschiedenen Zeitformen.

1   Die Menschen kaufen viele Produkte aus der Werbung.

2   Die Werbung beeinflusst die Bedürfnisse vieler Konsumenten.

3   Viele Menschen glaubten die Geschichte von James Vicarny.

4   Die Teilnehmer des kanadischen Experiments interpretierten die versteckten Botschaften falsch.

5   Sie haben die eigentliche Botschaft „*Call now!*" nicht gesehen.

6   Der Autor hat viele Menschen nach ihrer Meinung über Werbung gefragt.

ZUR DISKUSSION TOK

Diskutieren Sie die folgenden Fragen in kleinen Gruppen:

- Sind Ihnen Marken wichtig? Woher kennen Sie diese Marken? Warum müssen Markenprodukte immer so teuer sein?

- Gibt es eine Werbung, die Sie nachhaltig beeindruckt hat? Wenn ja, weshalb?

- Unterschwellige Werbung nennt man auch „Schleichwerbung". Hierbei handelt es sich um Produkte, die in Filmen, Serien oder Büchern gezeigt oder erwähnt werden. So wird für sie versteckt geworben. Sind Ihnen Beispiele bekannt? Was halten Sie davon?

- Inwiefern werden Jugendliche positiv oder auch negativ von Werbung beeinflusst?

- Glauben Sie, dass Werbung für bestimmte Produkte wie Alkohol und Zigaretten verboten werden sollte?

TIPP FÜR DIE PRÜFUNG

Ein Interview ist ein Frage-Antwort-Text bzw. -Gespräch, das meistens zwischen zwei Personen stattfindet. Wenn Sie ein Interview planen, sollten Sie immer berücksichtigen, dass es zwei Perspektiven gibt, die des Interviewers und die der befragten Person. Die gestellten Fragen sind abhängig vom Gesprächspartner, dem Thema des Interviews (etwa eine Buchbesprechung oder ein Erfolg, z. B. ein schwieriger Aufstieg auf das Matterhorn, oder eine politische oder soziale Frage usw.). Wichtig ist auch, wo das Interview veröffentlicht werden soll und welche Leser es dort haben wird.

Ein Interview sollte jedoch immer interessant und aussagekräftig sein. Ein guter Interviewer recherchiert gründlich – sowohl sein Thema als auch, wenn möglich, den Befragten. Auf dieser Grundlage können sowohl informative als auch persönliche Fragen gestellt werden.

4 Schriftliche Übung CAS

> **Arbeitsbuch**
> 10 Schriftliche Übungen

Wählen Sie eine der folgenden Aufgaben. Dabei müssen Sie eine Textsorte aussuchen, die für die Aufgabe geeignet ist. Denken Sie dabei an den Kontext, das Ziel und die Leserschaft. Schreiben Sie für *SL* 250–400 Wörter und für *HL* 450–600 Wörter.

1 Sie interessieren sich für die Welt und Mechanismen der Werbung und wollen von Werbefachleuten mehr darüber erfahren, inwieweit die Konsumenten beeinflusst werden.

2 Sie beschließen, mehr über die Darstellung der Geschlechter in der Werbung herauszufinden und wollen auf Stereotype und Klischees aufmerksam machen.

SPRACHE UNTER DER LUPE: KONJUNKTIONEN

Konjunktionen wie *aber, weil, obwohl, sondern, da* usw. helfen dabei, Gründe auszudrücken.

Verbinden Sie jeweils einen nummerierten Satzteil mit einem der mit Buchstaben gekennzeichneten Satzteile.

1 Ich mag den Werbespot,

2 Die Werbespots von Media Markt finde ich gelungen,

3 Die Darstellung der Frau in der Werbung hat sich in den letzten Jahrzehnten nur geringfügig geändert,

4 Meine Freundin mag die neueste Werbekampagne von Lufthansa,

5 Marken sind zwar teuer,

6 Sylvie Meis, Moderatorin und neues Werbegesicht einer Bekleidungsfirma, ist keine gebürtige Deutsche,

a aber die Qualität ihrer Produkte ist viel besser.

b sondern Holländerin.

c obwohl er ziemlich sexistisch ist.

d weil viele Werbekampagnen sich immer noch stark auf das Erscheinungsbild fokussieren.

e aber sie fliegt weiterhin mit KLM.

f da sie frech und unterhaltsam sind.

Arbeitsbuch
9 Wortschatz – Werbung

WORTSCHATZ – WORTBILDUNG MIT „WERBE "

Lesen Sie sich die Sätze durch und setzen Sie den jeweils passenden Begriff ein. Zur Auswahl steht eine Liste mit Wörtern, die vom Kernwort „Werbe" abstammen.

1 Die englische Hautpflegefirma Dove produziert oft .... , die Frauen verschiedenen Alters und verschiedener Körpertypen zeigen.

2 Der umstrittene Mercedes .... , in dem der junge Hitler vom Frühwarnsystem des Autos umgefahren wird, war eigentlich die Abschlussarbeit eines Filmstudenten, die letztendlich prämiert wurde. Die Firma Mercedes zog es vor, sich von diesem Projekt offiziell zu distanzieren.

3 Die bekannte .... Jung von Matt hat ihren Sitz in Hamburg.

4 Der Süßwarenhersteller Haribo, der seit 1922 seine Produkte verkauft, verwendet für seine .... oft deutsche Prominente, um den Umsatz anzukurbeln.

5 Folglich sah man auf Haribo .... oft den Moderator Thomas Gottschalk. 2015 wurde er aber durch den Komiker Bully Herbig ersetzt, der jetzt für die Goldbärchen wirbt.

6 Gottschalks .... „Haribo macht Kinder froh und Erwachsene ebenso" ist seit Jahrzehnten in Deutschland bekannt.

7 Im Alter von 10 Jahren war der Brite Josh Bateson das .... der Kinderschokolade. Heute ist er Anfang 20 und studiert Politikwissenschaften in England.

WERBEGESICHT
WERBESPRUCH
WERBEPLAKATEN
WERBEAGENTUR
WERBEFILM
WERBEKAMPAGNEN
WERBEPLAKATE

5 Hörverständnis 🔊 Spur 12

Werbung

Das Jugendmagazin „Im Blick" hat Nils Hansen, langjähriger Werbestratege der Hamburger Werbeagentur Alt von Matt, zu seinem Standpunkt zum Einfluss von Werbung befragt – existiert unser freier Wille oder werden wir tatsächlich zum Kauf bestimmter Produkte manipuliert?

Hören Sie sich seine Sicht der Dinge an und beantworten Sie die Fragen.

1 Seiner Meinung nach ist Werbung ein Medium der ....

2 Welches menschliche Bedürfnis findet Hansen besonders wichtig in der Werbebranche, um Produkte zu verkaufen? ....

3 Viele Konsumenten glauben, dass sich ihr .... und ihr .... durch den Kauf eines bestimmten Produkts verbessern.

4 In welchen Jahren ging es in der Toffifee-Werbung um die Familie?

   A 1960er   B 1990er   C 1970er

5 Welche Zielgruppe wird in den Werbespots von Toffifee heutzutage angesprochen?

   A   B   C

6 Weshalb sind in Werbekampagnen oft Prominente zu sehen?

4

Soziale
Organisation

4.1 Die digitale Welt

Hat es auch Nachteile, die Welt als „Digital Native" zu erleben?

Lernziele

- Die Einflüsse der digitalen Medien auf Aspekte des täglichen Lebens untersuchen
- Über Probleme bei sozialen Medien besonders unter Jugendlichen nachdenken
- Mögliche Lösungen in verschiedenen Kontexten schriftlich und mündlich erarbeiten
- Die Verwendung von Modalverben üben, um Rat und Hilfe zu geben

Die Jugend von heute erlebt viele Aspekte des Lebens in der heutigen Welt durch ihre Tablet-PCs und Smartphones. Dabei spielen soziale Medien eine bedeutende Rolle, und in dieser Einheit wird der Umgang damit untersucht. Dabei stehen zwei Kernfragen im Mittelpunkt: Hat es auch Nachteile, die Welt als „Digital Native" zu erleben? Wie beeinflussen der rasante technologische Fortschritt und die zunehmende Abhängigkeit von sozialen Medien unsere zwischenmenschlichen Beziehungen?

1 Einstieg

Diese zwei Fotos illustrieren den Unterschied zwischen „Digital Natives" und „Digital Immigrants". Was ist dieser Unterschied? Woran erkennen Sie das in den zwei Fotos?

Vergleichen Sie zu zweit die Fotos in Bezug auf den Umgang mit der modernen Technologie. Beschreiben Sie die Gefühle und Gedanken der abgebildeten Personen.

Erstellen Sie dann eine kurze Definition von „Digital Natives".

2 Mündliche Übung

Arbeiten Sie zu zweit. Stellen Sie einander die folgenden Fragen. Vergleichen Sie Ihre Antworten. Gibt es irgendwelche Überraschungen?

1   Haben Sie Freunde ohne Smartphone?

2   Sie wollen sich mit einem Freund treffen. Wie verabreden Sie sich am liebsten – telefonieren, online chatten oder SMS schicken?

3   Wann haben Sie zuletzt einen Brief mit der Post geschickt?

4   Benutzen Sie Skype oder ein ähnliches Programm? Wenn ja, wie oft?

5   Haben Sie eine Facebook-Seite? Wenn ja, wie oft updaten Sie sie?

6   Wie oft kaufen Sie Musik-CDs? Wo holen Sie sich normalerweise Ihre Musik?

7   Wann haben Sie zuletzt ein Buch gekauft? Lesen Sie lieber E-Books?

8   Kaufen Sie lieber im Internet oder im Geschäft ein?

9   Sie wollen wissen, wo ein Freund wohnt. Benutzen Sie einen Stadtplan oder GPS?

10 Gucken Sie Fernsehsendungen „live" oder lieber online?

3 Mündliche Übung

Arbeiten Sie in Gruppen.

Sie sollen die Unterschiede zwischen „Digital Natives" und „Digital Immigrants" erforschen und ihre Ergebnisse vor der Klasse präsentieren.

Schritt 1: Fassen Sie die Ergebnisse der obigen Partnerarbeit für die Gruppe zusammen.

Schritt 2: Jedes Gruppenmitglied soll anhand dieser kleinen Umfrage die Antworten von drei bis vier Personen sammeln, wenn möglich, außerhalb der Schule. Dabei sollten insgesamt in der Gruppe Antworten aus verschiedenen Altersgruppen kommen, z. B. 20–40 Jahre, 40–60, über 60. Die Aufteilung hängt von der Gruppe ab.

Schritt 3: Fassen Sie die Ergebnisse in der Gruppe zusammen.

Schritt 4: Präsentieren Sie die Ergebnisse als Gruppe vor der Klasse.

WORTSCHATZ – SOZIALE MEDIEN

Wie gut kennen Sie sich mit sozialen Medien aus?

1 Verbinden Sie die bekannten Beispiele aus dem Bereich der sozialen Medien mit den Kurzdefinitionen.

YouTube

Facebook

Xing

Twitter

WhatsApp

Instagram

Snapchat

a ist eine Foto-App, bei der die Aufnahmen sich selbst löschen.

b ist ein Mikroblog, in dem Sie kurze Nachrichten verbreiten können.

c ist ein soziales Videonetzwerk.

d ist ein Mikroblog, bei dem Fotos im Mittelpunkt stehen.

e ist ein soziales Netzwerk, in dem zunehmend auch Unternehmen eine Präsenz haben.

f ist ein deutsches Netzwerk zum Anknüpfen und Pflegen beruflicher Kontakte.

g ist ein Kurznachrichtendienst, der bei vielen Leuten SMS ersetzt hat.

2 Wo gibt es …

a die Möglichkeit, eine Fotogeschichte mit Freunden zu teilen?

b eine Pinnwand?

c eine Online-Jobplattform?

d ein Zeichen-Limit?

e Freundschaftsanfragen?

f einen Vogel namens Larry?

3 Es gibt bei sozialen Medien viele Ausdrücke im Deutschen, die direkt vom Englischen übernommen wurden. Verbinden Sie diese Vokabeln mit ihren oft nicht verwendeten deutschsprachigen Entsprechungen.

a	die App	i	einen Beitrag verfassen
b	die Fake News	ii	die Internetseite
c	der Follower	iii	hochladen
d	das Hashtag	iv	die Anwendung
e	der Instant-Messaging-Dienst	v	der Gefällt-mir-Knopf
f	der Like-Button	vi	der Folger
g	liken	vii	teilen
h	photoshoppen	viii	der Kurznachrichtendienst
i	posten	ix	das Rautezeichen
j	retweeten	x	die Falschmeldung
k	uploaden*	xi	gefallen, zustimmen
l	die Website	xii	(ein Bild) digital bearbeiten

*auch umgangssprachlich: uppen

Arbeitsbuch
1 Wortschatz – Computersprache

4 Textverständnis

Der folgende Text ist ein Tagebucheintrag von einem Jugendlichen, der einen großen Teil seiner Zeit online auf Facebook zu verbringen scheint. Im Tagebuch fehlen Einträge, die Sie in der Textverständnisübung einordnen müssen.

Tagebuch eines jugendlichen Facebook-Nutzers

„VIER PERSONEN GEFÄLLT DAS"

6.55 Uhr:	
7.30 Uhr:	
10.14 Uhr:	
14.05 Uhr:	
15.11 Uhr:	Langeweile … Dieses eine neue Lied ist schon ziemlich gut. Posten wir es gleich mal auf meine Pinnwand. Youtube-Link kopiert, eingefügt, und fertig. Gefällt in ein paar Stunden sicher einigen Leuten …
16.32 Uhr:	Du wurdest auf drei Fotos markiert. Aha. Das bin ich aber nicht. Sehr lustig diese Spaßvögel … Schon interessant, was für peinliche Fotos manche hochladen. Ob die damit später einen Job bekommen?
19.47 Uhr:	Handy läutet. „Hallo?" „Servas, ich bins. Morgen Abend geh ma fort. Auf diese eine Party. Schau Facebook." Na gut. Eine neue Veranstaltungseinladung. Klick auf „Nehme teil". Bereits 142 bestätigte Gäste. Ah, da kenn ich eh einige. Wird sicher lässig.
22.08 Uhr:	
00.17 Uhr:	

Die Presse

Ergänzen Sie den Text um die folgenden Einträge.

1 Hausaufgaben mehr oder weniger gemacht, im Fernsehen spielt's auch nix[1]. Morgen eh[2] erst um 9 Uhr Schule. Und fad[3] ist mir auch noch … Ab auf die Facebook-Homepage.

2 Schule aus. Endlich. Gleich nach Hause, Essen auf den Tisch. Laptop daneben aufgeklappt, Facebook als Startseite. Aha, Freund hat neues Profilbild. Schaut cool aus. Gleich auf „Gefällt mir". Acht Personen gefällt das. Sogar vier Kommentare … Ups, das Essen wird ja kalt.

3 Wecker läutet in den Schultag. Aufstehen ist so unnötig! Griffbereit liegt das Smartphone. Na gut, checken wir halt mal Facebook. Aha. Drei neue Benachrichtigungen über Nacht. „2 Freunde haben dein Foto kommentiert." Schlafen die in der Nacht nicht?

4   Na super, kann nicht schlafen. Aber da gibt's ja noch die Facebook-App. Im Chat-Fenster immer noch 25 Freunde online: „Bist auch noch wach?" Tja, sieht wohl ganz danach aus.

5   Auf dem Weg in die Schule. Eine ungelesene Inbox-Nachricht. „Hast du morgen Abend Zeit? Geh ma[4] fort!" Puh, noch keine Ahnung. Antwort: „Vllt[5], schreib ma uns noch! ;-)" Ab in den Chat. 26 Freunde online. Und das um diese Uhrzeit? Interessant. Haben die kein Leben? Aber Moment, bin ja selbst auch online …

6   Doppelstunde Informatik. Facebook ist im Lehrsaal zwar gesperrt, aber wir kommen dennoch rein (hihi), der Lehrer merkt eh nix. Aktuellste Meldung: „Hocke in da schule und es is ua zach".[6] Vier Personen gefällt das. Kommentar: „Pass lieber auf im Unterricht haha." Denen ist anscheinend auch fad. Nachricht an Michi, zwei Reihen weiter vorn, ebenfalls mit Facebook geöffnet: „Sauu[7] spannend der Unterricht heute oder?"

Diese Wörter aus dem Text sind umgangssprachlich oder Abkürzungen:

[1]**nix:** nichts

[2]**eh:** sowieso

[3]**fad:** langweilig

[4]**geh ma:** gehen wir

[5]**vllt:** Abkürzung für „vielleicht"

[6]**ua zach:** sehr langweilig

[7]**sauu:** sehr

5 Schriftliche Übung

Verfassen Sie einen Tag lang ein ähnliches Tagebuch, in dem Sie Ihre Nutzung von digitalen Medien kommentieren. Welche Medien benutzen Sie? Wann und für wie lange? Warum? Was denken und/oder fühlen Sie dabei? Benutzen Sie die Checkliste für einen Tagebucheintrag aus Kapitel 6.

TIPP FÜR DIE PRÜFUNG: TAGEBUCHEINTRAG

Ein Tagebuch hilft bei der Reflexion von Erlebtem und Gefühlen, da der Autor seine Gedanken zu einem Erlebnis aufschreibt, um sich beim Schreiben oder späteren Lesen selbst besser zu verstehen. Der Autor schreibt nur für sich selbst und kann so ganz persönlich und ehrlich sein. Gedanken und Emotionen werden im Detail und mit emotiver Sprache beschrieben. Fragen und Ausrufe erlauben, den Gefühlszustand des Autors wiederzugeben.

Eine sachliche Darstellung der Ereignisse des Tages ist nicht angebracht.

WEITERDENKEN

Laut einer US-amerikanischen Studie* haben Menschen im Alter zwischen 19 und 32 Jahren, die mehrere verschiedene soziale Medien nutzen, eine signifikant erhöhte Wahrscheinlichkeit, an Depressionen oder Angststörungen zu leiden, verglichen mit denen, die nur ein bis zwei Plattformen nutzen.

Diskutieren Sie zu zweit oder in kleinen Gruppen:

Was meinen Sie dazu? Welche Gründe sehen Sie dafür?

Könnten Sie sich vorstellen, ohne soziale Medien zu leben? Wie würde Ihr Leben aussehen? Und wie sehen Sie die Zukunft: Werden soziale Medien immer wichtiger? Oder kommt es zu einem Einbruch?

* Computers in Human Behavior, Band 69

6 Schriftliche Übung

Verfassen Sie einen Tag lang ein Tagebuch wie oben, aber stellen Sie sich in diesem Fall vor, einen Tag ohne digitale Medien zu verbringen. Was machen Sie? Kommentieren Sie Ihren Tag. Was denken und/oder fühlen Sie? Benutzen Sie die Checkliste für einen Tagebucheintrag aus Kapitel 6.

WEITERDENKEN

Diskutieren Sie in kleinen Gruppen in Bezug auf die in der obigen Umfrage aufgelisteten Aspekte (Übungen 2 und 3) und die Infografik unten.

Inwiefern würden Sie sich selbst als „Digital Native" bezeichnen? Wie wichtig sind digitale Medien in Ihrem Leben? Inwiefern unterscheiden Sie sich von Ihren Eltern und anderen Erwachsenen? Was sehen Sie als Vor- und Nachteile? Welche Gefahren gibt es?

Online-Zeit ist vor allem Social-Media-Zeit

Womit Internetnutzer in Deutschland ihre Zeit verbringen

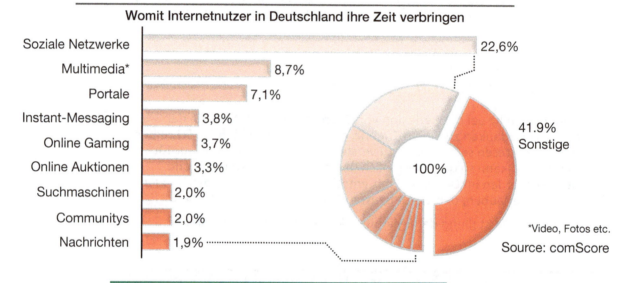

Soziale Netzwerke	22,6%
Multimedia*	8,7%
Portale	7,1%
Instant-Messaging	3,8%
Online Gaming	3,7%
Online Auktionen	3,3%
Suchmaschinen	2,0%
Communitys	2,0%
Nachrichten	1,9%

41.9% Sonstige

100%

*Video, Fotos etc.

Source: comScore

WORTSCHATZ – ARGUMENTE ABWÄGEN

dafür	unschlüssig	dagegen
Ein Vorteil ist, dass …	Es kommt darauf an, …	Ein Nachteil ist, dass …
Ich teile diese Auffassung.	Ich bin mir nicht sicher, ob …	Ich bin anderer Meinung.
Ich stimme zu.	Ich kann beide Standpunkte verstehen.	Ich muss widersprechen.
Es ist unbestreitbar, dass …	beide Seiten der Medaille	Es ist beunruhigend, dass …
Die Risiken sind übertrieben.		Es schadet …
von großem Nutzen sein		großen Schaden zufügen
		Die Gefahr besteht, …

7 Mündliche Übung

Eine der bekanntesten Gefahren von sozialen Medien ist Cybermobbing. Wie finden Sie folgende Situationen? Wie würden Sie reagieren? Was sind die möglichen Konsequenzen?

Diskutieren Sie in kleinen Gruppen.

1. Am Wochenende gehen Sie mit Freunden schwimmen. Ein Freund schickt danach ein paar lustige Fotos. Eines ist besonders witzig, aber etwas unvorteilhaft. Sie schicken es weiter.

2. Sie sind schlecht gelaunt oder frustriert nach der Schule. Sie reagieren sich ab, indem Sie unfreundliche Bemerkungen über Freunde und Bekannte auf Ihre Facebook-Seite schreiben.

3. Sie fühlen sich von einer Lehrerin schlecht behandelt. Sie posten etwas Negatives über sie auf der Besucherkommentarseite der Schulwebsite.

4. Sie lernen in einem Chatroom jemanden kennen und werden am Wochenende zu einer Party in einem anderen Stadtteil eingeladen.

8 Textverständnis

Das Cybermobbing-Problem zeigt sich am häufigsten bei den populärsten sozialen Netzwerken. Pädagogen wie Markus Gerstmann versuchen, Eltern und Lehrer davon zu überzeugen, sich mit diesen neuen Medien stärker zu beschäftigen, um den richtigen Umgang mit ihnen zu lernen.

Im Interview fehlen Fragen/Aussagen der Interviewerin, die Sie im ersten Schritt der Textverständnisübung einordnen müssen.

„Wir wissen noch nicht, was in diesen Netzwerken richtig ist"

Verbote von sozialen Netzwerken an Schulen hält der deutsche Medienpädagoge und Sozialarbeiter Markus Gerstmann aus Bremen für sinnlos. Wie sollte mit Schülern gearbeitet werden?

Die Furche: Herr Gerstmann, warum üben soziale Netzwerke im Internet eine solche Faszination auf Jugendliche aus?

Markus Gerstmann: Jugendliche sollten in ihren Familien anwesend sein, wollen aber mit ihren Freunden in Kontakt bleiben. Wir haben das früher über das Telefon gemacht. Jetzt machen das die Jugendlichen über soziale Netzwerke.

Die Furche: [–a–]

Gerstmann: Nein, das Handy wird weiter an Bedeutung gewinnen, weil die neuen Modelle alle Kommunikationsmöglichkeiten bieten. Das wird eine große Herausforderung in der Zukunft: Jetzt haben wir Eltern das noch im Griff, weil die Kinder zu Hause surfen. Wenn Jugendliche internetfähige Handys haben, wissen wir nicht mehr, wann und wo die Kinder ins Internet gehen und was sie dort machen.

Die Furche: [–b–]

Gerstmann: Franz Josef Röll von der Hochschule Darmstadt [Medienpädagoge] vertritt die Theorie, dass wir heute in einer veränderten Gesellschaft auch viele schwache Beziehungen haben und brauchen, weil wir eben nicht mehr 40 Jahre mit einem Partner zusammenleben und denselben Job ausführen. Um erfolgreich zu sein in dieser Gesellschaft, müssen wir viele Kontakte haben. Die interessanten Stellen laufen über gute Netzwerke.

Die Furche: [–c–]

Gerstmann: Wir müssen damit umgehen lernen. Soziale Netzwerke sind noch so neu, dass wir noch nicht einschätzen können, was richtig und falsch ist. Manche befürchten, Jugendliche geben im Netz zu viel von sich preis. Aber Jugendliche machen dort Identitätsarbeit. Sie probieren aus: „Wie wirke ich auf andere?" Das ist erschreckend für uns Erwachsene, weil wir einen anderen Begriff von Privatsphäre haben. Den Begriff gibt es nun seit 200 Jahren. Wir können sagen, es ist gut so wie es ist oder wir entscheiden uns, dass wir den Begriff weiterentwickeln und neu definieren.

Die Furche: [–d–]

Gerstmann: Es ist ein Problem! Kinder und Jugendliche probieren einfach aus. Sie glauben, in einem anonymen Netz können sie tun und lassen, was sie wollen. Daher fordere ich, dass wir Erwachsenen damit umgehen lernen. Wir versuchen, ihnen etwas beizubringen, von dem wir selbst wenig Ahnung haben. Das wissen die Jugendlichen und denken, sie können machen, was sie wollen.

Die Furche: [–e–]

Gerstmann: Es gibt viele Konflikte – die gab es früher auch. Die Kinder von heute haben aber nicht mehr Eltern, die diese Phase in Ruhe durchkämpfen. Daher ist Schulsozialarbeit so wichtig, um die Kinder aufzufangen. Es wird also vieles an die Schule verlagert und damit öffentlich. Daher müssen wir mit den Kindern arbeiten: Was ist faires Miteinander, was ist eine gute Klassengemeinschaft?

Die Furche: [–f–]

Gerstmann: Internet und soziale Netzwerke müssen zum Thema gemacht werden. Erwachsene müssen akzeptieren, dass Kinder in diesem Bereich mehr Handlungskompetenzen haben, dass wir Erwachsene aber mehr darüber reflektieren können. Beide Kompetenzen müssen zusammengeführt werden. Das heißt: Ich veranstalte sogenannte Schulexpertenkonferenzen: Die Schüler erklären mir, was sie im Netz tun, und dann frage ich, was sie empfehlen würden, wie ein Jüngerer damit umgehen soll. Dann kommen dieselben Argumente, die wir Erwachsenen vorschlagen würden. Kommt es aber von ihnen selbst, dann wird das auch akzeptiert.

Die Furche: [–g–]

Gerstmann: Nein. Denn dann kann ich nicht mit den Schülern arbeiten. Zudem: Viele Schüler wissen längst, wie man solche Verbote umgeht. Nochmals: Sinnvoller wäre es, diese Themen in den Unterricht einzubinden, zum Beispiel in den Ethik-Unterricht: Was ist ein Freund, was erzähle ich über mich? Nicht abstrakt, sondern in die Lebenswelt der Jugendlichen integriert.

Die Furche: [–h–]

Gerstmann: Genau. Viele Lehrer sagen, das falle in den privaten Bereich und sie müssten sich nicht kümmern. Zudem hätten sie keine Ahnung. Ich bin aber der Meinung: Es gibt ohne Medien keine Bildung mehr.

Regine Bogensberger, *Die Furche*

1 Im Interview fehlen nach der ersten Frage die Fragen der Interviewerin. Wählen Sie aus der nummerierten Liste die Fragen, die am besten passen, und schreiben Sie die Nummern in die Kästchen.

a ☐

b ☐

c ☐

d ☐

e ☐

f ☐

g ☐

h ☐

i Dennoch gibt es Probleme, wie eben Cybermobbing. Wie gravierend schätzen Sie das Problem tatsächlich ein?

ii Würden Sie sagen, die Vorteile überwiegen die möglichen Risiken wie Mobbing per Facebook oder SchülerVZ?

iii Kann man also sagen, dass viele Schulen zu wenig tun und eher mit Verboten reagieren?

iv Kann man besorgte Eltern beruhigen? Was sind die Vorteile dieser Netzwerke?

v Was können Sozialarbeiter tun, um die Situation zu verbessern?

vi Viele Schulleitungen sperren solche Seiten auf den Computern der Schulen. Ist das sinnvoll?

vii Als Ergänzung zum Handy?

viii Gibt es heute mehr Konflikte an Schulen oder verändern sich nur die Ausdrucksformen?

ix Und was, würden Sie denn sagen, sind die Risiken dieser Medien?

x Was sollten also Schulen und Eltern konkret tun?

2 Die folgenden Fragen beziehen sich auf die Antworten und Meinungen von Markus Gerstmann. Schreiben Sie die Nummer der richtigen Antwort in das Kästchen.

a Welche Auswirkungen haben internetfähige Handys? ☐

   I Eltern können damit ihre Kinder besser kontrollieren.

   II Kinder können damit unkontrolliert surfen.

   III Das Handy wird von mobilen Computern ersetzt.

   IV Kinder telefonieren damit mehr mit Freunden.

b Wie steht es mit der zukünftigen Arbeitswelt? ☐

   I In der Computerbranche werden viele Arbeitsstellen geschaffen.

   II Man wird viele Jahre am selben Arbeitsplatz verbringen.

   III Man wird wegen des Internets weniger Arbeitschancen haben.

   IV Man wird zunehmend Arbeitsmöglichkeiten über Kontakte aus dem Internet finden.

c Was sollten Eltern tun? ☐

   I Soziale Netzwerke besser kennenlernen.

   II Den Kindern erklären, was der Begriff „Privatsphäre" bedeutet.

   III Akzeptieren, dass sie die neuen Medien nicht verstehen.

   IV Die Kinder davon abhalten, soziale Netzwerke so viel zu benutzen.

d Was ist die Einstellung der Schüler? ☐

   I Sie wollen wissen, wie sie ihren Eltern helfen können.

   II Sie sind bereit, Probleme durchzudiskutieren.

   III Sie sind nur daran interessiert, Freunden zu imponieren.

   IV Sie sind unwillig, mit Sozialpädagogen zu arbeiten.

e   Was ist die Aufgabe der Schule in Bezug auf das Internet?

   I   Regeln zur Internetbenutzung einzuführen.

   II   Soziale Netzwerke in der Schule zu blockieren.

   III Mit den Schülern zusammenzuarbeiten.

   IV   Die Eltern aufzufordern, den Internetzugang ihrer Kinder besser zu kontrollieren.

3   Schreiben Sie in die folgende Tabelle, worauf sich die unterstrichenen Wörter beziehen und tragen Sie dies in die leere Spalte ein.

Im Text …	bezieht sich das Wort …	auf …
a Jetzt machen <u>das</u> die Jugendlichen	„das"	*in Kontakt bleiben*
b Wenn Jugendliche internetfähige Handys haben, wissen wir nicht mehr, wann und wo die Kinder ins Internet gehen und was sie <u>dort</u> machen.	„dort"	
c Sie glauben, in einem anonymen Netz können sie tun und lassen, was sie wollen. Daher fordere ich, dass wir Erwachsenen <u>damit</u> umgehen lernen.	„damit"	
d Erwachsene müssen akzeptieren, dass Kinder in diesem Bereich mehr Handlungskompetenzen haben, dass wir Erwachsenen aber mehr <u>darüber</u> reflektieren können.	„darüber"	
e Dann kommen dieselben Argumente, die wir Erwachsenen vorschlagen würden. Kommt es aber von <u>ihnen</u> selbst, dann wird das auch akzeptiert.	„ihnen"	
f Viele Lehrer sagen, <u>das</u> falle in den privaten Bereich und sie müssten sich nicht kümmern.	„das"	

Arbeitsbuch
2 Textverständnis –
Cybermobbing

4   Die folgenden Fragen beziehen sich auf den ganzen Text. Entscheiden Sie, welche Worte Gerstmanns auf die folgenden Aussagen hindeuten. Begründen Sie kurz Ihre Antworten.

a   „Die Furche" hat dieses Interview schon vor ein paar Jahren durchgeführt.

b   Markus Gerstmann trifft mit seinen Ideen auch bei der Lehrerschaft auf Widerstand.

GRAMMATIK UNTER DER LUPE: RAT UND HILFE GEBEN

Arbeitsbuch

3 Wortschatz –
Wortbildung mit "Rat"

Im Interviewtext werden verschiedene Modalverben benutzt, um Ratschläge und Empfehlungen zu geben.

Im Text kommen vier Modalverben vor: *können, müssen, sollen, wollen*.

1 Ordnen Sie in der folgenden Tabelle den Funktionen die passenden Modalverben zu. Nennen Sie jeweils ein Beispiel aus dem Interviewtext.

Funktion	Modalverb	Beispiel
a es ist notwendig	*müssen*	*Um erfolgreich zu sein, müssen wir viele Kontakte haben.*
b es ist möglich		
c es ist Pflicht		
d es ist ein Wunsch/eine Absicht		
e man ist in der Lage/fähig		
f man ist gezwungen		
g es ist ein guter Rat		

Diese vier Modalverben haben noch weitere Funktionen.

2 Füllen Sie die folgende Tabelle aus. Tragen Sie in der zweiten Spalte entweder *können, müssen, sollen* oder *wollen* ein. Dann setzen Sie das Verb in den Beispielsätzen in die richtige Form.

Funktion	Modalverb	Beispiel
a es ist Vorschrift	....	Schüler .... die Schulregeln einhalten.
b man ist fest entschlossen	....	Ich gehe heute Abend nicht zur Party. Ich .... beim nächsten Schultest eine bessere Note bekommen.
c die Gelegenheit besteht	....	Man .... bei vielen sozialen Netzwerken unerwünschte Personen sperren.
d es ist unerwünscht	....	Sie .... keine unvorteilhaften Fotos von anderen weiterschicken.
e es wird dringend geraten	....	Du .... deine Zugangsdaten geheim halten.
f es ist vorgesehen/geplant	....	Die Schule .... nächstes Jahr neue Computer bekommen.

Es gibt noch ein Modalverb, das auch in diesem Zusammenhang wichtig ist: *dürfen*. Bei *dürfen* ist es vor allem wichtig, den Unterschied zu *müssen* und die positiven und negativen Funktionen zu erkennen.

Funktion	Modalverb	Beispiel
positive Vorschrift: Regel	müssen	Man **muss** bei einer roten Ampel halten.
negative Vorschrift: Verbot	dürfen + *nicht*	Man **darf nicht** Auto fahren, wenn man 15 ist.
Erlaubnis	dürfen	**Darf** man hier parken?
keine Pflicht, freiwillig	müssen + *nicht*	Man **muss nicht** mit dem Auto zur Schule fahren.

3 Füllen Sie die Verblücken (*müssen* oder *dürfen*, mit oder ohne *nicht*) in den folgenden Sätzen.

a Man .... eine Kontaktnummer bei der Schule hinterlassen.

b Man .... sein Handy im Unterricht benutzen.

c Man .... auf jede SMS eine Antwort schicken.

d Man .... die Identität einer anderen Person im Internet annehmen.

e Man .... mit den Lehrern über Probleme sprechen.

Arbeitsbuch

4 Grammatik unter der Lupe – Rat geben

9 Hörverständnis 🔊 Spur 13

Im Netz fängt's oft an

Hören Sie sich diesen Auszug aus einem Radiobeitrag zum Thema Cybermobbing an und beantworten Sie die folgenden Fragen.

1 Kreuzen Sie den Tag/die Tage an, an denen diese Sendung im Radio läuft.

Mo.	Di.	Mi.	Do.	Fr.	Sa.	So.

2 Welches Alter steht im Mittelpunkt der Sendung?

A 13   B 15   C 16

3 Welche *zwei* nicht-digitalen Vergleichsmaßstäbe werden genannt?

  A Wann man morgens aufsteht.

  B Mit wem man eine Liebesbeziehung angefangen hat.

  C Wieviel man wiegt.

  D Wieviel Taschengeld man bekommt.

  E Wann man abends ins Bett geht.

4 Warum ist der Wettstreit mit Freunden anstrengender geworden?

  A Weil es jetzt viel mehr Gelegenheiten gibt, seinen „Wert" zu zeigen.

  B Weil man immer öfter ein neues Handy kaufen muss.

  C Weil man heute viel mehr Stress in der Schule erlebt.

5 Was ist dabei die Rolle der YouTuber?

  A Sie zeigen, wie man mehr Freunde findet.

  B Sie helfen, bei Musiktrends auf dem Laufenden zu bleiben.

  C Viele Jugendliche sehen sie als Vorbild.

6 Was wollen alle drei YouTuber in ihren zitierten Clips?

  A Mehr Abonnenten für ihren Kanal.

  B Mehr positive Bewertungen für ihr Video.

  C Reklame für ein neues Video machen.

7 Worauf kann man hoffen, wenn man in der Schule beleidigt wird?

  A Dass eine neue Stunde beginnt.

  B Dass die Schule bald aus ist.

  C Dass die Freunde zu Hilfe kommen.

8 Was hat Amanda Todd in der Mittagspause gemacht?

  A Sie ist nach Hause gegangen.

  B Sie hat mit Freunden gesprochen.

  C Sie musste alleine essen.

9 Wie fühlen sich Eltern in solchen Situationen?

  A   B   C

10 Was machen Kinder, wenn sie meinen, dass die Eltern sie zu sehr kontrollieren wollen?

  A Sie beklagen sich bei Freunden.

  B Sie laufen von zu Hause weg.

  C Sie verschwinden in ihr Zimmer.

11 Was von früher wird mit einer Chat-Nachricht verglichen?

  A   B   C

12 Welche Lösung wird *nicht* vorgeschlagen?

  A Ein Internetvideo zusammen anzuschauen.

  B Eine Familien-WhatsApp-Gruppe zu starten.

  C Mit dem Kind mit Foto-Apps zu experimentieren.

13 Am wichtigsten ist, dass man als Elternteil…

  A gemeinsame Zeit mit dem Kind verbringt.

  B dem Kind nichts verbietet.

  C den Internetzugang des Kindes streng kontrolliert.

10 Textverständnis

In Deutschland sind in einigen Schulen ältere Schüler als „Medienscouts"
ausgebildet worden. Sie haben die Aufgabe, jüngeren Schülern bei Cybermobbing
und ähnlichen Online-Problemen zu helfen und sie zu beraten. Aber es gibt
im deutschsprachigen Raum auch Online-Foren, in denen Betroffene Hilfe von
jugendlichen Beratern bekommen können. Ein solches Beispiel ist „juuuport".

Juuuport gewinnt klicksafe Preis für Sicherheit im Internet

www.juuuport.de, die Web-Selbstschutz-Plattform von Jugendlichen für
Jugendliche, hat den „klicksafe Preis für Sicherheit im Internet" in der Kategorie
„Webangebote" gewonnen. Der Preis wurde bereits zum fünften Mal an
herausragende Projekte, die sich für die Förderung von Medienkompetenz und
Sicherheit im Web einsetzen, verliehen. Die Preisverleihung fand gestern im
Rahmen des Grimme-Online-Awards in Köln statt.

Auf der preisgekrönten Internetseite *juuuport* können sich Jugendliche, die
im Web gemobbt oder abgezockt werden, an gleichaltrige Scouts wenden.
Die Scouts sind zwischen 12 und 21 Jahre jung, sie werden von Experten

ausgebildet und arbeiten ehrenamtlich. Jugendliche haben auf *juuuport* die Möglichkeit, sich von den Scouts per E-Mail beraten zu lassen oder sich mit anderen Jugendlichen in einem Forum auszutauschen.

„Wir freuen uns sehr über den Preis. Gerade die wiederaufkommende Datenschutzdiskussion im Zusammenhang mit der automatischen Gesichtserkennung bei Facebook zeigt, dass der Aufklärungs- und Beratungsbedarf im Web nach wie vor hoch ist. Das breite Themenspektrum von *juuuport* greift aktuelle Fragen zur Websicherheit auf und die Scouts sind als Jugendliche einfach näher an der Lebenswelt anderer Jugendlicher, als dies Erwachsene sein können", so Andreas Fischer, Direktor der Niedersächsischen Landesmedienanstalt (NLM), die diese Plattform initiiert hat.

„Im April hatten wir unser einjähriges Jubiläum und jetzt gibt es schon wieder einen Grund zum Feiern", freut sich Scout Adrian (16), der in Köln den Preis stellvertretend für alle Scouts von *juuuport* entgegennahm. „Wir hoffen, dass diese Auszeichnung auch dazu beiträgt, uns bei Jugendlichen mit Problemen im Internet als erste Anlaufstelle noch bekannter zu machen."

www.juuuport.de

1 Kreuzen Sie bei den folgenden Aussagen an, ob sie aufgrund des Textes richtig oder falsch sind. Begründen Sie Ihre Antwort mit Informationen aus dem Text.

		richtig	falsch
a	Die Website ist für Schüler gedacht.	X	

Begründung: *für Jugendliche* ....

		richtig	falsch
b	Die Website hat den Preis schon fünfmal gewonnen.	☐	☐

Begründung: ....

c	Die Website-Scouts werden für ihre Arbeit bezahlt.	☐	☐

Begründung: ....

d	Schüler können auf der Website untereinander Probleme diskutieren.	☐	☐

Begründung: ....

e	Andreas Fischer ist Schuldirektor.	☐	☐

Begründung: ....

f	Die Website wurde erst im Jahr zuvor geschaffen.	☐	☐

Begründung: ....

2 Welche nummerierten Wörter entsprechen am besten den Wörtern aus dem Text? Tragen Sie die Nummern in die Kästchen ein.

a herausragende ☐

b abgezockt ☐

c Aufklärung ☐

d aktuelle ☐

e stellvertretend für ☐

f Anlaufstelle ☐

i anstatt	vii im Namen von
ii ausgezeichnete	viii Kontaktpunkt
iii berühmte	ix moderne
iv betrogen	x Problemlösung
v Bildung	
vi gegenwärtige	

GRAMMATIK UNTER DER LUPE: IMPERATIVSÄTZE

Wenn man seinen Rat etwas energischer anbieten will, besonders wenn man direkt mit jemandem spricht, kann man den Imperativ benutzen. Dann nimmt der Satz den Charakter eines Befehls oder einer Aufforderung an.

1 Reflektieren Sie darüber, wie sich die folgenden Sätze unterscheiden

- *Sie sollen Ihre Zugangsdaten geheim halten.*
- *Sie müssen Ihre Zugangsdaten geheim halten.*
- *Halten Sie Ihre Zugangsdaten geheim!*

2 Es gibt drei Imperativformen. Sind die folgenden Beispiele formell oder informell? Sind sie an eine Person oder an mehrere Personen gerichtet?

- *Antworte nicht!*
- *Antwortet nicht!*
- *Antworten Sie nicht!*

3 Zur Imperativbildung: Welche Form hat welche Endung?

Ordnen Sie die Regeln den Formen zu.

Singular, informell	Infinitivform gefolgt von *Sie*
Plural, informell	Verbstamm **mit** Endung -e (schwach) oder **ohne** Endung -e (stark)
Singular und Plural, formell	Verbstamm mit Endung -(e)t

Ein Imperativsatz endet oft mit einem Ausrufezeichen, um der Aufforderung Nachdruck zu geben: !

4 Formulieren Sie Imperativsätze zu den folgenden Situationen.

a Ihr kleiner Bruder will über die Straße laufen.

b Sie wollen, dass der Taxifahrer Sie vor dem Kino absetzt.

c Sie wollen, dass Ihr Freund kein Foto von Ihnen beim Essen macht.

d Sie wollen nicht, dass Ihre Freundin die Standortangaben Ihrer Geburtstagsparty bei Facebook hochlädt.

e Bei einer Schülerversammlung wollen Sie, dass alle hören, was Sie zu einem Thema zu sagen haben.

f Sie wollen dasselbe bei einer Elternversammlung.

Man kann einen Imperativsatz etwas weniger direkt und höflicher formulieren, indem man z. B. **„bitte"** oder **„mal"** einfügt: „Antworte bitte nicht" hört sich mehr wie eine Bitte als eine Aufforderung an.

5 Machen Sie die Imperativsätze zu den obigen Situationen jetzt weniger direkt und höflicher.

11 Mündliche Übung

Probleme wie die folgenden werden auf Websites wie „juuuport" und bei anderen Beratungsstellen besprochen.

Wie würden Sie diese Jugendlichen beraten?

Diskutieren Sie in kleinen Gruppen. Verwenden Sie hierbei Modalverben und Imperative, wie Sie es in dieser Einheit geübt haben.

An: fragen@maedchenonline.de
Cc:
Bcc:
Betreff: Facebook-Ärger

Hi!

Jemand hat auf seine Facebook-Seite eine Nachricht über mich gepostet, die überhaupt nicht stimmt! Ich hätte Userdaten geklaut und verkauft. Nun geht das im ganzen Facebook rum. Ich weiß nicht mehr, was ich machen soll.

Astrid

An: info@schulstress.at
Cc:
Bcc:
Betreff: Die Lehrer helfen nicht

Hey

Nach dem Sportunterricht wurde ich beim Duschen mit heißem Wasser aus einem Schlauch abgespritzt. Die anderen fanden das witzig und haben es mit dem Handy gefilmt. Jetzt geht's in der ganzen Schule rum. Die Lehrer tun nichts.

Jens

An: kontakt@liebeskummer-online.de
Cc:
Bcc:
Betreff: Probleme mit Exfreund

Hallo!

Im Internet hat mein Exfreund gepostet, dass ich die größte Schlampe der Schule bin, weil ich mit jedem schlafe, der mir über den Weg geht. Jetzt tuscheln alle in der Schule über mich. Ich kann nicht mehr.

Sabine

An: hilfe@schuelerberatung-berlin.de
Cc:
Bcc:
Betreff: SchülerVZ

Grüße

Jemand spammt meine Pinnwand im SchülerVZ – ich werde verspottet mit demütigenden Kommentaren und Fotos. Andere klicken dann auf „Gefällt mir" oder schreiben „haha" dazu. Weiß nicht, ob ich nur die Beiträge löschen soll oder wie ich mir zur Wehr setzen soll. Hoffe auf Hilfe!

Tobias

12 Schriftliche Übung

Wählen Sie eine der oben geschilderten Situationen und schreiben Sie eine E-Mail als Antwort darauf. Versuchen Sie, Mitleid zu zeigen und positive, realistische Lösungen vorzuschlagen.

13 Schriftliche Übung (CAS)

Sie haben sich entschlossen, sich an Ihrer Schule stärker für das Cybermobbing-Problem zu engagieren. Sie haben sich mit interessierten Mitschülern getroffen und nach einer Diskussion haben Sie gemeinsam eine Aufgabenliste erstellt.

Wählen Sie eine dieser Aufgaben. Dabei müssen Sie eine Textsorte aussuchen, die für die Aufgabe geeignet ist. Denken Sie dabei an den Kontext, das Ziel und die Leserschaft. Benutzen Sie auch die entsprechende Checkliste aus Kapitel 6. Sie sollten für *SL* 250–400 Wörter und für *HL* 450–600 Wörter schreiben.

1 Sie sollen den Schuldirektor um Unterstützung für Ihre Kampagne bzw. Initiative bitten und ihn auch dazu überreden, praktische Hilfe anzubieten.

2 Sie sollen Informationen und Tipps zum Kampf gegen Cybermobbing für die Verteilung an die Schüler erstellen. Dabei sollen Sie auch Reklame für die neue schulinterne Beratungsstelle machen.

3 Sie sollen die weitere Schulgemeinschaft (einschließlich Eltern) über die Initiative und die neue schulinterne Beratungsstelle informieren.

4 Sie wollen einem Freund in Ihrer Partnerschule von der Initiative berichten und vorschlagen, dass er etwas Ähnliches startet.

> **Arbeitsbuch**
> 5 Weiterdenken
> 6 Schriftliche Übungen

14 Textverständnis

Im digitalen Zeitalter geht es aber nicht nur um soziale Medien und die damit verbundenen Probleme. In den letzten Jahren erlebt man den Trend zur digitalen Partnersuche mit zahlreichen Dating-Apps. So entsteht manchmal eine digitale Beziehung, bei der es natürlich auch Probleme und Gefahren geben kann. Häufig weiß man nicht genau, mit wem man in Kontakt kommt und gerät trotzdem tiefer in die Beziehung.

Um eine solche digitale Beziehung geht es in dem Roman „Gut gegen Nordwind", auch wenn sich die Beziehung hier aus einer zufällig an die falsche Adresse gesendeten E-Mail entwickelt. Der folgende Auszug stammt aus der Anfangsphase des E-Mail-Wechsels, als Leo vermutet: „Sie schreiben jünger als Sie sind."

„Sie schreiben jünger als Sie sind."

Acht Minuten später

RE:

Leo Leike, Sie sind ja ein Teufelskerl!!! So, und jetzt lassen Sie sich gute Argumente einfallen, um mir zu erklären, warum ich älter sein müsste als ich schreibe. Oder noch präziser: Wie alt schreibe ich? Wie alt bin ich? Warum? – Wenn Sie diese Aufgaben gelöst haben, dann verraten Sie mir, welche Schuhgröße ich habe. Alles Liebe, Emmi. Macht echt Spaß mit Ihnen.

45 Minuten später

AW:

Sie schreiben wie 30. Aber Sie sind um die 40, sagen wir: 42. Woran ich es zu erkennen glaube? – Eine 30-Jährige liest nicht regelmäßig »Like«. Das Durchschnittsalter einer »Like«-Abonnentin beträgt etwa 50 Jahre. Sie sind aber jünger, denn beruflich beschäftigen Sie sich mit Homepages, da könnten Sie also wieder 30 und sogar deutlich darunter sein. Allerdings schickt keine 30-Jährige eine Massenmail an Kunden, um ihnen »Frohe Weihnachten und ein gutes neues Jahr« zu wünschen. Und schließlich: Sie heißen Emmi, also Emma. Ich kenne drei Emmas, alle sind älter als 40. Mit 30 heißt man nicht Emma. Emma heißt man erst wieder unter 20, aber unter 20 sind Sie nicht, sonst würden Sie Wörter wie »cool«, »spacig«, »geil«, »elementar«, »heavy« und Ähnliches verwenden. Außerdem würden Sie dann weder mit großen Anfangsbuchstaben noch in vollständigen Sätzen schreiben. Und überhaupt hätten Sie Besseres zu tun, als sich mit einem humorlosen vermeintlichen Professor zu unterhalten und dabei interessant zu finden, wie jung oder alt er Sie einschätzt. Noch was zu »Emmi«: Heißt man nun Emma und schreibt man jünger als man ist, zum Beispiel weil man sich deutlich jünger fühlt, als man ist, nennt man sich nicht Emma, sondern Emmi. Fazit, liebe Emmi Rothner: Sie schreiben wie 30, Sie sind 42. Stimmt's? Sie haben 36er Schuhgröße. Sie sind klein, zierlich und quirlig, haben kurze dunkle Haare. Und Sie sprudeln, wenn Sie reden. Stimmt's? Guten Abend, Leo Leike.

Am nächsten Tag

Betreff: ???

Liebe Frau Rothner, sind Sie beleidigt? Schauen Sie, ich kenne Sie ja nicht. Wie soll ich wissen, wie alt Sie sind. Vielleicht sind Sie 20 oder 60. Vielleicht sind Sie 1,90 groß und 100 Kilo schwer. Vielleicht haben Sie 46er Schuhgröße – und deshalb nur drei Paar Schuhe, maßgefertigt. Um sich ein viertes Paar finanzieren zu können, mussten Sie Ihr »Like«-Abonnement kündigen und Ihre Homepagekunden mit Weihnachtsgrüßen bei Laune halten. Also bitte, seien Sie nicht böse. Mir hat die Einschätzung Spaß gemacht, ich habe ein schemenhaftes Bild von Ihnen vor mir, und das habe ich Ihnen in übertriebener Präzision mitzuteilen versucht. Ich wollte Ihnen wirklich nicht zu nahe treten. Liebe Grüße, Leo Leike.

Zwei Stunden später

RE:

Lieber »Professor«, ich mag Ihren Humor, er ist nur einen Halbton von der chronischen Ernsthaftigkeit entfernt und klingt deshalb besonders schräg!! Ich melde mich morgen. Ich freu mich schon! Emmi.

Sieben Minuten später

AW:

Danke! Jetzt kann ich beruhigt schlafen gehen. Leo.

Am nächsten Tag

Betreff: Nahe treten

Lieber Leo, den »Leike« lasse ich jetzt weg. Sie dürfen dafür die »Rothner« vergessen. Ich habe Ihre gestrigen Mails sehr genossen, ich habe sie mehrmals gelesen. Ich möchte Ihnen ein Kompliment machen. Ich finde es spannend, dass Sie sich so auf einen Menschen einlassen können, den Sie gar nicht kennen, den Sie noch nie gesehen haben und wahrscheinlich auch niemals sehen werden, von dem Sie auch sonst nichts zu erwarten haben, wo Sie gar nicht wissen können, ob da jemals irgendetwas Adäquates zurückkommt. Das ist ganz atypisch männlich, und das schätze ich an Ihnen. Das wollte ich Ihnen vorweg nur einmal gesagt haben. […]

Daniel Glattauer, *Gut gegen Nordwind*

4

1 Was will Emmi von Leo wissen, außer wie alt er sie schätzt?

2 Nennen Sie *zwei* Gründe, die er angibt, warum Emmi ungefähr 40 Jahre alt ist.

3 Was deutet laut Leo darauf hin, dass Emmi vielleicht unter 30 ist?

   A Sie ist Website-Designerin von Beruf.

   B Sie liest die Zeitschrift „Like".

   C Sie schickt Weihnachtsgrüße per E-Mail.

   D Ihr Sprachgebrauch ist sehr jugendlich.

4 Leo meint, dass Leute unter 20 …

   A ihren Namen abkürzen.   C sich gern mit älteren Leuten unterhalten.

   B Rechtschreibregeln ignorieren.   D alle ihre eigene Homepage haben.

5 Warum meint Leo, dass sie sich Emmi statt Emma nennt?

6 Was meint Leo mit „Sie sprudeln, wenn Sie reden"?

   A Emmi redet Unsinn.   C Emmi redet sehr schnell.

   B Emmi widerspricht sich dauernd.   D Emmi stolpert über ihre Worte.

7 Warum fragt Leo, ob Emmi beleidigt ist?

8 Welchen Grund gibt Leo dafür an, dass Emmi nur drei Paar Schuhe hat?

   A Sie sind teuer.   C Sie hat sehr kleine Füße.

   B Sie ist nicht modebewusst.   D Sie ist übergewichtig.

9 Welches Wort in Emmis erster Antwort auf Leos Altersschätzung deutet darauf hin, dass sie musikalisch ist?

10 Welche Worte deuten darauf hin, dass Emmi und Leo sich nicht treffen werden?

11 Was findet Emmi an Leo gut?

   A Dass er nichts über sie wissen will.   C Dass er kein Stereotyp verkörpert.

   B Dass er immer reagiert, wie sie erwartet.   D Dass er immer interessante Fragen stellt.

12 An mehreren Stellen macht Emmi deutlich, dass sie diesen E-Mail-Wechsel mag. Nennen Sie *zwei* Beispiele.

TIPP FÜR DIE PRÜFUNG

Bei der mündlichen Prüfung (*HL*) wählen Sie zwischen zwei Auszügen aus literarischen Werken, die Sie im Unterricht gelesen haben. Sie müssen dann drei bis vier Minuten alleine darüber sprechen und vier bis fünf Minuten weiter darüber diskutieren.

Bei der Präsentation ist Folgendes zu beachten:

- Sie sollten den Kontext kurz erklären, damit der Moderator versteht, worum es sich handelt.

- Sie sollten sich dann auf den Auszug konzentrieren – Charaktere, Ereignisse, Ideen, Thematik.

- Es soll keine Rezension oder literaturkritische Analyse sein.

In der Diskussion sollten Sie:

- Ihre Meinungen und Ideen entwickeln, begründen und vertiefen.

- Ihr Verständnis für die deutschsprachige Kultur (im weitesten Sinne) zeigen.

- soweit relevant, Vergleiche mit Ihrer eigenen Kultur bzw. mit Ihren eigenen Erfahrungen ziehen.

Bei der Bewertung wird bei Kriterium B nicht nur die Relevanz Ihrer Ideen und Meinungen zum Auszug beurteilt, sondern auch wie gut Sie sich auf den Auszug eingelassen und ihn verstanden haben.

15 Mündliche Übung

Stellen Sie sich vor, Sie hätten die ersten zwei E-Mails aus dem obigen Text als Auszug in der Prüfung. Das ist ungefähr die richtige Länge.

1 Wie würden Sie diesen Auszug in zwei bis drei Sätzen bzw. 20–30 Sekunden kontextualisieren?

2 Stellen Sie eine kurze Präsentation zusammen, in der Sie …

- die Charaktere vorstellen. (Was wissen wir aus diesem Auszug über Emmi und Leo?)

- Ihre Meinung zu den Charakteren äußern, wie sie hier geschildert werden.

- die Ideen/Thematik des Auszuges besprechen. (Was sind Leos Kriterien für die Altersschätzung? Wie finden Sie das?)

3 Schreiben Sie Ihre Ideen auf. Lesen Sie dann Ihren Text laut vor und stoppen Sie die Zeit. Versuchen Sie, auf mindestens zwei Minuten zu kommen.

WEITERDENKEN

Diskutieren Sie zu zweit oder in kleinen Gruppen.

Wie finden Sie Leos Kriterien für die Altersschätzung? Welche Kriterien würden Sie benutzen?

Welche Gefahren entstehen bei einem persönlichen E-Mail-Wechsel mit einer Person, die Sie nicht kennen? Wie schützen Sie sich?

WEITERDENKEN

Diskutieren Sie in kleinen Gruppen die Frage vom Anfang dieser Einheit:

Fassen Sie die Vor- und Nachteile einer Welt zusammen, in der digitale Medien im Mittelpunkt des Lebens stehen. Wie beeinflussen soziale Medien unsere zwischenmenschlichen Beziehungen? Wird die Situation in den kommenden Jahren besser oder schlimmer? Warum?

Wie werden Sie in Zukunft mit den eigenen Kindern handeln, wenn Sie den in dieser Einheit geschilderten Situationen begegnen?

4.2 Jugend heute – und die Menschen um sie herum

Was ist der Jugend heute wichtig?

Lernziele

- Untersuchen, was Jugendlichen heute wichtig ist
- Über unterschiedliche soziale Milieus und deren Auswirkungen nachdenken
- Kontroverse mündliche Auseinandersetzungen üben
- Den Gebrauch von Präpositionen erarbeiten und üben

Was ist der Jugend heute wichtig? Stehen diese Werte möglicherweise im Konflikt mit Familienmitgliedern oder anderen Gesellschaftsgruppen?

Arbeitsbuch
2 Schriftliche Übung

1 Einstieg

Hier sehen Sie eine Reihe von Bildern, die zeigen, was einigen Jugendlichen heute wichtig ist. Die Vielfalt dieser Ideen erlaubt uns zu erkennen, wie unterschiedlich die Menschen sein können, die in unserer Gesellschaft zusammenleben.

Beschreiben Sie, was Sie auf den Bildern sehen. Haben Sie ebenfalls Träume, Ziele, Ideale, Hobbys oder auch einfach nur Gegenstände, die Ihnen besonders wichtig sind?

WORTSCHATZ

Notieren Sie einige der Adjektive, die Sie bei der Bildbeschreibung verwendet haben. Recherchieren Sie mögliche Alternativen in einem Wörterbuch für Synonyme (online oder Print) und versuchen Sie, so viele davon wie möglich in Ihre Bildbeschreibungen einzubauen und dabei die „Standardadjektive" zu vermeiden.

Beispiel: *interessant*

Synonyme: *kurzweilig, spannend, spannungsreich, unterhaltsam, unterhaltend, fesselnd, geistreich, geistvoll, packend, reizvoll, sprühend, spritzig, anregend*

Hier ist eine Liste der Adjektive, die man oft ersetzen kann:

groß, klein, gut, schön, langweilig, interessant, schwer, leicht, nett

Arbeitsbuch

9 Grammatik unter der Lupe – Adjektive

2 Textverständnis

Der folgende Text zeigt einige der Dinge, die Jugendlichen in Deutschland wichtig sind, und nennt Gründe für die Auswahl.

Arbeitsbuch

3 Schriftliche Übungen

Lieblingsdinge

Auf dem Bild ist mein Freundschaftsschuh zu sehen. Es ist nur einer, weil meine beste Freundin, die ich vor zwei Jahren verlassen musste, den zweiten hat. Wir haben uns fest versprochen, dass wir diese zwei Kinderschuhe wieder zusammenbringen, wenn etwas passieren würde, was unser Leben stark beeinflusst, sei es die Geburt eines Kindes, Hochzeit oder der Tod eines lieben Menschen. Wir werden dann gemeinsam alles durchstehen.

Carla, 20 Jahre

Ich arbeite gern mit dem Computer und ich lerne immer wieder etwas Neues. Darüber hinaus bin ich durch meinen Laptop und das Internet mit meinen Freunden in der ganzen Welt verbunden.

Tim, 16 Jahre

Mit diesen Schuhen habe ich gute und schlechte Sachen erlebt: Mit ihnen habe ich vor Wut auf den Boden gestampft, Tränen sind darauf gefallen, ich bin mit ihnen vor Freude in die Luft gesprungen und außerdem halten sie sehr viel aus, auch das tägliche Motorradfahren. Die Schuhe sind übrigens nicht neu gekauft, sondern secondhand. Ich finde es toll, dass sie so eine Geschichte haben, die ich nur ahnen kann.

Charlotte, 17 Jahre

Wenn ich Klavier spiele oder anderen zuhöre, habe ich das Gefühl, auf eine Reise zu gehen. Ob ich traurig bin oder glücklich, verzweifelt, verträumt, verliebt – die schöne Sprache der Musik ermöglicht es mir, die richtigen Worte zu finden. Denn diese Sprache versteht jeder auf der ganzen Welt. Sie ist universell. Die Musik verbindet mich mit anderen Menschen und verleiht meiner Stimmung Ausdruck.

Laura, 18 Jahre

TIPP FÜR DIE PRÜFUNG

Wenn Sie Gegenstände oder Situationen beschreiben, versuchen Sie Adjektive zu benutzen, um die Beschreibung anschaulicher und klarer zu machen. Es ist besser zu sagen, dass „der Lieblingsgegenstand ein besonders **bunter**, **ausdrucksstarker** Pulli ist, der durch sein **ungewöhnliches** Muster auffällt", als einfach nur von einem „Pulli mit Muster" zu reden.

1 Drei der vier Autoren erwähnen Angenehmes und Unangenehmes, das Jugendliche erleben. Ergänzen Sie die Tabelle, indem Sie die Reaktionen, Ereignisse und Gefühle zusammenstellen.

	Positive Erfahrungen/Gefühle	Negative Erfahrungen/Gefühle
Welche Ereignisse werden Carla und die Freundin in der Zukunft zusammenbringen?	....	....
Wie reagiert Charlotte auf Erfahrungen?	....	....
Welche Gefühle beschreibt Laura?	....	....

2 Was ist sowohl Carla als auch Tim und Laura wichtig?

3 Mündliche Übung

1 Machen Sie ein Foto von Ihrem Lieblingsgegenstand und bringen Sie dieses zum Unterricht mit. Bereiten Sie dann einen Vortrag vor, in dem Sie erklären, warum dieses Ding Ihnen so wichtig ist. Der Vortrag muss eine Einleitung, einen Hauptteil und einen Schluss haben, darf aber nicht länger als drei Minuten dauern. Als Stütze bereiten Sie eine Karte mit höchstens zehn Stichpunkten vor, die Ihnen beim Vortrag hilft. Üben Sie den Vortrag vor dem Unterricht mit einem Freund.

2 Dann halten Sie den Vortrag vor der Klasse. Achten Sie auf die Zeit (höchstens drei Minuten) und auf Ihre Adjektive!

3 Nach Ihrem Vortrag beantworten Sie die Fragen der Klasse zu dem Gegenstand und Ihren Erklärungen.

4 Schriftliche Übung

Gestalten Sie als Gruppe eine Klassenausstellung.

Verfassen Sie kurze Texte zu Ihren Fotos und veröffentlichen Sie diese mit den Fotos entweder in einer Wandausstellung oder auf einer Website.

Vorschlag: Wer die meisten interessanten Adjektive verwendet hat, „gewinnt" den besten Ausstellungsplatz!

GRAMMATIK UNTER DER LUPE: PRÄPOSITIONEN

Arbeitsbuch

5 Grammatik unter der Lupe – Präpositionen

In solchen Bildbeschreibungen kommen viele Präpositionen vor, denen ein Nomen mit Artikel folgt.

Die Präpositionen bestimmen, ob das Nomen, das folgt, im Akkusativ, Dativ oder Genitiv steht, und daher ist es wichtig, diese zu lernen. Die folgende Textarbeit hilft Ihnen, Präpositionen zu verwenden.

1 Arbeiten Sie zunächst mit den Präpositionen im Text. Unterstreichen Sie alle Präpositionen und den Artikel nach der Präposition. Ergänzen Sie nun die Spalte „Textbeispiel" in der Tabelle um die Textbeispiele, die Sie unterstrichen haben.

2 Füllen Sie nun die Spalte „Präposition und Fall" aus. In welchem Fall steht der Artikel nach der Präposition?

3 Füllen Sie nun die dritte Spalte aus, indem Sie die Präposition mit einem Wort im Mask., Fem., Neutrum und Plural kombinieren. Der Plural ist für Maskulinum (der), Femininum (die) und Neutrum (das) gleich.

4 Erweitern Sie nun Ihre Tabelle um andere Präpositionen, die Sie kennen, indem Sie den Schritten 1–3 folgen.

Textbeispiel	Präposition und Fall	Beispiele von Maskulinum/ Femininum/Neutrum/Plural
von meinem Freundschaftsschuh	von + Dativ	von dem Schuh, von der Schule, von dem Haus, von den Schuhen
...		
...		
...		

Übersicht der wichtigsten Präpositionen mit Fällen

	Akkusativ	Dativ	Akkusativ (wohin?) und Dativ (wo?)	Genitiv
örtlich (wo?/ wohin?)	durch gegen um	bei außer gegenüber nach zu	in an auf unter hinter vor neben zwischen über	außerhalb diesseits jenseits entlang inmitten innerhalb oberhalb unterhalb
temporal (wann?)	bis gegen um für über	an in ab bei mit nach von vor zu zwischen seit		außerhalb innerhalb während seit
kausal (warum?)		bei unter		angesichts wegen aufgrund dank infolge trotz bezüglich
modal (wie?)	ohne bis auf	auf aus bei mit in	außer	statt einschließlich

5 Ergänzen Sie je den Artikel in Klammern mit der richtigen Endung oder benutzen Sie keinen Artikel.

Während (die) …. Sommerferien habe ich mit (mein) …. Bruder einen Fotokurs gemacht. Trotz (das) …. schlechten Wetters haben wir Spaß mit (mein) …. Lieblingsding gehabt: meiner Kamera. Bei (der) …. seltenen Sonnenschein haben wir ohne (die) …. nervigen Gummistiefel interessante Bilder an (das) …. Meer gemacht, in (die) …. Dünen, an (der) …. Strand und hinter (der) …. Deich. Herrlich! Ich bin in (das) …. Meer gerannt und mein Bruder hat mit (das) …. Vergnügen fotografiert. Bis auf (das) Wetter war alles perfekt. Dank (die) …. Bilder habe ich immer etwas, was mich an (der) …. Urlaub erinnert: ein Album voll mit (die) …. Fotos.

5 Textverständnis

Arbeitsbuch

4 Textverständnis – Soziale Milieus der Jugendlichen

Das Verhalten und die Werte, die Sie gerade diskutiert haben, sind häufig auf das soziale Milieu zurückzuführen, aus dem die betreffende Person stammt. Der folgende Text behandelt dieses Konzept genauer und nennt Beispiele von Jugendlichen aus unterschiedlichen sozialen Milieus.

Soziale Milieus der Jugendlichen

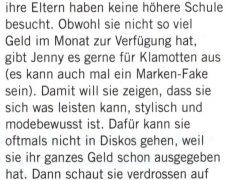

Jasmin (18 Jahre)

lebt nach dem Motto: „Genieße den Tag". Sie möchte ihre Freiheiten als Jugendliche voll ausnutzen. Nach der Schule will sie Spaß haben und mit ihren Freunden coole Sachen erleben. Zwar hätte sie auch aufs Gymnasium gehen können, aber auf der Realschule ist es stressfreier. Oftmals nerven sie ihre Eltern mit ihren Vorstellungen von Pflichtbewusstsein und Zielstrebigkeit, die sie altmodisch findet. Seit ein paar Jahren ist sie in der Hip-Hop-Szene unterwegs, weil ihr die Musik gefällt und dort die besten Partys gefeiert werden.

Jenny (16 Jahre)

geht auf die Hauptschule, und auch ihre Eltern haben keine höhere Schule besucht. Obwohl sie nicht so viel Geld im Monat zur Verfügung hat, gibt Jenny es gerne für Klamotten aus (es kann auch mal ein Marken-Fake sein). Damit will sie zeigen, dass sie sich was leisten kann, stylisch und modebewusst ist. Dafür kann sie oftmals nicht in Diskos gehen, weil sie ihr ganzes Geld schon ausgegeben hat. Dann schaut sie verdrossen auf Jugendliche aus anderen Gruppen und hofft, dass sie es später im Leben einmal besser haben wird.

Marco (17 Jahre)

hat sich zuerst für die Realschule entschieden und wechselte nach der 10. Klasse auf ein Berufliches Gymnasium. Er weiß schon, worauf es im Leben ankommt, und würde sich selbst als vernünftig und eher normal bezeichnen. Er freut sich immer aufs Wochenende, wenn er sich mit seinen Freunden treffen kann. Manchmal gehen sie dann zusammen in einen Club, aber lange Partynächte sind nicht so seine Sache.

Philipp (16 Jahre)

ist in der Schule sehr fleißig, auch wenn es ihm nicht immer so leicht fällt. Aber er weiß, dass er gute Noten für einen guten Ausbildungsplatz braucht. In eine Disko geht er ganz selten. Erstens gefällt ihm die Musik nicht so gut und zweitens ist er am Wochenende oft mit seiner Blaskapelle unterwegs. Darauf ist er sehr stolz, weil auch schon sein Vater und sein Opa dort mitgespielt haben und aufgetreten sind. Um das auch zu erreichen, hat er immer sehr diszipliniert geübt.

Übrigens kann Philipp Fast-Food gar nicht leiden, die Schnitzel seiner Mutter sind ihm lieber.

Julia (17 Jahre)

möchte ein sehr gutes Abi machen. Sie hat sich bereits über die Fächer informiert, die sie danach studieren will. Bereits im Schulalltag ist sie sehr gut organisiert, und so will sie das auch im Studium machen. Ihre Freizeit verbringt sie unter anderem mit Trendsportarten wie Beach-Volleyball oder Snowboarden. Gerne liest sie auch mal ein Lifestyle-Magazin, um immer auf dem neuesten Stand zu bleiben. Zu Weihnachten wünscht sie sich ein iPad.

Nadine (18 Jahre)

hatte früher Probleme in der Schule und mit ihren Eltern, weil sie oft abends und am Wochenende ausging. Darunter haben ihre Noten gelitten und ihre Eltern haben sich beschwert, dass sie zu selten zu Hause ist. Nadine verbringt viel Zeit mit ihren Freunden, und gemeinsam ziehen sie gerne durch diverse Clubs. Früher mochte sie eher Punk-Musik, aber mittlerweile fährt sie auf Elektro ab. Sie hat einen ausgefallenen Kleidungsstil, der sie von anderen unterscheidet. Mindestens einmal im Monat versucht Nadine, einen Billigflug nach London zu ergattern, weil sie die Club-Szene dort sehr mag und ihr Freund dort lebt, den sie über Facebook kennengelernt hat.

Jonas (17 Jahre)

besucht das Gymnasium und möchte danach studieren. Mit 15 hat er beschlossen, Vegetarier zu werden, um dadurch ein Zeichen gegen Massentierhaltung zu setzen. Seit einigen Monaten engagiert er sich auch bei Greenpeace, weil er Umweltschutz für eine sehr wichtige Sache hält. In eine Partei wollte er nicht eintreten, weil man dort eh nichts bewegen kann. Gerne geht er manchmal ins Theater.

In den verschiedenen „sozialen Milieus" leben jeweils Menschen mit einem ähnlichen Lebensstil und gleichen Zielen; ihnen sind dieselben Werte wichtig. Auch die Höhe des Einkommens sowie der Bildungsgrad gleichen sich innerhalb eines sozialen Milieus. In Deutschland unterscheidet ein bekanntes Institut bei den Jugendlichen zwischen 14 und 19 Jahren sieben Milieus.

Robby Geyer, *Gesellschaft für Einsteiger*, Bundeszentrale für politische Bildung

1 Welcher Jugendliche gehört zu welchem sozialen Milieu? Ordnen Sie die Namen zu.

		Name
a	Traditionelle Jugendliche (konservativ, sozial eingebunden)	
b	Bürgerliche Jugendliche („Normalo")	
c	Hedonistische Jugendliche (leben im Hier und Jetzt, lehnen geordnetes Leben ab)	
d	Postmaterielle Jugendliche (authentisch, haben Ideale)	
e	Performer-Jugendliche (Ehrgeiz, Stil)	
f	Experimentalistische Jugendliche (kreativ, individuell)	
g	Konsummaterialistische Jugendliche (mithalten wollen, modisch)	

2 Auf wen trifft die Aussage zu? Es kann mehr als ein Kreuz in jeder Reihe gemacht werden.

Welcher der Jugendlichen …	Jasmin	Jenny	Marco	Philipp	Julia	Nadine	Jonas
a nimmt die Schule wichtig?							
b geht oft abends tanzen?							
c isst kein Fleisch?							
d will Abitur machen?							
e treibt Sport?							
f findet Mode wichtig?							
g interessiert sich für Kultur?							
h engagiert sich ehrenamtlich?							

6 Mündliche Übung

In einer Gameshow werden Jugendliche eingeladen, um über die Zukunft Deutschlands zu diskutieren.

Dafür müssen die Jugendlichen sich in Gruppen darauf einigen, wie man eine bestimmte Geldsumme (500.000 Euro) am besten ausgeben sollte, um der Jugend einen guten Start ins Leben zu ermöglichen.

1   Bereiten Sie die Show vor. Arbeiten Sie dafür in Gruppen und stellen zusammen, wie Jugendliche aus einem der oben aufgelisteten sozialen Milieus das Geld verplanen würden.

2   Schicken Sie dann einen Repräsentanten Ihrer Gruppe in die Gameshow, um Ihre Ideen vorzustellen und mit den Repräsentanten der anderen Gruppen zu diskutieren.

Benutzen Sie den Wortschatz aus dem Text und die folgenden nützlichen Ausdrücke für Diskussionen.

TIPP FÜR DIE PRÜFUNG

Wichtig ist es, im Interview offene Fragen zu stellen, auf die der Partner mit vielen Informationen und Beispielen antworten kann. Sie wollen, dass der Partner frei spricht und Gelegenheit hat, etwas über sich zu erzählen. Zum Beispiel ist „Erzählen Sie mir, was Sie gern in der Freizeit tun" eine offene Frage, auf die der Partner eine lange Antwort geben kann. „Treiben Sie Sport?" kann mit „Ja" beantwortet werden und ist daher keine gute Interviewfrage, da Sie nur wenig erfahren.

NÜTZLICHE AUSDRÜCKE

Zustimmen	Ablehnen	Vorschlagen	Das Wort ergreifen
Das stimmt!	So ein Unsinn!	Wir könnten auch mal versuchen, …	Wenn ihr mich fragt, …
Genau!	Finde ich überhaupt nicht.	Sollen wir es so machen?	Einerseits hast du recht, aber andererseits muss ich sagen, dass …
Genauso ist es.	Ich bin völlig dagegen, dass …	Ich habe eine Idee: …	Kann ich auch mal was sagen?
Ich finde auch, dass …	Ich halte es für falsch, dass …	Mein Vorschlag wäre …	Also, ich würde behaupten …
Meiner Meinung nach ist das richtig.	Ich frage mich ernsthaft, ob …	Wenn es nach mir ginge, würden wir …	Interessant, aber du vergisst, dass …
Er/Sie hat vollkommen/ teilweise recht.			
Interessante Idee.			

7 Mündliche Übung

1   Üben Sie, *Ja/Nein*-Fragen zu vermeiden. Arbeiten Sie mit einem Partner. Interviewen Sie einander zu Ihren Vorlieben und Hobbys. Wenn der Partner auf eine Frage mit *Ja* oder *Nein* antworten kann, wechseln Sie. Der Partner stellt dann die Fragen. Wer die meisten Fragen vor einer *Ja/Nein*-Frage gestellt hat, hat gewonnen.

2 Stellen Sie als Gruppe gute Fragen an Jugendliche zusammen. Diese sollten offen sein und nach Hobbys, Vorlieben, Plänen und Ideen fragen. Interviewen Sie dann mündlich einen anderen Schüler aus Ihrer Klasse.

8 Schriftliche Übung

Schreiben Sie ein Interview mit einem der sieben Jugendlichen, in dem Sie nach Interessen, Zukunftsplänen, Sorgen und Träumen fragen. Benutzen Sie die Checkliste für ein Interview aus Kapitel 6. Sie sollten für *SL* 250–400 Wörter und für *HL* 450–600 Wörter schreiben.

GRAMMATIK UNTER DER LUPE: ÜBER DIE ZUKUNFT SPRECHEN UND SPEKULIEREN

Das Futur (*werden* + Infinitiv) wird im Deutschen gebraucht, um Prognosen, Vermutungen und Spekulationen auszudrücken. Wenn sich jemand sicher ist, dass er etwas in der Zukunft macht, dann benutzt er das Präsens.

*Ich **werde** dich immer **lieben**.* (Versprechen: Futur)

*Dein Freund **wird** wohl krank **sein**.* (Vermutung: Futur)

*In 20 Jahren **wird** die Welt der Jugend eine ganz andere **sein**.* (Prognose: Futur)

Aber:

*Ich **gehe** heute Abend ins Kino. Kommst du mit?* (konkreter Plan: Präsens)

Wünsche und Spekulationen, die nicht in der Zukunft umgesetzt werden, werden mit der Konjunktion *wenn* eingeleitet und erfordern den Konjunktiv I (*würden* + Infinitiv) oder Konjunktiv II (*hätten/wären* + Partizip). Der Konjunktiv wird dann im Deutschen im Nebensatz und im Hauptsatz gebraucht.

- *Wenn ich Geld **hätte**, **würde** ich noch mehr Kleidung **kaufen**.*

- *Wenn meine Eltern mehr Zeit **gehabt hätten**, **hätten** wir vielleicht mehr miteinander gemacht.*

TIPP FÜR DIE PRÜFUNG: INTERVIEW

Ein Interview braucht eine Begrüßung, einen Hauptteil und eine Verabschiedung. Wichtig für den Hauptteil sind offene Fragen. Vermeiden Sie Ja/Nein-Fragen. Das Interview soll für den Adressaten interessant sein: Wenn Sie also einen berühmten Fußballspieler für die Leser eines Fußballmagazins interviewen, sind die Fragen sicherlich viel spezifischer auf Fußball gerichtet, als wenn das Interview in einer Schülerzeitung der Schule erscheint, die der Fußballer in seiner Jugend besucht hat.

Vergleichen Sie die Zukunftsperspektiven der sieben Jugendlichen Jasmin, Jenny, Marco, Philipp, Julia, Nadine und Jonas. Diskutieren Sie die folgenden Fragen:

- Wer wird Ihrer Meinung nach beruflichen Erfolg haben, wer wird glücklich werden?

- Welche Charakterzüge werden dazu beitragen, dass die Jugendlichen ihre Träume verwirklichen können?

- Wer hat Unterstützung von anderen?

- Wo erwarten Sie Schwierigkeiten?

- Wer soll/kann helfen, dass sie im Leben das erreichen, was sie erwarten?

- Wie können eine Gesellschaft und jeder Einzelne dazu beitragen, dass alle Jugendlichen eine Chance erhalten?

- Ist es unfair, dass junge Menschen unterschiedliche Chancen haben? Begründen Sie Ihre Meinung.

Beim Spekulieren werden Sie Vorurteile und frühere Erfahrungen heranziehen, die Sie kritisch reflektieren sollten.

Die Jugend befindet sich häufig im Konflikt mit der Elterngeneration; beide Seiten finden die jeweils anderen Werte und Meinungen oft unverständlich. Die nächsten Übungen beleuchten diese Differenzen aus unterschiedlichen Perspektiven.

9 Hörverständnis 🔊 Spur 14

Die Jugend

Hören Sie sich das Gespräch zwischen Ariane und Martin Munte, den Eltern von Susanne und Erik an. Die beiden Teenager scheinen oft eine Sprache zu sprechen, die ihre Eltern nicht mehr verstehen.

1   Martin Munte hat die Theorie, dass die Jugendlichen mit Schimpfwörtern einen bestimmten Zweck verfolgen. Sie wollen erreichen, dass Erwachsene ...

   A sie verstehen   B sich aufregen   C ihnen zuhören

2   Wörter wie „Opfer", „Spasti" und „behindert" sind nicht gegen Behinderte gerichtet, sondern wogegen?

   ....

3   Wo werden Jugendliche Ausdrücke wie „Flüchtlinge", „vegane Integrationsbeamte" und „glutenfrei" verwenden?

   A auf einer Party   B in einer Sonderschule   C auf dem Schulhof

4   In dem Radio-Interview mit der Autorin bemerkt Ariane Munte, dass sie ein Wort besonders oft wiederholt. Welches Wort ist das?

     ....

5   Dieses Wort wird von Jugendlichen in Verbindung mit einem anderen Stilmittel verwendet. Welches ist das?

     A Kunstgriff   B Denkpause   C Kunstpause

6   Früher gab es ein anderes Modewort. Welches?

     ....

7   In welche Altersgruppe gehören Menschen, die das Wort „genau" verwenden?

     A Teenager   B Erwachsene bis zum   C Jugendliche
                                   Alter von ca. 30 Jahren

8   Welches Adjektiv beschreibt am besten die Eigenschaft der Wörter „prima", „super" und „krass"?

     A bewertend   B abwertend   C verurteilend

9   Wodurch wird die Funktion des Wortes „genau" am besten beschrieben? Man benutzt es, um ...

     A eine peinliche Situation zu entschärfen

     B eine Denkpause zu füllen

     C einen Sprachfehler zu verstecken

10 Wie kann man am besten die Erziehung von Ariane und Martin Munte bezeichnen?

     A positiv   B negativ   C streng

11 Mit welchem Kleidungsstück vergleicht Martin am Ende die Popularität des Wortes „genau"?

     A mit einer Bluse   B mit einem Rock   C mit einem Kleid

10 Mündliche Übung

Bevor Sie den nächsten Text lesen, diskutieren Sie mit einem Partner über Ihr Verhältnis zu Ihren Eltern:

Warum sind die Eltern wichtig in Ihrem Leben? Gibt es einen Unterschied in Ihrer Beziehung zu Ihrer Mutter und zu Ihrem Vater? Beschreiben Sie Ihre Idealvorstellung von Eltern und von einer Beziehung zwischen Kind und Eltern.

11 Textverständnis

Arbeitsbuch
8 Schriftliche Übung

Als Nächstes lesen Sie nun einen Text über Anna, die das Verhältnis zu ihren Eltern, besonders zu ihrer Mutter, in verschiedenen Phasen ihres Lebens beschreibt. Für Anna gab es viele Ereignisse, die ihr Leben in den letzten Jahren beeinflusst haben und die sie zu der jungen Frau gemacht haben, die sie jetzt ist. In allen Phasen haben die Mutter und teilweise auch der Vater eine Rolle gespielt und ihr Handeln beeinflusst.

Im Text fehlen im letzten Abschnitt Präpositionen, die Sie im zweiten Schritt der Textverständnisübung einsetzen müssen.

Anna

Wenn es eine Konstante gibt im Leben von Anna, dann sind es diese Fragen: „Anna, räumst du dein Zimmer auf?" – „Hast du dich für die Geschenke bedankt?" – „Was ist mit deinem Praktikumsplatz, willst du da nicht mal anrufen?" Mit 13 hofft Anna noch, ihre Mutter würde bald damit aufhören, mit 16 rebelliert sie dagegen, heute sagt sie: Lieber etwas Genörgel als gar keinen Rückhalt. Sie hat am eigenen Leib erlebt, wie tief man fallen kann.

Dies geschah im Sommer vor drei Jahren: Anna ist 17 und macht mit ihren Eltern Urlaub an der türkischen Riviera. Sie liegt mit ihrer Mutter am Strand, der Vater streift allein umher. Zu Hause erfährt sie dann, dass sich ihre Eltern trennen wollen: Der Vater hat eine neue Freundin, kaum älter als seine Tochter. Anna steht noch unter Schock, da stirbt ihr innig geliebter Großvater. Und wenig später trennt sie sich von ihrem Freund. Der Albtraum scheint kein Ende zu nehmen.

Aber Anna hat ja ihre Mutter, die zwar manchmal nörgelt, aber immer Rat weiß. Mit ihr spricht Anna über alles, etwa wenn sie Stress mit ihrem Freund hat. Freundinnen seien da schlechte Ratgeber, „zu loyal, die sagen sofort: ach, der Arsch". Ihre Mutter dagegen hat stets auch die Perspektive des Freundes im Blick. Sie ist Sozialarbeiterin, betreut psychisch Kranke, die Probleme anderer sind ihr Alltag, so leicht erschüttert sie nichts.

Mit 16 hat Anna eine Zeit lang „einen reicheren Freundeskreis". Ein Freund holt sie oft im goldenen Porsche seiner Eltern ab, dann fährt er mit ihr die Düsseldorfer Einkaufsstraßen entlang. Die Begeisterung der Mutter, eher rot-grün sozialisiert, hält sich in Grenzen. Trotzdem redet sie Anna die Freunde nicht schlecht, das rechnet ihr die Tochter hoch an. Selten erlebt sie ihre Mutter ratlos, am ehesten bei den Wutanfällen des Vaters. Doch in diesen Situationen rücken die beiden noch näher zusammen.

Umso härter trifft es Anna, dass sie nach der Trennung der Eltern mit ihren Problemen auf einmal allein dasteht. Ihre Mutter ist mit sich beschäftigt – die Freundin ihres Mannes, sie ahnte ja nichts. Ständig ist sie gereizt, jedes Paar Schuhe, das nicht aufgeräumt ist, bedeutet Streit zwischen Mutter und Tochter. Anna kämpft auch mit dem Vater: Er weigert sich, Unterhalt zu zahlen. Überall Krisenherde, überall Spannungen. Annas Körper hält diesen Zustand nicht lang aus. Sie schläft 20 Stunden am Tag und fühlt sich die übrigen vier schlapp. Schließlich landet sie in einer Spezialklinik am Starnberger See, Diagnose: Burnout.

Sommer heute. Anna sitzt im „Rosie's", einem Bistro **(a)** .... der Düsseldorfer Innenstadt. Die reichen Freunde hat sie längst **(b)** .... sich gelassen, manche halten sie trotzdem noch „für eine Schickimicki-Ziege", erzählt sie genervt. Anna ist 1,82 Meter groß, schlank, hat lange braune Haare. Sie trägt einen kurzen, weißen Rock, graues Top, braune Lederjacke. Wie es **(c)** .... ihr aussieht, wissen nur ihre Mutter und ein paar Freunde. **(d)** .... der Therapie hat sie recht genaue Vorstellungen davon, was im Leben zählt. Sie hat das schlimme Jahr überstanden, und das **(e)** .... die Hilfe der Mutter; **(f)** .... Therapie zu gehen war ihre eigene Idee. Diese Zeit war „eine enorme Bereicherung für mich", sagt sie. **(g)** .... zwei Monaten starb Annas Vater **(h)** .... Lungenkrebs. Da fiel auch der Mutter auf, wie erwachsen ihre Tochter geworden war: Wie selbstverständlich beteiligte sie sich **(i)** .... der Organisation des Begräbnisses. **(j)** .... derselben Zeit legte sie ihre letzte Abiturprüfung ab. Ihre Mutter, stolz, überraschte sie **(k)** .... einer spontanen Party. Und ermahnte sie **(l)** .... Ende, auch allen **(m)** .... die Geschenke zu danken. „Sie kann einfach nicht anders", sagt Anna belustigt.

Rainer Stadler, *Süddeutsche Zeitung*

1 Bringen Sie die Ereignisse in die richtige Reihenfolge. Nummerieren Sie sie.

a Annas Eltern lassen sich scheiden. ☐

b Annas Großvater stirbt. ☐

c Anna hofft, dass die Mutter mit den Ermahnungen aufhört. ☐

d Annas Vater stirbt. ☐

e Anna macht Urlaub mit den Eltern in der Türkei. ☐

f Anna kommt mit Burnout in die Spezialklinik. ☐

g Annas Mutter gibt eine Überraschungsparty für Anna. ☐

h Anna macht ihre letzte Abiturprüfung. ☐

2 Ergänzen Sie die folgenden Präpositionen im letzten Abschnitt des Textes. Jede Präposition kann nur einmal gebraucht werden.

AM	AN	AN	FÜR	HINTER
IN	IN	IN	IN	MIT
OHNE	SEIT	VOR		

3 Füllen Sie die folgende Tabelle aus.

Was gefällt Anna an ihrer Mutter?	Was findet Anna nervig?

4 Welche Probleme hat Anna mit den Eltern nach der Scheidung?

a mit der Mutter ....

b mit dem Vater ....

12 Schriftliche Übung

Schreiben Sie zwei Tagebucheinträge von Anna, in denen Anna erzählt, wie sie sich fühlt und was sie über ihre Situation denkt. Benutzen Sie die Checkliste für einen Tagebucheintrag aus Kapitel 6. Sie sollten für *SL* 250–400 Wörter und für *HL* 450–600 Wörter schreiben.

1 **Erster Eintrag:** nach der Scheidung, dem Tod des Großvaters und der Trennung vom Freund

2 **Zweiter Eintrag:** nach der Party nach der letzten Abiturprüfung

NÜTZLICHE AUSDRÜCKE

Hier finden Sie eine Liste von Ausdrücken, mit denen man in einem Tagebuch oder Blog Gefühle ausdrücken kann.

Mir ist entsetzlich zumute.	Wieso musste ausgerechnet mir so etwas passieren?
Das hat mich tief verletzt.	Das ist fast so, als wenn einem der Teppich unter den Füßen weggezogen wird.
Ich fühle mich großartig.	
Ich platze fast vor Energie.	Wie kann man nur so ein Glück haben?
Das hat mich jetzt echt glücklich gemacht.	einfach klasse
Das hat mich total genervt.	Mir ist ganz elend zumute.
Ich sehe der Zukunft voller Zuversicht entgegen.	Was soll ich jetzt nur machen?
Ich bin von dem Schock ganz benommen	Das ist einfach unglaublich toll.
Ich habe mich riesig gefreut.	Wenn das doch bloß alles nicht wahr wäre!

Ordnen Sie diese Ausdrücke in die folgende Tabelle ein und verwenden Sie so viele wie möglich davon in Ihrem Tagebucheintrag.

Auf ein positives Erlebnis reagieren	Auf ein negatives Erlebnis reagieren

TIPP ZUM *EXTENDED ESSAY*

In Deutsch B können Sie eine Facharbeit über ein literarisches Werk schreiben (Kategorie 3 – Literatur). Der Text muss von einem deutschsprachigen Autor stammen – wenn zwei Texte verglichen werden, dann gilt das für beide – Übersetzungen ins Deutsche sind nicht erlaubt.

Ein interessanter Roman zum Thema „Jugend" ist „Tschick" von Wolfgang Herrndorf (2010). Hier geht es um zwei 14-jährige Jungen, die aus verschiedenen Gründen in der Schule zu Außenseitern geworden sind und beschließen, sich auf die Suche nach Abenteuern zu machen. In einem gestohlenen Auto machen sie sich auf den Weg …

In einer Facharbeit können Sie folgende Aspekte untersuchen:

- Inwieweit ist der Roman „Tschick" typisch für das Genre des „Jugendromans"?

- Wie gelingt es Herrndorf, seine zwei Protagonisten nicht als kriminelle Störenfriede, sondern als sympathische Individualisten darzustellen?

- Wie, und mit welcher Absicht setzt Herrndorf in seinem Roman Umgangssprache und inneren Monolog ein?

Wenn Sie zwei Romane vergleichen wollen, bietet sich der Roman „Junges Licht" von Ralf Rothmann (2004) an. Auch hier geht es um einen Jungen, der mit seiner Schulangst und dem Verhältnis zu seiner Familie klarkommen muss – allerdings läuft der Protagonist nicht weg, sondern ist die Sommerferien über zu Hause.

Folgende Forschungsfrage wäre möglich:

- Wie stellen Herrndorf und Rothmann auf unterschiedliche Weise die Probleme eines Jugendlichen mit Freunden und Familie dar?

„Tschick" ist auch verfilmt worden; Sie können sowohl den Roman als auch den Film als Grundlage für eine Facharbeit in der Kategorie 2B wählen. Beide repräsentieren das „kulturelle Artefakt", das in dieser Kategorie erforderlich ist. Hier folgt eine Frage, die auf dem Film basiert und sich mit einem allgemeinen Aspekt der deutschsprachigen Kultur auseinandersetzt:

- Inwiefern ist die Verfilmung des Romans „Tschick" von Wolfgang Herrndorf eine deutsche Umsetzung des klassischen „Road Movie"?

Arbeitsbuch
9 Grammatik unter der Lupe – Adjektive

13 Textverständnis

In dem Roman „Die Vermessung der Welt" von Daniel Kehlmann geht es um das Leben des Mathematikers Carl Friedrich Gauß und das des Naturforschers Alexander von Humboldt. In dem folgenden Abschnitt verabschiedet sich Gauß von seiner Familie.

Literatur

DIE VERMESSUNG DER WELT

Nun also versteckte sich Professor Gauß im Bett. Als Minna ihn aufforderte aufzustehen, die **Kutsche** warte und der Weg sei weit, klammerte er sich ans Kissen und versuchte seine Frau zum Verschwinden zu bringen, indem er die Augen schloß. Als er sie wieder öffnete und Minna noch immer da war, nannte er sie lästig, beschränkt und das Unglück seiner späten Jahre. Da auch das nicht half, streifte er die Decke ab und setzte die Füße auf den Boden.

Grimmig und notdürftig gewaschen ging er die Treppe hinunter. Im Wohnzimmer wartete sein Sohn Eugen mit gepackter Reisetasche. Als Gauß ihn sah, bekam er einen Wutanfall: Er zerbrach einen auf dem Fensterbrett stehenden **Krug**, stampfte mit dem Fuß und schlug um sich. Er beruhigte sich nicht einmal, als Eugen von der einen und Minna von der anderen Seite ihre Hände auf seine Schultern legten und beteuerten, man werde gut für ihn sorgen, er werde bald wieder daheim sein, es werde so schnell vorbeigehen wie ein böser Traum. Erst als seine uralte Mutter, aufgestört vom Lärm, aus ihrem Zimmer kam, ihn in die **Wange kniff** und fragte, wo denn ihr tapferer Junge sei, **faßte er sich**. Ohne Herzlichkeit verabschiedete er sich von Minna; seiner Tochter und dem jüngsten Sohn strich er **geistesabwesend** über den Kopf. Dann ließ er sich in die Kutsche helfen.

Die Fahrt war qualvoll. Er nannte Eugen einen **Versager**, nahm ihm den **Knotenstock** ab und stieß mit aller Kraft nach seinem Fuß. Eine Weile sah er mit gerunzelten Brauen aus dem Fenster, dann fragte er, wann seine Tochter endlich heiraten werde. Warum wolle die denn keiner, wo sei das Problem?

Eugen strich sich die langen Haare zurück, **knetete** mit beiden Händen seine rote Mütze und wollte nicht antworten.

Raus mit der Sprache, sagte Gauß.

Um ehrlich zu sein, sagte Eugen, die Schwester sei nicht eben hübsch.

Gauß nickte, die Antwort kam ihm plausibel vor. Er verlangte ein Buch.

Eugen gab ihm das, welches er gerade aufgeschlagen hatte: Friedrich Jahns *Deutsche Turnkunst*. Es war eines seiner Lieblingsbücher.

Gauß versuchte zu lesen, sah jedoch schon Sekunden später auf und beklagte sich über die neumodische **Lederfederung** der Kutsche; da werde einem ja noch übler, als man es gewohnt sei. Bald, erklärte er, würden Maschinen die Menschen mit der Geschwindigkeit eines abgeschossenen Projektils von Stadt zu Stadt tragen. Dann komme man von Göttingen in einer halben Stunde nach Berlin.

Eugen wiegte zweifelnd den Kopf.

Daniel Kehlmann

Alexander von Humboldt

Carl Friedrich Gauß

In diesem Text gibt es einige Wörter und Ausdrücke, die heutzutage nicht so häufig vorkommen.

Ordnen Sie diese Wörter (im Text fettgedruckt) den folgenden Definitionen zu. Schlagen Sie bei den Verben den Infinitiv nach, bei den Substantiven das Genus.

1 ein anderes Wort für Backe: ein Teil des Gesichts

2 jemandem ein Stück Haut und Fleisch so mit den Fingern zusammenpressen, dass es schmerzt

3 sein inneres Gleichgewicht wiederfinden, sich beruhigen

4 sehr zornig oder wütend

5 ein Gefäß aus Glas oder Porzellan, mit einem oder zwei Griffen, in dem Flüssigkeiten aufbewahrt werden

6 eine Vorrichtung, die dazu dient, einen plötzlichen Druck oder Stoß abzufangen

7 jemand, der das Erwartete nicht leisten kann

8 ein geschlossener Wagen, von Pferden gezogen, in dem Personen befördert werden

9 eine weiche Masse mit den Händen in Form bringen oder bearbeiten

10 ein Stück Holz mit Verdickungen, auf das man sich beim Gehen stützen kann

11 unkonzentriert und träumerisch

14 Mündliche Übung

Recherchieren Sie die beiden Persönlichkeiten Alexander von Humboldt und Carl Friedrich Gauß in Bezug auf die folgenden Fragen. Präsentieren Sie Ihre Ergebnisse vor der Klasse. Wenn Sie Bilder finden, umso besser!

1 Wann haben sie gelebt? Warum sind sie berühmt? Sind sie auch heute noch relevant?

2 Beschreiben Sie eine besonders wichtige Entdeckung von Gauß und eine von Humboldt.

15 Schriftliche Übung

Dieser Roman ist vorwiegend in der indirekten Rede geschrieben. Lesen Sie dazu „Grammatik unter der Lupe" in Einheit 5.4.

Schreiben Sie einen der Absätze in die direkte Rede um. Vergessen Sie nicht, dass es im Deutschen Anführungszeichen unten gibt!

16 Mündliche Übung

Stellen Sie sich vor, dass Sie einem Freund von den Familienverhältnissen im Hause Gauss berichten. Bereiten Sie einen mündlichen Bericht mit Zitaten aus dem Text vor, der so anfangen könnte:

- Das Verhältnis zwischen Gauß und seiner Frau Minna ist eigentlich nicht besonders gut. Kehlmann schreibt, dass Gauß die Augen schließt und versucht, seine Frau so zum Verschwinden zu bringen.

Beschreiben Sie das Verhältnis zwischen:

- Gauß und seiner Tochter

- Gauß und seiner Mutter

- Gauß und seinem Sohn Eugen.

Benutzen Sie hierbei so viele Zitate aus dem Text wie möglich.

NÜTZLICHE AUSDRÜCKE

Der Autor sagt / behauptet / bemerkt / erklärt / erwähnt / deutet an …

Der Autor denkt / meint / glaubt / vermutet / findet / ist der Meinung …

17 Schriftliche Übung

Wählen Sie eine der folgenden Aufgaben und benutzen Sie die entsprechende Checkliste aus Kapitel 6. Sie sollten für *SL* 250–400 Wörter und für *HL* 450–600 Wörter schreiben.

1 Stellen Sie sich vor, dass Sie entweder Eugen oder seine Schwester sind. Schreiben Sie einen Brief an einen Freund, in dem Sie Ihre Familie und Ihr Verhältnis zu Ihrem Vater beschreiben. Sie dürfen natürlich Ihrer Fantasie freien Lauf lassen und viel mehr Details nennen als dieser Textausschnitt.

2 „Junge Menschen haben es heute so leicht wie nie zuvor."

Stimmen Sie dieser Aussage zu? Schreiben Sie einen Aufsatz, in dem Sie Ihre Meinung begründen. Sie können die verschiedenen Perspektiven aus diesem Kapitel als Beispiele verwenden.

4.3 Schule – für das Leben lernen

> Bereitet die Schule junge Leute auf das Leben vor?

Lernziele

- Über die Rolle des Internets in der Schule nachdenken

- Beispiele sozialen Engagements vorstellen und zur schriftlichen und mündlichen Auseinandersetzung anregen

- Das deutsche Schulsystem beschreiben

Kann man in der Schule für das Leben lernen? In jedem Land gibt es unterschiedliche Schulsysteme, aber allen ist gemeinsam, dass sie junge Leute auf das Leben nach der Schule vorbereiten wollen – nicht nur in beruflicher Hinsicht.

1 Einstieg

Diskutieren Sie das Bild in kleinen Gruppen. Was spricht dafür, in die Schule zu gehen, warum haben Schüler keine Lust auf Schule und schwänzen sogar? Stimmen Sie zu, dass Schule Zeitverschwendung ist? Sammeln Sie Argumente für und gegen den Schulbesuch in einer Tabelle.

2 Schriftliche Übung

Sie haben von einem Freund gehört, dass er mit 16 ganz mit der Schule aufhören und jobben will. Schreiben Sie einen persönlichen Brief, in dem Sie dem Freund Ihre Gedanken und Bedenken zu der Entscheidung erklären. Benutzen Sie die Checkliste für einen informellen Brief aus Kapitel 6. Schreiben Sie für *SL* 250–400 Wörter und für *HL* 450–600 Wörter.

WUSSTEN SIE DAS?
Das deutsche Schulsystem

In Deutschland ist Bildungspolitik Ländersache, sodass jedes Bundesland entscheidet, wie es das Schulsystem organisiert. Daher entstehen regionale Unterschiede. Einerseits gibt es Länder, die je nach Leistung Schüler an Hauptschulen, Realschulen und Gymnasien unterrichten. In anderen Ländern werden alle Schüler an der Gesamtschule unterrichtet und dort nach Leistungsniveau in den Fächern differenziert. Einen allgemeinen Überblick finden Sie in der folgenden Abbildung.

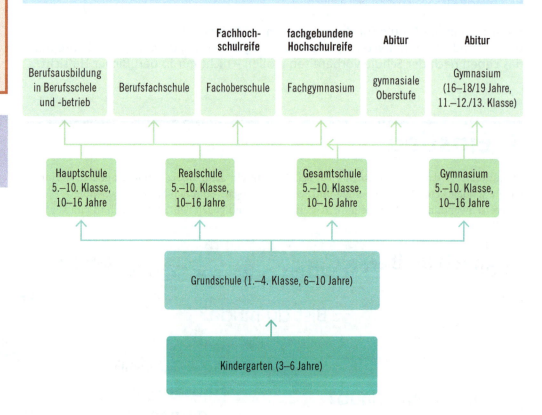

3 Textverständnis

Im folgenden Text lesen Sie nun von einer ganz anderen Schule, die die neuen Technologien nutzt, um den traditionellen Unterricht im Klassenraum zu ersetzen.

Die Internetschule

Ein Klassenzimmer, 30 Schüler, vorne an der Tafel steht der Lehrer und unterrichtet. So sieht Schule aus. Oder vielleicht doch nicht immer? Es geht nämlich auch anders: Die Web-Individualschule hat keine Klassenräume, keinen Pausenhof und keine Tafeln – sie ist eine Internetschule. Hier findet der Unterricht nur über den Computer statt.

Manche Schüler, deren Eltern zum Beispiel beruflich für längere Zeit ins Ausland müssen, können keine normale Schule besuchen. Sie verpassen zu viel Unterricht und verlieren irgendwann ganz den Anschluss. Diese Kinder und Jugendlichen haben aber meistens – egal wo auf der Welt sie gerade unterwegs sind – einen Internetanschluss. Und das reicht aus, um an der Internetschule unterrichtet zu werden.

Schulaufgaben, die Spaß machen

Jeder Schüler bekommt einen eigenen Lernplan per E-Mail zugeschickt. Das sind Aufgaben aus verschiedenen Themengebieten, die extra für diesen Schüler ausgesucht wurden. Der Schüler lässt sich so viel Zeit, wie er braucht, und schickt dann die fertigen Aufgaben zurück an die Schule. Dann bekommt er sein nächstes „Lernpaket".

Das Besondere dabei ist, dass die Schüler nicht einfach irgendwelche Aufgaben bekommen. Nein – jeder Schüler bekommt Übungen, die extra für ihn entworfen wurden. Da berechnet dann ein Fußball-Fan, wie hoch die Wahrscheinlichkeit ist, ein Tor zu treffen. Ein Schüler, der sich gerne mit Autos beschäftigt, lernt, wie ein Automotor funktioniert. Schüler, die Computerspiele mögen, schreiben Aufsätze darüber, warum es für viele Spiele Altersbeschränkungen gibt. Und so bedeutet Lernen nicht mehr „trockener Unterricht", sondern mehr über interessante Themen zu erfahren.

Alleine Lernen

Deshalb ist die Internetschule auch oft die letzte Hoffnung für Schüler, die von „normalen" Schulen geflogen sind. Jugendliche, die gar keinen Abschluss haben, können hier auf einmal doch noch lernen. Sie können sich ihre Zeit frei einteilen und bekommen spannende Lernpakete. Da lernt plötzlich noch der schlimmste Schulschwänzer freiwillig.

Manche kritisieren an der Internetschule das „Lernen alleine vor dem Computer": Schließlich soll man in der Schulzeit auch lernen, mit anderen zusammenzuarbeiten und auszukommen – das allerdings lernen die Internet-Schüler nicht.

Die Abschlussprüfung findet dann aber nicht im Internet statt. Wie alle anderen auch müssen die Web-Individualschüler eine offizielle Prüfung an einer staatlichen Schule mitschreiben. Doch da machen sich die Internet-Schüler keine Sorgen: Bisher hat noch jeder seinen gewünschten Abschluss geschafft.

Anna Sandner, GEOlino.de

235

WEITERDENKEN

Welche Vor- und Nachteile bietet Ihrer Meinung nach die Internetschule? Stellen Sie diese in einer Tabelle zusammen.

1 Ordnen Sie zu: Was gehört laut Artikel zur traditionellen Schule, was zur Internetschule? Einer der Begriffe gehört zu beiden.

- Lernpaket per E-Mail
- Lernen mit anderen
- 30 Schüler mit einem Lehrer
- Pausenhof

- Tafel
- individuelle Lernpläne
- individualisiertes Lernen
- Abschlussprüfung in einer staatlichen Schule

Traditionelle Schule	Internetschule

2 Wann ist eine Internetschule besonders attraktiv für einen Jugendlichen? Geben Sie *zwei* Antworten auf diese Frage.

4 Mündliche Übung

Lesen Sie zuerst die Situationsbeschreibung sowie die Rollenbeschreibungen. Arbeiten Sie in Gruppen, die jeweils eine Rolle vorbereiten. Stellen Sie Argumente zusammen, die in der Diskussion die Position der Rolle unterstützen. Benutzen Sie die Ausdrücke für Diskussionen aus Einheit 4.2.

Der Journalist leitet die Diskussion. Er muss darauf achten, dass alle an der Diskussion teilnehmen.

Die Situation

Ihre Schule überlegt, die Oberstufe abzuschaffen und Kurse online anzubieten. Die Abiturprüfungen können die Schüler nach zwei Jahren an der Schule ablegen. Der Rektor lädt zu einer Versammlung ein, um den Vorschlag zu diskutieren. Am Ende der Versammlung müssen sich alle auf eine Empfehlung einigen, die begründet ist.

Ein Journalist ist auch dabei, um Interviews mit den Interessengruppen zu veröffentlichen und die Diskussion zu moderieren.

Elternteil 1

Sie haben eine Tochter, die gern in die Schule geht und dort ihre Freunde trifft. Sie tut das Nötigste für die Schule, da die Lehrer es erwarten. Einerseits erkennen Sie die Bedeutung des Computers, da Schüler online gut selbstständig lernen können. Andererseits machen Sie sich Sorgen: Wird Ihre Tochter genug Zeit und Energie investieren? Wer unterstützt das Lernen, wenn Probleme auftreten? Wie kann sie ohne Schule die Freunde treffen?

Elternteil 2

Sie wohnen weit von der Schule und haben einen Sohn, der gern am Computer sitzt. Häufig verschwendet er dort seine Zeit mit Spielen. Gleichzeitig spielt er Fußball, wo er regelmäßig seine Freunde trifft. Sie stehen der Internetschule positiv gegenüber, wollen aber sichergehen, dass der Sohn optimal gefördert wird. Er braucht ein gutes Abitur, um Medizin zu studieren.

Schüler 1

Sie sind ein guter Schüler und wollen nach dem Abitur Jura studieren. Im Unterricht langweilen Sie sich oft, da der Lehrer Zeit mit Schülern verbringt, die stören oder Probleme beim Verstehen haben. Sie sehen die Internetschule als Chance, keine Zeit in der Klasse zu verlieren. Sie haben aber auch Sorgen, dass Sie sozial isoliert sein könnten, da Sie soziale Netzwerke online nicht gern nutzen.

Schüler 2

Sie wollen gern Abitur machen, sind aber sehr faul. Sie gehen zur Schule, weil Sie dort Spaß mit den Freunden haben. Es hilft Ihnen, die Prüfungen zu bestehen, wenn die Lehrer Ihnen das Nötigste erklären. Daher sind Sie nicht überzeugt, dass die Internetschule das Richtige für Sie ist.

Lehrer 1

Sie lieben den persönlichen Kontakt mit den Schülern und glauben, im Klassenraum besonders motivierend zu wirken. Sie können sich nicht vorstellen, nur am Computer zu arbeiten und nur schriftlich Feedback zu geben. Sie glauben auch fest daran, dass Schüler in der Schule voneinander und außerhalb des Unterrichts lernen. Soll das alles verschwinden?

Lehrer 2

Sie finden die Strukturen der traditionellen Schule unflexibel. Online könnten Sie auch außerhalb der festgelegten Zeiten mit Schülern kommunizieren. Sie könnten zu Hause arbeiten. Außerdem wäre da nicht der Lärm und die Klassendisziplin, die Sie anstrengend finden.

Rektor

Sie finden, dass die Schule die Entwicklung der modernen Medien nicht genügend nutzt. Daher finden Sie die Internetschule gut. Darüber hinaus sehen Sie eine Chance für Schüler, die Schwierigkeiten haben, Strukturen wie Stundenpläne und Klassengruppen zu akzeptieren. Außerdem investieren Sie Ihr Budget dann mehr in das Lernen: Nicht in ein Gebäude, das Schüler als sozialen Treffpunkt nutzen, sondern in die Computerabteilung und Lehrer, die Lernpakete entwickeln und mehr Feedback geben können.

Journalist

Vor der Versammlung interviewen Sie alle Interessengruppen und veröffentlichen die Interviews. Während der Diskussion übernehmen Sie die Moderation.

5 Mündliche Übung CAS

Nach der Schule und am Wochenende gibt es viele Möglichkeiten für andere Aktivitäten
– und auch für soziales Engagement. Im *IB* findet sich dieser Gedanke bei *CAS* wieder.
„*Service Learning*" verbindet fachliches Lernen im Unterricht mit gesellschaftlichem
Engagement außerhalb der Schule.

CAS und das *IB Learner Profile* fordern *IB*-Diplomprüfung Schüler auf, sich zu engagieren und
zu einer Gemeinschaft beizutragen. Dabei erkennen Jugendliche, dass sie ein Teil der Welt sind
und diese positiv verändern können. Gleichzeitig wird auch deutlich, dass Handeln auch negative
Folgen haben kann, z. B. wenn beim Reisen nicht an die Umwelt gedacht wird. Junge Menschen
leben noch lange auf dieser Welt und haben mehr Einfluss als viele denken. Daher ist es wichtig
zu überlegen, was für einen Beitrag jeder leisten will.

Diskutieren Sie in der Klasse oder in Kleingruppen.

- Kann die Jugend die Welt verändern?

- Sollen junge Leute sich für die Welt einsetzen?

- Warum sollte das die Aufgabe der Jugend sein?

- Warum sind Jugendliche vielleicht nicht geeignet, die Welt zu verändern?

- Was können Jugendliche tun, um ihre Welt zu verbessern?

„Ich kümmere mich um Hunde im Tierheim im meiner Freizeit, warum auch nicht?"

„Was geht das mich an?"

„Erst mal will ich Spaß haben. Da ist keine Zeit für das Ehrenamt."

„Ich will nicht ausgenutzt werden. So mache ich lieber nur das, was für mich von Vorteil ist."

„Ja klar. Mitmachen ist alles und zusammen können wir etwas verändern!"

Was halten Jugendliche davon, sich ehrenamtlich zu engagieren?

„Warum soll ich im Turnverein helfen, wenn ich da kein Geld verdiene?"

„Es macht einfach Spaß zu sehen, wie alte Menschen sich freuen, wenn man zuhört."

„Was kann ich als Einzelner schon ausrichten?"

„Wir als Jugendliche haben doch gar keine Kontrolle über diese Welt. Lass die Erwachsenen doch erst mal Gutes tun."

„Ich habe mein eigenes Fußballteam, das ich jede Woche trainiere. Großartig!"

WUSSTEN SIE DAS?

Freiwilliges Engagement in Deutschland

Jeder Dritte in Deutschland übernimmt in seiner Freizeit auch freiwillige Aufgaben. Durchschnittlich 14 bis 21 Stunden im Monat engagieren sich die Bürger vor allem in der Sport- und Freizeitgestaltung, in der Kinder- und Jugendarbeit, in ihrer Kirche, im Gesundheits- und Sozialbereich oder für Kultur und Bildung. In den letzten Jahren hat dieses Engagement zugenommen. Leute engagieren sich gerne in kleinen, selbstorganisierten Gruppen. Das freiwillige Engagement hat zunehmend eine volkswirtschaftliche Bedeutung. Man schätzt, dass über 4,6 Milliarden Arbeitsstunden pro Jahr von Freiwilligen geleistet werden. Auch die Stiftungen werden immer wichtiger. Sie verwalten heute ein Vermögen von ca. 100 Milliarden. Stark im Kommen sind Bürgerstiftungen, bei denen mehrere Bürger und Unternehmen gemeinsam als Stifter auftreten.

WEITERDENKEN

1 Was machen Sie in Ihrer Freizeit? Sind Sie Mitglied eines Vereins, einer Sportmannschaft oder einer anderen Gruppe? Diskutieren Sie in der Klasse, welche Erfahrungen Sie mit Vereinen und Organisationen gemacht haben und was ein aktives Vereinsleben bedeutet.

2 Ist jemand von Ihnen ehrenamtlich tätig, z. B. als Teil des *CAS*-Programmes? Besprechen Sie auch diese Erfahrungen.

3 In vielen Ländern bieten Schulen die Freizeitaktivitäten an, die sich in den deutschsprachigen Ländern in Vereinen abspielen. Diskutieren Sie die Vor- und Nachteile von Ganztagsschulen, wo Sport, Musik und anderes Engagement in der Schule stattfinden. Vergleichen Sie dies mit dem deutschen System, wo die Schule oft mittags aus ist und die Schüler dann im Verein aktiv sind. Welches Modell ziehen Sie vor? Warum?

6 Mündliche Übung

Die Fotos helfen Ihnen, sich auf die mündliche Einzelprüfung vorzubereiten. Sie zeigen Freizeitangebote, bei denen freiwillige Helfer aktiv sind.

1 Erfinden Sie für die Fotos Titel, die zu einem Vortrag anregen.

2 Bereiten Sie auf der Basis von einem der Fotos einen drei- bis vierminütigen, klar strukturierten Vortrag zum Thema „Freiwilliges Engagement in der Freizeit" vor. Benutzen Sie dabei das Foto als Einstieg und präsentieren Sie dann überzeugende Ideen und Standpunkte zum Thema.

7 Hörverständnis  Spur 15

Das Kaffeegeschäft – Ein Traum wird wahr

In diesem Text geht es um eine Frau, die est beim dritten Anlauf den Beruf findet, der sie wirklich glücklich macht. Machmal braucht man einen Anstoß und eine Portion Glück, um den richtigen Weg einzuschlagen.

1   Wovon bereit Monika Schuster gerade eine Kanne zu?

   A Kakao   B Kaffee   C Tee

2   Welche Eigenschaft ist der Grund dafür, dass Monika Schuster einen Timer braucht?

   A Vergesslichkeit   B Faulheit   C Dummheit

3   Wie lange betreibt Monika Schuster schon ihr Kaffeegeschäft?

4   Es gibt ein Getränk, das Monika Schuster noch nie getrunken hat. Welches?

5   Welche Geschmacksrichtung findet man in Monika Schusters Lieblingskaffee?

   A Cognac   B Zimt   C Kakao

6   Nennen Sie eine der Kaffeebohnen, die man im Laden kaufen kann.

7   In welchem Bereich lag die erste Berufsausbildung von Monika Schuster?

   A Design   B Buchdruck   C Logistik

8   Wo hat Monika Schuster 10 Jahre lang gearbeitet?

   A In einem Kaufhaus   B In einem Büro   C In einer Schule

9   Nachdem ihr Sohn 6 Wochen zu früh geboren wurde, hat sich bei Monika Schuster etwas verändert. Was war das?

   A Ihre Lebenslust   B Ihre Lebenseinstellung   C Ihr Lebensmut

10   Was war der Herzenswunsch von Monika Schuster?

11   Warum geht Monika Schuster jetzt gern zur Arbeit?

WEITERDENKEN TOK

Manchmal entscheiden sich Jugendliche für Berufe, die etwas ungewöhnlich sind, weil sie sich nicht in einer Gruppe Gleichgesinnter befinden und auf Erfahrungen anderer zurückgreifen können, sondern wirklich alles selbstständig herausfinden müssen.

Überlegen Sie, welche Berufe man normalerweise für Jungen und Mädchen mit den verschiedenen Schulabschlüssen vorschlagen würde. Berücksichtigen Sie dabei auch die Fotos auf dieser Seite. Gibt es Unterschiede? Wenn ja, welche? Woher kommen diese Unterschiede? Was ist Ihre Meinung – sind alle Berufe für Mädchen und Jungen gleich gut geeignet?

8 Textverständnis

Anna auf Achse

Anna Maihoff rangiert 40-Tonner, bewegt mit ihrem Lkw Güter über die Autobahnen der Republik. Die 20-Jährige macht eine Ausbildung zur Berufskraftfahrerin – und ist damit eine Exotin im Business der harten Kerle.

Früher wollte Anna Maihoff, 20, Pferdewirtin werden. „Aber wenn ein Pferd krank ist, musst du auch um 2 Uhr nachts aufstehen", sagt sie. „Das passiert dir bei Lkw nicht."

Heute ist Anna um kurz vor 5 Uhr aufgestanden. Eine Stunde später steuert sie ihren 40-Tonner zur Spedition Hellmann in Bremen. Anna fährt Lkw, beruflich. Sie ist jünger als die meisten Kollegen. Und sie ist eine Frau. Sie hätte sich kaum einen Job aussuchen können, in dem sie mehr Feinde hat. Sie störe das nicht, sagt Anna. „Dann sollen Autofahrer doch mal einen 40-Tonner fahren und es besser machen."

Wenn Anna neben ihrem Truck steht, reicht sie bis zum Türschloss. Sie hat braune Augen, ihre dunklen Haare zum Pferdeschwanz gebunden, am Wochenende macht sie sich gern mal hübsch, trägt Bluse oder Kleid. Bei der Arbeit zieht sie Schuhe mit Stahlkappen an, ihre T-Shirts haben keinen tiefen Ausschnitt, und im Sommer endet die kurze Hose auf Kniehöhe. „Sonst gucken die Männer", sagt sie. „Das brauche ich nicht."

Bei der Auftragsvergabe bevorzugt

Anna geht die Treppe hoch ins Haus, um sich ihren Auftrag abzuholen. Am Tresen warten schon drei Fahrer.

„Moin", sagt Anna.

„Na, Azubine[1], alles im Griff?", fragt einer.

„Ihr müsst jetzt warten. Ladies first", sagt der Mann hinterm Tresen und reicht Anna einen Zettel. Sie soll einen leeren Container, eine sogenannte Wechselbrücke, zum Kunden bringen.

„Wird sie auch noch verwöhnt, die Azubine", frotzelt der Fahrer. „Aber gleich beim Brücken nicht wieder im Weg rumstehen."

Brücken sagen die Fahrer, wenn sie ihren Lkw zum Beladen unter einen Container rangieren. Bei Anna dauert das länger, schließlich ist sie im dritten Lehrjahr. Ein gutes Dutzend 40-Tonner rangieren jetzt auf dem Parkplatz, das Gewusel erinnert an eine vierspurige Kreuzung, bei der die Ampel ausgefallen ist. „Das stresst", sagt Anna. Eine Vorfahrtregel gebe es nicht, einfach fahren. Wenn es nicht schnell genug geht, schimpfen manche Fahrer. „Aber das muss man abkönnen, wenn sie einen anblöken."

[1]**Azubi:** Kurzwort für „Auszubildender", also jemand, der eine Berufsausbildung oder Lehre macht. **Azubine** ist ein Wortspiel, bei dem ein weiblicher Lehrling mit einer „Biene" verglichen wird. Das ist dann meistens eher liebevoll als kritisch gemeint.

[2]**Vokuhila:** Kurzwort für eine Frisur, bei der die Haare vorn kurz (VOKU) und hinten lang (HILA) getragen werden.

Mit 20 Männern in einer Klasse

Nach ihrem erweiterten Hauptschulabschluss, also Hauptschule plus noch .... Schuljahr, schrieb Anna drei Bewerbungen an Speditionen. In einem Gespräch wurde sie gefragt, ob sie das wirklich will, als Frau unter all den Männern. Ihr jetziger Chef bei der „Dudek & Kling GmbH" fragte nicht danach. .... Wochen im Monat fährt sie, eine Woche sitzt sie in der Berufsschulklasse mit .... Männern. .... haben rund .... junge Menschen einen Ausbildungsvertrag als Berufskraftfahrer unterschrieben, nur ....davon waren Frauen. Wenn Anna eine Kollegin auf der Straße sieht, ruft sie: „Guck mal, noch eine Frau."

Einmal habe die Polizei sie angehalten, erzählt Anna. So jung und knackig, hätten die Polizisten gesagt, da wollen wir mal sehen, ob du überhaupt einen Führerschein hast. Auch Kunden musste sie den schon zeigen. Andere fragten, ob sie die Tochter vom Fahrer sei, oder empfahlen ihr, lieber was Leichteres zu lernen. Anna sagt, so etwas sporne sie eher an.

Heute bittet sie ein Kunde schmunzelnd: „Rufst du mich an, wenn du angekommen bist?" Anna lacht, souverän scheinbar, und trotzdem klingt in ihrer Stimme oft auch etwas anderes durch: Wenn sie ihren Freund am Telefon hat, würde sie mit ihrer tiefen, vollen Stimme als Tagesschau-Sprecherin durchgehen. In der Lagerhalle und auf dem Parkplatz wird diese Stimme oft hoch und dünn.

Anna könnte oft stärker sein für den Job und größer. Aber wenn sie etwa an die Klappe vom Lkw nicht drankommt, bittet sie ihre Kollegen um Hilfe, ohne sich zu schämen, und die meisten helfen, ohne sich aufzuspielen. „Da musst du mit Muskelkraft ran", sagt mal ein Fahrer, an die zwei Meter groß, mit Holzfällerhemd, Vokuhila[2] und getönter Brille, als er für Anna eine verklemmte Stütze am Container zurechtrückt. Als er das sagt, lacht sie freundlich. Hinterher, als er weg ist, murmelt sie etwas genervt, er habe es bei seinem Lkw doch selbst fast nicht geschafft.

Wenn sie die Männerwelt verlässt und aus ihrem 40-Tonner steigt, setzt sie sich in den roten VW Polo ihrer Mutter und fährt oft zu ihrem Pony Fuchsi. Sie hat es schon zehn Jahre, reitet es aber nicht mehr, sondern pflegt dessen Arthrose. Auch darum fährt sie heute fast nur noch Ein-Tages-Touren. Ihr gefalle es in ihrer Heimat Delmenhorst und bei ihrer Mutter, sagt Anna, sie sei nicht gern lang von zu Hause weg.

Gegen 16.30, kurz vor Feierabend, ruft Anna bei ihrem Betrieb an.

„Hallo, Anna hier, ich wollte fragen, was ich morgen machen soll."

„Nachtschicht fahren. Nach Kassel."

„Okay. Wann soll ich da sein?"

Frauke Lüpke-Narberhaus, *Der Spiegel*

WORTSCHATZ – KURZWORTE UND ABKÜRZUNGEN

Arbeitsbuch
4.3 Grammatik unter der Lupe – Wortstellung

Im Deutschen gibt es einige lange Worte, bei denen man sich auf eine einfache Kurzform geeinigt hat.

Was bedeuten die folgenden Kurzworte und Abkürzungen? Im Kasten finden Sie die Bestandteile der Wörter, aber Sie müssen sie richtig zusammensetzen.

LKW	DRK	GAU	SB	ZDF
VW	DB	KFZ	U-BAHN	S-BAHN

ZWEITES	ROTES	KRAFT	LAST	VOLKS
KRAFT	UNTERGRUND	DEUTSCHES	KREUZ	BAHN
GROESSTER	DEUTSCHE	ANZUNEHMENDER	FERNSEHEN	SELBST
BAHN	UNFALL	ZEUG	DEUTSCHES	BAHN
FAHR	WAGEN	BEDIENUNG	SCHNELL	WAGEN

1 Kreuzen Sie an, ob die folgenden Aussagen richtig oder falsch sind. Begründen Sie Ihre Entscheidung mit einem Textzitat aus dem ersten Textabschitt.

	richtig	falsch

a Annas größter Traum ist es, einen Beruf mit Pferden auszuüben. ☐ ☒

   Begründung: _Früher wollte sie Pferdewirtin werden_ ....

b Annas Beruf bedeutet, dass sie viel Auto fahren muss. ☐ ☐

   Begründung: ....

c Anna ist es egal, dass man sich als Lkw-Fahrerin im Verkehr nicht viele Freunde macht. ☐ ☐

   Begründung: ....

d Anna trägt auch am Wochenende Arbeitskleidung. ☐ ☐

   Begründung: ....

e Anna mag es nicht, wenn die Männer sie ansehen. ☐ ☐

   Begründung: ....

2 Die folgenden Fragen beziehen sich auf den zweiten Textabschnitt („Bei der Auftragsvergabe bevorzugt").

a „Bei der Auftragsvergabe bevorzugt" bedeutet … ☐

   I Anna bekommt den größten Auftrag von allen.

   II Anna muss weiter fahren als die anderen.

   III Anna wird als erste bedient.

   IV Anna darf sich ihre Aufgabe aussuchen.

b Was könnte das Wort „frotzeln" bedeuten?

   I schreien

   II witzeln

   III schimpfen

   IV toben

c Warum ist Anna beim Beladen des Lkws nicht so schnell wie die anderen?

   ....

d Warum ist Anna auf dem Parkplatz besonders angespannt?

   ....

3 Nun geht es um den dritten Textabschnitt („Mit 20 Männern in einer Klasse").

a Im dritten Abschnitt gibt es einige Lücken. Setzen Sie die folgenden Zahlen an die richtige Stelle:

   1   3   20   84   2010   2500

b Wie reagiert Anna, wenn jemand nicht glaubt, dass sie die Lkw-Fahrerin ist?

   ....

c Annas Stimme zeigt, dass sie nicht immer ganz entspannt ist. Wie klingt ihre Stimme manchmal im Job?

   ....

d Was fehlt Anna manchmal bei der Arbeit?

   ....

e Wie löst sie das Problem?

   ....

f Anna ist gern zu Hause. Was bedeutet das für ihren Job?

   ....

9 Schriftliche Übung

Sie haben den Artikel über Anna gelesen und fanden die Entscheidung, einen typischen Männerberuf zu ergreifen, sehr mutig. Sie wollen gerne wissen, was andere von dieser Idee halten, und schreiben einen Blogeintrag. Sie geben den Inhalt des Artikels wieder, aber schreiben auch über eigene Ideen. Benutzen Sie die Checkliste für einen Blogeintrag aus Kapitel 6. Schreiben Sie für *SL* 250–400 Wörter und für *HL* 450–600 Wörter.

WORTSCHATZ – BERUFE

1 Geben Sie zu den folgenden „typisch weiblichen" Berufen die entsprechende männliche Bezeichnung an oder nennen Sie eine Alternative:

Krankenschwester	Kindergärtnerin	Putzfrau
Sekretärin	Kosmetikerin	Sprechstundenhilfe

2 Hier sind ein paar „typisch männliche" Berufe. Gibt es weibliche Bezeichnungen?

Maurer	Bergbauingenieur	General (beim Militär)
Elektriker	Polizist	Automechaniker

Manchmal verwendet man ein ganz anderes Wort, manchmal verändert man einfach den Artikel und die Endung. Die allgemein übliche weibliche Endung für eine Berufsbezeichnung ist –in, wie in dem Beispiel „der Lehrer – die Lehrerin". Aber, wie man oben sieht, funktioniert diese Regel nicht immer!

SPRACHE UNTER DER LUPE: DAS BINNEN-I

Das Binnen-I dient dazu, sowohl die männliche, als auch die weibliche Form einer Berufsbezeichnung auszudrücken, ohne zwei Wörter zu verwenden. Man schreibt also nicht „Lehrer und Lehrerinnen", sondern „LehrerInnen".

Das erste Mal tauchte diese Schreibweise in einem Buch auf, das der Autor Christoph Busch 1982 geschrieben hat.

Obwohl man das Binnen-I auch heute noch öfter in Zeitungen und Zeitschriften sowie anderen Texten findet, gilt es laut „Duden" nicht als offizielle Schreibweise, wird aber im „Österreichischen Wörterbuch" als eine mögliche Variante dargestellt. Als Alternative wird im „Duden" angeboten, Klammern oder einen Schrägstrich zu setzen: „Lehrer(innen)" oder „Lehrer/-innen". Man kann natürlich auch die höflichere Vollform verwenden: „Lehrerinnen und Lehrer".

10 Schriftliche Übung

„Die Schule hat mit dem Leben danach nichts zu tun."

Stimmen Sie dieser Aussage zu? Schreiben Sie einen Aufsatz, in dem Sie Ihre Meinung begründen. Berücksichtigen Sie dabei die verschiedenen Aspekte aus dieser Einheit und nennen Sie Beispiele. Schreiben Sie für *SL* 250-400 Wörter und für *HL* 450-600 Wörter.

Wie tragen Gesetze und Regeln zu einer gelungenen Gesellschaftsordnung bei?

Lernziele

- Einblicke in die kriminelle Welt und damit verbundene gesellschaftliche Fragen gewinnen

- Mögliche Strafmaßnahmen und deren Wirksamkeit untersuchen

- Sich schriftlich und mündlich mit verschiedenen gesellschaftlichen Folgen auseinandersetzen

Der Spruch „Ordnung muss sein!" ist im deutschsprachigen Raum bekannt. Dafür gibt es unzählige Gesetze, Verordnungen, Vorschriften und Regeln. In dieser Einheit werden Aspekte der Gesetzgebung untersucht. Wie tragen Gesetze und Regeln zu einer gelungenen Gesellschaftsordnung bei? Wie ist die Wechselbeziehung zwischen Individuum und Gesellschaft? Welche Methoden gibt es, die Gesellschaftsordnung stabil zu halten? Gibt es auch Gelegenheiten, bei denen man vor einem ethischen oder persönlichen Dilemma steht?

1 Einstieg

Nicht alle Gesetze sind auf dem ersten Blick logisch oder offensichtlich.

Diskutieren Sie zu zweit: Welche dieser Gesetze gibt es wirklich? Was sagt Ihr Instinkt? Welche der Gesetze finden Sie sinnvoll? Warum (nicht)?

1 Wer in Deutschland eine nukleare Explosion auslöst, kann bis zu fünf Jahre ins Gefängnis kommen.

2 Es ist in Österreich gesetzlich verboten, mit einem falschen Schnurrbart eine Kirche zu betreten.

3 In Bayern sind Tanzveranstaltungen an gesetzlichen Feiertagen verboten.

4 Es ist laut Straßenverkehrsordnung verboten, auf der deutschen Insel Helgoland Rad zu fahren.

5 In der Schweiz ist es gesetzlich verboten, eine Autotür zuzuknallen.

6 Es ist in Deutschland gesetzlich verboten, sich auf Bahnübergängen zu küssen.

Je weniger die Leute darüber wissen, wie Würste und Gesetze gemacht werden, desto besser schlafen sie nachts.

Otto von Bismarck (1815–1898) zugeschrieben.

WORTSCHATZ – DIE KRIMINALWELT

Normalerweise redet man von Straftaten oder Verbrechen, aber es gibt verschiedene Stufen von Kriminalität.

1 Verbinden Sie die Begriffe mit den Kurzdefinitionen.

a Delikt

b Ordnungswidrigkeit

c Straftat

d Verbrechen

e Vergehen

i eine schwere Verletzung des Gesetzes – kommt vor Gericht

ii normale Strafe weniger als 12 Monate* oder Geldstrafe

iii eine leichte Verletzung des Gesetzes – Bußgeld als Folge

iv der Oberbegriff für alle strafrechtlichen Handlungen

v Mindeststrafe 12 Monate*

*12 Monate in Deutschland, drei Jahre in Österreich und der Schweiz

2 Können Sie die Tabelle zu den Straftaten vervollständigen?

Straftat	Person*	Verb
der Betrug		betrügen
der Diebstahl	Dieb	
der Drogenhandel		mit Drogen handeln
der Einbruch	Einbrecher	
die Entführung		entführen
die Erpressung	Erpresser	
der Mord		ermorden
der Raub	Räuber	
der Totschlag		totschlagen

*Bei den kriminellen Personen ist die **männliche Form** angegeben. Die weibliche Form wird wie üblich mit der Nachsilbe –in gebildet, z. B. Diebin.

3 Welche Straftat wurde hier begangen?

a Der Sohn eines reichen Mannes wurde in einem Versteck festgehalten und es wurde Geld verlangt.

b Eine Familie ist aus dem Urlaub zurückgekommen und hat festgestellt, dass das Küchenfenster kaputt war und die Schränke alle durchsucht wurden.

c Ein Mann stand am Eingang eines Musikkonzerts und versuchte, Haschisch zu verkaufen.

d Ein Mann hat Geld von der Firma auf sein eigenes Bankkonto überwiesen.

e Ich habe mein Auto gestern vor dem Haus geparkt, aber heute Morgen ist es weg.

f Ein Passant wurde bei einem Banküberfall erschossen.

Arbeitsbuch

1 Wortschatz – Was passiert einem Verbrecher?

2 Textverständnis

Manche Kriminelle werden erst nach langer Polizeiarbeit verhaftet und vor Gericht gestellt. Andere dagegen machen es der Polizei etwas leichter. Die folgenden Vorfälle sind wahr.

Dümmer als die Polizei erlaubt

i Eine Bank wurde von einem maskierten Bundeswehrsoldaten überfallen. Er wurde aber schnell identifiziert, weil er seine Uniformjacke mit Namensschild getragen hatte.

ii Eine Kölner Bank wurde von einer maskierten Frau überfallen. Nur hat sie bei der Flucht zu Fuß vergessen, die Maske abzunehmen und wurde sehr bald festgenommen.

iii Ein flüchtender Bankräuber in Frankfurt war offenbar so nervös, dass er sich in die Hand geschossen hat und dann seinen Fluchtwagen nicht starten konnte. Er wurde innerhalb weniger Minuten gefasst.

Arbeitsbuch

2 Textverständnis – Verbrechen lohnt sich nicht

1 Welcher Bankräuber …

a wollte nach dem Überfall ohne Fluchtfahrzeug entkommen?

b hat sich selbst verletzt?

c hat seine Identität beim Überfall verraten?

2 Finden Sie zwei Synonyme für „verhaftet".

GRAMMATIK UNTER DER LUPE: PASSIVSÄTZE

Man verwendet das Passiv, wenn das Subjekt unbekannt ist, wie die Täter aus den Texten oben.

- *Geld wurde verlangt, die Schränke wurden durchsucht, ein Passant wurde erschossen*

Das Passiv kommt auch vor, wenn das Subjekt offensichtlich ist, wie die Polizei bei den Bankräubergeschichten:

- *er wurde identifiziert, er wurde festgenommen, er wurde gefasst*

In beiden Fällen wird das Subjekt dann oft im Passivsatz nicht genannt.

Zur Bildung des Passivs siehe Einheit 3.4, „Grammatik unter der Lupe: Passivsätze".

Formen Sie diese Sätze in Passivsätze um. Nennen Sie das Subjekt nur, wenn es notwendig ist.

1 Jemand hat mein Fahrrad gestohlen.

2 Der Ladenbesitzer hat den Dieb festgehalten, bis die Polizei gekommen ist.

3 Das Sicherheitspersonal hat alle Konzertbesucher beim Eintritt durchsucht.

4 Die Diebe haben bei dem Hauseinbruch Schmuck und Bargeld gestohlen.

5 Nach dem Unfall hat jemand einen Krankenwagen gerufen.

6 Die Polizei hat die Drogen im Auto entdeckt, als sie den Fahrer bei einer Routinekontrolle angehalten haben.

WORTSCHATZ – STRAFE

Es gibt viele verschiedene Arten von Strafen in einer gesetzlich geregelten Gesellschaft – hier werden nur die häufigsten kurz und im Umriss erwähnt.

Verbinden Sie die Strafe mit der kurzen Beschreibung.

1 Sozialstunden

2 Hausarrest

3 Bußgeld

4 Geldstrafe

5 Bewährung

6 Freiheitsstrafe

a Eine Summe, die man wegen einer Ordnungswidrigkeit, z. B. eines Verkehrsdelikts, bezahlen muss.

b Wenn man ins Gefängnis kommt.

c Wird oft mit einer elektronischen Fußfessel überwacht.

d Wenn man ohne Bezahlung für die Gemeinschaft arbeiten muss

e Wenn man vom Gericht eine Probezeit bekommt, in der man keine neue Straftat begehen darf, weil man sonst ins Gefängnis kommt.

f Eine vom Gericht festgelegte Summe, die man bezahlen muss.

> **Arbeitsbuch**
>
> 3 Wortschatz – Die Polizei, dein Freund und Helfer

> **Arbeitsbuch**
>
> 5 Textverständnis – Darf man Säuglinge aus dem Land schicken?

WUSSTEN SIE DAS?

Gefängnis

Wenn man ins **Gefängnis** kommt, dann gibt es auch dafür verschiedene Namen.

Allgemein spricht man von einer **Haftanstalt**. Offiziell heißt sie **Justizvollzugsanstalt** (**JVA**), aber für Jugendliche ist es eine **Jugendstrafanstalt**, oder für kurzfristige Strafen (z. B. über das Wochenende) eine **Jugendarrestanstalt**. Umgangssprachlich kommt man in den **Knast**, wo man einfach **sitzt**. Und wenn man vor dem Prozess eingesperrt wird, dann ist man in **Untersuchungshaft** oder **U-Haft**. Im Gefängnis ist man dann ein **Häftling**, ein **Insasse** oder ein **Inhaftierter**.

Es gibt in Deutschland 68.000 Plätze in Haftanstalten, die 2017 zu 95 % besetzt waren. Nur 6 % der Inhaftierten waren Frauen. Angeblich (laut orf.at) sind die österreichischen Gefängnisse sogar zu 101 % ausgelastet, also überfüllt, wobei 50,1 % der Inhaftierten Ausländer sind.

In einigen deutschen Bundesländern hofft man, durch das Projekt „**Schwitzen statt Sitzen**" Haftkosten einzusparen. Hierbei wird anstelle von Freiheitsentzug gemeinnützige Arbeit als Strafe verhängt.

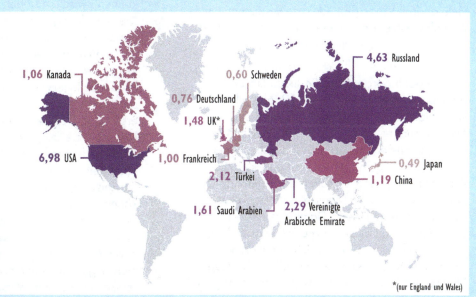

Internationaler Vergleich ▶ (ausgewählte Länder)

Gefangene/Verwahrte pro 1000 Einwohner

1,06 Kanada

0,60 Schweden

4,63 Russland

0,76 Deutschland

1,48 UK*

6,98 USA

1,00 Frankreich

2,12 Türkei

0,49 Japan

1,19 China

1,61 Saudi Arabien

2,29 Vereinigte Arabische Emirate

*(nur England und Wales)

3 Textverständnis

Wenn man als Jugendlicher ins Gefängnis kommt, dann heißt es nicht, dass man seine Tage in einer Zelle verbringt. Meistens versucht man, solche Jugendliche in die Gesellschaft wieder einzugliedern. Im folgenden Text wird von einem solchen Versuch berichtet. Im dritten Teil des Textes fehlen Wörter, die Sie bei der Textverständnisübung ergänzen müssen.

Jugendliche im Gefängnis –
Lieber in der Werkstatt als in der Zelle

In Rockenberg sitzen straffällig gewordene Jugendliche ihre Zeit nicht einfach ab. Sie können einen Schulabschluss nachholen oder eine Ausbildung machen.

Yusuf blickt in den Motorraum eines schwarzen Kleinwagens. Seit knapp einem halben Jahr lernt er, was eine Einspritzdüse ist und worauf es beim Reifenwechsel ankommt. Bei seiner Ausbildung zum Kfz-Mechatroniker steht der 19 Jahre alte Mann unter besonderer Beobachtung, denn Yusuf wurde zu einer mehrjährigen Gefängnisstrafe verurteilt. Er hat schwere Raubüberfälle begangen. Sein Ausbildungsbetrieb befindet sich deshalb hinter hohen Mauern, in der Justizvollzugsanstalt (JVA) Rockenberg. Schon als kleines Kind sei er von Autos fasziniert gewesen, erzählt Yusuf. Mit der Ausbildung gehe ein Traum in Erfüllung. Der Vater eines kleinen Sohnes sagt: „Die Strafe zu bekommen hat mich schon krass verändert. Ich habe erkannt, dass es viele andere Wege gibt, Geld zu verdienen." In Zukunft wolle er das mit dem Reparieren kaputter Autos tun, er sei geläutert, sagt er.

Kfz-Meister Thomas Uhl ist trotzdem wachsam. Er trägt dafür Sorge, dass die Jugendlichen, die meistens zwischen 18 und 19 Jahre alt sind, friedlich bleiben. Seine Arbeit sei ein Spagat, sagt er. Er müsse den jungen Männern Vertrauen entgegenbringen und gleichzeitig ein wachsames Auge haben. Bis auf eine kleinere Auseinandersetzung zwischen zwei Gefangenen habe es in seinen 14 Dienstjahren aber keine Zwischenfälle gegeben. „Damit das so bleibt, zähle ich jeden Abend die Werkzeuge", sagt er. Fehlte einmal auch nur ein kleiner Schraubendreher, die JVA stünde Kopf: Denn beinah jedes Werkzeug könnte auch als Waffe eingesetzt werden, sagt Uhl.

Mehr Jugendliche mit psychiatrischen Diagnosen

In Rockenberg absolvieren 80 Prozent der 190 Gefangenen eine Ausbildung oder besuchen die gefängniseigene Schule. Die Heranwachsenden können zwischen sieben Ausbildungsberufen wählen. Die Ausbildungen zum Kfz-Mechatroniker und zum Maler seien besonders beliebt, sagt Robert Thiel, Leiter der Schule und der beruflichen Bildungsmaßnahmen in der JVA. Aber auch Koch wollten viele werden. Das liege möglicherweise daran, dass es in der Lehrküche deutlich besseres Essen gebe als in der Anstaltsküche, ergänzt sein Kollege Mario Watz und lächelt. Er lernt die Neuzugänge zuerst kennen. Als Leiter der sogenannten Zugangsdiagnostik beurteilt er ihre Fähigkeiten mit einer Reihe standardisierter Tests. Die jungen Männer müssen zeigen, wie gut sie lesen, rechnen und schreiben können, und ihr handwerkliches Geschick unter Beweis stellen. Erst dann wird entschieden, ob sie schulische Bildungsmaßnahmen besuchen oder eine Ausbildung beginnen können. „Wir stellen fest, dass immer mehr Jugendliche mit psychiatrischen Diagnosen hier reinkommen", meint Watz. […]

1 Die Antworten auf die folgenden Fragen finden Sie im ersten Textabschnitt.

    a Wie lange macht Yusuf schon seine Ausbildung?

        I   drei Monate   III 12 Monate

        II sechs Monate   IV mehrere Jahre

    b Warum sitzt Yusuf im Gefängnis?

    c Wie findet Yusuf seine Ausbildung?

        I Er ist resigniert.   III Er ist hocherfreut.

        II Er ist verbittert.   IV Er ist besorgt.

    d Thomas Uhl sagt, seine Arbeit sei „ein Spagat". Das bedeutet, dass …

        I   seine Arbeit besonders Spaß macht.

        II er bei der Arbeit zwei gegensätzliche Rollen spielt.

        III seine Arbeit ein ständiger Kampf ist.

        IV er bei der Arbeit sehr viele verschiedene Aspekte beachten muss.

    e Warum zählt er jeden Abend die Werkzeuge?

        I   Weil man ein Werkzeug bei einem Streit oder einer Schlägerei benutzen könnte.

        II Weil die Wärter sonst das ganze Gefängnis durchsuchen müssten.

        III Weil er die Werkzeuge alle ordentlich halten will.

        IV Weil die Auszubildenden alle gelernte Diebe sind.

Ausbildung dauert mindestens drei Jahre

…a… die Lehrer ihrer Arbeit überhaupt nachgehen können, befinden sich maximal zehn Schüler in einer Klasse. …b… ist das Lernen hinter Gittern stark auf die Bedürfnisse der Jugendlichen zugeschnitten. …c… zwei Kursen, in denen der Hauptschulabschluss erworben werden kann, gibt es einen Lehrgang, …d… sich gezielt an ausländische Gefangene richtet, einen Kursus „Deutsch als Fremdsprache" zum Beispiel.

Auf Teilqualifikationen wird auch in den Ausbildungsbetrieben der JVA viel Wert gelegt. …e… eine Ausbildung dauert dort mindestens drei Jahre, so lange sind viele Gefangene nicht hinter Gittern. Durch die Ausgabe von Zwischenzeugnissen hätten die Jugendlichen zumindest einen Nachweis in der Hand, …f… sie in der JVA etwas gelernt haben.

Bessere Ausbildung – da kein Auftragsdruck

Bis Yusuf sein Zeugnis in den Händen hält, wird es noch eine Weile dauern. Er legt den Schraubenschlüssel beiseite und geht in einen kleinen Nebenraum. Dort spielen seine Kollegen unter dem kalten Licht von Neonröhren eine Partie Schach. Meister Uhl, 49 Jahre alt, steht in der Tür und schaut zu. Seit 14 Jahren bringt er jungen Gefangenen das Kfz-Handwerk bei. Hinter den Mauern gäbe es viel bessere Bedingungen für die Lehre als draußen, sagt er. „Ich kann meine Auszubildenden hier viel intensiver betreuen, weil ich keinen Auftragsdruck habe."[…] Die Wahrscheinlichkeit, dass der 19 Jahre alte Yusuf nach seiner Entlassung abermals straffällig wird, ist, statistisch gesehen, gering. Die Rückfallquote lasse bei Jugendlichen mit fortgeschrittenem Alter rapide nach, sagt der Schulleiter. Wenn, dann kämen meist die noch einmal hinter Gitter, die bei der ersten Inhaftierung zwischen 15 und 16 Jahre alt waren.

Sophia Liebig, Frankfurter Allgemeine Zeitung, 25.03.2016

Soziale Organisation

2 Die folgenden Aussagen beziehen sich auf den Abschnitt „Mehr Jugendliche mit psychiatrischen Diagnosen". Kreuzen Sie an, ob sie aufgrund des Textes richtig oder falsch sind. Begründen Sie Ihre Antwort mit Informationen aus dem Text.

		richtig	falsch
a	Es wird mehr als drei Viertel der Insassen mit einer Ausbildung geholfen.	X	☐

Begründung: 80 Prozent ....

b	Es gibt eine Schule im Gefängnis.	☐	☐

Begründung: ....

c	Viele Gefangene wollen eine Ausbildung als Künstler machen.	☐	☐

Begründung: ....

d	Mario Watz meint, die Gefangenen wählen die Ausbildung zum Koch nicht nur, weil sie den Beruf attraktiv finden.	☐	☐

Begründung: ....

e	Es ist nicht nötig, dass die Gefangenen vor der Ausbildung Fähigkeiten demonstrieren können.	☐	☐

Begründung: ....

3 Im dritten Abschnitt („Ausbildung dauert mindestens ein Jahr") fehlen einige Wörter. Suchen Sie aus der folgenden Liste die passenden Wörter aus. Es gibt mehr Wörter, als Sie brauchen.

a ☐

b ☐

c ☐

d ☐

e ☐

f ☐

i AUSSERDEM

ii DAMIT

iii DASS

iv DENN

v DER

vi JEDOCH

vii MIT

viii NEBEN

ix WEIL

x WENN

4 Hier geht es um den vierten Textabschnitt ("Bessere Ausbildung – da kein Auftragsdruck").

a Was machen die Auszubildenden in der Pause?

b Warum meint Uhl, die Bedingungen für die Lehre seien besser? ☐

I Die Auszubildenden sind gezwungen teilzunehmen.

II Die Autoreparatur ist nur Nebensache.

III Er hat nur sehr wenige Auszubildende in der Werkstatt.

IV Er hat engeren Kontakt zu den Auszubildenden.

4 Schriftliche Übung

Wählen Sie eine der folgenden Aufgaben. Dabei müssen Sie eine Textsorte aussuchen, die für die Aufgabe geeignet ist. Denken Sie dabei an den Kontext, das Ziel und die Leserschaft. Sie sollten für *SL* 250–400 Wörter und für *HL* 450–600 Wörter schreiben.

1. Während eines Streits zwischen zwei Gefangenen in der Werkstatt wird ein Auto beschädigt. Sie müssen den Zwischenfall bei der Anstaltsleitung melden.

2. Während eines Streits zwischen zwei Gefangenen in der Werkstatt wird ein Auto beschädigt. Sie müssen dem Autobesitzer den Zwischenfall melden.

3. Yusuf wird bald entlassen und will seine Ausbildung weitermachen. Er möchte sich bei kleinen Kfz-Betrieben in Frankfurt vorstellen.

5 Mündliche Übung

Machen Sie zu zweit das folgende Rollenspiel:

Kurz vor der Entlassung hat Yusuf ein Vorstellungsgespräch bei einem Kfz-Betrieb. Er will seine Ausbildung weitermachen und Horst Kellermann, der Kfz-Betriebsbesitzer führt das Gespräch.

Yusuf will …

- sein Interesse an Autos klar machen.
- seine Erfahrung/Teilqualifikation betonen.
- seine kriminelle Vergangenheit nicht verbergen.
- seine Zukunftspläne und Hoffnungen äußern.

Herr Kellermann will wissen, …

- wie viel Erfahrung Yusuf hat.
- ob Yusuf vertrauenswürdig ist.
- warum er den Lehrplatz Yusuf anstatt einem Schulabgänger geben soll.
- ob Yusuf berufliche Ziele/Ambitionen hat.

Arbeitsbuch
6 Grammatik unter der Lupe – Finalsätze

6 Hörverständnis 🔊 Spur 16

So geht Knast!

Viele der 65.000 Menschen, die in deutschen Gefängnissen sitzen, sind schon in der Jugend kriminell geworden. Um die heutige Jugend davon abzuschrecken, werden sie vom Verein „Gefangene helfen Jugendlichen" für einen Tag ins Gefängnis eingeladen.

1   In welcher Stadt befindet sich das Gefängnis?

2   Wie viele Schüler besuchen das Gefängnis?

3   Volkert Ruhe war selbst Gefangener wegen … ☐

    A Drogen   B Mord   C Banküberfall

4   Wie hat sich Ruhe gefühlt, als er angefangen hat, mit Jugendlichen das Gefängnis zu besuchen? ☐

    A 😀   B 😟   C 🙄

5   Welcher abschreckende Aspekt des kurzen Zellenbesuchs der Schüler wird *nicht* erwähnt? ☐

    A der unschöne Ausblick   B der schlechte Geruch   C das unbequeme Bett

6   Die Jungen waren nur kurz in der Zelle, aber wie lange kam es ihnen vor?

7   Ein Junge meint, etwas würde ihm fehlen, wenn er länger da wäre. Was? ☐

    A ⚽   B 🧑‍🤝‍🧑   C 🎮

8   Welche *drei* Hintergrundprobleme werden zitiert? ☐ ☐ ☐

    A kein festes Zuhause

    B keine Schulqualifikation

    C getrennte oder geschiedene Eltern

    D Eltern mit Alkoholproblemen

    E Familien mit Geldproblemen

9   Wann beginnt der Tag im Gefängnis?

10 Welche Frage stellt ein Jugendlicher? ☐

    A Ob man in der Zelle Fernsehen hat.

    B Ob man sein Handy behalten darf.

    C Ob man Zugang zu sozialen Medien hat.

TIPP FÜR DIE PRÜFUNG

Bei der Hörverständnisprüfung werden keine langen komplizierten Antworten erwartet. Die offenen Fragen (wie hier 2, 6 und 9) kann man normalerweise mit wenigen Worten beantworten. Hier wird oft nach Tatsachen gefragt, und Zahlen bieten sich immer bei solchen Fragen an, weil man sie einfach aufschreiben kann, während man zuhört.

7 Mündliche Übung

Für die Polizei ist nicht unbedingt alles von großem Interesse. Arbeiten Sie in kleinen Gruppen.

Wie finden Sie die folgenden Situationen? Was würden Sie machen? Betrachten Sie das als illegal? Oder betrachten Sie das als akzeptabel? Haben Sie selbst so etwas oder Ähnliches erlebt oder gemacht? Bei welchen Situationen würden Sie die Polizei informieren?

- Sie finden einen Geldbeutel mit mehreren hundert Euro auf der Straße. Es ist kein Name dabei.

- Auf dem Wochenmarkt werden billige Imitate von Designermode angeboten.

- Sie wollen unbedingt ein großes Fußballspiel sehen. Ein Freund erzählt, dass man das im Internet leicht streamen kann.

- Der Bankautomat gibt Ihnen 200 anstatt 100 Euro. Der Beleg zeigt, dass Sie nur 100 Euro von Ihrem Konto abgehoben haben.

- Eine modisch gekleidete Dame hält Sie vor dem Bahnhof an und erzählt, dass sie ihre Handtasche verloren hat. Sie bittet Sie um 50 Euro, um eine Zugfahrkarte nach Hause zu kaufen, und bietet Ihnen dafür Namen, Adresse und Telefonnummer an.

> **Arbeitsbuch**
> 4 Weiterdenken –
> Kavaliersdelikte

WEITERDENKEN TOK

Nach Informationen des Bundeskriminalamtes sind dies die sechs häufigsten Jugenddelikte in Deutschland:

Jugenddelikte in Deutschland als Prozentsatz aller Jugenddelikte

- Hätten Sie die Liste der Delikte so erwartet? Gibt es Delikte, die Sie in der Liste erwartet hätten? Meinen Sie, dass diese Liste anders ist als in Ihrem Heimatland?

- Außer bei Ladendiebstahl gibt es große Unterschiede zwischen Jungen und Mädchen. Wie erklären Sie das?

- Wo liegt die Verantwortung für die Jugendkriminalität? Bei der Gesellschaft, bei der Gemeinde, bei der Schule, bei den Eltern oder bei den Jugendlichen selbst?

- Sind die Strafen gerecht? Sind sie effektiv? Was würden Sie ändern – an Gesetzen, Regeln oder Strafmaßnahmen?

- Was können Sie als Einzelperson tun, um die Situation zu verbessern?

5 Ein Planet
für alle

5.1 Der Mensch als globaler Konsument

> Wie kann man als Einzelperson die sozialen und ethischen Herausforderungen der Globalisierung meistern?

Lernziele

- Über persönliche/soziale Folgen der Globalisierung nachdenken
- Aspekte der Konsumgesellschaft und der Fair-Trade-Bewegung untersuchen
- Mündlich und schriftlich auf damit verbundene Fragen reagieren
- Differenzierte Äußerungen mit Zeit- und Gradadverbien üben

Viele Aspekte des Lebens in der heutigen Welt werden von der wachsenden Globalisierung beeinflusst. Daraus entstehen zugleich Vor- und Nachteile, die in dieser Einheit untersucht werden. Es wird der Frage nachgegangen, wie man die sozialen und ethischen Herausforderungen als Einzelperson und besonders als Konsument meistern kann.

1 Einstieg CAS

Die Globalisierung ist …

… ein Prozess, bei dem weltweit alle Bereiche des Lebens (Politik, Wirtschaft, Kommunikation, Umwelt, Konsum, Kultur usw.) enger zusammenwachsen und einander beeinflussen. Diese Vernetzung der Beziehungen gilt für Staaten, Unternehmen, Organisationen, Gesellschaften und auch Einzelpersonen. Die Ursachen sind vielfältig. Dazu gehören u. a. der rasche technische Fortschritt, insbesondere die digitale Revolution, sowie der zunehmende Einfluss transnationaler Konzerne.

TIPP FÜR DIE PRÜFUNG

Bei Vokabelfragen in der *IB*-Prüfung (*Paper 2*) helfen immer die allgemeinen Sprachkenntnisse. Achten Sie z. B. darauf, ob es sich um ein Substantiv (also großer Anfangsbuchstabe) oder eine Mehrzahl (Endungen) handelt.

1 Diese Definition enthält viele Schlüsselwörter zum Thema Globalisierung. Finden Sie im Text ein anderes Wort für die folgenden Begriffe.

a	Entwicklung	e	Gründe	i	Verbindung
b	Firmen	f	Individuen	j	verschieden
c	Gebiete	g	Länder	k	vor allem
d	global	h	schnelle	l	wachsend

2   In der Definition der Globalisierung werden die folgenden Lebens- und Einflussbereiche genannt. Welche der aufgelisteten Bereiche sind für die Aspekte in der Tabelle relevant? Ein Aspekt kann Beziehungen zu mehreren Bereichen haben.

- Amerikanisierung
- digitale Revolution
- Kommunikation
- Konsum
- Kultur

- Individuen
- Organisationen
- Politik
- Staaten
- Technologie

- transnationale Konzerne
- Umwelt
- Unternehmen
- Wirtschaft

Aspekt	Bereich
Ananas ganzjährig	Konsum, Wirtschaft, Umwelt, Individuen
der Euro	
die US-Fernsehserie „Die Simpsons"	
Arbeitslosigkeit in „westlichen" Ländern	
Smartphones	
Containerschiffe	
Urlaub auf Bali	
Eisbären in Gefahr	
Starbucks	
finanzielle Deregulierung	

3   Welche dieser Beispiele sind positiv und welche sind negativ? Warum? Und für wen?

4   Welche anderen Beispiele können Sie nennen? Nehmen Sie die Fotos und Zitate unten als Anregung.

„Uns wird ständig eingeredet, dass wir kaufen, kaufen und nochmals kaufen müssen. Das ist natürlich für die Nachhaltigkeit eine Katastrophe."

Hannes Jaenicke, Schauspieler

„Es gab Zeiten, da sprach noch keiner von Globalisierung, aber der VW Käfer lief in aller Welt."

Horst Köhler, von 2004 bis 2010 Bundespräsident der Bundesrepublik Deutschland. Er war bis zum 4. März 2004 Geschäftsführender Direktor des Internationalen Währungsfonds (IWF).

Arbeitsbuch
1 Wortschatz –
Wirtschaft

WEITERDENKEN CAS

Das folgende Quiz soll zum Nachdenken über die Hintergründe anregen. Es ist nicht als Test gedacht! Versuchen Sie zuerst, die Fragen allein zu beantworten.

1 Welches Land ist der weltweit größte Ölproduzent?

  A Russland

  B Saudi-Arabien

  C die USA

  D die Vereinigten Arabischen Emirate

2 Welches Land ist der weltweit größte Ölverbraucher?

  A Japan

  B Russland

  C China

  D die USA

3 Wie viele Flugpassagiere gab es 2015 weltweit?

  A knapp 500 Millionen

  B mehr als eine Milliarde

  C über drei Milliarden

  D fast zehn Milliarden

4 Die weltweite Bevölkerungszahl wird 2050 …

  A niedriger sein als 2015.

  B auf 8–10,5 Milliarden ansteigen.

  C auf 15–16,5 Milliarden ansteigen.

  D so hoch sein wie 2015.

5 Wie hoch ist der Anteil des Süßwassers am weltweiten Wasserbestand?

  A etwa 50 %

  B mehr als 90 %

  C rund 10 %

  D nur 2,5 %

6 In Brasilien geht eine Waldfläche so groß wie rund sieben Fußballfelder …

  A pro Minute verloren.

  B pro Stunde verloren.

  C pro Tag verloren.

  D pro Monat verloren.

7 Der Anteil der Weltbevölkerung, der in einer Stadt lebt, lag 2015 bei …

  A weniger als 10 %.

  B fast 100 %.

  C etwa der Hälfte.

  D mehr als zwei Dritteln.

8 Wie viele Menschen lebten im Jahr 2015 in einem Staat, in dem sie nicht geboren wurden?

  A rund fünfzig Millionen

  B fast 250 Millionen

  C etwa 500 Millionen

  D knapp eine Milliarde

9 Wie viele Kinder unter 10 Jahren waren 2015 von Kinderarbeit betroffen?

  A 500.000

  B etwa eine Million

  C fast 10 Millionen

  D über 70 Millionen

10 Luxemburg hat das höchste Bruttoinlandsprodukt pro Kopf, Burundi das niedrigste. In Luxemburg ist es xmal so hoch wie in Burundi, wobei x = …

  A mehr als 850.

  B etwa 150.

  C ca. 20.

  D weniger als zehn.

Vergleichen Sie Ihre Antworten mit einem Mitschüler. Dann diskutieren Sie die richtigen Quiz-Antworten in kleinen Gruppen.

Welcher Aspekt der Globalisierung überrascht, beunruhigt oder schockiert Sie am meisten? Warum?

WEITERDENKEN

 Denken Sie in Gruppen über die Globalisierung im Alltag nach.

Erstellen Sie eine Liste von Beispielen in Ihrer Stadt oder Region. Was ist Ihnen in der Gruppe wichtig? Was finden Sie gut und nicht so gut? Was können oder wollen Sie als Einzelperson ändern?

WORTSCHATZ – REAKTIONEN UND GEFÜHLE AUSDRÜCKEN

Es	erstaunt	mich, dass …	Ich finde es	überraschend	, dass …
	überrascht			beruhigend	
	beruhigt			beunruhigend	
	beunruhigt			erstaunlich	
	schockiert			verwunderlich	
	wundert			unglaublich	
Es	macht mir	Sorgen, dass …		schrecklich	
		Angst, dass …			
		Freude, dass …			

2 Hörverständnis 🔊 Spur 17

Minimalistisch leben

Hören Sie einen Auszug aus einer Radiosendung zur Konsumgesellschaft an und beantworten Sie die folgenden Fragen.

1 Wer ist Ulrike Friedrich?

   A die Moderatorin der Sendung

   B die Managerin eines Einkaufszentrums

   C eine Radiojournalistin

2 Wann hat sich der Begriff „Konsumgesellschaft" in Westeuropa etabliert?

   A vor mehr als 50 Jahren   B um die Jahrhundertwende   C vor 100 Jahren

3 Welche Art Besitz unter Europäern wird *nicht* erwähnt?

   A   B   C

4 Was wird als „Staubfänger" bezeichnet?

   A alte Familienfotos   B Souvenirs aus dem Urlaub   C DVD-Player

5 Kritische Konsumenten kontrollieren die Herkunft ihrer .... , kaufen im .... ein und besitzen kein ....

6 Welche Art Nachrichten reizt die Konsumenten zum Kaufen?

A Wirtschaftsberichte   B Wetterberichte   C Alarmmeldungen

7 Wo findet man Beispiele für einen einfachen minimalistischen Lebensstil? ....

8 Vier Beispiele werden aufgeführt. Welches Beispiel gehört zu welchem Detail?
   (nur vier Details sind relevant)

                            Details:

   a Berlin   i   jedes Jahr einen Monat lang nichts Neues kaufen

   b Essen   ii   auf Radtour gehen

   c Köln   iii die Wohnung verkaufen

   d Bayern   iv   eine Musiksammlung verschenken

                       v   neue Fahrräder kaufen

                       vi   keine neue Kleidung kaufen

9 Die Familie, die über 2000 Haushaltsgegenstände ausmistet, beschreibt das als
   ....

10 Was spart man außer Geld bei diesem Lebensstil? ....

11 Was kann man bei diesem Lebensstil *nicht* weniger machen?

   A Hausarbeit   B Spaß haben   C Müll wegwerfen

12 Was wird bei diesem Lebensstil als schwierig beschrieben?

   A sich mit Freunden zu treffen

   B Geburtstagsgeschenke zu kaufen

   C überallhin mit dem Fahrrad zu fahren

3 Mündliche Übung

Arbeiten Sie zu zweit oder in kleinen Gruppen.

1 Erklären Sie den Unterschied zwischen Überfluss und Überdruss.

2 Denken Sie über Ihren eigenen Besitz nach.

   a Nennen Sie drei Dinge, die Sie jetzt als überflüssig bezeichnen könnten. Warum behalten
      Sie sie?

   b Nennen Sie drei Dinge, bei denen Sie sich fragen „Warum habe ich das eigentlich
      gekauft?" Und warum haben Sie es gekauft?

c   Nennen Sie fünf Dinge, ohne die Sie nicht auskommen könnten. Warum?

d   Wann haben Sie zuletzt z. B. Ihre Kleidung ausgemistet? Was haben Sie damit gemacht? Haben Sie in letzter Zeit auch andere Dinge ausgemistet? Was? Warum?

e   Stellen Sie sich vor, wo und wie Sie in zwei bis drei Jahren wohnen werden. Werden Sie dann mehr oder weniger Dinge um sich haben? Könnten Sie so minimalistisch leben, wie die Leute, die im Interview dargestellt wurden?

4 Schriftliche Übung

Wählen Sie eine der folgenden Aufgaben. Dabei müssen Sie eine Textsorte aussuchen, die für die Aufgabe geeignet ist. Denken Sie dabei an den Kontext, das Ziel und die Leserschaft. Sie sollten für *SL* 250–400 Wörter und für *HL* 450–600 Wörter schreiben.

1   Ihr Freund zieht in zwei Monaten mit der Familie ins Ausland. Er weiß nicht, wie er es schaffen kann, alles mitzunehmen. Geben Sie ihm einige Ratschläge und Tipps für den Umzug.

2   Sie bereiten sich auf das Studium in einer anderen Stadt vor. Sie haben beschlossen, über ihre Umzugsplanung zu berichten, damit andere vielleicht daraus lernen.

WEITERDENKEN CAS

Sind Sie als Konsument verantwortungsbewusst?

1   Kreuzen Sie bei den folgenden Aussagen Ihre eigene Meinung an.

		nie	manchmal	immer
a	Ich achte mehr auf den Preis als auf die Qualität.	....	....	....
b	Ich kaufe Bioprodukte.	....	....	....
c	Ich kaufe frische Lebensmittel lieber auf dem Markt als im Supermarkt.	....	....	....
d	Ich kaufe nur Markenartikel.	....	....	....
e	Ich benutze Stofftaschen, wenn ich einkaufe.	....	....	....
f	Ich kontrolliere die Herkunft von Kleidung im Geschäft.	....	....	....
g	Ich kaufe lieber im Internet als in der Stadt.	....	....	....
h	Ich kaufe auch im Winter Erdbeeren.	....	....	....
i	Ich kaufe Produkte mit dem Fair-Trade-Siegel.	....	....	....
j	Ich kaufe gern im Secondhandladen ein.	....	....	....

2   Danach fragen Sie einen Mitschüler. Vergleichen Sie Ihre Antworten.

Arbeitsbuch
2 Textverständnis – Weltumrundung der Jeans

WEITERDENKEN

1 Wie wichtig sind beim Einkaufen die folgenden Faktoren:

Preis, Qualität, Herkunft, Marke, Image, Verpackung, Meinung von anderen?

2 Nennen Sie andere mögliche Faktoren.

3 Entscheiden Sie, wohin diese Faktoren auf der Linie gehören. Vergleichen Sie Ihre Entscheidungen mit anderen in der Klasse.

nicht wichtig ⟵——————————————⟶ sehr wichtig

GRAMMATIK UNTER DER LUPE: ADVERBIEN

Arbeitsbuch
3 Sprache unter der Lupe – Zeitangaben

Entscheidungen sind selten vollkommen eindeutig. Bei Fragen wie z. B. „Wie oft?" oder „Wie wichtig?" und in Diskussionen will man normalerweise seine Meinung differenziert ausdrücken. Dazu kann man eine Reihe von Adverbien verwenden.

1 Entscheiden Sie, ob die folgenden Ausdrücke Zeitadverbien oder Gradadverbien sind. Ergänzen Sie die Tabelle mit zusätzlichen Beispielen.

überhaupt nicht	teilweise	regelmäßig	völlig
ab und zu	gelegentlich	wenig	einigermaßen
unheimlich	höchst	gar nicht	normalerweise
nicht allzu	vollkommen	häufig	kaum
ständig	von Zeit zu Zeit	gewissermaßen	hin und wieder
besonders	auf keinen Fall	ganz	absolut
ziemlich	nie	selten	niemals

Zeitadverbien	Gradadverbien
ab und zu	überhaupt nicht

2 Entscheiden Sie nun, wohin die Ausdrücke auf der entsprechenden Skala gehören.

ZEIT: ⟵——————————————⟶ (Wie oft?)

0 %   100 %

GRAD: ⟵——————————————⟶ (Wie sehr?)

3 Denken Sie nun über Ihre Antworten auf die Fragen zum eigenen Konsumverhalten nach. Können Sie diese Antworten jetzt etwas präziser ausdrücken?

5 Mündliche Übung CAS

Diskutieren Sie in kleinen Gruppen, wie die Einkaufsmöglichkeiten bei Ihnen sind.

- Ist die Auswahl an Geschäften gut, besonders für Jugendliche?
- Was fehlt an Geschäften in Ihrer Stadt?
- Gibt es einen Markt oder einen Laden, wo man frisches Obst und Gemüse aus der Region kaufen kann?
- Kann man relativ einfach Bioprodukte bzw. Produkte aus fairem Handel kaufen?
- Sind solche Produkte populär?
- Meinen Sie, dass die Menschen in Ihrer Stadt bzw. in Ihrem Land verantwortungsbewusste Konsumenten sind?

WORTSCHATZ – WORTBILDUNG MIT „ARBEIT"

Der Fokus in den zwei Lesetexten dieser Einheit richtet sich auf die globale Arbeitswelt. Das Schlüsselwort Arbeit findet man in vielen Kontexten, in vielen Formen und auch oft mit anderen Wörtern zusammengesetzt.

1 Verbinden Sie „**Arbeits-**" mit einem anderen Wort und ordnen Sie das Wort den Erklärungen a bis j zu. Welche *drei* Wörter werden nicht großgeschrieben?

-agentur	a	Arbeiter
-erlaubnis	b	zur Sicherheit
-kraft	c	kann nicht arbeiten
-lohn	d	wo man arbeitet
-los	e	Job
-platz	f	wo man Arbeit findet
-scheu	g	hiermit darf man arbeiten
-schutz	h	hat keine Arbeit
-stelle	i	Geld für Arbeit
-unfähig	j	will nicht arbeiten

2 Und jetzt machen Sie dasselbe, aber dieses Mal mit „**–arbeit**" am Ende.

Feld-	a	UNICEF engagiert sich dagegen.
Hand-	b	Wenn man nur ein paar Tage in der Woche arbeitet.
Haus-	c	Muss man machen, wenn man die Schulregeln verletzt.
Kinder-	d	Macht man auf einem Bauernhof.
Näh-	e	Putzen, bügeln, staubsaugen …
Schicht-	f	Nicht von einer Maschine hergestellt.
Straf-	g	Abwechselnd vormittags, nachmittags, nachts arbeiten.
Teilzeit-	h	Wenn man ein Loch im T-Shirt reparieren will.

6 Textverständnis

Der folgende Text ist ein Blogeintrag eines deutschen Schülers im Rahmen eines Schulprojekts.

Was ist Fair Trade?

Wir alle lieben Schokolade. Einige mögen mehr Haselnussschokolade, andere wiederum Vollmilchschokolade oder auch weiße Schokolade. Wir sehen die Schokolade im Supermarkt, greifen zu und genießen sie z. B. zu Hause vor dem Fernseher. Dabei machen wir uns keine Gedanken darüber, woher die Schokolade kommt. Nun denken wir uns, sie kommt von Milka oder Ritter Sport. Das meine ich gar nicht, woher kommt die wichtigste Zutat der Schokolade: der Kakao?!

Er kommt hauptsächlich aus der Elfenbeinküste, im westlichen Afrika. Die Arbeiter dort haben viel zu tun, denn alle Schokoladenhersteller brauchen viele Kakaobohnen. Die meisten Kakaoplantagen sind Familienbetriebe, d. h. die ganze Familie arbeitet auf dieser Plantage. Der Vater, die Mutter und die Kinder. Die Kinder sind in diesem Fall ganz normale Arbeiter. Sie tragen von morgens bis abends und das jeden Tag die schweren Körbe mit den Kakaobohnen von Baum zu Baum, damit der Vater, der die Bohnen vom Baum löst, sie sofort in die Körbe hineinlegen kann. Wenn die Bohnen gepflückt worden sind, müssen die Kinder die Kakaobohnen öffnen und die Samen herausschneiden.

Doch wo bleibt bei diesem geregelten Tagesablauf die Zeit für die Schule? Die Kinder in einer Arbeiterfamilie gehen nicht zur Schule, treffen sich nachmittags auch nicht mit Freunden oder spielen Fußball. Die Familie hat kein Geld, um ihre Kinder auf eine Schule zu schicken. Diese Kinder werden wahrscheinlich ihr ganzes Leben lang nichts anderes tun können, als auf der Kakaoplantage zu arbeiten. Als ob dieses Problem nicht schon groß genug wäre, gibt es noch eine viel schrecklichere Folge dieser Plantagenarbeit. In den meisten Fällen verformen sich die Knochen der Kinder so stark durch diese harte Arbeit mit nur wenigen Pausen, dass ihnen nichts anderes übrig bleibt als auf diesen Plantagen zu arbeiten. Es arbeiten nicht nur die Kinder der Arbeiterfamilie, der die Kakaoplantage gehört, mit, sondern auch Sklavenkinder aus den umliegenden Ländern. Diese arbeiten oft noch härter und haben kaum eine Pause.

Doch wieso müssen so viele Kinder mithelfen anstatt Erwachsene? Kinder sind billigere Arbeitskräfte. Im Übrigen haben die Arbeiterkinder noch nie in ihrem Leben Schokolade gegessen.

Fair Trade garantiert, dass auf den Plantagen der Firma keine Kinder arbeiten und die erwachsenen Arbeiter mehr Lohn bekommen, sodass die Kinder die Schule besuchen können und ihre Kindheit so richtig ausleben können. Leider gibt es nicht viele Käufer von Fair-Trade-Produkten, aber es gibt schon viele Menschen weltweit, die Fair Trade mit Projekten bekannter gemacht haben. Probiert es auch! Ihr helft den Kindern in der Elfenbeinküste schon viel, wenn ihr eurer Familie, euren Freunden und den Menschen, die ihr sonst noch so kennt, über Fair Trade berichtet. Vielleicht seht ihr euch bei dem nächsten Einkauf einfach mal nach Fair-Trade-Schokolade bzw. -Produkten um oder fragt im Geschäft/Supermarkt nach. Bei vielen Nachfragen ist eine Einlieferung dieser Produkte sehr wahrscheinlich.

Falls ihr euch zu diesem Artikel ein Video anschauen wollt, das meinen Artikel widerspiegelt, habe ich einen Link für euch: http://www.youtube.com/watch?v=b-Y5NXgQ1Fl

Alina Borowski, http://schulhofgefluester.over-blog.de

5

Ein Planet für alle

1 Beantworten Sie die folgenden vier Fragen, indem Sie die Nummer der richtigen Antwort in das Kästchen schreiben.

   a Welche Beschreibung passt am besten zum Text? ☐

      I ein Vortrag, um Mitschüler von den Vorteilen der Fair-Trade-Produkte zu überzeugen

      II ein Versuch, andere dazu zu bewegen, Fair-Trade-Produkte zu fördern

      III ein Bericht über Kinderarbeit in Afrika

      IV ein Aufruf an Erwachsene, die Ziele von Fair Trade zu unterstützen

   b Für die Autorin ist das größte Problem mit der Schokolade, dass … ☐

      I die Kakaoplantagen alle Familienbetriebe sind.

      II Konsumenten nicht genug Fair-Trade-Schokolade kaufen.

      III viele Kinder in der Kakaoproduktion beschäftigt sind.

      IV die Kinder in Afrika nie Schokolade zu essen bekommen.

   c Welcher der folgenden Missstände bei Kinderarbeit wird *nicht* erwähnt? ☐

      I Die Kinder haben keine Zeit, ihre Kindheit zu genießen.

      II Die Kinder sind oft unterernährt.

      III Die Kinder bekommen keine Schulausbildung.

      IV Die Kinder leiden an Gesundheitsstörungen.

   d Welche Merkmale einer normalen Kindheit fehlen bei allen Kindern auf den Plantagen? ☐

      I Fußball, Armut und Großeltern

      II Freunde, Gesundheit und Arbeit

      III Schule, Familienleben und Geld

      IV Sport, Ausbildung und Freizeit

2 Geben Sie kurze Antworten auf die folgenden Fragen.

   a Wer betreibt eine typische Kakaoplantage?

   b Wer pflückt die Kakaobohnen?

   c Warum werden so viele Kinder auf den Plantagen beschäftigt?

   d Was soll man laut Text tun, wenn man im Supermarkt keine Fair-Trade-Produkte findet?

3 Entscheiden Sie, welche Wörter in der mit Nummern versehenen Spalte den Wörtern aus dem Text am besten entsprechen.

a Zutat ☐	**i** Arbeitsentgelt	**ix** korrigiert
b hauptsächlich ☐	**ii** außerdem	**x** Kredit
c geregelten ☐	**iii** besonders	**xi** meistens
d Folge ☐	**iv** Bestandteil	**xii** nebenbei
e im Übrigen ☐	**vi** erzählt	**xiii** regelmäßigen
f Lohn ☐	**vii** Freizeit	**xiv** regulierten
g berichtet ☐	**viii** Konsequenz	**xv** Serie

WEITERDENKEN

CAS   **Fair Trade kennt man meistens in Verbindung mit Bananen oder Kaffee. Mittlerweile ist die Auswahl an Fair-Trade-Produkten etwas breiter geworden.**

Welche der folgenden Produkte gibt es heute aus fairem Handel:

Blumen, Fruchtsaft, Fußbälle, Honig, Jeans, Kerzen, Lederwaren, Nüsse, Reis, Schmuck, Schokolade, Tee, Wein, Zucker?

TIPP FÜR DIE PRÜFUNG

Bei *Paper 1* wird manchmal die Textsorte **Blogeintrag** verlangt. Neben anderen stilistischen Elementen dienen auch Links wie im letzten Absatz dazu, einen Text als Blogeintrag zu kennzeichnen. Andere Blogmerkmale sowie die Checkliste für einen Blogeintrag finden Sie in Kapitel 6.

WUSSTEN SIE DAS?

Schoko-Schocks

- Die Deutschen essen pro Jahr über 850.000 Tonnen schokoladenhaltige Produkte.

- Würde man einfache Schokoladentafeln aneinanderlegen, würde man eine Strecke von 1,7 Millionen Kilometern erreichen.

- Über 40 Prozent des Kakaos in der Welt kommen aus der Elfenbeinküste.

- Bei „normaler" Schokolade erhält der Bauer ungefähr fünf Prozent des Endpreises.

- Nach Angaben der Organisation TransFair sind in der Elfenbeinküste mehr als 600.000 Kinder im Alter zwischen sechs und 16 Jahren auf Kakaoplantagen beschäftigt.

7 Textverständnis

Kinderarbeit auf den Kakaoplantagen in Afrika ist nicht das einzige Problem, dem Fair Trade gegenübersteht. In Pakistan kämpft die deutsche Fair-Trade-Organisation GEPA um bessere Arbeitsbedingungen bei der Herstellung von Fußbällen. Im folgenden Text lesen Sie zwei Fallstudien über das Leben im Zentrum der Weltfußballproduktion.

In der zweiten Fallstudie fehlen Wörter, die Sie im ersten Schritt der Textverständnisübung einordnen müssen.

MATERIAL-DOWNLOAD

fair **4** you

Fair Trade in der Fußballproduktion

Fußbälle nähen: zwei Fallstudien

Roma

Romas Hände fliegen. In jeder Hand hält sie eine Nadel, gleichzeitig stößt sie die gegenläufig durch die vorgestanzten Löcher und zieht den Faden mit einem Ruck fest. Dabei lacht und scherzt sie mit ihren Nachbarinnen, die ebenfalls Fußbälle nähen. Doch was so leicht aussieht, erfordert eine Menge Übung und Konzentration, denn die Löcher zu treffen ist ganz schön knifflig. Für ihren ersten Ball, erinnert sie sich, hat sie noch über zwei Stunden gebraucht. Jetzt schafft sie es in knapp eineinhalb Stunden, die 32 Kunstlederstücke zu einem Ball zusammenzufügen.

Auch wenn die Arbeit manchmal etwas eintönig ist – Roma weiß genau, warum sie jeden Tag hier ins Frauennähzentrum im Dörfchen Gillan Chak bei Sialkot in Pakistan kommt: Mit den Fußbällen, die sie näht, finanziert sie den Schulbesuch ihrer Geschwister. Roma ist die älteste Tochter der Familie, und damit kommt der 21-Jährigen eine besondere Verantwortung zu. Ihr Vater verdient als Schmied zwar genug, um seine Familie zu ernähren. Doch um auch noch Schuluniform, Hefte und Bücher für Romas vier Schwestern und vier Brüder zu bezahlen, dazu reicht sein Einkommen nicht.

Fußbälle zu nähen, das ist eigentlich eine schlecht bezahlte Arbeit. Doch Roma hat Glück: Ihr Arbeitgeber Talon stellt auch die Fußbälle für die GEPA her. Und jedes Mal, wenn Roma einen Ball zusammennäht, auf dem das GEPA-Logo steht, bekommt sie fast das Doppelte von dem, was sie üblicherweise mit einem Ball verdient. Mit dem, was Romas Fußbälle reinbringen, ist der Schulbesuch für die jüngeren Geschwister gesichert. Roma hofft, dass sich so der Traum ihrer Familie erfüllen wird: Ihre Geschwister sollen einmal Ärzte, Lehrerinnen und Manager werden.

Sabur

(a) .... er 15 Jahre alt ist, näht Sabur Fußbälle.

Und er ist nicht der **(b)** .... in seiner Familie. Auch seine Frau und sein ältester Sohn nähen Fußbälle, und mit den drei Einkommen kann die neunköpfige Familie so gerade eben **(c)** .... Für kleine Extras reicht es aber trotzdem kaum. **(d)** .... letzten Id al-Adha, dem islamischen Opferfest, musste er sich Geld leihen, um seine Familie so, wie es der Brauch an diesem wichtigen religiösen Fest will, neu einkleiden zu **(e)** ....

Und an das traditionelle Festessen wäre ohne ein kleines Darlehen auch nicht zu denken gewesen. Aber Sabur hat Glück, **(f)** .... es ist allgemein bekannt, dass er bei Talon arbeitet und so immer wieder faire Fußbälle nähen darf. Dann verdient er fast doppelt so viel wie **(g)** .... und das macht ihn kreditwürdig. Letzten Monat zum Beispiel, da waren 80 Prozent der Bälle, die er nähte, für die GEPA und Sabur konnte auf einen Schlag all sein Schulden zurück **(h)** ....

„Wenn ich nur noch faire Fußbälle nähen würde, dann **(i)** .... ich ein reicher Mann", sagt er, und hofft, dass auch in Zukunft viele Aufträge von der GEPA kommen.

Fair Trade e.V., www.fair4you-online.de

1 Im zweiten Text, über Sabur, fehlen Wörter. Suchen Sie für jede Lücke im Text das richtige Wort aus den vier angebotenen aus.

a	i ALS	ii WENN	iii SEIT	iv WEIL
b	i EINZIGE	ii JÜNGSTE	iii ALLEIN	iv LETZTE
c	i SPAREN	ii WOHNEN	iii ERNÄHREN	iv ÜBERLEBEN
d	i IM	ii BEIM	iii FÜR DEN	iv WEGEN
e	i KAUFEN	ii KÖNNEN	iii SOLLEN	iv ANZIEHEN
f	i DENN	ii SO	iii WEGEN	iv WEIL
g	i ALLGEMEIN	ii ANDERE	iii NORMALERWEISE	iv JETZT
h	i BEZAHLEN	ii BEKOMMEN	iii GEBEN	iv LEIHEN
i	i BIN	ii WAR	iii WÜRDE	iv WÄRE

2 Entscheiden Sie, ob die folgenden Aussagen sich auf Roma, Sabur oder beide beziehen.

		Roma	Sabur	beide
a	Es gibt neun Personen in der Familie.	☐	☐	☐
b	Die Arbeit findet in einer Art Gemeinschaftszentrum statt.	☐	☐	☐
c	Für einen Fair-Trade-Fußball wird beinahe zweimal so viel bezahlt.	☐	☐	☐
d	Das verdiente Geld wird für Ausbildungen benutzt.	☐	☐	☐
e	Er/Sie ist verheiratet.	☐	☐	☐
f	Er/Sie scheint zufrieden zu sein.	☐	☐	☐

3 Die folgenden Aussagen beziehen sich auf den Text. Kreuzen Sie an, ob sie aufgrund des Textes richtig oder falsch sind. Begründen Sie Ihre Antwort mit Informationen aus dem Text.

		richtig	falsch
a	Roma arbeitet nicht allein.	X	☐

Begründung: *Dabei lacht und scherzt sie mit ihren Nachbarinnen.*

b	Roma findet die Arbeit jetzt unproblematisch.	☐	☐

Begründung: ....

c	Romas Vater ist arbeitslos.	☐	☐

Begründung: ....

d	Roma möchte, dass ihre Geschwister eine bessere Zukunft haben.	☐	☐

Begründung: ....

e	Sabur findet religiöse Festtage wichtig.	☐	☐

Begründung: ....

f	Sabur näht ausschließlich Fair-Trade-Fußbälle.	☐	☐

Begründung: ....

Arbeitsbuch
4 Textverständnis –
Wenn ich bei euch wär
5 Schriftliche Übung

8 Schriftliche Übung CAS

Bei Ihrem Aufenthalt in Deutschland sind Sie regelmäßig mit zum Sportverein gegangen. Sie haben beim Fußball zugeschaut sowie auch verschiedene Sportarten mitgespielt. Sie haben auch oft mit Freunden im kleinen Café im Sportverein gesessen. Das Thema Fair Trade wurde in der Schule viel diskutiert und Sie haben sich entschieden, auch an der Aktion teilzunehmen, fair gehandelte Produkte in der Stadt zu fördern.

Wählen Sie eine der folgenden Situationen und schreiben Sie einen Brief an den Vorsitzenden des Sportvereins, in dem Sie dafür argumentieren, dass der Sportverein in Zukunft Fair-Trade-Produkte benutzen sollte. Schildern Sie dabei die Situation im Herkunftsland der Produkte und erklären Sie, wie man helfen könnte, diese Situation zu ändern. Benutzen Sie die Checkliste für einen formellen Brief aus Kapitel 6. Schreiben Sie für *SL* 250–400 Wörter und für *HL* 450–600 Wörter.

1   Die Fußbälle, die im Sportverein benutzt werden, sind ziemlich alt. Außerdem gibt es zu wenige Bälle für die anderen Sportarten.

2   Im Café ist die Auswahl an Schokoladenriegeln sehr begrenzt. Darüber hinaus schmeckt die heiße Schokolade nicht besonders.

SPRACHE UNTER DER LUPE: FORMELLE BRIEFE

Beim formellen Brief handelt es sich um Korrespondenz mit einer Autorität (z. B. der Schulleitung), einer Behörde (z. B. der Stadtverwaltung), einer Firma (z. B. bei einer Bewerbung) und ähnlichen Institutionen. Dabei ist nicht nur der Inhalt, sondern auch der Stil wichtig, und man sollte auch den entsprechenden Briefkonventionen folgen.

Wie gut kennen Sie die Briefkonventionen?

1   Wählen Sie die richtigen Antworten, um einen Rahmen für einen formellen Brief zu erstellen.

a   Was steht oben rechts?

   I   nur die Absenderadresse

   II   nur das Datum

   III   der Ort und das Datum

   IV   der Name und das Datum

b   Sie schreiben z. B. an den Schuldirektor. Welche Anrede verwenden Sie?

   I   Hallo Herr Schmidt

   II   Lieber Herr

   III   Sehr geehrter Herr Direktor

   IV   Sehr geehrte Damen und Herren

c   Sie wollen Ihren Brief beenden. Was schreiben Sie?

   I   Schreiben Sie zurück.

   II   Ich freue mich auf Ihre Antwort.

   III   Geben Sie mir bald eine Antwort.

   IV   Das war's.

d   Was schreiben Sie als Schlussformel?

   I   Alles Liebe

   II   MfG

   III   Bis bald

   IV   Mit freundlichen Grüßen

Wer einen formellen Brief schreibt, um etwas zu bewirken oder jemanden zu beeinflussen, ist meist sehr engagiert und spricht aus tiefem Herzen. Es ist jedoch sehr wichtig, sich im Stil persönlich zurückzuhalten sowie einen sachlichen und höflichen Ton zu wahren.

2 Bei den folgenden Sätzen entscheiden Sie, ob sie in einem formellen Brief angemessen sind oder nicht. Wenn nicht, warum nicht? Und wenn nicht, schlagen Sie eine angemessene Alternative vor.

angemessen?	ja	nein
a Kannst du dir so was vorstellen?	....	....
b Man muss gegen diese Zustände etwas unternehmen.	....	....
c Ich bin mir sicher, dass Sie meine Meinung teilen.	....	....
d Ich glaube, ich werde wahnsinnig, wenn das so weiter geht.	....	....
e Die Kinder schuften von morgens bis abends und kriegen nicht mal was Richtiges zu essen.	....	....
f Sie haben die Gelegenheit, einen kleinen Schritt zur Verbesserung beizutragen.	....	....
g Tu was, bevor es zu spät ist!	....	....
h Ich wäre Ihnen sehr dankbar, wenn ich mit Ihrer Unterstützung rechnen könnte.	....	....

3 Jetzt lesen Sie Ihren Brief an den Vorsitzenden des Sportvereins noch einmal durch. Korrigieren Sie Ausdrücke, die Sie eventuell für unangemessen halten.

9 Mündliche Übung (CAS)

1 Nehmen Sie einen Aspekt der Globalisierung im Alltag und bereiten Sie ein kurzes Referat vor. Erforschen Sie dabei aktuelle Statistiken und lokale Beispiele und bauen Sie sie in Ihr Referat ein. Beantworten Sie am Ende die Fragen Ihrer Mitschüler, sodass eine Diskussion entsteht.

2 Es gibt heutzutage viele verschiedene Fair-Trade-Produkte. Suchen Sie ein Produkt aus und recherchieren Sie es, um ein kurzes Referat zu halten. Denken Sie dabei an folgende Aspekte:

- Herkunft – wo kommt das Produkt her?

- Produktion – vergleichen Sie „normale" und „faire" Zustände.

- Markt – wie verbreitet und wie populär ist das Fair-Trade-Produkt bei Ihnen und in deutschsprachigen Ländern?

- Probleme, eventuelle Lösungen, Aktionspunkte

WEITERDENKEN

Diskutieren Sie die folgenden Punkte auch im Hinblick auf die Texte dieser Einheit.

- Sollte man auch ethisch handeln, nicht nur ethisch denken?

- Was meinen Sie, warum Fair-Trade-Produkte immer noch nicht so weit verbreitet sind?

- Wie beliebt sind Fair-Trade-Produkte in Ihrem Heimatland?

- Hat sich Ihre Meinung zu Ihrem eigenen Verhalten als Konsument im Laufe dieser Einheit geändert? Werden Sie – falls nötig – Ihr Verhalten ändern? Wie? Warum (nicht)?

Fassen Sie die Vor- und Nachteile der Globalisierung zusammen.

Gibt es mehr Vorteile oder Nachteile? Welche Nachteile könnte man einfach bewältigen – und wie? Was können Sie als Einzelperson und Konsument tun, um die Situation zu verbessern? Was sollten Regierungen, kleine Unternehmen, Großkonzerne und andere Organisationen tun? Welche Probleme scheinen zurzeit unlösbar?

„Erst kommt das Fressen, dann kommt die Moral."

Bertolt Brecht, „Dreigroschenoper"

WUSSTEN SIE DAS?
Faire und unfaire Fakten

- Die deutschen Verbraucher gaben 2010 über 410 Millionen Euro für fair gehandelte Produkte aus.

- Trotzdem liegt der Marktanteil für Fair-Trade-Produkte in Deutschland bei unter zwei Prozent.

- Über drei Viertel aller Fußbälle in der Welt werden in Sialkot produziert, und dabei werden schätzungsweise vier- bis fünftausend Kinder beschäftigt.

- Jeder dritte Blumenstrauß in Europa kommt aus Kenia.

- Ein Arbeiter in Brasilien muss 2000 kg Orangen pro Tag pflücken, damit er genug Geld verdient, um seine Familie zu ernähren.

- Pro Jahr werden in Deutschland 1,5 Milliarden Kleidungsstücke aussortiert – das würde eine Lkw-Kolonne von München bis Kiel füllen.

Die Preiszusammensetzung eines typischen T-Shirts (nach Informationen der Universität Bremen)

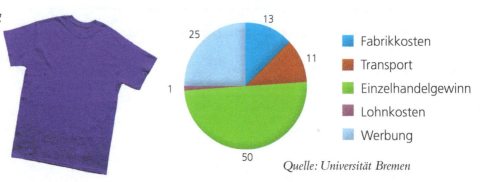

13
25
11
1
50

- Fabrikkosten
- Transport
- Einzelhandelgewinn
- Lohnkosten
- Werbung

Quelle: Universität Bremen

5.2 Der Mensch in der Natur

Wie kann man die Herausforderungen des Klimawandels bewältigen?

Lernziele

- Die Auswirkung von Umweltfragen auf das tägliche Leben untersuchen

- Sich mit dem Wechselverhältnis zwischen Umwelt und Tourismus auseinandersetzen

- Aus unterschiedlichen Perspektiven mündlich und schriftlich darauf reagieren

- Verschiedene Satzverbindungen analysieren, um abwechslungsreiche komplexe Sätze bilden zu können

Weltweit ist sich die überwältigende Mehrheit der Klimawissenschaftler darüber einig, dass der Klimawandel eine der größten Herausforderungen unserer Zeit ist. Die Umweltfragen, die daraus entstehen, sind weitreichend und erstrecken sich auch auf soziale, wirtschaftliche und ethische Bereiche des modernen Lebens. Diese Verflechtung der Umweltfragen wird in dieser Einheit untersucht; dabei stehen die Folgen des Klimawandels im deutschsprachigen Raum im Mittelpunkt. Die Frage wird aufgeworfen, welche Maßnahmen man als Einzelperson und als Gesellschaft ergreifen kann und ob diese effektiv sein können.

1 Einstieg CAS

Umwelt-Quiz

Das folgende Quiz soll in die Hintergründe des Themas einführen und zum Nachdenken anregen.

Beantworten Sie die Fragen und vergleichen Sie Ihre Antworten mit einem Mitschüler.

1 Kinder brauchen eine saubere Umwelt, … ☐

   A damit sie gesund aufwachsen können.

   B weil sie sich nicht selbst versorgen können.

   C damit sie leben können, wie sie wollen.

   D weil sie oft draußen spielen.

2 Was bedeutet „Nachhaltigkeit"? ☐

   A Der Natur möglichst lange Rohstoffe entnehmen zu können.

   B Der Natur immer wieder Rohstoffe entnehmen zu können.

   C Der Natur Rohstoffe zurückzugeben.

   D Der Natur nur zu entnehmen, was wieder nachwachsen kann.

3 Energiesparen bedeutet, … ☐

   A sich möglichst wenig anzustrengen.

   B möglichst wenige neue Windparks zu bauen.

   C möglichst wenig Erdöl, Strom und Gas zu verbrauchen.

   D möglichst wenige Kalorien zu sich zu nehmen.

4 Wie wird das Treibhausgas Kohlendioxid abgekürzt? ☐

   A D_2O B O_3 C H_2O D CO_2

5 Um die Umwelt zu schützen, sollten wir Obst und Gemüse essen, … ☐

   A das bei uns wächst und gerade Saison hat.

   B das uns richtig satt macht.

   C das auf dem Wochenmarkt verkauft wird.

   D das besonders billig angeboten wird.

6 Verschmutztes Wasser … ☐

   A spielt für das Überleben von Kindern keine Rolle.

   B ist die Hauptursache für Krankheiten in armen Ländern.

   C erschwert den globalen Gütertransport.

   D ist kein Problem, wenn Kinder sich regelmäßig waschen.

7 Die Vielfalt der Tiere und Pflanzen muss erhalten werden, … ☐

   A weil sie schön ist.

   B weil sie die Grundlage unseres Lebens ist.

   C weil es schon immer so war.

   D damit die Wissenschaft forschen kann.

8 Klimawandel bedeutet, dass … ☐

   A es bald keinen Winter mehr geben wird.

   B das Wetter veränderlich ist.

   C die Erde sich dauerhaft erwärmt.

   D das Klima natürliche Schwankungen hat.

UNICEF Deutschland

Arbeitsbuch
1 Wortschatz – Umwelt

WEITERDENKEN

Diskutieren Sie jetzt folgende Fragen zu den Fotos in kleinen Gruppen.

- Welche Umweltprobleme sind hier dargestellt? Was sind ihre Ursachen?
- Gibt es eine Verbindung zwischen allen vier Fotos?
- Was könnte man als Einzelperson dagegen machen? Was tun Sie persönlich?
- Und was könnte oder sollte der Staat tun?
- Treten diese oder ähnliche Probleme in Ihrem Land auf?
- Welche anderen Umweltprobleme gibt es in Ihrem Land?

WORTSCHATZ – UMWELTSCHUTZ

Der Umweltschutz hat viele Aspekte und es gibt dazu ein umfangreiches Vokabular.

1 Welche der folgenden Verben werden in negativen und welche in positiven Kontexten benutzt?

abwenden	anstrengen	aufrechterhalten	belasten	erschweren
gefährden	retten	schädigen	schützen	verringern
verschmutzen	verunreinigen	zerstören		

2 Füllen Sie die Lücken in den folgenden Sätzen mit Wörtern aus der Liste. Schreiben Sie dann jeweils einen Satz mit den übrigen Wörtern.

a Als Folge des Temperaturanstiegs schmelzen die ....

b .... trägt viel zum Problem der Meeresverschmutzung bei.

c Die .... ist eine Bedrohung für die Biodiversität in den Regenwäldern.

d Viele Länder unterstützen das Vorhaben, klimaschädliche .... zu reduzieren.

e Bei der Verbrennung von Kohle, Erdöl und Gas wird .... ausgestoßen.

f In vielen Ländern verlangen die Behörden von allen Haushalten eine strikte ....

g Die wichtigsten .... Energiequellen sind Wind, Sonne und Wasser.

h Pflanzen und Tiere werden in .... besonders geschützt.

i Wenn man weniger Auto fährt und die Heizung zu Hause herunterdreht, reduziert man seinen CO_2-......................

j Umweltschützer protestieren gegen den Einsatz von .... in der Landwirtschaft.

ABGASE

AUSSTERBEN

EISKAPPEN

ENTWALDUNG

ERNEUERBAREN

FUSSABDRUCK

KOHLENDIOXID

LUFTQUALITÄT

MÜLLDEPONIE

MÜLLTRENNUNG

NATURSCHUTZGEBIETEN

OZONLOCH

PESTIZIDEN

PLASTIKMÜLL

TREIBHAUSGASE

5

WUSSTEN SIE DAS?

Kalte Tatsachen

- In den Alpen werden 30 % aller Pisten künstlich beschneit – und in Österreich sind es schon 50 %.

- Experten rechnen, dass die künstliche Beschneiung durchschnittlich 136.000 Euro pro Hektar kostet.

- Im gesamten Alpenraum entspricht der Stromverbrauch für Kunstschnee dem von 130.000 Vierpersonenhaushalten.

- Rund 95 Mio. Kubikmeter Wasser werden für Kunstschnee verbraucht – das ist so viel wie der Wasserverbrauch einer Stadt mit 1,5 Mio. Einwohnern.

- Mehr als 20 % des Wasserverbrauchs der Region Davos in der Schweiz gehen auf die künstliche Beschneiung zurück.

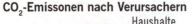

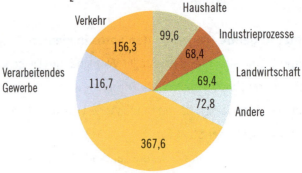

CO_2-Emissonen nach Verursachern

- Haushalte — 99,6
- Industrieprozesse — 68,4
- Landwirtschaft — 69,4
- Andere — 72,8
- Energiewirtschaft — 367,6
- Verarbeitendes Gewerbe — 116,7
- Verkehr — 156,3

Das Thema Umwelt umfasst also viele verschiedene Aspekte, aber ab jetzt geht es in dieser Einheit um den Klimawandel im deutschsprachigen Raum und speziell darum, wie er sich auf die Tourismusbranche in den Alpen auswirkt.

GRAMMATIK UNTER DER LUPE: SATZVERBINDUNGEN (1)

Die meisten Umweltprobleme haben vielfältige Ursachen und Folgen. Das gilt besonders für den Klimawandel. In den Alpen sind die Wechselbeziehungen zwischen Mensch und Natur sehr komplex.

Verbinden Sie folgende Satzteile zu vollständigen sinnvollen Sätzen. Beachten Sie dabei die verschiedenen Ausdrücke, die auf Ursache und Folge hinweisen.

1 Der Tourismus ist für die Wirtschaft in den Alpen sehr wichtig und deshalb …

2 Weltweit steigen die Temperaturen und aus diesem …

3 Weitere Folgen des Temperaturanstiegs …

4 Einige Skigebiete müssen sogar aufgegeben werden und dies …

5 Junge Leute finden in den Dörfern oft keine Arbeit und darum …

6 Der Mangel an Schnee bedeutet, …

7 Die Schneekanonen brauchen so viel Wasser, …

8 Andere Skigebiete werden höher verlagert und als …

9 Neue Straßen werden gebaut und das …

10 Die Wälder werden für Liftanlagen und Pisten abgeholzt und …

a dass man neue Speicherseen graben muss.

b führt zu mehr Autoabgasen.

c verursacht Arbeitslosigkeit in den Dörfern.

d hat man viel Geld in Skiorte investiert.

e Folge davon muss man die Infrastruktur neu aufbauen.

f Grund gibt es nicht so viel Schnee in den Bergen.

g deswegen werden Tiere aus ihrer Heimat vertrieben.

h sind Lawinen und schmelzende Gletscher.

i verlassen sie ihre Heimat.

j dass man immer mehr Schneekanonen benutzt.

2 Textverständnis

Weil der Wintertourismus für die Wirtschaft der Alpenländer so wichtig ist, stehen Umweltfragen bei Debatten immer im Mittelpunkt. „TINK" ist ein Medienprojekt für junge Leute in der Schweiz, die den Sprung in die Welt des professionellen Journalismus suchen. Im folgenden Artikel argumentiert Adrian Mangold, dass die Wechselbeziehungen zwischen Mensch und Natur weitreichender sind. Da es sich um einen Text aus der Schweiz handelt, wird die Schweizer Schreibweise (-ss- anstatt -ß-) beibehalten.

Im letzten Teil des Textes fehlen Wörter, die Sie im vierten Schritt der Textverständnisübung einordnen müssen.

Arbeitsbuch

2 Wortschatz – Tourismus

Es gibt besonders in der ersten Hälfte des Textes *Alpen unter Druck* einige weniger gebräuchliche Vokabeln. Hier werden sie erklärt.

[1]**Belastung:** Eine **Last** wird getragen und ist oft schwer. Eine Belastung wird dann meistens als negativ gesehen.

[2]**Gastgewerbe:** Ein **Gewerbe** ist eine Branche in der Wirtschaft. Hier wird also von Hotels usw. gesprochen.

[3]**schaulustigen: Schauen** heißt ansehen, betrachten. Wenn man **Lust** hat, dann will man etwas. Solche Leute sind also interessiert, neugierig.

[4]**beschert:** Zu Weihnachten heißt die Verteilung von Geschenken **Bescherung**.

[5]**Speicherseen: Speichern** kennt man vielleicht aus der Computersprache, es heißt behalten bzw. aufbewahren, damit man etwas wiederverwenden kann. Auch wichtig: Es heißt **die** Nordsee (die See = das Meer), aber **der** Bodensee (der See im Inland)

[6]**verunstalten:** Hier gibt es gleich zwei negative Vorsilben – **ver-** und **un-**. Eine Gestalt ist eine Form, also wird hier eine unschöne Form angedeutet.

Alpen unter Druck

Der Schnee ist da, die Wintersaison kann richtig beginnen. Für die Natur kann der Tourismus in den Alpen jedoch zur Belastung[1] werden. Die schwindende Biodiversität wird jedoch nicht nur durch das Gastgewerbe[2] unter Druck gesetzt – nachhaltige Lösungen sind gefragt.

Tourismus oder Natur? Diese Frage stellen sich die Schweizer in den Bergregionen immer öfter. Der Tourismus, zurzeit der am schnellsten wachsende Wirtschaftszweig der Welt, bringt die schaulustigen[3] Auswärtigen in die Region und beschert[4] viele Arbeitsplätze, aber gleichzeitig leidet mit dem Ausbau der Dörfer die Natur darunter. Als Beispiel für dieses Dilemma kann man das Andermatt Resort nehmen, welches sich noch im Bau befindet. Eine Milliarde Franken wird das Projekt kosten und nimmt eine Fläche von etwa 200 Fussballfeldern ein. Durch dieses Grossprojekt sollten rund 1000 neue Betten für wohlhabende Touristen entstehen und Arbeitsstellen für die Bergdorfbewohner geschaffen werden. Doch dabei wird auch das idyllische Bergdorf Andermatt innerhalb von wenigen Jahren zu einem modernen Touristentreffpunkt. Im Alltag von uns allen wird regelmässig das Ökosystem in der Bergwelt belastet. Ein Beispiel sind die Schneekanonen, die künstlichen Schnee auf den Skipisten verteilen. Alleine schon die Zahlen zeigen ein deutliches Bild auf: Vor zehn Jahren wurden lediglich 7 % aller Pisten mit Kunstschnee beschneit. Heute stehen wir bei 37 %. Der zunehmende Tourismus im Winter und die steigenden Temperaturen fordern immer mehr Kunstschnee. Schlussendlich verliert der Schwächste: Vegetation und Wildtiere müssen leiden und die Speicherseen[5] mit dem Wasser für den Kunstschnee verunstalten[6] die Landschaft.

5

Drei Herausforderungen

Grob betrachtet, finden sich momentan die grössten Probleme für das ökologische Gleichgewicht in der Alpenregion beim Tourismus, dem Transport und der Verstädterung[7]. Mit rund 120 Millionen Besuchern pro Jahr wird die Alpenregion Schweiz von vielen Touristen bereist und dementsprechend auch „abgenutzt". Gleichzeitig sind die Alpen eine der wichtigsten Ökoregionen der Welt. Der in den letzten Jahren zunehmende Massentourismus hat zur Zerstörung von einzigartigen Tier- und Pflanzenwelten im Alpenraum und zur Zersiedelung[8] beigetragen. Dennoch finden sich immer wieder Tourismusorte, die mit der Natur und Umwelt respektvoll umgehen. Die zukünftige Entwicklung weist hier ein positives Bild auf. Ein Umdenken hat schon stattgefunden.

Eng verknüpft mit dem Tourismus ist natürlich der Verkehr durch die Bergwelt. In den letzten Jahren nahm der motorisierte Verkehr stetig zu und belastete die Umwelt dadurch stark. Das Volk nahm immer wieder Initiativen zur Bekämpfung der Blechlawine[9] durch die Alpenlandschaft an. In der Realität sieht man leider noch zu wenig davon. Der Bund fördert effektiv die Verlagerung auf den Schienenverkehr[10]. Doch von einer optimalen Lösung ist man noch weit entfernt.

Die Alpen sind auch Heimat für viele Menschen. Nur 16 % der Gesamtfläche von den Alpen beinhaltet das unbewohnbare Hochgebirge. 43 % ist Wald und 22 % liegen im Tal und sind Siedlungsflächen. Doch die sind hart umkämpft und werden Stück für Stück verbaut. Bereits zwei Drittel der Menschen in den Alpenregionen wohnen in städtischer Umgebung. Der Ausbau fordert immer mehr freie Fläche und ein stärkeres Eindringen in die Natur. Hier muss besonders auf die zukünftige Raumplanungspolitik achtgegeben werden, so dass der Mensch und die Natur harmonisch nebeneinander leben können.

Vielfalt stärken

Doch nur Naturschutz ist nicht des Rätsels Lösung. Es gehört weit mehr dazu, um das wichtige Gleichgewicht zwischen Natur und Zivilisation zu erhalten. Das Zauberwort heisst in dieser Hinsicht Biodiversität. **(a)** .... Begriff setzt sich aus den folgenden drei Elementen zusammen: Vielfalt innerhalb der Arten (Artenvielfalt), zwischen den Arten (genetische Vielfalt) und die Vielfalt der Ökosysteme. Die Schweiz hatte am Erdgipfel 1992 in Rio ein Abkommen abgeschlossen, **(b)** .... die Nationen dazu verpflichtet, eine nationale Strategie zur Stärkung der Biodiversität zu erarbeiten. Nach rund 19 Jahren hat nun der Bund einen Entwurf zur Strategie der Biodiversität in die Vernehmlassung* geschickt. Dieses beinhaltet zehn Punkte, **(c)** .... bis 2020 erreicht werden sollen. Im Dokument erachtet der Bund die Biodiversität als extrem wichtig, obwohl sie weltweit rapide abnimmt. Durch die intensivere Nutzung des Raums und Bodens werden nicht nur naturnahe Landschaften zerstört, sondern auch das empfindliche Ökosystem aus dem Gleichgewicht gebracht.

Wir sind abhängig von den Bergen und sind **(d)** .... uns nicht mal richtig bewusst. Berge beherbergen weltweit rund die Hälfte aller „Hot Spots" der Biodiversität und bedecken 27 % der Landoberflächen. **(e)** .... geben besonders der genetischen Vielfalt einen grossen Lebensraum und liefern für viele Menschen frisches Wasser aus ihren Bergquellen, auch hier in der Schweiz. Trotz ihrer grossen Bedeutung mussten in den vergangenen 40 Jahren immer mehr Berge und deren umliegende Landschaften geschützt werden. Ob diese Entwicklung gestoppt wird oder nicht, liegt alleine in der Hand der Menschen.

Adrian Mangold, *Jugendmagazin Tink.ch*

[7]**Verstädterung:** Hier wieder die negative Vorsilbe **ver-**, dieses Mal mit **Stadt** verbunden: Dass Städte entstehen, wird also als negativ betrachtet.

[8]**Zersiedelung:** Eine **Siedlung** entsteht, wenn man eine Gruppe Häuser baut. Die Vorsilbe **zer-** deutet hier auf Ausbreitung, Ausbau im negativen Sinne hin.

[9]**Blechlawine:** Eine **Lawine** ist normalerweise eine gefährliche Schneemasse, aber hier ist sie aus **Blech** – also Metall. Damit ist der Verkehr gemeint.

[10]**Schienenverkehr:** Ein Zug fährt auf zwei **Schienen** aus Stahl.

*die Vernehmlassung:** ein gesetzliches Verfahren in der Schweiz, das sicherstellt, dass bei wichtigen öffentlichen Fragen alle Interessengruppen konsultiert werden

1 Beantworten Sie die folgenden Fragen, die sich auf den ersten Teil des Textes beziehen. Schreiben Sie die Nummer der richtigen Antwort in das Kästchen.

a Wie steht es mit dem Tourismus heutzutage? ☐

    I In der Schweiz wächst er mehr als anderswo.

    II Diese Branche wird weltweit immer größer.

    III Die Zahl der Urlauber nimmt in den letzten Jahren ab.

    IV Er kann sich in der Schweiz nicht weiterentwickeln.

b Wie ist die Situation in Andermatt? ☐

    I Es ist ein großer Urlaubsort und wird noch weiterentwickelt.

    II In der Gegend ist ein neues Fußballstadion geplant.

    III Dort werden immer mehr Schneekanonen eingesetzt.

    IV Man hofft, in Zukunft reiche Urlauber anzuziehen.

c Was ist laut Text eine Folge des künstlichen Schnees? ☐

    I Es kommen mehr Touristen in die Alpen.

    II Es gibt Wassermangel für die Dorfbewohner.

    III Das Leben der Tiere wird negativ beeinflusst.

    IV Das Landschaftsbild wird schöner.

2 Die folgenden Aussagen beziehen sich auf den Abschnitt „Drei Herausforderungen". Kreuzen Sie an, ob sie aufgrund des Textes richtig oder falsch sind. Begründen Sie Ihre Antwort mit Informationen aus dem Text.

	richtig	falsch
a Die Zahl der Besucher wächst.	X	☐

Begründung: der ... *zunehmende Massentourismus* ....

	richtig	falsch
b Wegen des Tourismus werden die Städte und Dörfer in den Alpen immer größer.	☐	☐

Begründung: ....

	richtig	falsch
c Langsam wird es manchen Einwohnern klar, dass man Alternativen zum Massentourismus suchen sollte.	☐	☐

Begründung: ....

	richtig	falsch
d Vor ein paar Jahren gab es noch mehr Autoverkehr in den Alpen als heutzutage.	☐	☐

Begründung: ....

e   Die Regierung bemüht sich, Bahnfahren attraktiver zu machen.   ☐ ☐

Begründung: ....

f   Die Hälfte aller Alpenbewohner lebt in Städten.   ☐ ☐

Begründung: ....

3   Die nächsten Fragen beziehen sich auf die ersten zwei Abschnitte.

Welche nummerierten Wörter entsprechen am besten den Wörtern aus dem Text?
Tragen Sie jeweils die passende Nummer in das Kästchen ein.

a	Auswärtigen	☐	i	abhängig	viii	nur	
b	beschert	☐	ii	Ackerland	ix	schafft	
c	lediglich	☐	iii	aufgepasst	x	schenkt	
d	zunehmende	☐	iv	Ausländer	xi	verbunden	
e	verknüpft	☐	v	beeinflusst	xii	wachsende	
f	Siedlungsflächen	☐	vi	Besucher	xiii	wohlhabende	
g	achtgegeben	☐	vii	kaum	xiv	Wohngebiete	

4   Im letzten Teil des Textes („Vielfalt stärken") fehlen einige Wörter.

Suchen Sie aus der folgenden Liste die passenden Wörter aus.

a	☐	i	DIE	vi	ES	
b	☐	ii	DIESE	vii	HIER	
c	☐	iii	DIESER	viii	SIE	
d	☐	iv	DIESES	ix	WELCHES	
e	☐	v	DORT	x	WIR	

GRAMMATIK UNTER DER LUPE: SATZVERBINDUNGEN (2)

Arbeitsbuch

3 Grammatik unter der Lupe – Satzverbindungen: Konzessivsätze

Um eine gegensätzliche Aussage einzuleiten, kann man eine einfache Konjunktion benutzen:

- *Der Tourismus bringt Arbeitsplätze, **aber** gleichzeitig leidet die Natur darunter.*

Man kann auch ein Adverb in einem zweiten Satz benutzen:

- *Die Wintersaison kann richtig beginnen. Für die Natur kann der Tourismus **jedoch** zur Belastung werden.*

Stilistisch ist es gut, die Bindewörter zu variieren. Neben *jedoch* gibt es noch weitere Adverbien, z. B. *dennoch*, *allerdings*, *hingegen*, *andererseits*, *trotzdem*.

Die Bedeutung dieser Wörter ist ähnlich, aber nicht ganz gleich, und man muss sorgfältig mit ihnen umgehen.

1 Welches dieser fünf Adverbien passt in den folgenden Sätzen? Bei einigen Sätzen ist mehr als eine Antwort möglich.

   a Viele Touristen mögen Kunstschnee nicht. .... gibt es ohne Schneekanonen keinen Skiurlaub.

   b Es schneite seit Stunden. Er wollte .... spazieren gehen.

   c Die Skigebiete wollen bessere Straßenverbindungen. Die Regierung will .... den Zugverkehr fördern.

   d Die Alpenlandschaft zieht viele Touristen an. Der Tourismus bringt .... viele Probleme.

   e Das Hotelzimmer war luxuriös. .... war das Essen im Hotelrestaurant ziemlich geschmacklos.

Solche Adverbien können entweder am Anfang oder in der Mitte vom zweiten Satz stehen. Im Text wird auch oft *doch* benutzt, um einen Kontrast einzuleiten. Mit dieser Bedeutung steht *doch* zur Betonung immer am Anfang:

- ***Doch** von einer optimalen Lösung ist man noch weit entfernt.*

- ***Doch** die sind hart umkämpft.*

Um eine Konzession auszudrücken, wird *trotzdem* als Adverb benutzt. Im gleichen Sinn kann man auch die Konjunktion *obwohl* oder die Präposition *trotz* (+ Genitiv) benutzen.

- *… erachtet der Bund die Biodiversität als extrem wichtig, **obwohl** sie weltweit abnimmt.*

- ***Trotz** ihrer grossen Bedeutung mussten immer mehr Berge geschützt werden.*

2 Was passt in die folgenden Sätze – *trotzdem, trotz* oder *obwohl*?

   a Viele Leute wollen mit dem Auto in den Urlaub fahren, ... versucht wird, Bahnreisen attraktiv zu machen.

   b Die Skigebiete benutzen immer mehr Schneekanonen .... der Warnungen von Klimaexperten.

   c Skifahren wird immer teurer. .... ist es immer noch sehr populär.

   d .... er eigentlich Geld für ein Auto sparen wollte, hat er ein neues Snowboard gekauft.

   e .... der Lawinengefahr ist er in die Berge gefahren.

3 Schreiben Sie folgende Sätze um, ohne den Sinn zu ändern.

a Obwohl es geregnet hat, haben wir den Ausflug genossen.
Trotz des Regens haben wir den Ausflug genossen.

b Obwohl sie erfahren war, fand sie die neue Piste schwierig.
Trotz …

c Trotz seiner E-Mail hat das Hotel ihm ein Zimmer ohne Blick auf die Alpen gegeben.
Obwohl …

d Obwohl er verletzt war, wollte er immer noch Snowboard fahren.
Trotz …

e Trotz des hohen Preises haben sie eine Familienkarte gekauft.
Obwohl …

f Das Hotel ist sehr populär, obwohl es am Dorfrand liegt.
Trotz …

WEITERDENKEN

Es gibt immer mehr Menschen, die Alternativen zum traditionellen Wintertourismus in den Alpen fordern. Neben Umweltgruppen äußern sich zunehmend auch Politiker, Wirtschaftler und Tourismusexperten zum Thema „sanfter Tourismus".

Diskutieren Sie die folgenden Fragen in kleinen Gruppen. Versuchen Sie dabei, die verschiedenen Perspektiven zu beachten: Einwohner, Urlauber, Arbeitgeber, Arbeitnehmer, Umweltschützer usw.

1 Wer ist von den Problemen des Alpentourismus am meisten betroffen?

2 Sollten die Skigebiete mehr Geld investieren, um den Wintersport zu unterstützen? Wofür sollten sie das Geld ausgeben?

3 Könnten die Skigebiete alternative Einnahmequellen suchen? Was, zum Beispiel?

4 Was für Alternativen haben die Leute, die in der Tourismusbranche arbeiten?

5 Sollten Touristen mehr für den Alpenurlaub zahlen, um zum Umweltschutz beizutragen?

6 Was wünschen sich Urlauber vom Winterurlaub in den Bergen? Welche Aspekte sind am wichtigsten?

7 Wollen junge Leute einen traditionellen Winterurlaub machen? Wenn nicht, was wollen sie stattdessen?

8 Ist Sommerurlaub in den Bergen attraktiv? Was wollen die verschiedenen Altersgruppen?

9 Was können Alpengebiete machen, um auch im Sommer Gäste anzulocken?

10 Gibt es auch Umweltprobleme, die vom Sommertourismus in den Alpen kommen? Welche?

Arbeitsbuch
5 Wortschatz – in den Alpen

3 Textverständnis

Als Antwort auf die Fragen zur Zukunft der Alpenwirtschaft im Zusammenhang mit dem sanften Tourismus haben sich mehrere Interessengruppen gebildet. Eine davon ist „Alpine Pearls", die sich als alpenweite Interessengemeinschaft für sanften Urlaub und Klimaschutz vermarktet.

Alpine Pearls

Alpine Pearls – Natürlich sanfter Urlaub

Alpine Pearls, seit mehr als 10 Jahren DAS Qualitätsgütesiegel für „Sanfte Mobilität" für Ihren Urlaub in den Alpen. 24 Perlen der Alpen bilden dieses einzigartige Netzwerk von Urlaubsorten für sanft-mobilen Urlaub in 6 Alpenländern. Sie bieten spezielle und individuelle Urlaubserlebnisse ohne eigenes Auto bei voller Mobilitätsgarantie vor Ort. Diese beginnt bereits bei der autofreien Anreise mit Bahn und Bus.

Nachhaltige Urlaubserlebnisse!

Genuss in den Bergen mit bestem Gewissen. Die abwechslungsreichen Freizeitaktivitäten in unseren Perlen sind sportlich-aktiv, kulinarisch-schmackhaft oder genussvoll-entspannend – Sie haben die Wahl. Auf Umweltverträglichkeit legen wir besonderen Wert.

Schonen wir gemeinsam das Klima und die Umwelt – eine phantastische Urlaubszeit wartet auf Sie!

Bauernfest in Teis

Eine Entdeckungsreise durch Handwerk und Brauchtum im Villnösser Tal!

Das Bauernfest in Teis ist eines der traditionsreichsten Feste in ganz Südtirol und eine wahre Entdeckungsreise durch Handwerk und Brauchtum im Villnösser Tal. Ob traditionelles Handwerk, Einlagen von Schuhplattlern, einem produktreichen Bauernmarkt oder traditionellen bäuerlichen Köstlichkeiten – das Fest hat wirklich einiges zu bieten.

Erlernen oder beobachten Sie altes Bauernhandwerk wie Brot backen, Körbe und Hüte flechten, filzen, schnitzen und töpfern. Die Schur der Schafe ist besonders bei den Kindern beliebt. Auf dem dazugehörigen Bauernmarkt werden bäuerliche Köstlichkeiten serviert, während in den Gassen Musikgruppen und Musikanten aufspielen.

Erste Schritte im Klettersteig

- 4 Nächte inkl. Frühstück
- Schnupperkurs am Klettersteig inkl. Ausrüstung (Klettergurt, Klettersteigset, Helm)
- Einführung durch staatlich geprüften Bergführer
- Brotzeit im Bräustüberl Berchtesgaden

Was fasziniert die Menschen an der Begehung von Klettersteigen? Das Naturerlebnis kombiniert mit Abenteuer bedarf keines zweiten Seilpartners. Eine Unabhängigkeit, die mit großem Respekt und Verantwortungsbewusstsein gegenüber sich und anderen genossen werden muss.

Wer sich in Klettersteigen bewegt, sollte absolut schwindelfrei und trittsicher sein.

Der Schnupperkurs findet jeweils Dienstag oder Freitag von 17.00 h bis 19.30 h statt.

5

1 Was bedeutet „sanfte Mobilität"?

    A Dass es überall in den Alpen niedrige Tempolimits gibt.

    B Dass der Urlaub mit öffentlichen Verkehrsmitteln gefördert wird.

    C Dass die Urlaubsangebote alle entspannt und ohne Eile zu genießen sind.

    D Dass man leicht viele verschiedene Orte in den Alpen in kurzer Zeit besuchen kann.

2 Was für Urlaubsangebote werden *nicht* erwähnt?

    A Aktivurlaube   B lokale Gastronomie   C Unterhaltung   D Kunstkurse

3 Auf welche der zwei Urlaubsangebote – Bauernfest und Klettersteig – beziehen sich die Aussagen a–e?

    a Hier kann man direkt beim Landwirt kaufen.

    b Hier wird betont, dass man fit und gesund sein muss.

    c Hier kann man alte Dorftraditionen miterleben.

    d Hier ist Unterkunft mit inbegriffen.

    e Hier kann man auch Ausrüstung mieten.

4 Was sind „Schuhplattler" (Bauernfest)?

    A Leute, die Schuhe putzen.   C Leute, die Schuhe mit der Hand machen.

    B Leute, die tanzen.   D Leute, die traditionell barfuß gehen.

5 Wo spielen die Musiker (Bauernfest)?

    A in Gasthöfen   B in den Feldern   C auf der Straße   D in Festzelten

6 Wozu gibt es einen Schnupperkurs (Klettersteig)?

    A Damit man im Abendlicht klettern kann.

    B Als Einführung für Anfänger.

    C Damit man erst zuschauen kann, bevor man selbst klettert.

    D Als Markt für das Ausrüstungsangebot.

Arbeitsbuch
6 Zehn 10 Tipps für den sanften Tourismus
7 Der sanfte Tourismus – eine Lösung?

4 Hörverständnis 🔊 Spur 18

Ein Reisebericht

Der Reporter Georg Bayerle vom Bayerischen Rundfunk berichtet über seine Reise nach Südtirol.

Hören Sie einen Auszug aus dieser Radiosendung an und beantworten Sie die folgenden Fragen.

1 Seit wann gibt es die Alpine Pearls?   ....

2 Mit „sanfter Mobilität" erzielt man ...

    A eine direkte Anreise   B eine schnelle Anreise   C eine bequeme Anreise

3 Wo arbeitet Doris?

A   B   C

4 Was kann man in der Fleckner Hütte machen?

A   B   C

5 Warum ist Doris heute nicht mit ihrer Familie unterwegs?

    A   Die Familie macht eine Wandertour.

    B   Doris fährt nicht gern Ski.

    C   Doris trifft die Familie am Skilift.

6 Wie lange war die Zugfahrt von München?   ....

7 Wie weit ist es vom Bahnhof nach Ratschings?   ....

8 Wie kommt er vom Bahnhof nach Ratschings?

A   B   C

9 Wie oft fährt die Verbindung nach Ratschings?

    A   zehnmal am Tag   B   jeden Tag um acht Uhr   C   achtmal am Tag

10 Warum glaubt Georg Bayerle nicht, dass immer mehr Urlauber mit der Bahn kommen?

    A   Die Bahn ist zu teuer.

    B   Es gibt Staus auf den Straßen.

    C   Überall im Dorf sind Autos geparkt.

11 Wie alt ist Kilian?   ....

12 Was mag Kilian an dieser Skitour?

    A   Dass es gar nicht anstrengend ist.

    B   Dass man mit dem Skilift fahren kann.

    C   Dass man die Natur weg von der Skipiste erlebt.

5

5 Mündliche Übung

Arbeiten Sie in Gruppen bis maximal acht Personen.

Lesen Sie zuerst die folgende Situationsbeschreibung und dann die Rollenbeschreibungen unten. Verteilen Sie die Rollen. Denken Sie über Ihre Rolle nach. Machen Sie sich Notizen, Sie sollen aber keinen fertigen Text vorlesen. Versuchen Sie, möglichst spontan auf die Argumente der anderen Mitspieler zu reagieren. Überlegen Sie sich auch mögliche Fragen, die Sie den anderen stellen können. Benutzen Sie auch Ideen, die in den Alpine Pearls-Texten vorkommen.

Die Bürgermeisterin leitet die Diskussion und die Versammlung soll am Schluss ein paar konkrete Vorschläge haben.

> **DER BÜRGERMEISTER LÄDT EIN ZUR BÜRGERVERSAMMLUNG IM RATHAUS AM 3. APRIL:**
>
> **Tourismus und Umweltschutz in Alpenbach – wie soll es weitergehen?**
>
> Alle burger und Touristen Alpenbachs sind herzlich wilkommen.

Arbeitsbuch

4 In der Bürgerversammlung

Die Situation

Das Dorf Alpenbach liegt in einem Skigebiet, in dem der Schnee in den letzten Jahren deutlich weniger geworden ist. Die Zahlen der Winterurlauber fallen. Ein großer Sporthotelkomplex am Rande des Dorfes droht zu schließen. Das Dorf sucht nach Initiativen und Ideen, um mehr Besucher anzuziehen. Die Einwohner können sich aber nicht einigen. Jetzt hat die Bürgermeisterin eine Bürgerversammlung einberufen, um die Situation zu debattieren.

Frau Kaiser, die Bürgermeisterin

- leitet die Diskussion und sorgt für Ordnung, muss darauf achten, dass jede Person zu Wort kommt.
- möchte einen Kompromiss finden, mit dem möglichst alle zufrieden sind.
- erkennt selbst, wie wichtig der Tourismus ist, hat aber auch viel Verständnis für die Sorgen der Umweltschützer.
- hat in den kommenden Monaten Kommunalwahlen.

Herr Bach, Vertreter der Umweltgruppe „Grüner Berg"

- wohnt im Dorf und war früher Erdkundelehrer in einer Großstadt.
- kämpft jetzt für die Erhaltung der Natur, besonders der Pflanzen- und Tierwelt.
- war vor zehn Jahren sehr aktiv in der Opposition gegen den Bau des Sporthotels.
- findet, dass es schon zu viele Hotels und Pensionen im Dorf gibt.
- ist gegen alle Pläne, die zum Ausbau der existierenden Skianlagen und Straßen führen.

Herr Francke, Manager des Sporthotels

- hält nichts von Umweltschützern.
- glaubt, dass die meisten Einwohner unflexibel und gegen den Fortschritt sind.
- möchte eine neue, längere Skiliftanlage, um höher gelegene, schneesichere Skipisten zu erreichen.
- hat auch Ideen für die Entwicklung des Sommertourismus.
- hat die Chance, bald Manager von einem größeren Hotel derselben Hotelgruppe zu werden.

Frau Freund, zurzeit im Dorf im Urlaub

- kommt seit fünf Jahren jedes Jahr mit ihrer Familie (Mann, zwei Teenager).
- ist im Prinzip für den Umweltschutz und hat schon mal die Grünen gewählt.
- fährt nicht so gern Ski, mag aber die Landschaft in der Gegend sehr.
- zieht es vor, in einer kleinen Pension zu übernachten.
- möchte den Urlaub für ihre 13- und 16-jährigen Kinder attraktiver machen.

Herr Feldmann, Landwirt und Skilehrer

- hat einen Bauernhof in der Nähe des Dorfes, arbeitet aber im Winter als Skilehrer.
- vermietet Zimmer an Familien, die Urlaub auf dem Bauernhof machen wollen.
- würde gern mehr Gäste auf den Bauernhof locken.
- ist Naturfreund und will als Bauer sein Land vor weiteren Eingriffen durch Skiliftanlagen usw. schützen.
- braucht das Einkommen von der Skischule im Winter.

Frau Hauss, Einwohnerin

- arbeitet an der Rezeption im Sporthotel.
- hat einen 18-jährigen Sohn, der keine Arbeit im Dorf findet und wegziehen will.
- findet den Naturschutz wichtig, muss aber an ihre Familie denken.
- findet, dass es für junge Leute zu wenig in der Gegend zu tun gibt.
- hat einen Mann, der an der Skiliftstation im Dorf arbeitet.

Anna Ludewig, 17-jährige Schülerin

- fährt jeden Tag 20 km zur Schule; ihre Familie wohnt seit Generationen im Dorf.
- möchte in den Schulferien gern einen Teilzeitjob im Dorf.
- findet die Berge und die Landschaft wunderbar und möchte nicht wegziehen.
- mag es, wenn viele Urlauber da sind, weil es Leben ins Dorf bringt.
- hat Schwierigkeiten, Freunde zu besuchen.
- hätte gern öfter Besuch von Freunden; diese kommen nicht oft zu ihr, weil es im Dorf so wenig zu tun gibt.

Herr Bergmann, Einwohner

- wohnt sein ganzes Leben im Dorf; war früher Busfahrer.
- findet das Dorf besonders schön im Sommer, wenn es weniger Touristen gibt.
- findet es extrem wichtig, die Berglandschaft zu schützen.
- hat eine Frau, die nachmittags in einem kleinen Café im Dorf arbeitet.
- hat erwachsene Kinder in einer 20 km entfernten Stadt.

Arbeitsbuch

8 Sprache unter der
Lupe – Einleitungen

TIPP FÜR DIE PRÜFUNG: EINLEITUNGEN

Bei Rollenspielen mit mehreren Teilnehmern wie oben ist es ratsam, wenn jeder Teilnehmer sich und seinen Standpunkt kurz vorstellt, wenn er sich zum ersten Mal in der Diskussion zu Wort meldet. Diese Einleitung kann man schon im Voraus vorbereiten.

Bei *Paper1* ist eine Einleitung fast immer notwendig. Jede Textsorte verlangt gewisse Einleitungselemente, z. B. Geplauder am Anfang einer persönlichen E-Mail oder eine kurze Zusammenfassung des Inhalts bei einem Zeitungsartikel. Es ist selten angebracht, direkt mit den Kernaussagen anzufangen.
Die Checklisten in Kapitel 6 und auch das Arbeitsbuch enthalten weitere Hinweise dazu.

---

6 Schriftliche Übung

Wählen Sie eine der folgenden Aufgaben. Dabei müssen Sie eine Textsorte aussuchen, die für die Aufgabe geeignet ist. Denken Sie dabei an den Kontext, das Ziel und die Leserschaft. Sie sollten für *SL* 250–400 Wörter und für *HL* 450–600 Wörter schreiben.

Arbeitsbuch

9 Schriftliche Übungen

1   Sie arbeiten beim Alpenland-Journal und müssen über die Bürgerversammlung in Alpenbach berichten.

2   Sie sind Herr Bach, der Umweltaktivist in der Bürgerversammlung. Sie wollen ihre Reaktionen zur Diskussion kundgeben.

3   Als Bürgermeisterin von Alpenbach wollen Sie sich erkundigen, ob das Dorf der Interessengemeinschaft Alpine Pearls beitreten kann.

WEITERDENKEN

Diskutieren Sie anhand der Informationen in den Texten dieser Einheit.

- Haben die Alpengebiete eine Zukunft als Urlaubsziel für junge Leute?

- Kann der Tourismus in den Alpen wirklich „sanft" sein?

- Welche Konsequenzen gibt es möglicherweise für die umliegenden Großstädte, wenn der Tourismus in den Alpen abflaut?

- Welche Konsequenzen gibt es außerhalb der Alpen, wenn die Herausforderungen des Klimawandels nicht bewältigt werden?

Fassen Sie die Herausforderungen des Klimawandels im deutschsprachigen Raum zusammen.

Inwieweit wurden schon Maßnahmen ergriffen, um diese zu bewältigen?
Was müsste man noch tun? Ist das eine Aufgabe für Regierungen, Gemeinden, kleine Unternehmen, Großkonzerne oder andere Organisationen? Was können Sie als Einzelperson tun, um die Situation zu verbessern? Welche Probleme scheinen zurzeit unlösbar?

5.3 Der Mensch und seine Mitmenschen

Wie lassen sich die gesellschaftlichen, wirtschaftlichen und ethischen Probleme verkraften und lösen, die durch den Flüchtlingsstrom entstanden sind?

Lernziele

- Die aktuelle globale Flüchtlingssituation analysieren
- Persönliche und politische Reaktionen darauf untersuchen
- Eigene Lösungsvorschläge schriftlich und mündlich planen und vorlegen
- Satzverbindungen in Bezug auf die zeitliche Folge analysieren und üben

Als Konsequenz der Konflikte im Nahen Osten und der politischen Instabilität in Nordafrika erlebt Europa in den letzten Jahren einen enormen Flüchtlingszustrom. Deutschland allein hat 2015 ungefähr eine Million Flüchtlinge aufgenommen. Dadurch stehen die einzelnen europäischen Länder vielen gesellschaftlichen, wirtschaftlichen und auch ethischen Problemen gegenüber, die in dieser Einheit untersucht werden. Die Frage wird aufgeworfen, ob und wie ein Land diese Situation verkraften kann.

1 Einstieg

1 Fakt oder Mythos? Meinen Sie, dass die folgenden Aussagen richtig oder falsch sind?

	richtig	falsch
a Jeder zweite Ausländer in Deutschland ist Europäer.	☐	☐
b Die Zahl der Asylanträge in Deutschland und Österreich ist seit 2014 jedes Jahr gestiegen.	☐	☐
c Die Zahl der Menschen in Deutschland ohne legalen Aufenthaltsstatus betrug 2016 über eine halbe Million.	☐	☐
d Mädchen und Frauen stellen in Deutschland weniger als 25 % der Asylanträge.	☐	☐
e 2016 kam der größte Anteil der Asylbewerber in Deutschland aus dem Irak.	☐	☐
f In Österreich und in der Schweiz stellen Deutsche den größten Ausländeranteil.	☐	☐
g Nur 10 % der Asylanträge in Deutschland werden abgelehnt.	☐	☐
h 2016 kamen die meisten Asylbewerber in Österreich und der Schweiz aus Syrien.	☐	☐
i Fast ein Drittel aller Asylanträge in der EU werden in Deutschland gestellt.	☐	☐
j Pro Kopf werden mehr Menschen aus Österreich abgeschoben als aus anderen EU-Ländern.	☐	☐

2 Vergleichen Sie Ihre Antworten mit einem Mitschüler. Diskutieren Sie, worauf Sie Ihre Antworten stützen.

Arbeitsbuch
1 Wortschatz –
Nachrichtenquellen

WEITERDENKEN TOK

Diskutieren Sie die folgenden Fragen in kleinen Gruppen:

- Worauf basiert Ihre Meinung zu Flüchtlingen, Migranten usw?
- Woher bekommen Sie die „Fakten", die Sie zitieren?
- Welche Quellen sind zuverlässig und welche weniger? Warum?
- Wie erkennt man „Fake News"? Wie schützt man sich dagegen?

Hier sind einige mögliche Antworten und Anregungen:

- Ich habe es im Fernsehen gesehen.
- Ich habe es in der Zeitung gelesen.
- Ich habe es im Internet gelesen.
- Ich habe es selbst erfahren/gesehen.
- Ich habe es in der Schule gelernt.
- Ich habe es durch soziale Medien erfahren.
- Meine Eltern haben es mir gesagt.
- Meine Freunde haben es mir gesagt.
- Ich habe das Gefühl, dass es so ist.

WORTSCHATZ

Die verschiedenen Begriffe in diesem Bereich werden oft miteinander verwechselt.

Verbinden Sie die nummerierten Begriffe mit den mit Buchstaben gekennzeichneten Erklärungen.

1 Immigrant/Einwanderer

2 Flüchtling

3 Asylbewerber

4 Migrant

5 Einheimischer

6 mit Migrationshintergrund

a Jemand, der aus dem eigenen Land flieht oder vertrieben wird.

b Jemand, der in dem Land lebt, in dem er geboren wurde (und seine Vorfahren wahrscheinlich auch).

c Jemand, dessen Eltern und/oder Großeltern in ein Land eingewandert sind und sich dort niedergelassen haben.

d Jemand, der in einem Land, aus dem er nicht stammt, auf Dauer leben will.

e Jemand, der in einem Land entweder für kurze Zeit oder auf Dauer leben will.

f Jemand, der in einem Land Aufnahme und Schutz vor Verfolgung sucht.

Einige dieser Begriffe, wie Immigrant oder Einheimischer, können unter Umständen eine negative Konnotation haben. Das gilt auch für „Asylant" als Alternative zum offiziellen „Asylbewerber" (Deutschland), „Asylwerber" (Österreich) oder „Asylsuchender" (die Schweiz).

2 Textverständnis

Angesichts des Flüchtlingsstroms in Deutschland haben sich viele Menschen als freiwillige Flüchtlingshelfer gemeldet. Andere haben Initiativen ergriffen, um die Situation der Flüchtlinge zu erleichtern. Hier wird von einer solchen Flüchtlingsinitiative in Hamburg erzählt.

Aus einer spontanen Hilfsaktion wird der Verein „Das Teemobil"

Alles fing 2015 mit zwei Thermoskannen voll Tee an. Seit Kurzem ist das Hilfs- und Begegnungsprojekt „Das Teemobil" ein eingetragener Verein und die zweitgrößte Flüchtlingsinitiative in Hamburg.

Im Herbst 2015 sieht der Hamburger Informatiker Sami Khokhar (33) auf dem Heimweg, wie am Hauptbahnhof unzählige Flüchtlinge in der Kälte frieren. Er beschließt zu helfen und kommt am nächsten Tag mit zwei Thermoskannen Tee und ein paar Pappbechern. Er möchte den Menschen ein warmes Getränk reichen und mit ihnen ins Gespräch kommen. Knapp eineinhalb Jahre später wird „Das Teemobil" ins Vereinsregister eingetragen, Khokhar ist erster Vorsitzender.

„Damals haben wir versucht, mit dem Tee innere Wärme zu vermitteln, indem die Menschen was Warmes in den Händen halten", sagt Khokhar. Schnell wurde ihm klar, wie gut das den Flüchtlingen am Hauptbahnhof tat. Er organisierte große Wasserkocher, warb im Internet um Helfer und Spenden und stieß damit auf ein riesiges Echo. „Anfangs haben wir gepostet: ,Wir brauchen Zucker oder Obst', und am Abend hatten wir dann so viel, dass wir kaum mehr wussten, wohin damit."

Krise nach der anfänglichen Euphorie

Nach und nach weiteten die Teemobil-Helfer ihr Angebot auch auf Erstunterkünfte aus. Abend für Abend waren sie seitdem in ganz Hamburg unterwegs. Bald erreichten sie rund 20.000 Flüchtlinge in ganz Hamburg. Die eingehenden Geldspenden reichten sogar für einen Kleinbus, mit dem Tee, Obst und Gebäck in die Unterkünfte transportiert werden konnten.

Doch nach der anfänglichen Euphorie kam das Teemobil in eine Krise. Das Dauerthema Flüchtlingsstrom verschwand aus den Medien, und die Spenden gingen spürbar zurück. Trotzdem fährt Khokhar, der aus einem deutsch-pakistanischen Elternhaus stammt, noch mindestens einmal pro Woche mit dem weißen Teemobil-Bus in eine große Hamburger Bäckerei, um Reste für die Unterkünfte einzuladen. Etwa 300 bis 400 Helfer organisieren in rund 20 Hamburger Einrichtungen regelmäßig Kaffee- und Teeausgaben. Die sind bei vielen Flüchtlingen zu einem beliebten Treffpunkt geworden.

Zweitgrößte Flüchtlingshilfe-Initiative in der Hansestadt

Das Teemobil ist nach eigenen Angaben die zweitgrößte Initiative in der Flüchtlingshilfe der Hansestadt, gemessen an der Anzahl aller bisherigen Helfer. In der Einfachheit der Idee liegt für Helferin Manuela Szepan der Charme des Projekts: „Einfach nur ein heißes Getränk. Wenn ich mich mit meinen Freundinnen treffe, dann auch auf einen Kaffee, ein heißes Getränk. Das ist etwas, das verbindet."

Mit der Vereinsgründung wollten der neue Vorsitzende Khokhar und seine Mitstreiter das Tief überwinden. Jetzt können sie auch offiziell Fördergelder für ihre Arbeit beantragen und sich für Stadtteilpreise bewerben. Mehr Mittel seien dringend nötig, sagt Khokhar, „denn inzwischen hat das Teemobil viele neue Aufgaben".

„Wenn wir jetzt nicht zusammenhalten – wann dann?!"

Das Ausschenken von Tee sei inzwischen eher Mittel zum Zweck. „Wir versuchen, mit den Menschen ins Gespräch zu kommen über ihre Sorgen und Ängste." Das Team helfe den Flüchtlingen zudem beim Lesen und Beantworten von Briefen und bei Behördengängen. Es kommen auch viele Kinder zu den Ausgaben. „Wir helfen ihnen beim Deutschlernen oder Malen, um das Geschehene zu verarbeiten."

Auf dem weißen Transporter, mit dem Sami Khokhar durch die Straßen Hamburgs fährt, Spenden einsammelt und verteilt, steht in großen Buchstaben das Motto des Vereins: „Wenn wir jetzt nicht zusammenhalten – wann dann?!"

Felix Tenbaum, www.migazin.de

1 In welcher Branche arbeitet Sami Khokhar?

   A Logistik   B Computer   C Bahn   D Gastronomie

Arbeitsbuch
2 Freiwilligenarbeit

2 Wie lange gibt es (zum Zeitpunkt des Artikels) diese Initiative schon?

   A sechs Monate   B 12 Monate   C 18 Monate   D 24 Monate

3 Die folgenden Aussagen beziehen sich auf den ersten Teil des Textes.

   Kreuzen Sie an, ob sie aufgrund des Textes richtig oder falsch sind. Begründen Sie Ihre
   Antwort mit Informationen aus dem Text.

		richtig	falsch
a	Das Wetter war schlecht, als er die Flüchtlinge zum ersten Mal sah.	X	

   Begründung: *in der Kälte frieren*

   b Khokhar hat am Anfang Tassen von zu Hause benutzt.

   Begründung: ....

   c Er hat durch Zeitungsinserate Unterstützung gesucht.

   Begründung: ....

   d Er hatte mit dem Aufruf schnell Erfolg.

   Begründung: ....

   e Die Initiative beschränkt sich auf obdachlose Flüchtlinge.

   Begründung: ....

   f Khokhar hatte von Anfang an einen Minibus zur Verfügung.

   Begründung: ....

   g Die Unterstützung für die Initiative hat nachgelassen.

   Begründung: ....

4 Wie viele Menschen unterstützen zurzeit die Initiative aktiv?

   A mehrere hundert   B zwanzig   C zwei   D zwanzigtausend

5 Manuela Szepan …

   A freut sich auf einen heißen Kaffee.   C unterstützt das Projekt.

   B arbeitet bei der Stadtverwaltung.   D trifft sich oft mit anderen Flüchtlingen.

6   Als Verein kann das Teemobil …   ☐

    A   die Helfer bezahlen.   C   offizielle Einrichtungen benutzen.

    B   der Opposition entgegenwirken.   D   finanzielle Hilfe von der Stadt bekommen.

7   Wobei hilft das Teemobil-Team?   ☐

    A   die Eltern von Flüchtlingskindern zu finden   C   Kinderspielgruppen zu organisieren

    B   offizielle Formulare zu verstehen   D   Sprachkurse zu veranstalten

<table>
<tr><td>

Arbeitsbuch

3 Grammatik
unter der Lupe –
Pronominaladverbien

</td></tr>
</table>

GRAMMATIK UNTER DER LUPE: SATZVERBINDUNGEN – ZEITLICHE FOLGE

Die zeitliche Folge von Geschehnissen kann einfach durch die Präpositionen _vor_ oder _nach_ + Substantiv ausgedrückt werden. Das folgende Beispiel stammt aus dem Text:

- **_nach_** _der anfänglichen Euphorie_

Wenn etwas zur gleichen Zeit passiert, dann wird _bei_ verwendet. Der folgende Satz ist aus dem Text abgeleitet:

- **_Beim_** _Ausschenken von Tee versuchen die Helfer, mit den Flüchtlingen ins Gespräch zu kommen._

1   Benutzen Sie in den folgenden Sätzen _vor_, _nach_ oder _bei_ (_beim_).

   a   .... dem Aufruf im Internet hat er viele Spenden bekommen.

   b   .... Malen versuchen die Flüchtlingskinder, ihre Erlebnisse
      zu verarbeiten.

   c   .... dem Kauf des Kleinbusses konnte er die Spenden
      besser transportieren.

   d   .... der Vereinsgründung konnte er bei der Stadt kein
      Geld beantragen.

Manchmal reichen eine Präposition plus Substantiv nicht aus. In diesen Fällen können Sie eine Konjunktion (_bevor_ oder _nachdem_) verwenden und einen Nebensatz bilden. Sie können die Kernidee der ersten Sätze des Artikels z. B. so umschreiben:

- **_Nachdem_** _Khokhar die Flüchtlinge am Hauptbahnhof gesehen hatte, beschloss er zu helfen._

Wenn es darum geht, eine Reihe von Geschehnissen oder eine Handlungsfolge zu schildern, kann man auch verschiedene Adverbien als Bindewörter verwenden.

- **_Anfangs_** _haben wir gepostet_

- _kommt_ **_am nächsten Tag_** _mit zwei Thermoskannen Tee_

- **_inzwischen_** _hat das Teemobil viele neue Aufgaben_

2 Suchen Sie die Ausdrücke im Text, die auf eine zeitliche Folge hindeuten.

Einige Ausdrücke deuten eher auf einen Zeitpunkt hin. Diese tragen aber auch zur Textkohärenz bei. Im Text sind dies z. B.

- *Im Herbst 2015*
- *Damals*
- *Jetzt*

Mehr dazu finden Sie in der Einheit 5.1.

Beachten Sie:

- ***Seit Kurzem*** *ist das Hilfs- und Begegnungsprojekt „Das Teemobil" ein eingetragener Verein.*

Mit *seit* können Sie sowohl einen Zeitpunkt als auch eine Zeitdauer angeben. Dabei wird auch die Gegenwartsform des Verbs benutzt:

- *Sami Khokhar hilft den Flüchtlingen **seit Herbst 2015** (Zeitpunkt) oder **seit zwei Jahren** (Zeitdauer)*

Wenn Sie sich auf einen schon erwähnten Zeitpunkt beziehen, verwenden Sie *seitdem*:

- *Sami Khokhar hat im Herbst 2015 beschlossen, den Flüchtlingen zu helfen. **Seitdem** (= seit Herbst 2015) arbeitet er fast jeden Tag für diese Initiative.*

3 Wählen Sie jeweils das passende Wort, um die Lücken in der folgenden Zusammenfassung des Teemobil-Textes auszufüllen.

Sami Khokhar hat **(a)** DANN / ZUNÄCHST / VOR ganz einfach Tee am Hauptbahnhof ausgeschenkt, aber **(b)** BALD / SEITDEM / INZWISCHEN hat er bemerkt, wie gut das bei den Flüchtlingen ankam. Deshalb suchte er **(c)** ALS NÄCHSTES / JETZT / NACH Helfer und Spenden. **(d)** DANACH / SEIT / NACHHER konnte er die Initiative auf ganz Hamburg ausweiten. **(e)** DANN / INZWISCHEN / ANFANGS wurde genug Geld gespendet, um einen Kleinbus kaufen zu können. **(f)** VOR / NACH / BEI 18 Monaten hat Khokhar „das Teemobil" als Verein eingetragen, um Fördergelder beantragen zu können. **(g)** BEVOR / VOR / VORHER das Projekt mehr finanzielle Unterstützung bekommt, kann sie die Arbeit nicht ausweiten.

3 Schriftliche Übungen (CAS)

Wählen Sie eine der folgenden Aufgaben. Dabei müssen Sie eine Textsorte aussuchen, die für die Aufgabe geeignet ist. Denken Sie dabei an den Kontext, das Ziel und die Leserschaft. Sie sollten die entsprechende Checkliste aus Kapitel 6 benutzen und für *SL* 250–400 Wörter und für *HL* 450–600 Wörter schreiben.

1 Sie sind Helfer im Teemobil-Team. Sie werden beauftragt, bei der Stadtverwaltung Fördergelder für das Projekt zu beantragen. Erklären Sie dabei, wofür das Geld praktisch benutzt werden soll und welche positiven Auswirkungen das bringen würde.

2 Sie helfen seit einigen Monaten im Teemobil-Team mit und denken, dass es gute Werbung für das Projekt wäre, wenn andere etwas über Ihre Erlebnisse, Gedanken und Gefühle erfahren könnten.

3 In der nächsten größeren Stadt gibt es eine ähnliche Initiative. Als engagierter Schüler wollen Sie in der Schule um Unterstützung dafür werben.

4 Mündliche Übung ⓒⒶⓢ

Arbeiten Sie in kleinen Gruppen.

Sie haben sich entschlossen, eine Hilfsaktion für die Flüchtlinge in Ihrer Stadt zu organisieren. Jetzt treffen Sie sich zum ersten Mal mit interessierten Mitschülern, um Vorschläge und Ideen auszutauschen und die ersten Schritte zu planen.

- Diskutieren Sie verschiedene Ideen. Bleiben Sie dabei in einem praktikablen Rahmen.
- Entscheiden Sie sich als Gruppe für eine Idee.
- Planen Sie die ersten Schritte, z. B. Bekanntmachung/Werbung (wie/wo?), Unterstützung (von wem/wie?), Spenden (was/von wem?).
- Teilen Sie die Umsetzung dieser Schritte auf – wer soll was bis wann machen?

5 Schriftliche Übung ⓒⒶⓢ

Verwenden Sie für die nachfolgenden Aufgaben die entsprechende Checkliste aus Kapitel 6 und schreiben Sie für *SL* 250–400 Wörter und 450–600 Wörter für *HL*.

Nach der Diskussion haben Sie eine der folgenden Aufgaben übernommen. Benutzen Sie die Ideen aus der Diskussion, um Ihren Inhalt zielrelevant zu machen.

1 Sie sollen unter den Mitschülern für mehr freiwillige Helfer werben. Entwerfen Sie ein Flugblatt dafür.

2 Sie sollen die weitere Schulgemeinschaft (einschließlich Eltern) über die Aktion informieren. Schreiben Sie einen Artikel für die Schülerzeitung.

3 Sie sollen die Einzelhandelsgeschäfte in der Stadt um Spenden bitten. Schreiben Sie einen Brief, den Sie an die Geschäftsinhaber schicken können.

4 Sie sollen die Aktion in der Lokalzeitung bekanntmachen. Schreiben Sie einen Leserbrief.

Arbeitsbuch
4 Textverständnis – Der Migrant
6 Schriftliche Übungen

TIPP FÜR DIE PRÜFUNG

Oben hatten Sie sieben schriftliche Übungen. Bei *Paper 1* haben Sie die Wahl zwischen verschiedenen Themenstellungen. Diese Wahl wird nur teilweise davon abhängen, wie vertraut Ihnen das Thema ist. Sie müssen auch eine passende Textsorte aussuchen. Sie sollten sich bei der Themenwahl also auch überlegen, ob Sie die für die Aufgabe am besten geeignete Textsorte gut kennen, und sie dann konsequent umsetzen. Dabei geht es unter anderem um folgende Punkte: die erforderliche Perspektive; die Leserschaft und die Frage, ob für sie formelle oder informelle Anredeformen erforderlich sind und die Verwendung der dazugehörigen Konventionen.

Die Checklisten aus Kapitel 6 enthalten die notwendigen Informationen. Aber in der Prüfung sollten Sie möglichst ein Thema mit einer Textsorte wählen, die Sie gut kennen. Sie wollen ja bei der Bewertung keine Punkte verschenken.

6 Textverständnis

Im Sommer 2015 erreichte der Flüchtlingsstrom seinen Höhepunkt. Zu diesem Zeitpunkt sagte die deutsche Bundeskanzlerin: „Wir schaffen das." Der folgende Artikel bietet einen Rückblick darauf.

Die mit Buchstaben gekennzeichneten Lücken im zweiten Teil beziehen sich auf die darauffolgenden Fragen.

Ein Jahr „Wir schaffen das":
Merkels drei große kleine Worte

Vor einem Jahr verkündete die Kanzlerin erstmals „Wir schaffen das". Der Satz elektrisierte ihre Anhänger und provozierte ihre Gegner. Dabei war Merkel nicht die erste, die den Satz nutzte. Zuvor sagte bereits SPD-Chef Gabriel die drei Worte.

Es war ihr nicht einfach so herausgerutscht. Fast eine Viertelstunde hatte Angela Merkel am 31. August 2015 bereits über die Herausforderungen durch die immer weiter steigende Zahl der Flüchtlinge gesprochen, bevor sie den Satz sagte, der wohl wie wenige mit ihrer Kanzlerschaft verbunden bleiben wird.

Merkel war zu Gast in der Bundespressekonferenz, um sich den Fragen der Hauptstadtjournalisten zu stellen. Doch schon durch ihre einleitenden Worte machte sie deutlich, dass das Flüchtlingsthema in diesem Sommer das dominierende Thema der deutschen Politik sein würde. Wenige Tage zuvor hatte das Bundesinnenministerium bekannt gegeben, in diesem Jahr mit 800.000 Flüchtlingen zu rechnen – eine Zahl, die sich zwölf Monate später bestätigen sollte.

Die Kanzlerin versuchte nun, die Bevölkerung auf diese Menschen vorzubereiten. Sie beschrieb die Aufgaben, die auf den Staat und die Zivilgesellschaft zukommen würden, sprach von beschleunigten Asylverfahren, dem Ausbau von Erstaufnahmeeinrichtungen, der Verteilung der Kosten, der bevorstehenden Integrationsarbeit.

Merkel gab sich entschlossen: „Wann immer es darauf ankommt, sind wir – Bundesregierung, Länder und Kommunen – in der Lage, das Richtige und das Notwendige zu tun", sagte sie. Und schließlich: „Deutschland ist ein starkes Land. Das Motiv, mit dem wir an diese Dinge herangehen, muss sein: Wir haben so vieles geschafft – wir schaffen das!"

In den vergangenen zwölf Monaten hat dieser Satz eine kaum vorstellbare Kraft entwickelt. Für Merkels Gegner steht er für alles, was aus ihrer Sicht in der Flüchtlingspolitik der Bundesregierung schiefgelaufen ist. Die AfD, zum Zeitpunkt von Merkels Pressekonferenz in Umfragen bei gerade einmal vier Prozent, nutzte den Satz, um sich über die Kanzlerin lustig zu machen. „Cicero"-Chefredakteur Alexander Marguier bezeichnete Merkel wegen der drei Worte als „Sprücheklopferin". Die Holocaust-Überlebende Ruth Klüger hingegen nannte den Satz bei einer Gedenkveranstaltung im Bundestag ein „bescheiden anmutendes und dabei heroisches Wahlwort".

„Wir schaffen das" wurde so von beiden Seiten mit einer schier unglaublichen Bedeutung aufgeladen. Dabei war der Satz zunächst kaum umstritten. Die Berichte über Merkels Pressekonferenz vor einem Jahr gaben ihn überwiegend so wieder, wie er gemeint war: als Vertrauensvotum in die deutsche Verwaltung und Zivilgesellschaft. Doch diese Wahrnehmung hielt nicht lange an.

Provokation für Merkels Gegner

...a... wenige Tage nach der Pressekonferenz, am 5. September, beschloss Merkel gemeinsam ...b... ihrem österreichischen Amtskollegen, in Ungarn festsitzenden Flüchtlingen die Ausreise zu ermöglichen. ...c... schlugen sich immer mehr Menschen über die Balkanroute nach Deutschland durch. Es dauerte mehr als eine Woche, ...d... die Bundesregierung sich entschloss, an der Grenze zu Österreich Grenzkontrollen einzuführen. Der Staat wirkte ...e... von der hohen Zahl ankommender Flüchtlinge überfordert.

In dieser Situation wandelte sich Merkels Satz zur Provokation für die Gegner ihres Kurses. Die Trennlinie verlief quer durch die Große Koalition. Nicht nur die Schwesterpartei CSU distanzierte sich immer wieder vom Credo der Kanzlerin. Bayerns Ministerpräsident Horst Seehofer, in dessen Freistaat die meisten Flüchtlinge erstmals deutschen Boden betraten, hielt immer einen ordentlichen Sicherheitsabstand zu den drei Worten. Er könne sich den Satz „beim besten Willen nicht zu eigen machen", sagte er noch vor wenigen Wochen – kurz nach den Anschlägen von Würzburg und Ansbach.

Auch SPD-Chef Sigmar Gabriel nutzt das „Wir schaffen das" mittlerweile für politische Attacken. „Der Satz klingt schön, aber er reicht nicht aus", sagte er etwa im August der „Funke-Mediengruppe". Wenige Tage zuvor hatte er bereits davor gewarnt, „Merkels Satz" einfach zu wiederholen.

Er sagte: „Merkels Satz". Dabei hätte Gabriel auch gut von sich selbst sprechen können. Am 22. August 2015, eine Woche vor der Pressekonferenz der Kanzlerin, veröffentlichte die SPD einen Video-Podcast ihres Parteivorsitzenden zum Thema Flüchtlinge.

Gut fünf Minuten lang lobt Gabriel die Arbeit freiwilliger Helfer und der Behörden und beschwört die Kraft des Staates. „Wir sind ein starkes Land mit großer Mitmenschlichkeit", so der SPD-Chef. „Ich finde, wir haben alles was wir brauchen, um auch dieser großen Zahl an Menschen eine neue Heimat, eine sichere Heimat geben zu können und übrigens ohne, dass jemand, der bereits in Deutschland lebt, darunter leiden müsste." Er schließt das Video mit den Worten: „Ich bin sicher: Wir schaffen das."

Julian Heißler, www.tagesschau.de

1 Wo hat Angela Merkel den jetzt berühmten Satz „Wir schaffen das" gesagt?

A in einem Fernsehinterview   C in Berlin vor der Presse

B auf einer politischen Parteikonferenz   D in einer Diskussion mit dem SPD-Chef

2 Kreuzen Sie bei den folgenden Aussagen an, ob sie aufgrund des Textes richtig oder falsch sind. Begründen Sie Ihre Antwort mit Informationen aus dem Text.

	richtig	falsch
a Die Vorhersage der Regierung über die Zahl der Flüchtlinge im Jahr 2015 war richtig.	X	

Begründung: _eine Zahl, die sich ... bestätigen sollte_

| b Angela Merkel hat den Deutschen versichert, dass Asylanträge in Zukunft kritischer untersucht werden. | | |

Begründung: ....

c   Merkel hat versprochen, dass für die Flüchtlinge
Unterkünfte bereitgestellt werden.   ☐ ☐

     Begründung: ....

d   Merkel hat gesagt, dass Bundes- und Landesregierungen sowie
Städte und Gemeinden auf den Flüchtlingsstrom vorbereitet seien.   ☐ ☐

     Begründung: ....

3   Wie hat die AfD auf den Satz reagiert?   ☐

     A   mit Kritik   B   mit Witzen   C   mit Erstaunen   D   mit Entsetzen

4   Wie hat Ruth Klüger auf den Satz reagiert?   ☐

     A   mit Lob   B   mit Freude   C   mit Skepsis   D   mit Erleichterung

5   Wie haben die Medien auf den Satz reagiert?   ☐

     A   mit Unglauben   B   mit Beifall   C   mit Zuversicht   D   mit Zweifel

6   Füllen Sie die Lücken im Absatz „Provokation für Merkels Gegner" mit dem passenden Wort.

     a   i   VOR   ii   DENN   iii   WEIL   iv   DIE

     b   i   MIT   ii   FÜR   iii   BEI   iv   VON

     c   i   NACHDEM   ii   SCHLIESSLICH   iii   DARAUFHIN   iv   TROTZDEM

     d   i   ALS   ii   BIS   iii   WENN   iv   WANN

     e   i   IMMER   ii   VORHER   iii   DESWEGEN   iv   ZEITWEISE

7   Wählen Sie die jeweils richtige Antwort.

     a   Die Große Koalition ist …   ☐

         I   ein Regierungsbündnis der größten politischen Parteien.

         II   ein Regierungsbündnis aller Parteien im Parlament.

         III   ein Regierungsbündnis zwischen der CDU und der CSU.

         IV   ein Bündnis der Oppositionsparteien im Parlament.

     b   Wo sind die meisten Flüchtlinge zuerst in Deutschland angekommen?   ☐

         I   Würzburg   II   Freistaat   III   Bayern   IV   Boden

     c   Wer ist Sigmar Gabriel?   ☐

         I   Führer der Oppositionspartei   III   Journalist

         II   Führer einer Koalitionspartei   IV   Innenminister

     d   Wo hat Gabriel den Satz selbst gesagt?   ☐

         I   auf einer Pressekonferenz   III   zu einem einzelnen Journalisten

         II   vor einer Parteikonferenz   IV   im Internet

e Gabriel hat gemeint, dass …

   I es nicht genug freiwillige Helfer gebe.

   II es keine negativen Auswirkungen für diejenige geben würde, die in Deutschland leben.

   III Deutschland nicht genug Flüchtlingsunterkünfte habe.

   IV es zu viele Flüchtlinge gebe.

SPRACHE UNTER DER LUPE: REAKTIONEN

Wenn man einen Kommentar zu einer Aussage oder einer Meinung (oder auch zu einer Person selbst) abgeben will, kann man sie einfach offen loben oder kritisieren. Oder man äußert sich so, wie die zitierten Menschen und Gruppen im Artikel auf Angela Merkels „Wir schaffen das" reagiert haben.

1 Sind dies positive oder negative Reaktionen?

   a Ruth Klüger … nannte … [den Satz] …ein bescheidenes Wahlwort.

   b … Marguier bezeichnete Merkel … als Sprücheklopferin.

   c … die Schwesterpartei CSU distanzierte sich immer wieder …

   d Seehofer … hielt immer einen ordentlichen Sicherheitsabstand …

Man kann auch „**mit** (Substantiv)" auf etwas reagieren oder nur „(Adjektiv)" darauf reagieren.

2 Ist das positiv oder negativ? Mit …

Zuversicht	Beifall	Erstaunen	Kritik	Zweifel
Entsetzen	Freude	Lob	Vertrauen	
Erleichterung	Hoffnung	Unglauben	Verwunderung	

3 Wie heißen die entsprechenden Adjektive?

4 Hier sind einige damit verbundene Verben. Füllen Sie die Lücken in den Sätzen mit einem passenden Verb.

loben	bezweifeln	sich freuen	glauben	hoffen	staunen

   a Er .... , dass sie die genauen Zahlen nicht wusste.

   b Sie .... den Beschluss, mehr Geld in die Integrationspolitik zu investieren.

   c Er .... , dass die Situation besser wird, wenn er die Sprache lernt.

   d Sie .... nicht, dass man das Ziel erreichen wird.

   e Er .... , dass sie die Politik durchhalten kann, weil sie zu viele Gegner hat.

   f Sie .... darauf, dass ihr Asyl gewährt wurde.

Wenn man eine Meinung nicht teilt, dann kann man sie **abstreiten**.

Wenn man dafür ist, dann kann man ihr **zustimmen**.

Wenn man nicht weiß, ob man dafür oder dagegen ist, dann ist man **unentschlossen** oder **unentschieden**, vielleicht **verwirrt**, eventuell sogar **ratlos**.

Wenn es viele Menschen gibt, die für eine Sache sind, aber auch viele, die dagegen sind, dann ist diese Sache **umstritten**.

7 Mündliche Übung

Angela Merkels Satz „Wir schaffen das" bleibt umstritten, wie diese deutsche Umfrage zeigt.

„Wir schaffen das" – wirklich?
Angela Merkel hat in Bezug auf die hohe Zahl der Flüchtlinge mehrfach gesagt:
„Wir schaffen das." Würden Sie ihr zustimmen oder nicht?

	Nicht zustimmen	Zustimmen
GESAMT	64	32
CDU/CSU	61	37
SPD	62	35
Linke	59	39
Grüne	51	49

YouGov yougov.com   9. bis

Eine weitere berühmte Aussage aus Angela Merkels Kanzlerzeit wird in dieser politischen Karikatur thematisiert.

Diskutieren Sie in kleinen Gruppen, inwiefern das stimmt und wie man diese Aussage in Einklang mit „Wir schaffen das" bringen kann.

TIPP ZUM *EXTENDED ESSAY*

In Deutsch B können Sie einen *EE* zu einem soziokulturellen Thema schreiben (Kategorie 2B), als Grundlage dafür brauchen Sie jedoch ein kulturelles Artefakt. Sie können den Begriff „kulturelles Artefakt" im weiteren Sinne des Wortes interpretieren, z. B. als Kunstwerk, Film oder etwas Ähnliches. Es muss aber in einem akademischen Forschungskontext bestehen können. Karikaturen wie oben sind gewissermaßen Kunst und können daher auch Objekte der Forschung sein. Auch wissenschaftlich fundierte Umfragen, wie die von YouGov, sind als Artefakt zulässig, weil Sie sie als Grundlage für eine tiefgehende soziokulturelle Untersuchung verwenden könnten. Hier könnten Sie sogar eine Vergleichsstudie zu folgender Frage schreiben: Stimmt die Botschaft solcher Karikaturen (als Ausdruck einer landläufigen Meinung) mit den Ergebnissen der Meinungsumfragen überein?

WORTSCHATZ – DEUTSCHE POLITIK

Es gibt mehrere politische Parteien in Deutschland, von denen im obigen Artikel drei erwähnt werden. Die wichtigsten Parteien (mit Abkürzung) sind:

- die Christlich Demokratische Union (CDU)
- die Sozialdemokratische Partei Deutschlands (SPD)
- die Christlich-Soziale Union (CSU)
- Bündnis 90/Die Grünen (Grüne)
- die Freie Demokratische Partei (FDP)
- die Linke (Linke)
- Alternative für Deutschland (AfD)

1 Verbinden Sie die Parteien mit den folgenden Beschreibungen:

   a haben als Schwerpunkt Umweltpolitik und Nachhaltigkeit

   b bezeichnet sich als „Volkspartei der Mitte"

   c versteht sich als liberale Partei der Mitte

   d bezeichnet sich als „linke Volkspartei"

   e ist die Schwesterpartei der CDU in Bayern

   f ist eine rechtspopulistische EU-kritische Partei

   g ist eine linksorientierte sozialistische Partei

2 Zu welcher Partei gehört Angela Merkel?

8 Hörverständnis 🔊 Spur 19

Fahr mit mir den Fluss hinunter

Das Thema Menschheit und Anderssein und die damit verbundenen Probleme sind nichts Neues. Natürlich kommen sie auch in der Lyrik zur Sprache, beispielsweise in diesem Lied des deutschen Liedermachers Knut Kiesewetter aus dem Jahr 1968.

Lyrische Texte und Liedtexte haben die unterschiedlichsten Formen und Stile. Sie müssen sich z. B. nicht immer reimen, und insbesondere bei Liedtexten geht es oft mehr um den Rhythmus. Da werden dann die Sprachregeln etwas gelockert.

1 Hören Sie das Lied einmal durch und suchen Sie die reimenden Wortpaare.

an	dann	Her	Mann	schön
anzusehen	Dieb	Jahr	Mann	unbekannt
aus	Gefahr	kann	mehr	verwehrt
auszusehen	gefärbt	kann	mitgeerbt	vorübergehen
belehrt	genug	klug	Möglichkeit	
belügt	gesehen	Land	rausgekriegt	
bereit	Haus	lieb	schön	

2 Hören Sie sich das Lied noch einmal an und beantworten Sie die folgenden Fragen. Schreiben Sie den Buchstaben der richtigen Antwort in das Kästchen.

a Wenn man diese grünen Menschen sieht, sollte man …

   I   ihre Haut anstarren.

   II schnell vorbeigehen.

   III die Farbe nicht beachten.

b Warum haben die grünen Menschen sich gefärbt?

   I   Um von anderen besser akzeptiert zu werden.

   II Weil sie die Farbe grün nicht hübsch fanden.

   III Um modisch zu sein.

c In welcher Reihenfolge haben sie sich gefärbt?

   I   grün – rot – gelb – blau – weiß – grün

   II grün – gelb – rot – schwarz – weiß – grün

   III grün – rot – gelb – schwarz – weiß – grün

d Was erkennen die grünen Menschen zum Schluss?

   I   Dass man sich am besten treu bleibt.

   II Dass sie auch viele Vorurteile haben.

   III Dass nur grün eine schöne Farbe ist.

e Wie könnte man das Lied bezeichnen?

   I   Als Kritik Andersdenkender.

   II Als politische Polemik.

   III Als Aufruf zur Toleranz.

3 Welche geschichtlichen Assoziationen rufen die Farben im Text wach? Lesen Sie dazu den Liedtext am Ende dieser Einheit. Diskutieren Sie diese Frage in kleinen Gruppen.

WEITERDENKEN

 Diskutieren Sie die folgenden Fragen anhand der Informationen und Texte dieser Einheit in Kleingruppen:

- Welche Aspekte des Lebens in einem anderen Land werden die Flüchtlinge bei der Ankunft in Deutschland (oder auch Österreich oder der Schweiz) spüren? Erstellen Sie eine Liste – was bemerken sie sofort, was erst nach einer Woche, was noch später? Was wird leicht zu überwinden sein und was nicht? Was kann selbst gelöst werden, und wobei wird Hilfe benötigt? Was für Hilfe und von wem?

- Inwiefern gilt das auch für Ausländer in Ihrem Heimatland?

- Welche Aspekte des Lebens in einem anderen Land würden Sie schwierig finden bzw. finden Sie schwierig?

- Was würden Sie an Ihrem Heimatland vermissen bzw. was vermissen Sie?

- Wie kann man als Einzelperson oder als Land die vielen gesellschaftlichen, wirtschaftlichen und ethischen Probleme verkraften und lösen, die durch den Flüchtlingsstrom entstanden sind?

5

9 Schriftliche Übung

Wie schon gesagt, bei Lyrik und Liedern ist der Rhythmus oft wichtiger als der Reim. Die Hauptsache ist, dass es dem Text gelingt, die Leser zu erreichen und Gefühle, Meinungen oder eine Botschaft zu vermitteln. Vielleicht will der Verfasser zum Nachdenken anregen oder auch zur Tat aufrufen.

Denken Sie über die verschiedenen Themen und Situationen in dieser Einheit nach. Versuchen Sie, Ihre Gefühle oder Meinung dazu in lyrischer Form auszudrücken.

Fahr mit mir den Fluss hinunter

Fahr' mit mir den Fluss hinunter in ein unbekanntes Land
Denn dort wirst du Leute sehen, die bis heute unbekannt
Sie sind nett und freundlich, doch sie sehen etwas anders aus
Als die Leute, die du kennst bei dir zu Haus
Sie sind grün und wenn wir vorübergeh'n
Dann tu bitte so, als hättest du die Farbe nicht geseh'n
Sie sind grün und sie glauben fest daran
Dass die Farbe der Haut nichts über uns sagen kann
Ja, es gab mal eine Zeit, es ist wohl hundert Jahre her
Da gefiel wohl diesen Leuten ihre Farbe gar nicht mehr
Sie beschlossen, sich zu färben, um mal besser auszuseh'n
Denn die grüne Haut sei wirklich nicht sehr schön
Sie sind grün, doch sie malten sich rot an
Denn sie wussten nicht, ein roter Mann ist bald ein toter Mann
Sie sind grün und sie wurden sehr bald klug
Denn zum Sterben ist rot nun wirklich nicht schön genug
Nun versuchten sie's mit gelb, doch das hielt auch nur ein paar Jahr'
Denn mit Fingern zeigte man auf sie und sprach von gelber Gefahr
Sie berieten sich und kurz darauf, da fragte Frau und Mann
Ja, warum man nicht mal schwarz versuchen kann
Sie sind grün, doch als sie sich schwarz gefärbt
Hatten sie das Joch der Sklaverei schon lange mitgeerbt
Sie sind grün und man hat sie bald belehrt
Alle Freiheit der Welt ist Schwarzen nun mal verwehrt
Kurz bevor sie resignierten, waren sie zum Schluss bereit
Ihre Haut zu bleichen, denn das war die letzte Möglichkeit
Doch es änderte sich nichts war man als Weiße noch so lieb
Man war andrer Völker Ausbeuter und Dieb
Sie sind grün, doch jetzt finden sie das schön
Und sie tragen es mit Stolz, es ist gleich jedem anzuseh'n
Sie sind grün und sie haben rausgekriegt
Es ist wirklich nicht gut, wenn man sich nur selbst belügt

Knut Kiesewetter

5.4 Der Mensch braucht Energie

Wie sollen wir die Herausforderungen der Energiewende bewältigen?

Lernziele

- Über die Vorteile und Herausforderungen des deutschen Atomausstiegs kritisch nachdenken
- Sich mit verschiedenen Perspektiven auseinandersetzen
- Sich in verschiedenen Kontexten mündlich und schriftlich dazu äußern
- Den Gebrauch von indirekter Rede lernen und üben

Der Drang nach Energie stellt die Menschen in der heutigen Welt vor immer mehr wissenschaftliche, ökologische, ethische und soziale Herausforderungen. Wie können wir diese Herausforderungen bewältigen?

Atomausstieg? Ja, bitte!

1 Einstieg

Seit 50 Jahren hält die Debatte um die Atomkraft an. 2011 beschloss die Bundesregierung, dass Deutschland bis zum Jahr 2022 aus der Kernenergie aussteigen soll. Dies hat die Diskussion wieder neu entfacht und der Beschluss ist bis heute umstritten.

Was wissen Sie schon zum Thema Atomkraft? Und was wissen Sie über die Debatte darüber im deutschsprachigen Raum? Was sagen Ihnen die Ortsnamen Brokdorf, Zwentendorf, Tschernobyl, Gorleben und Fukushima? Recherchieren Sie und diskutieren Sie in kleinen Gruppen.

Arbeitsbuch

1 Wortschatz – Energie

WORTSCHATZ – ATOMKRAFT

1   Hier sehen Sie Schlagzeilen aus den Zeitungen zum Thema Atomkraft. Füllen Sie die Lücken mit den Wörtern aus dem Kasten. Es gibt mehr Wörter, als Sie brauchen.

a   .... erinnern mit Kreuzen an AKW-Unfälle.

b   Das Land Hessen kann .... nicht verbieten.

c   .... weisen auf Klimagefahr bei Gaskraftwerken hin.

d   Rückbau einer .... dauert etwa 20 Jahre.

e   Deutsche Edelstahl-Schutzhülle für Tschernobyl-........................

f   Suche nach Endlager für .... geht ungelöst weiter.

g   .... kündigen Großdemonstration in Gorleben an.

h   Fukushima-........................ – Gedenken allein ist zu wenig!

i   Regierung setzt auf Investitionen in „grünen Strom" als Ersatz für ....

j   Energiewende – Soll der Steuerzahler mehr zahlen, damit Deutschland .... wird?

| ATOMANLAGE |
| ATOMAUSSTIEG |
| ATOMENERGIE |
| ATOMEXPERTE |
| ATOMFREI |
| ATOMGEGNER |
| ATOMKRAFT |
| ATOMKRAFTGEGNER |
| ATOMMEILER |
| ATOMMÜLL |
| ATOMMÜLLTRANSPORTE |
| ATOMUNFALL |
| ATOMUNGLÜCK |

2   Entscheiden Sie nun mit einem Mitschüler, zu welchem Teilaspekt des Themas jede Schlagzeile gehört – Atomausstieg, Atomunfälle oder Atommüll.

2 Mündliche Übung

Was steckt hinter diesen Schlagzeilen? Welche Relevanz haben sie für das Thema Atomausstieg? Diskutieren Sie in kleinen Gruppen.

3 Mündliche Übung

Zur Zeit des deutschen Regierungsbeschlusses 2011, aus·der Kernenergie auszusteigen, wurden in Deutschland mehrere Meinungsumfragen durchgeführt. Jetzt lesen Sie fünf Fragen, die in den Monaten nach dem Atomreaktorunglück in Fukushima in Deutschland gestellt wurden.

1 Spekulieren Sie mit einem Mitschüler über die Ergebnisse. Wie viel Prozent der Befragten haben vermutlich mit „ja" oder „nein" geantwortet, und wie viele waren unentschieden? Füllen Sie die Tabelle provisorisch aus, bevor Sie die Ergebnisse hören.

Frage	ja	weiß nicht	nein
a Halten Sie es für richtig, dass Deutschland aus der Atomenergie aussteigt?			
b Kann Deutschland ohne Atomkraft auskommen?			
c Wenn die Endlagerung radioaktiver Abfälle gesichert wird, sollte man die Atomkraft wieder aufnehmen?			
d Sind Sie bereit, nach dem Ausstieg mehr für Strom zu zahlen?			
e Würden Sie ein neues [nicht atomares] Kraftwerk oder eine Anlage für erneuerbare Energie in der Nähe Ihres Wohnorts akzeptieren?			

2 Was meinen Sie zu den tatsächlichen Zahlen? Wie unterscheiden sie sich von Ihren geschätzten Antworten? Wie würden Sie auf diese fünf Fragen persönlich antworten?

4 Textverständnis

Arbeitsbuch
2 Eine These entwickeln

Wie ergeht es Menschen, die in der Nähe eines Atomkraftwerks wohnen? Der folgende Zeitungsartikel geht dieser Frage nach.

Ein Leben im Schatten der Reaktortürme

In Grafenrheinfeld blickt man dem Atomausstieg mit gemischten Gefühlen entgegen.

GRAFENRHEINFELD – Die Atomkatastrophe in Japan hat das öffentliche Bewusstsein wieder verstärkt auf die Kraftwerke hierzulande gerichtet. Etwa eine Autostunde von Nürnberg entfernt liegt die 3400-Seelen-Gemeinde Grafenrheinfeld, das örtliche Kernkraftwerk erzeugt Jahr für Jahr mehr als zehn Milliarden Kilowattstunden Atomstrom. Ein Besuch an einem Ort, in dem es gar nicht so einfach ist, auf echte Atomgegner zu treffen.

Die Gemeindebibliothek ist ein wahres Schmuckstück. Die Räume des alten Sandsteingebäudes am Kirchplatz in Grafenrheinfeld vermitteln Gemütlichkeit.

Bücher, Zeitschriften und DVDs sind hier liebevoll zwischen Sitzecken und Polstermöbeln platziert. Eine Galerie aus dunklem Holz erhebt sich über dem Bereich mit der Erwachsenenliteratur. Für Getränke ist ebenfalls gesorgt. Und noch einen entscheidenden Vorteil hat die Bibliothek: Weder für den Nutzerausweis noch für die Ausleihe selbst müssen die Bürger hier bezahlen.

Draußen schließt Sabine Lutz gerade ihr Fahrrad ab. Viel Geld sei in den vergangenen Jahren in die Modernisierung der Gemeinde geflossen, keinen Cent extra habe die Bürger das gekostet, betont die Bürgermeisterin. Die 51-Jährige findet noch weitere Beispiele, was das Leben im Ort so lebenswert macht. 2005 konnte eine neue Grundschule gebaut werden, ein Jahr später wurde die Kulturhalle eingeweiht. Ach ja, und das dritte Kindergartenjahr gibt es gratis.

Dem Besucher eröffnet sich eine Bilderbuchidylle, die auch der Blick gen Himmel kaum zu trüben vermag. Fast scheinen sich die großen, 143 Meter hohen Kühltürme, mit ihren weißen Dampfschwaden, die alles überragen, nahtlos ins Landschaftsbild einzufügen.

Das 1981 in Betrieb gegangene Kernkraftwerk, das nur einen kurzen Fußmarsch vom Ortskern entfernt liegt, bedeutet für Grafenrheinfeld Fluch und Segen zugleich – ein enormer Gewerbesteuerlieferant auf der einen, ein potenzielles Sicherheitsrisiko auf der anderen Seite. [...]

„Es muss ja niemand hier leben, wenn er das nicht möchte", sagt der Wirt einer kleinen Pension, der im bestuhlten Innenhof an seinem Kaffee nippt. Der Mann macht sein Geschäft vor allem mit Radtouristen und Wochenendausflüglern. Und wenn einmal im Jahr die große Generalüberprüfung im Kraftwerk ansteht und zu diesem Zweck etwa 1000 zusätzliche Arbeiter anrücken, freut er sich ebenfalls über die Zusatzeinnahmen. Er sei kein ausgesprochener Kernkraftbefürworter, betont der Mann. „Aber solange wir nicht ohne Atomstrom auskommen, brauchen wir die Kraftwerke, so ist das nun mal."

Neben ihm sitzt ein älterer Herr mit Brille, seinen Namen mag er ebenfalls nicht nennen, aber er erzählt, dass er im Kraftwerk als Dekontaminationsfachkraft arbeitet, seine Aufgabe ist es, dafür zu sorgen, dass kein verseuchtes Material nach draußen gelangt. Angst habe er keine, winkt er ab, und nirgendwo im Leben gebe es eine 1000-prozentige Sicherheit. „Das mit Japan ist schon schlimm, aber so was könnte hier bei uns in der Form nie passieren."

Den zweiten Bürgermeister Ludwig Weth bringen solche Aussagen auf die Palme. [...] Für Weth ist es auch eine Vertrauensfrage. „Da braucht man sich nur immer wieder die Liste von Vorfällen anzuschauen, um zu sehen, wie viel bei diesem Thema bagatellisiert wird."

Die Kraftwerksbetreiber selbst hören so etwas freilich nicht gerne. „Kraftwerke sind die am höchsten gesicherten Industrieanlagen in Deutschland, es finden laufend Sicherheitskontrollen und Überprüfungen statt", sagt Bernd Gulich vom Kraftwerksbetreiber Eon. Gulich ist für die Standortkommunikation am Werk in Grafenrheinfeld verantwortlich, sein Anliegen ist es, den rund 7000 Besuchern pro Jahr einen möglichst umfassenden Einblick in das Kraftwerk zu bieten. [...] Eine Katastrophe wie in Japan, ergänzt Gulich, sei hier schon deshalb nicht denkbar, weil das KKW Grafenrheinfeld, das im Gegensatz etwa zum Katastrophenreaktor in Fukushima auf einem Druckwasserreaktor basiert, weder durch ein derart heftiges Erdbeben noch durch einen Tsunami getroffen werden könnte. [...] Bevor er den Besucher mit reichlich Informationsmaterial entlässt, betont er noch, dass er gerade die vehementen Kernkraftgegner einlädt, sich doch mal persönlich ein Bild zu machen.

Eine Einladung, die Babs Günther dankend ablehnt. Die 56-Jährige lebt im etwa fünf Kilometer entfernten Gochsheim. Schon der Katastrophenschutzplan, der regelmäßig an alle Haushalte verteilt wird, löst bei ihr Kopfschütteln aus. Bei einem Reaktorunglück müsste sie in ein Notfalllager nach Kitzingen, der Weg dorthin würde ausgerechnet am Kraftwerk vorbeiführen, „allein das ist doch widersinnig", sagt Günther.

Die Sozialpädagogin hat im vergangenen Jahr ein Aktionsbündnis gegen Atomkraft ins Leben gerufen. Günther protestierte bereits vor 21 Jahren, als die Brennstäbe noch durch ihren Ort rollten, und sie gehörte zu den Privatklägerinnen gegen das Zwischenlager, das 2006 errichtet wurde. Am vergangenen Montag hat sie eine Mahnwache in Schweinfurt organisiert, etwa 500 Menschen seien gekommen, erzählt sie.

Günther sagt, sie spüre seit Längerem eine Veränderung bei den Menschen, sie seien sensibler geworden für das Thema, und das nicht erst seit der Katastrophe in Japan. [...]„Die Menschen müssen aber bereit sein, auch die daraus entstehenden Konsequenzen hinzunehmen, und sich über Alternativen Gedanken machen."

Gedanken macht sich inzwischen auch Isabell Gerstenmayer (32). Vor sieben Jahren ist die junge Frau bewusst in die Gemeinde Grafenrheinfeld gezogen, eine Eigentumswohnung hatte es ihr angetan, das KKW war ein verkraftbarer Begleiteffekt, gesteht sie ganz offen.

Seitdem ihre Tochter auf der Welt ist, betrachtet sie die Dinge jedoch ein wenig kritischer. „Als ich im Radio von den Plänen der Regierung gehört habe, die sieben ältesten Meiler abzuschalten, habe ich mir insgeheim gewünscht, dass sie das auch für Grafenrheinfeld ankündigen", sagt sie, während sich die zweijährige Sofia die letzten Reste ihrer Schokoeiscreme über die Jacke kippt.

Vielleicht wird Isabell Gerstenmayer ihr irgendwann „Die Wolke" von Gudrun Pausewang vorlesen. Aktuell sucht man in der Gemeindebibliothek danach jedoch vergebens. Die Hülle der einzig verfügbaren Buchversion des Jugendromans über einen Reaktorunfall sei kaputt, sagt die Frau an der Ausleihe. Sie werde derzeit repariert.

Stephanie Händel, *Nürnberger Zeitung*

1 Im Text kommen mehrere Leute zu Wort. Ordnen Sie die Meinungen den Personen zu.
   Schreiben Sie die richtige Nummer in das Kästchen.

a Ich habe kein Vertrauen in die Notfallplanung. ☐ vi

b Man kann nie erwarten, vollkommen sicher zu sein. ☐

c Wegen des AKWs hat man viel in die Infrastruktur der
   Gemeinde investieren können. ☐

d Ich hatte gehofft, man würde die hiesige Anlage auch
   gleich vom Netz nehmen. ☐

e Es gibt keinen Industriebereich in Deutschland, der so
   stark gesichert ist wie die Kernkraft. ☐

f Die Leute müssen mehr über erneuerbare
   Energien nachdenken. ☐

g Ich rege mich immer auf, wenn Leute meinen, es sei
   alles nicht so schlimm. ☐

h Die Leute wohnen alle freiwillig hier in dieser Gegend. ☐

i Ich möchte, dass die Atomkraftgegner die AKW-Anlage
   besichtigen kommen. ☐

j Ich verdiene gut am Kraftwerk. ☐

k Ich möchte die AKW-Anlage nicht besichtigen. ☐

i Sabine Lutz

ii der Pensionswirt

iii der AKW-Arbeiter

iv Ludwig Weth

v Bernd Gulich

vi Babs Günther

vii Isabell Gerstenmayer

2 Beantworten Sie folgende Fragen zum Text.

a Was für eine Stimmung erweckt die Ortsbücherei?

b Wie weit ist das AKW von der Kleinstadt entfernt?

c Welche drei Sorten von Gästen übernachten in der Pension?

d Wie fühlt sich der AKW-Arbeiter bei der Arbeit?

e Welche drei Gründe nennt Bernd Gulich, warum man Grafenrheinfeld nicht mit
   Fukushima vergleichen kann?

f Warum hält Babs Günther den Evakuierungsplan für unsinnig?

g Warum ist Isabell Gerstenmayer nach Grafenrheinfeld gekommen?

h Warum ist Isabell Gerstenmayers Tochter nicht an der Diskussion interessiert?

i Warum kann man das Buch „Die Wolke" nicht in der Bibliothek ausleihen?

GRAMMATIK UNTER DER LUPE: DER KONJUNKTIV BEI INDIREKTER REDE

Der Konjunktiv wird in der indirekten Rede verwendet und kommt deshalb oft in Zeitungsartikeln vor.

Er wird mit Verbstamm + Endung gebildet. Die Endungen sind fast dieselben wie beim Indikativ Präsens, nur in der dritten Person Singular lautet sie -e:

er habe … sie werde … es gebe … man könne …

Arbeitsbuch

5 Grammatik unter der Lupe – der Konjunktiv bei indirekter Rede

Bei *sein* werden alle Personen mit dem Verbstamm *sei-* gebildet:

ich/er sei … wir/sie seien …

1 Suchen Sie im Text Beispiele für *er/sie/es* und *sie* (Plural).

Der Konjunktiv bei indirekter Rede kann auch andeuten, dass der Autor die Aussage nicht vollkommen glaubt, oder dass die Aussage nicht nachzuweisen ist:

- *Er **sei** kein ausgesprochener Kernkraftbefürworter, betont der Mann.*

Will der Autor darauf hinweisen, dass er eine Aussage als feste Tatsache oder zumindest sehr glaubwürdig akzeptiert, kann er den Indikativ verwenden:

- *das KKW **war** ein verkraftbarer Begleiteffekt, gesteht sie ganz offen.*

2 Suchen Sie noch ein Beispiel im Text, bei dem der Indikativ in der indirekten Rede verwendet wird.

3 Formen Sie jetzt bei den folgenden Sätzen die direkte Rede in die indirekte Rede um.

   a Sie hat mir gesagt: „Ich werde einen Protestbrief schreiben."

   b Er versichert mir: „Es lohnt sich, das Buch zu lesen."

   c Die Frau meint: „Ich bin sicher, ich habe ihn schon mal gesehen."

   d Die Demonstrantin warf dem Lkw-Fahrer vor: „Sie unterstützen die Atomkraft!"

   e Der junge Mann meinte: „Man kann den Atommüll nie sicher lagern."

TIPP FÜR DIE PRÜFUNG

Bei *Paper 1* ist manchmal die Textsorte **Bericht** angebracht. Ein Bericht kommt in verschiedenen Situationen vor, z. B. als:

- schriftliche Zusammenfassung von Tatsachen zu einem Thema, eventuell mit Empfehlungen, im Auftrag bzw. im Namen einer Organisation

- offizielle (z. B. polizeiliche) schriftliche Schilderung eines Vorfalls

- schriftliche Aussage eines Augenzeugen.

Deswegen ist es wichtig, in der *IB*-Prüfung den Zusammenhang richtig zu erkennen und die Form des Berichtes anzupassen.

Vor allem soll der Bericht eine **sachliche** Beschreibung der Tatsachen sein, ohne persönliche Meinungen und Gefühle oder stilistische Verzierungen. Auch hier hilft es wieder, sich klarzumachen, wer diesen Bericht lesen wird und zu welchem Zweck. Näheres dazu finden Sie in den Checklisten aus Kapitel 6.

5 Schriftliche Übung

Bei der im Artikel erwähnten Mahnwache ist es zu einem unangenehmen Zwischenfall gekommen. Ein älterer Autofahrer hat die Demonstranten laut belästigt, ist dann über mehrere Plakate gefahren und hat dabei einige Kleinkinder verängstigt. Die Polizei musste einschreiten. Der Mann beklagt sich, dass sein Auto an mehreren Stellen beschädigt wurde. Die Demonstranten beschweren sich dagegen, dass er absichtlich grob fahrlässig gehandelt und ihr Eigentum beschädigt hat.

Sie haben als unbeteiligter Passant diesen Zwischenfall gesehen und sind von der Polizei gebeten worden, eine Zeugenaussage zu machen.

Schreiben Sie diese Zeugenaussage. Schildern Sie dabei ganz sachlich,

- warum Sie da waren

- wie es zu dem Zwischenfall kam

- was genau passierte

- wer oder was dabei geschädigt wurde.

Benutzen Sie die Checkliste für einen Bericht aus Kapitel 6. Schreiben Sie 250–400 Wörter für *SL* oder 450–600 Wörter für *HL*.

6 Schriftliche Übung

Bernd Gulich, Leiter der Kommunikationsabteilung im AKW Grafenrheinfeld, hat diese E-Mail von seinem Vorgesetzten bekommen.

Schreiben Sie diesen Besucherjahresbericht. Benutzen Sie zur Kontrolle die Vorlage und die Checkliste für einen Bericht aus Kapitel 6. Schreiben Sie 250–400 Wörter für *SL* oder 450–600 Wörter für *HL*.

An:	bernd.gulich@eon-atom.de
Cc:	
Bcc:	rainer.weiss@eon-atom.de
Betreff:	Besucherjahresbericht Grafenrheinfeld

Lieber Herr Gulich,

im Rahmen unserer jährlichen Berichterstattung darf ich Sie daran erinnern, dass Sie mir bis Ende dieses Monats einen Bericht über Besucherzahlen im letzten Jahr zuschicken sollen. Vergessen Sie bitte dabei nicht, Details über spezifische Besuchergruppen wie Schulgruppen und auch eventuell Vertreter von Organisationen wie Greenpeace und anderen Atomgegnern zu geben. Positive und negative Besucherkommentare sollen auch ausgewertet werden. Falls es irgendwelche Zwischenfälle gegeben hat, schildern Sie diese bitte kurz. Abschließend geben Sie bitte Empfehlungen, wie wir unsere Öffentlichkeitsarbeit im kommenden Jahr weiter entwickeln könnten.

Für eventuelle Fragen stehe ich ihnen gerne zur Verfügung.

Mit freundlichen Grüßen

Rainer Weiß

7 Hörverständnis 🔊 Spur 20

Eine Zukunft ohne Atomkraft

Gemeinderat Michael Friedrich von den Grünen hat sich in einem Radiointerview zur Situation in Grafenrheinfeld geäußert. Er wurde gefragt, wie er die Einwohner beruhigen würde, die die Zukunft mit Sorgen betrachten.

Hören Sie seine Antwort an und beantworten Sie die folgenden Fragen.

1   Wie alt ist das AKW Grafenrheinfeld?

    A   25 Jahre   **B**   35 Jahre   **C**   45 Jahre

2   Wie viele Probleme sind schon bekannt geworden?

3   Als Beispiel nennt er einen .... in einer Schutzwand.

4   Was hält er vom Atomausstieg? Nennen Sie *zwei* Aussagen.

5   Welche Sorge von Seiten der Bevölkerung nennt er *nicht*?

    A Geschäfte   B Jobs   C Umwelt

6   Wie viel mehr Strom wird in Deutschland aus alternativen Energiequellen erzeugt als noch vor 10 Jahren?

    A 30 %   B 50 %   C 100 %

7   Welche *zwei* Formen erneuerbarer Energien nennt er?

8   Waldsachsen erzeugt 100.000 kWh pro ....

Arbeitsbuch

3 Textverständnis –
Leserkommentar
4 Schriftliche Übungen

WORTSCHATZ

Der nachfolgende Literaturauszug spielt auf einer Autobahn. Wie gut ist Ihr Wortschatz im Themenbereich Transport?

1   Bilden Sie jeweils 6 zusammengesetzte Substantive mit Auto-, Fahr- und Verkehrs-. Wählen Sie dazu die passenden Ergänzungen aus der Liste:

-ampel	-amt	-atlas	-bahnbrücke	-fahrer	-geld
-gramm	-kennzeichen	-marke	-mittel	-plan	-radweg
-schild	-schule	-stau	-stuhl	-verbot	-zeug

Auto-	Fahr-	Verkehrs-

2   In jeder Zeile gibt es ein Wort, das mit Straßentransport nichts zu tun hat. Nennen Sie die drei Wörter.

3   Nennen Sie die acht Begriffe, auf die sich die folgenden Erklärungen beziehen.

    a Hier lernt man Autofahren.

    b Das muss man im Bus bezahlen.

    c BMW ist eine berühmte deutsche …

    d Hier dürfen sich keine Autos und Fußgänger befinden.

    e Bei Rot muss man hier anhalten.

    f Hilft bei der Reiseplanung.

    g Buchstaben und Ziffern, die den Wagen identifizieren.

    h Hier bewegen sich keine Autos mehr.

4   Können Sie kurze Begriffserklärungen für die anderen Wörter schreiben? Testen Sie dann einen anderen Schüler.

8 Textverständnis

Gudrun Pausewang hat 1987 das Jugendbuch „Die Wolke" veröffentlicht. Der Roman schildert die Folgen eines Atomreaktorunglücks in der Gegend um Grafenrheinfeld aus der Sicht der 15-jährigen Janna-Berta. In dem folgenden Auszug versucht sie, mit ihrem kleinen Bruder Uli mit dem Fahrrad aus ihrer Heimat im 80 Kilometer entfernten Schlitz zu flüchten.

Die Wolke

Zwischen Oberwegfurth und Unterwegfurth fiel Ulis Teddy vom Gepäckträger. Es dauerte eine Weile, bis Janna-Berta ihn wieder festgeklemmt hatte. Heimlich verwünschte sie das grinsende Plüschvieh.

Dann kam schon die Autobahnbrücke, die das Fuldatal überquerte, in Sicht.

Aber Janna-Berta und Uli sahen nicht hinüber. Sie waren damit beschäftigt, Wagen wiederzuerkennen, die vor einer guten Weile an ihnen vorbeigerauscht waren. Kurz hinter Unterwegfurth überholten sie den Besitzer des Supermarkts, den Briefträger, Ulis Lehrerin, die Verkäuferin aus dem Metzgerladen.

„Seid ihr beiden allein unterwegs?", fragte die Lehrerin aus einem schmalen Fensterspalt.

Als Uli nickte, rief sie: „Kommt! Wenn ihr euch auf die Koffer setzt und die Köpfe einzieht, könnte es gehen."

„Nein", rief Uli zurück. „So kommen wir schneller voran!"

Dort, wo die Straße aus dem Schlitzer Ländchen auf die Bundesstraße 62 stieß, begriff Janna-Berta, warum der Verkehr so zäh floss: Bis hierher reichte die Doppelschlange, die sich vor der Autobahnauffahrt staute. Als sie zur Autobahnbrücke hinübersah, entdeckte sie, dass dort nur Einbahnverkehr herrschte: Auf der Fahrbahn, die über Fulda und an Schweinfurt vorbei nach Würzburg führte, kroch der Verkehr in der falschen Richtung.

„Schau zur Brücke!", rief sie Uli zu. „Lauter Geisterfahrer!"

Wo die Autobahnauffahrt von der B 62 abzweigte, versuchten ein paar Polizisten, Ordnung zu schaffen. Aber nur wenige Fahrer folgten ihren Anweisungen. Die Beamten, die schimpfend und gestikulierend zwischen den Wagen herumhasteten, wirkten lächerlich. Janna-Berta wunderte sich: Bisher hatte sie die Polizisten nie so gesehen. Sie hatte immer großen Respekt vor ihnen gehabt.

Auf der Autobahnauffahrt bewegte sich so gut wie gar nichts. Dicht an dicht fuhren oben die Wagen und gaben nur selten einem, der von unten kam, den Weg frei. Unten an der Abzweigung wurde das Chaos immer schlimmer. Eine Frau am Steuer eines kleinen Fiat, der seitlich abgedrängt worden war, schrie verzweifelt. Drei Kinder auf dem Rücksitz schrien mit. Zwei andere Wagen standen ineinander verkeilt. Aber niemand kümmerte sich darum. Offensichtlich waren sie von ihren Besitzern im Stich gelassen worden. Wer auf die Autobahn wollte, musste die Wracks umfahren.

Uli blieb stehen und gaffte. Als Janna-Berta ihn antreiben wollte, wurde er wütend.

„Siehst du vielleicht 'ne Wolke?", rief er. „Lass mich in Ruh!"

„Das Gift ist unsichtbar", sagte Janna-Berta. „Also kann man sie nicht sehen."

Uli warf einen misstrauischen Blick in den Himmel, dann stieg er auf und sie fuhren weiter.

Ein paar Wagen, die schon in die Autobahnauffahrt eingebogen waren, wendeten nun auf der Hangwiese und fuhren in Richtung Bad Hersfeld. Die Straße nach Niederaula war breit und eben, eine richtige Rennstrecke. Aber auch hier fuhr man kaum noch schneller als fünfzig. Zweispurig kroch die Kolonne nordwärts. Dann bildete sich eine dritte Spur. Ein einsamer Ford, der aus Niederaula südwärts strebte, musste halb aufs Bankett.

Janna-Berta behielt Uli im Auge. Er fuhr immer langsamer und machte gefährliche Schlenker. Er tat ihr leid. Wie er schwitzte! Jetzt wehte nur noch eine sanfte Brise, die Luft war schwül. Unter den Achseln und am Rücken war Ulis Hemd durchnässt. Die Jacke hatte er längst auf den Gepäckträger geklemmt.

Kurz vor Niederaula sah Janna-Berta, wie die Leute die Köpfe aus den Seitenfenstern streckten. Sie riefen sich eine neue Schreckensmeldung zu: Im Süden kam ein Gewitter auf, das hinter ihnen herzog. Und eben war gemeldet worden, dass die ganze vermutliche Fallout-Fläche zwischen Grafenrheinfeld und Bad Hersfeld in einem Gürtel von fünfzig Kilometern Breite evakuiert werde. Eine reine Vorsichtsmaßnahme, hieß es, um jedes Risiko auszuschließen.

„Da hast du's!", rief Uli und zeigte nach Süden: „Man sieht sie *doch*!"

Aus den Rufen und den Radiomeldungen, die sie im Vorüberfahren aufschnappen konnte, machte sich Janna-Berta ein Bild der Lage.

„Reine Vorsichtsmaßnahme?", hörte sie einen jungen Mann sagen. „Dass ich nicht lache! Wahrscheinlich hat uns das Zeug längst eingeholt."

„Ich glaub gar nichts mehr", rief eine Frau auf dem Anhänger eines Traktors. Ein paar Kinder kauerten auf Gepäckbergen um sie herum. Als der Anhänger an Janna-Berta und Uli vorüberkam, rief ihnen die Frau zu: „Seid ihr allein? Kommt rauf, für zwei ist noch Platz!"

Janna-Berta dankte und schüttelte den Kopf. Auf den Rädern waren sie jetzt besser dran. Und sie wusste ja auch nicht, wo die Traktorleute hinwollten. Sie und Uli hatten ein festes Ziel: den Bahnhof von Bad Hersfeld.

Gudrun Pausewang, „Die Wolke", © 1987 Ravensburger Buchverlag Otto Maier GmbH, Ravensburg

1 Beantworten Sie die folgenden Fragen, die sich auf die erste Hälfte des Textes beziehen. Schreiben Sie den Buchstaben der richtigen Antwort in das Kästchen.

a Wie reagierte Janna-Berta, als Ulis Teddy herunterfiel?

I Sie wollte ihn dalassen.

II Sie machte sich Sorgen, dass er schmutzig würde.

III Sie wollte fluchen.

IV Sie wünschte, sie hätte ihn zu Hause gelassen.

b Ulis Lehrerin sprach mit den beiden durch …

I ein geschlossenes Autofenster.

II das Schiebedach.

III ein weit geöffnetes Autofenster.

IV eine kleine Öffnung im Autofenster.

c Warum meinte Uli, sie seien mit den Fahrrädern schneller?

I Die Autobahn war gesperrt.

II Die Autos standen alle im Stau.

III Die Autos fuhren in der falschen Richtung.

IV Die Autos waren alle zu voll geladen.

d „Geisterfahrer" sind … ☐

    I Autofahrer, die im Dunkeln ohne Licht fahren.

    II Autos, die leer und verlassen mitten auf der Straße stehen.

    III Autofahrer, die neben der Straße auf dem Bankett fahren.

    IV Autos, die auf der falschen Straßenseite fahren.

e Wie reagierte Janna-Berta auf die Polizisten auf der Straße? ☐

    I Sie fand sie absurd.

    II Sie hatte Angst vor ihnen.

    III Sie hat sie respektvoll angesehen.

    IV Sie ignorierte sie.

f Die Frau im Fiat war verzweifelt, weil … ☐

    I ihr Auto eine Panne hatte.

    II sie allein im Auto saß.

    III sie gezwungen wurde, die Straße zu verlassen.

    IV sie mit einem anderen Auto zusammengestoßen war.

2 Die folgenden Aussagen beziehen sich auf die zweite Hälfte des Textes.

Kreuzen Sie an, ob sie aufgrund des Textes richtig oder falsch sind. Begründen Sie Ihre Antwort mit Informationen aus dem Text.

                                    richtig   falsch

a Uli wollte ungern weiterfahren. [X] ☐

Begründung: Als Janna Berta ihn antreiben wollte, wurde er wütend.

b Die Autos fuhren wie auf einer Rennstrecke. ☐ ☐

Begründung: ....

c Alle Fahrer wollten nach Norden. ☐ ☐

Begründung: ....

d Uli wurde müde. ☐ ☐

Begründung: ....

e Es fing an zu regnen. ☐ ☐

Begründung: ....

f Janna-Berta konnte Teile der Nachrichten hören. ☐ ☐

Begründung: ....

3 Geben Sie kurze Antworten auf die folgenden Fragen.

 a Von wem kommt die Meldung, dass die Evakuierung eine reine Vorsichtsmaßnahme ist?

 b Wie findet der junge Mann diese Meldung?

 c Warum will Janna-Berta nicht mit dem Traktor mitfahren? Nennen Sie *zwei* Gründe.

SPRACHE UNTER DER LUPE: ÜBERREDUNGSKÜNSTE

Die Frau auf dem Traktor versucht, Janna-Berta und Uli zu beruhigen und sie zu überreden, mitzufahren. Janna-Berta möchte das aber nicht. Um sich zu verständigen, brauchen die beiden Ausdrücke wie die folgenden:

Überreden/Beruhigen	Ablehnen/Zurückweisen
Keine Angst!	Nein(, weil/denn …).
Beruhigt euch!	Ich will nicht / möchte nicht / kann nicht (, weil/da …).
Seid nicht so besorgt.	
Macht euch keine Sorgen.	Wir wollen nicht / möchten nicht / können nicht (, weil/da …).
Hier seid ihr in Sicherheit.	Ich bin mir nicht sicher (, ob …).
Ihr müsst doch hungrig/müde/erschöpft (usw.) sein.	Da habe ich Zweifel (, ob/denn/weil …).
Kommt doch mit uns.	Das ist mir/uns / Das wäre mir/uns zu unsicher/riskant/gefährlich (usw.) (, weil/denn …).
Steigt doch hier auf.	

Ordnen Sie die Wörter unten zu Nebensätzen mit einer sinnvollen Begründung. Geben Sie an, wer die Begründung ausspricht – die Frau auf dem Traktor oder Janna-Berta.

 bestimmt / Tag / habt / weil / den / nichts / ganzen / gegessen / ihr

 = …, weil ihr bestimmt den ganzen Tag nichts gegessen habt.
 (Frau auf dem Traktor)

1 nur / steckt / weil / Traktor / dann / Stau / der / im

2 mit / Straße / können / da / umfahren / wir / die / dem / Traktor

3 euch / Fahrräder / wir / die / mitnehmen / denn / können / und

4 sind / Fahrrad / ob / dem / schneller / wir / mit

5 viel / weil / weiter / mit / ihr / Fahrrad / nicht / dem / kommt

6 eine / fahren / Richtung / Sie / da / andere / in

7 uns / gibt / es / mehr / für / Platz / keinen / denn

8 Polizisten / lassen / ob / alleine / die / euch / durchfahren

> *„ … die Angst … wurde uns von der Natur mitgegeben als Hilfe zum Überleben."*
>
> Gudrun Pausewang

9 Mündliche Übung

Arbeiten Sie zu zweit. Stellen Sie sich jetzt ein Gespräch zwischen Janna-Berta und der Frau auf dem Traktor vor. Diese versucht, Janna-Berta zu überreden, mit Uli auf den Traktor aufzusteigen. Janna-Berta gibt Gründe an, warum sie das nicht möchte.

10 Schriftliche Übung

Schreiben Sie den Dienstbericht eines der Polizisten, der erfolglos versucht hat, auf der Autobahn Ordnung zu schaffen. Der Polizist soll dabei schildern …

- warum die Polizei gerufen wurde.
- wie die Situation bei ihrer Ankunft aussah.
- was die Polizisten unternommen haben, um die Situation unter Kontrolle zu bringen.
- wie die Menschen reagiert haben.
- was die Polizisten zum Schluss gemacht haben und warum.

Benutzen Sie die Checkliste für einen Bericht aus Kapitel 6. Schreiben Sie für *SL* 250–400 Wörter und für *HL* 450–600 Wörter.

11 Schriftliche Übung

Wählen Sie eine der folgenden Aufgaben. Dabei müssen Sie eine Textsorte aussuchen, die für die Aufgabe geeignet ist. Denken Sie dabei an den Kontext, das Ziel und die Leserschaft. Sie sollten für *SL* 250–400 Wörter und für *HL* 450–600 Wörter schreiben.

1 Ein Familienmitglied Ihres Freunds in Deutschland arbeitet in der Atomindustrie. Er macht sich Sorgen um die Zukunft seiner Familie. Versuchen Sie, ihn zu beruhigen und beschreiben Sie dabei auch Ihre eigenen Gefühle und Gedanken zur Zukunft der Energieerzeugung.

2 Sie wollen in der Schule eine Debatte zur Energiewende organisieren. Sie haben jetzt die Genehmigung der Schulleitung und brauchen Mitschüler, die bereit sind, die verschiedenen Standpunkte zu vertreten, sowie ein interessiertes Publikum.

3 Die Debatte über die Energiewende hat stattgefunden. Sie wollen die Diskussion in der Schule zusammenfassen und Ihre Gedanken und Gefühle dazu ausdrücken.

WEITERDENKEN

Diskutieren Sie in kleinen Gruppen.

1 Warum, meinen Sie, ist die Mehrheit der Deutschen jetzt eindeutig gegen Atomkraft?

2 Hat sich Ihre Meinung zur Atomenergie im Laufe dieser Einheit geändert? Warum (nicht)?

3 Wie ist die Meinung zur Atomkraft in Ihrem Heimatland?

4 Inwiefern hat Deutschland die Fragen um die Atomkraft bewältigt?

5 Vor welchen neuen Herausforderungen stehen die Deutschen?

317

6

Textsorten –
Beispiele und
Checklisten

A Prüfung und Textsorten

In *Paper 1* können Sie zwischen verschiedenen Textsorten wählen, um eine geeignete Antwort auf die Ihnen gestellten Themen zu schreiben. Welche Textsorte Sie wählen, hängt dabei vor allem von Ihrer Kommunikationsabsicht ab. In der zur Verfügung stehenden Zeit (siehe „Prüfungsübersicht" zu Beginn dieses Buchs) müssen Sie planen, schreiben und Korrektur lesen. Um bei Ihrer Textsorte eine gute Wahl treffen zu können, müssen Sie die Themenstellung vollkommen verstanden haben. Dass Ihnen dies gelungen ist, beweisen Sie auch dadurch, dass Sie die gewählte Textsorte dann konsequent und zielbewusst umsetzen.

Es geht in diesem Kapitel darum, Sie bei der Wahl der richtigen Textsorte mit Beispielen und Checklisten zu unterstützen. Beachten Sie aber, dass hier nicht sämtliche Möglichkeiten und Varianten berücksichtigt werden können.

Im *IB* gibt es drei Kategorien von Textsorten: **Persönliche Texte** (z. B. ein informeller Brief), **professionelle Texte** (z. B. ein Bericht) und **Texte für Massenmedien** (z. B. ein Zeitungsartikel). Diese Aufteilung liegt diesem Kapitel zugrunde, auch wenn der Blogeintrag z. B. in allen drei Kategorien aufgelistet wird.

Um eine geeignete Textsorte zu wählen, müssen Sie die Kommunikationssituation genau verstehen. Um diese Textsorte dann effektiv umzusetzen, müssen Sie nicht nur bestimmte Textkonventionen beachten, sondern auch eine angemessene Sprache (Vokabular, Stil, Register) verwenden. Dabei helfen Ihnen drei Kernfragen:

* Für wen schreibe ich den Text, d. h. wer ist der Adressat oder die Zielgruppe?

* In welchem Zusammenhang (Kontext) schreibe ich den Text – muss ich eine bestimmte Perspektive berücksichtigen oder einnehmen?

* Warum schreibe ich den Text – was will ich mit ihm erreichen?

Erst nachdem Sie diese Fragen beantwortet haben, können Sie eine geeignete Textsorte auswählen und anfangen, den Text zu planen und zu schreiben.

B Effektiv kommunizieren – mit der richtigen Textsorte

Texte werden immer in einem bestimmten Kontext und aus einem bestimmten Grund geschrieben. Ein Autor wählt somit eine bestimmte Textsorte, um den Adressaten der Situation entsprechend erfolgreich anzusprechen. Stil, Wortwahl und Inhalt eines Textes sind daher abhängig davon, wen der Autor warum ansprechen will.

Wie wichtig Adressat und Intention eines Textes sind, wird durch den Vergleich zwischen einem informellen und formellen Brief deutlich: Ein privater Brief an einen Freund ist viel informeller in der Sprache als ein formelles Bewerbungsschreiben an eine Firma. An den Freund können Sie in Umgangssprache schreiben, Ausrufe können den Brief lebendiger machen und Sie können die Vertrautheit zwischen Autor und Adressat zum Ausdruck bringen. Dagegen wollen Sie einen potenziellen Arbeitgeber eher mit einer klaren Struktur und höflichen Redewendungen in Ihrem Schreiben beeindrucken.

Die Situation ist entscheidend dafür, welche Textsorte angebracht ist: Falls Sie in Ihrer Schule Interesse für einen Schüleraustausch wecken wollen, werden Sie eher eine Broschüre verteilen oder die Website nutzen. Wenn Sie allerdings auf einen Elternabend eingeladen werden, um für Ihren Schüleraustausch zu werben, werden Sie eine Rede vorbereiten, um die Eltern und Schüler mit Ihrer Begeisterung anzustecken.

Das Beispiel der Broschüre als schriftlicher Text und der Rede als Text, der mündlich vorgetragen wird, verdeutlicht es: Sie müssen die Sprache, den Stil und den Aufbau Ihres Textes an die Situation und Ihr Ziel anpassen.

C Wie analysieren Sie eine Textsorte?

1 Der erste Eindruck

Was fällt Ihnen ins Auge, noch bevor Sie den Text lesen? Was sind die Elemente, die typischen Merkmale, die den Text ausmachen?

Beispiele:

- Briefkopf (Absender, Adressat)
- Betreff
- Datum
- Anrede
- Nummerierung, Stichpunkte
- Einteilung in Abschnitte
- Titel und Überschriften
- Variationen im Schriftsatz
- besonderes Layout
- Bilder/Fotos usw.
- andere (welche?)

2 An wen richtet sich der Text?

Entscheiden Sie nach dem Lesen, wer die Rezipienten sind.

Beispiele:

- die breite Öffentlichkeit
- eine bestimmte Zielgruppe, z. B.:
  - Altersgruppe (Kinder, Jugendliche, ältere Menschen)
  - Interessengruppe (Sportfans, Kulturliebhaber, Computerfreaks)
  - Einflussgruppe (Politiker, Behörde, Vereinsvorsitzende)
- vertraute Person(en), z. B.:
  - Freunde
  - Familie
  - Nahestehende
- eine einzelne Person, die der Autor noch nicht oder wenig kennt, z. B.:
  - ein potenzieller Arbeitgeber
  - der Redakteur einer Zeitung
  - der Rektor einer neuen Schule
- der Autor selbst
- andere?

3 Was ist die kommunikative Absicht des Textes?

Beispiele:

- zu analysieren
- zu bestätigen
- zu beweisen/belegen
- zu beraten/Rat zugeben
- Rat zu erfragen
- sich zu erkundigen
- jemandem einen Plan mitzuteilen
- zu unterhalten
- emotional anzusprechen/emotional zu bewegen
- zu erklären
- Gefühle auszudrücken
- zum Handeln aufzufordern
- die Aufmerksamkeit auf eine Tatsache zu lenken und so zur Diskussion anzuregen
- zu informieren
- eine Bewertung auszudrücken: zu kritisieren oder zu verteidigen
- zu überzeugen
- zu fordern
- zu protestieren
- eine Begebenheit zu erzählen

4 Wie ist der Text strukturiert?

- Einleitung
- Hauptteil/Argumentation
- Schluss

5 Was sind die sprachlichen oder stilistischen Merkmale des Textes?

Identifizieren Sie die Hauptmerkmale der Sprache:

Thematisches Vokabular	Gesundheit, Arbeitswelt, Bildung, Freizeit usw.
Bindewörter	Zeitadverbien (Chronologie), Gegenüberstellung (Vergleich), Kausalzusammenhang (was führt zu was) usw.
Stil	formell bis informell, respektvoll, literarisch usw.
Verbformen	Vergangenheit, Gegenwart, Zukunft usw.
Ton	emotional, ironisch, sachlich, kritisch, verletzend, verzweifelt, freundlich usw.
Ausdruck	einfach/komplex, Fragen, Ausrufe, Forderungen usw.

6 Wie stellt der Autor eine Beziehung zu den Rezipienten her?

Beispiele:

- direkte Anrede
- Berufung auf Experten/Zeugen
- Verwendung einer Anekdote, eines Beispiels aus dem täglichen Leben
- Zitate
- Humor
- Tatsachen, Statistiken

7 Welche rhetorischen Mittel benutzt der Autor?

Beispiele:

- Vergleich, Metapher
- Emphase
- Übertreibung
- Ausruf
- Aufforderung
- rhetorische Frage
- Wiederholung
- Parallelismus

8 Fällt sonst noch etwas auf?

- Was bemerken Sie noch beim Textstil?

I Persönliche Texte

1 Blogeintrag/Forumsbeitrag

Ob Sie einen **Blogeintrag** aus privaten, beruflichen oder sonstigen Gründen schreiben, es handelt sich in jedem Fall um einen Text für ein Massenmedium. Hier sehen Sie einen persönlichen Blog, im weiteren Verlauf dieses Kapitels finden Sie unter „11 Blog (professionell)" eine professionelle Variante. Informationen zu Blogeinträgen finden Sie auch in zahlreichen Einheiten dieses Schülerbuchs.

Nachdenken über dies und das

Recht auf Spiel und Freizeit

 von UniUschi @ 2014-03-10 – 19:03:38

Hallo!

Weiter geht's:

Jeder hat das Recht auf Ruhe und Freizeit, aber besonders Kinder haben ein Recht darauf, zu spielen und sich mit Freunden zu treffen. Leider ist das in manchen Ländern nicht so, denn dort müssen die Kinder arbeiten oder sonst etwas anderes machen – gestern habe ich gerade wieder so eine Sendung im Fernsehen gesehen, die von den Kindern handelte, die in Indien mit schlecht bezahlter, illegaler Arbeit ihre Familien ernähren müssen.

Aber eigentlich ist es irre wichtig, dass Kinder Freizeit haben, ich sprech da ja aus eigener Erfahrung, wenn bei mir mal ein Tag mit Terminen voll ist, bin ich immer total geschafft.

Könnt ihr euch vorstellen, wie das wäre, wenn ihr euch nicht mit Freunden treffen könntet oder keine Zeit mehr für euch hättet? – Schrecklicher Gedanke.

Tüddelü eure UniUschi!

Kommentar:

> **BirgitM:** [17-03-11, 10:23] Hab' die Sendung auch gesehen. Wir sollten unbedingt die Läden mit billigen Klamotten boykottieren!

> **ModeMarie:** [17-03-11, 14:46] Blödsinn! Was nützt das den indischen Kindern??! Dann kriegen sie gar keine Arbeit und gar kein Geld.

(KOMMENTAR HINZUFÜGEN) (KOMMENTARE ANSEHEN)

Menschenrechte für Kinder

 von UniUschi @ 2014-02-18 – 17:09:03

Heute hab ich im Fernsehen so einen Beitrag gesehen, in dem Schüler darüber redeten, dass ihnen oft Menschenrechte fehlen. So dürfen sie in der Schule nicht sagen, was sie denken, die Lehrer geben Strafen auf, die ungerecht sind, und sie können nicht frei entscheiden, was sie tun und lassen wollen. Ich fand das ganz spannend – so hatte ich noch nie darüber nachgedacht!

Was meint ihr – haben Kinder ein Recht auf Menschenrechte? Man kann natürlich schon sagen, dass Kinder noch nicht wissen, was gut für sie ist, und dass die Erwachsenen deswegen oft unbequeme Entscheidungen treffen oder Regeln aufstellen. Die Idee ist, dass man dann als Erwachsener selbst das Richtige tut. Hmmmm. Überzeugt Euch das Argument? Schreibt mal eure Meinung!

Tschau, bis bald, UniUschi

(KOMMENTAR HINZUFÜGEN) (KOMMENTARE ANSEHEN)

Checkliste für einen Blogeintrag/Forumsbeitrag	Erledigt
1 Ich habe das richtige Format benutzt.	
• Mein Blogeintrag hat einen gelungenen Anfang, Hauptteil und Schluss bzw. mein Forumsbeitrag bezieht sich auf vorherige Einträge.	☐
• Ich habe das Datum/den Ort und/oder die Uhrzeit genannt. Sollte ich mehrere Einträge über eine Aktivität schreiben, dann erscheint der Eintrag, den ich zuletzt geschrieben habe, immer zuerst.	☐
2 Der Ton, die Wortwahl und die Grammatik sind durchgehend angemessen.	
• Ich habe den Eintrag in der ersten Person Singular oder Plural verfasst.	☐
• Der Ton ist vorwiegend sachlich, doch es gibt einige umgangssprachliche, aber angemessene Formulierungen.	☐
• Ich habe verschiedene Zeiten benutzt, um über vergangene Erlebnisse und Anekdoten, momentane Empfindungen und zukünftige Pläne zu schreiben.	☐
• Ich habe Begriffe und Redewendungen verwendet, die Freude, Überraschung und Begeisterung über das Thema vermitteln.	☐
3 Mein Blogeintrag/Forumsbeitrag ist logisch strukturiert.	
• Ich habe zuerst einen Plan geschrieben.	☐
• Ich habe meinen Eintrag mit einem Aufhänger begonnen: Warum schreibe ich? Was ist der Anlass dafür?	☐
• In jedem Eintrag habe ich mich auf eine oder wenige Aktivitäten oder Eindrücke bezogen.	☐
• Ich habe zukünftige Ereignisse oder Pläne erwähnt.	☐
• Ich habe am Schluss den Leser durch Fragen eingeladen, meine Ansichten zu kommentieren.	☐
4 Im Blogeintrag/Forumsbeitrag sind die Textelemente gut miteinander verknüpft.	
• Ich habe passende Mittel benutzt, um die Verbindungen in und zwischen den Absätzen zu verstärken (z. B. *so, daher, aus diesem Grund*).	☐
• Meine Pronomen (z. B. *es, sie, das, diese*) sind richtig.	☐
• Ich habe Konjunktionen (z. B. *denn, wenn, obwohl*) und Adverbien (z. B. *deswegen, trotzdem*) benutzt.	☐
5 Mein Blogeintrag weckt Interesse beim Leser bzw. mein Forumsbeitrag trägt neue Aspekte zum Thema bei.	
• Ich habe persönliche Erlebnisse, Anekdoten und Vorfälle erwähnt.	☐
• Ich habe Fotos, Hyperlinks, Emoticons, Abkürzungen und Ausrufe (😊, *Uff!, hdl* usw.) eingefügt, falls angebracht.	☐

2 Tagebucheintrag

Obwohl viele Leute das traditionelle **Tagebuch** für etwas veraltet halten, ist diese Textsorte bei *IB*-Prüfungen immer noch relevant. Unbedingt zu beachten: Der einzige Leser ist man selbst!

Liebes Tagebuch,   Montag, den 4.6.2020.

was für ein Tag! Viel ist geschehen, einiges hätte ich lieber nicht erlebt, aber insgesamt kann ich mein Glück noch immer nicht fassen. Aber nun erst einmal ganz von Anfang an:

Ich wusste, dass heute ein wichtiger Tag war, vielleicht der wichtigste überhaupt. Seit Langem lag der Brief mit der Einladung zum Auswahlgespräch für ein Stipendium an der Uni Wien auf meinem Nachttisch. Wie sehr ich mir wünschte, angenommen zu werden! Meine Eltern haben schließlich nicht so viel Geld, dass sie mir das Studium in Wien hätten finanzieren können. Daher war das Stipendium meine einzige Chance, mir meinen Traum zu erfüllen. Einmal in meinem Leben in Wien zu Hause zu sein! Mit Susanne, die auch in Wien studieren will, eine kleine Wohnung mieten und morgens gemeinsam in die Uni gehen. Heute war es also so weit: eine halbe Stunde mit drei Professoren von der Wiener Universität sollte über alles entscheiden.

Mir zitterten die Knie, meine Hände waren feucht und vor Aufregung vergaß ich, die Frau an der Rezeption nach dem Raum zu fragen. Dann ging alles sehr schnell, ich kann mich gar nicht mehr erinnern, worüber wir gesprochen haben. War es mein Interesse an österreichischer Geschichte? Mein Forschungsprojekt? Meine Sprachkenntnisse?

Danach also das Warten, was für eine Qual! Um 17.00 Uhr dann der erlösende Anruf: Ja, ich hatte es geschafft! Ein Stipendium, der Anfang eines neuen Lebens und ich lag Susanne in den Armen. Unvorstellbar! Mein Herz raste, meine Stimme versagte, und ich hatte das Gefühl, vor Glück zu platzen.

Und nun sitze ich am Schreibtisch und mache Pläne. Was wird das Jahr bringen? Wird es so toll, wie ich es erwarte? Mehr später, liebes Tagebuch. Das Leben ist herrlich, heute wird erst mal gefeiert!

Amelie

Checkliste für einen Tagebucheintrag	Erledigt
1 Ich habe das richtige Format benutzt.	
• Mein Eintrag hat einen gelungenen Anfang und Schluss.	☐
• Ich habe das Datum/den Ort und/oder die Tages-/Uhrzeit genannt.	☐
2 Der Ton, die Wortwahl und die Grammatik sind durchgehend angemessen.	
• Ich habe den Text in der ersten Person verfasst.	☐
• Ich habe einen persönlichen, intimen Stil benutzt.	☐
• Meine Sprache ist informell.	☐
• Ich habe verschiedene Zeitformen benutzt, um über vergangene Ereignisse, momentane Gefühle und Gedanken und zukünftiges Handeln zu schreiben.	☐
• Falls ich mein Tagebuch direkt angesprochen habe, habe ich es geduzt.	☐
3 Mein Tagebucheintrag ist logisch strukturiert.	
• Ich habe meinen Eintrag mit einem Aufhänger begonnen: Warum schreibe ich? Was ist passiert?	☐
• Ich habe meine Gefühle detailliert beschrieben und Beispiele genannt.	☐
• Es wird deutlich, dass ich mich bemüht habe, Klarheit in meinen Gedanken und Gefühlen zu schaffen, um zukünftiges Handeln zu erleichtern.	☐
• Ich habe zum Schluss gezeigt, dass der Text endet, vielleicht mit einem Ausblick oder einer Zusammenfassung meiner Gefühle/Gedanken.	☐
4 In meinem Tagebucheintrag sind die Textelemente gut miteinander verknüpft.	
• Ich habe passende Mittel benutzt, um die Verbindungen in und zwischen den Absätzen zu verstärken.	☐
• Meine Pronomen (z. B. *es*, *sie*, *das*, *diese*) sind richtig.	☐
• Ich habe Konjunktionen (z. B. *denn*, *wenn*, *soda*ss) und Adverbien (z. B. *allerdings*, *deshalb*, *trotzdem*) benutzt.	☐
5 Um den Eintrag lebendiger zu machen, habe ich Folgendes benutzt:	
• verschiedene Satzformen, z. B. Fragen (*Was soll ich nur tun?*), Ausrufe (*So ein Unsinn! Ach! Oh nein!*), Bitten (*Kann mir nicht mal jemand helfen?*)	☐
• einfache rhetorische Mittel, z. B. Wiederholung (*Ich will das nicht. Echt nicht.*), Vergleiche (*Ich fühle mich wie ein Fisch auf dem Trockenen.*)	☐
• indirekte Rede, um Gesagtes wiederzugeben	☐

3 Informelle E-Mail

Bei einer **informellen E-Mail** ist es sehr wichtig, dass sie einen klaren Unterschied zum
informellen Brief aufweist. Sie bekommen zwar keine Punkte für das Layout, erwecken damit
aber den richtigen Eindruck.

An: paul@gmx.de
Cc:
Betreff: Großartige Neuigkeiten

Hallo Paul,

endlich habe ich beim Umzugsstress hier zu Hause Zeit, dir zu mailen. Ich war echt vollkommen aus dem
Häuschen, als ich gehört habe, was passiert ist. Du hast ein Stipendium für die Bucerius Law School in
Hamburg! Unglaublich! Du bist echt mein Held 😊 ! Und das Beste daran ist natürlich, dass wir jetzt im Sommer
beide nach Hamburg ziehen werden. Ich freu mich so! Lass uns jetzt mal die nächsten Wochen planen, damit
wir im September einen guten Start an der Uni haben.

Zuerst mal brauchen wir ein Dach über dem Kopf: Hast du schon eine Idee, wo wir wohnen können? Du weißt
ja, dass meine Eltern nicht so viel Geld haben, daher denke ich, dass wir uns Zimmer in Studenten-WGs
anschauen sollten. Oder ein Studentenwohnheim? Freunde meiner Schwester studieren in Hamburg, die
können uns bestimmt Tipps geben. Ich kann es kaum erwarten, endlich meine eigene Bleibe zu haben!
Bestimmt besuchen uns Charlotte, Jens und Sebastian oft.

Hast du schon Kontakt mit Rudervereinen aufgenommen? Wir müssen unbedingt versuchen, auf der Alster
zu rudern. Ich habe gehört, dass Hamburg gute Vereine hat. Hoffentlich bleibt uns neben dem Studium
genug Zeit! Ich sehe uns schon in der Bibliothek büffeln, während sich die anderen im Sonnenschein auf dem
Wasser vergnügen. ☹

Ach, ich kann es gar nicht erwarten, dass wir endlich Studenten sind! Abends in Kneipen diskutieren, selbst
kochen und allein entscheiden! Und dann auch noch zusammen!

Lieber Paul, du merkst bestimmt, dass ich total glücklich bin. Schreib bald oder skype, sodass wir Details
besprechen können.

LG

Michaela

Checkliste für eine informelle E-Mail	Erledigt
1 Ich habe das richtige Format benutzt.	
• Ich habe eine geeignete Anrede und Schlussformel benutzt.	☐
• Ich habe gesagt, an wen die E-Mail geht und von wem sie kommt.	☐
• Es gibt eine Betreff-Zeile mit einem relevanten Titel für meine E-Mail.	☐
2 Der Ton, die Wortwahl und die Grammatik sind durchgehend angemessen.	
• Ich habe den Empfänger geduzt.	☐
• Ich habe nur Vornamen benutzt.	☐
• Die Wortwahl ist durchweg informell und der Ton freundlich.	☐
• Es gibt einige umgangssprachliche Formulierungen, z. B. Halbsätze, Ausrufe oder Sätze, die mit *und* oder *oder* beginnen.	☐
• Ich habe Emoticons, Abkürzungen und Ausrufe (*Uff!*, *hdl* usw.) benutzt.	☐
3 Meine E-Mail ist logisch strukturiert.	
• Ich habe zuerst einen Plan geschrieben.	☐
• Es gibt eine Entwicklung der Argumente und die Ideen sind sinnvoll aufgebaut.	☐
• Alle Details sind für das Thema relevant.	☐
• Falls nötig habe ich versucht zu überzeugen bzw. zu überreden.	☐
• Ich habe Beispiele benutzt, um allgemeine Thesen zu verdeutlichen.	☐
• Ich habe am Anfang kurz über Persönliches geredet und bin dann zum eigentlichen Thema gekommen.	☐
• Ich habe einen Schluss geschrieben, der sich auf das Thema bezieht und die Ideen zusammenfasst.	☐
4 In meiner E-Mail sind die Textelemente gut miteinander verknüpft.	
• Meine Pronomen (z. B. *es*, *sie*, *das*, *diese*) sind richtig.	☐
• Ich habe entsprechende Konjunktionen und Adverbien benutzt.	☐
5 Mein Text ist interessant und die Argumente sind überzeugend.	
• Um Argumenten mehr Gewicht zu geben, habe ich Beispiele genannt.	☐
• Ich habe persönliche Anekdoten als Beispiel genommen.	☐
• Ich habe (falls vorhanden/relevant) ein paar Statistiken oder Fakten zitiert.	☐

4 Informeller Brief

Bei einem **informellen Brief** ist es sehr wichtig, dass er einen klaren Unterschied zur **informellen E-Mail** aufweist. Das ist einfach zu erreichen: Erwähnen Sie rechts oben Ort und Datum.

Berlin, den 12. Mai 2020

Liebe Anna,

heute hat unsere Deutschlehrerin mir mitgeteilt, dass du meine Partnerin für den Austausch im Sommer bist. Ich habe dein Foto und einen Steckbrief von dir gesehen und freue mich total, dass du mich im Juli besuchen wirst. Auch kann ich es kaum erwarten, mit dir im August durch Wien zu ziehen. Hoffentlich freust du dich genauso.

Ich weiß nicht, ob deine Lehrerin dir auch schon meinen Steckbrief gezeigt hat, daher hier kurz ein paar Infos zu mir: Ich bin Meike, 17 Jahre, gehe auf das Humboldt-Gymnasium in Berlin-Mitte und wohne mit meiner Mutter und meinem 15-jährigen Bruder in Kreuzberg. Na ja, laut deinem Steckbrief hast du auch jüngere Geschwister, sodass ich dir nicht erzählen muss, wie nervig das manchmal sein kann … Wie hältst du es bloß mit 13-jährigen Zwillingen aus?

Jetzt aber erst mal ein paar Infos zu meiner Stadt, da du sicher gespannt bist, was wir im August hier so alles machen können. Berlin ist echt cool, ich will hier auf jeden Fall später studieren. Hier gibt's jede Menge Spaß, wir haben die besten Klamottengeschäfte und Kneipen in ganz Deutschland! Du sagst ja selbst, dass du gern ausgehst und in coolen Läden stöberst, also freu dich auf Szeneshops und Clubs, wo meine Freunde und ich oft am Wochenende abhängen. Und hab keine Angst, obwohl Berlin eine Großstadt ist, ist sie echt grün: Wir können bei gutem Wetter mit dem Boot auf der Spree paddeln, wenn du Lust hast. Ich leg' ein Foto von Berlin in den Brief, damit du es dir besser vorstellen kannst.

Mein Vater, den wir besuchen können, wohnt ein bisschen außerhalb von Berlin, in Potsdam. Meine Eltern sind schon seit vier Jahren geschieden, was am Anfang ziemlich schwer für mich und meinen Bruder war. Ich hab' meinen Vater vermisst und fand zuerst seine neue Freundin auch nicht so klasse. Jetzt ist es o. k., sie hat auch zwei Kinder, mit denen ich mich ganz gut verstehe. Wir sind sozusagen eine richtige Großfamilie, wenn mein Bruder und ich am Wochenende in Potsdam sind. Es nervt dann nur, wenn mein Vater den Erzieher heraushängen lässt und über Schule und Jungen reden will. Naja, so sind Eltern eben, aber zwei Elternpaare können manchmal einfach zu viel sein.

Erzähl mal, wie es bei dir so ist. Ich hab' gelesen, dass du nach dem Abi nach Namibia willst, da Teile deiner Familie dort leben. Find ich echt spannend. Mein Traum ist es, nach dem IB-Diplom, das wir hier neben dem Abitur an unserer Schule machen, ein Jahr als Freiwillige in Togo zu arbeiten.

Also, muss jetzt los zum Volleyball. Schreib bald oder schick eine E-Mail (m.gogald@dmail.de).

Bis bald

Meike

Checkliste für einen informellen Brief	Erledigt
1 Ich habe das richtige Format benutzt.	
• Mein Brief beginnt mit einer direkten Begrüßung (*Liebe/-r …,*) und nach dem Komma habe ich kleingeschrieben.	☐
• Mein Brief hat einen Einführungsparagrafen und einen Schlussparagrafen, die den Adressaten direkt ansprechen.	☐
• Ich habe das Datum und den Ort im Briefkopf genannt.	☐
• Mein Brief endet mit einer informellen Schlussformel (z. B. *Liebe Grüße …*).	☐
2 Der Ton, die Wortwahl und die Grammatik sind durchgehend angemessen.	
• Ich habe den Text in der ersten Person verfasst.	☐
• Ich habe den Adressaten geduzt und seinen Vornamen verwendet.	☐
• Ich habe einen persönlichen, intimen Stil benutzt.	☐
• Meine Sprache ist informell und enthält z. B. Ausrufe, Bitten, Halbsätze oder direkte Fragen.	☐
• Ich habe verschiedene Zeitformen benutzt, um über vergangene Ereignisse, momentane Gefühle und Gedanken und zukünftiges Handeln zu schreiben.	☐
3 Mein Brief ist logisch strukturiert.	
• Ich habe mit einer Anrede des Adressaten begonnen.	☐
• Ich habe gezeigt, dass ich den Adressaten gut kenne und dass der Brief für ihn interessant ist.	☐
• Ich habe meine Ideen und Erlebnisse im Detail beschrieben.	☐
• Ich habe Persönliches dargestellt, z. B. Gefühle, eigene Meinungen und Eindrücke.	☐
4 In meinem Brief sind die Textelemente gut miteinander verknüpft.	
• Ich habe passende Mittel benutzt, um Sätze und Absätze miteinander zu verbinden.	☐
• Ich habe passende Mittel benutzt, um Absätze miteinander zu verbinden.	☐
• Meine Pronomen (z. B. *es, sie, das, diese*) sind richtig.	☐
• Ich habe Konjunktionen (z. B. *damit, wenn, sodass*) und Adverbien (z. B. *allerdings, daher, trotzdem*) benutzt.	☐

II Professionelle Texte

5 Formelle E-Mail

Bei einer **formellen E-Mail** ist es sehr wichtig, dass sie einen klaren Unterschied zum **formellen Brief** aufweist. Sie bekommen zwar keine Punkte für das Layout, erwecken damit aber den richtigen Eindruck. Das Beispiel hier dient auch als Beispiel für die Textsorte **Vorschlag/Angebot**, denn diese werden oft in E-Mail- oder Briefform verfasst.

An: buergermeister@stadt-hasselroth.de
Cc: strassenbau@hasselroth-stadt.de, jugendamt@hasselroth-stadt.de
Betreff: Sicherheit auf dem Schulweg

Sehr geehrter Herr Bürgermeister Hinz,

wie Sie schon wissen, kämpfen wir hier in der Hasselrother Grundschule seit einiger Zeit darum, den Schulweg für unsere Kinder möglichst sicher zu gestalten. Wir haben aktiv den Bau der neuen Umgehungsstraße unterstützt, und das hat viele Probleme gelöst, aber leider nicht alle. Deswegen wende ich mich jetzt an Sie mit weiteren Vorschlägen zur Verkehrssicherheit in der Nähe der Schule.

Trotz der Umgehungsstraße gibt es auf der Hauptdurchgangsstraße, die an der Schule vorbeiführt, immer noch viel Verkehr. Auch Kleintransporter und sogar Lkws ziehen offenbar eine Abkürzung durch die Stadt vor. Wir möchten Sie deshalb dringend bitten, auf dieser Straße eine Gewichtsbeschränkung einzuführen, um wenigstens die Lkws von unserer Schule fernzuhalten.

Darüber hinaus möchten wir das Überqueren der Straße vor der Schule sicherer machen. Im Moment nehmen unsere Lehrer jeden Tag zusätzliche Straßenaufsichtsdienste auf sich, aber ihnen fehlen die Zeit und die Autorität dafür. Ich möchte Sie daher bitten, die Errichtung eines Fußgängerüberganges in Schulnähe zu veranlassen. In der Zwischenzeit wäre es auch zu begrüßen, wenn die Stadt einen Schülerlotsen während der Schulzeit finanzieren würde. Das wäre maximal für zwei Stunden am Tag nötig und die Gemeindekasse sollte das gut tragen können, besonders da es um die Sicherheit unserer kleinsten Mitbürger geht.

Ich habe auch von der neuen Polizei-Initiative eines Kinderkommissars gehört. Vielleicht könnten wir auch an unserer Schule von dieser Initiative profitieren und zu mehr Verkehrssicherheit beitragen. Haben Sie weitere Informationen darüber?

Ich wäre Ihnen dankbar, wenn Sie diese Vorschläge wohlwollend prüfen würden. Ich habe, wie Sie sehen, die Straßenbau- und Schulbehörden auf CC gesetzt, und würde mich freuen, wenn wir uns alle baldmöglichst treffen können, um diese Vorschläge näher zu besprechen.

Mit freundlichen Grüßen

Dagmar Reichelt

Rektorin, Grundschule Hasselroth

Checkliste für eine formelle E-Mail	Erledigt
1 Ich habe das richtige Format benutzt.	
• Ich habe eine geeignete Anrede benutzt und nach dem Komma kleingeschrieben.	☐
• In einer Betreffzeile habe ich einen relevanten Titel angegeben.	☐
• Ich habe eine korrekte Schlussformel benutzt (z. B. *Mit freundlichen Grüßen*).	☐
2 Der Ton, die Wortwahl und die Grammatik sind durchgehend angemessen.	
• Der Ton ist sachlich und höflich.	☐
• Die Wortwahl ist formell, nicht umgangssprachlich.	☐
• Ich habe den Adressaten gesiezt.	☐
• Ich habe nur vollständige Sätze verwendet.	☐
3 Meine E-Mail ist logisch strukturiert.	
• Ich habe zuerst einen Plan geschrieben.	☐
• Meine Einleitung erklärt den Grund für meine E-Mail.	☐
• Meine E-Mail hat eine klare Entwicklung der Argumente, und die Ideen sind sinnvoll aufgebaut.	☐
• Ich habe mein Hauptargument vorgestellt und, falls nötig, verteidigt.	☐
• Ich habe, falls relevant, meine Vorschläge mit konkreten Details ergänzt.	☐
• Ich habe versucht, den Adressaten zu überzeugen, wenn es sich um einen Vorschlag handelt.	☐
• Ich habe Beispiele benutzt, um allgemeine Thesen zu verdeutlichen.	☐
• Mein Schluss deutet auf eventuelle Lösungen, Aktionen usw. hin.	☐
4 In meiner E-Mail sind die Textelemente gut miteinander verknüpft.	
• Ich habe passende Mittel benutzt, um Sätze miteinander zu verbinden.	☐
• Ich habe passende Mittel benutzt, um Absätze miteinander zu verbinden.	☐
• Meine Pronomen (z. B. *es*, *sie*, *das*, *diese*) sind richtig.	☐
• Ich habe Konjunktionen und Adverbien benutzt.	☐
5 Meine E-Mail ist interessant und die Argumente sind überzeugend.	
• Ich habe (falls relevant) eine persönliche Anekdote als Beispiel genommen.	☐
• Ich habe (falls vorhanden) ein paar Statistiken oder Fakten zitiert.	☐

6 Aufsatz

Bei der Wahl der Textsorte **Aufsatz** sollte man Vorsicht walten lassen. Es ist schwierig, einen klaren Adressaten und damit eine geeignete Perspektive zu bestimmen.

Studiengebühren sind der einzige Weg, das Studium zu finanzieren. Was meinen Sie?

Universitäten kosten Geld, aber wer soll das Studium bezahlen? Soll der Staat dafür aufkommen oder der Einzelne? In Deutschland erheben einige Bundesländer Gebühren für das Studium an staatlichen Universitäten, andere nicht. Manche haben die Gebühren auch wieder abgeschafft. Im Ausland sind Studiengebühren in einigen Ländern normal, z. B. in den USA und Großbritannien. Der folgende Aufsatz behandelt die Frage, ob Studierende durch Studiengebühren selbst für ihr Studium aufkommen sollen.

Auf den ersten Blick spricht alles dafür, dass die Studierenden die Kosten selbst tragen. Sie genießen schließlich die Vorteile, wenn sie bessere Berufe mit höherem Einkommen ergreifen. Man kann sagen, dass es unfair ist, wenn die Universitäten durch Steuern finanziert werden, die alle bezahlen – also auch Menschen, die mit 18 anfangen zu arbeiten. Das führt dann zum Beispiel zu Situationen wie dieser: Eine Frau schließt nach der Schule eine Ausbildung zur Krankenschwester ab und verdient für den Rest ihres Lebens im Schichtdienst wenig Geld, finanziert aber das Studium des Chefarztes mit, obwohl dieser mindestens viermal so viel wie die Krankenschwester verdient.

Außerdem spricht für die Studiengebühren, dass sie die Studierenden stärker motivieren, das Studium straff zu organisieren und schnell abzuschließen. Die Studierenden werden es sich genau überlegen, wie lange sie studieren können, und intensiv arbeiten. Partys, Urlaub und Faulenzen finden somit nicht mehr auf Kosten der Allgemeinheit statt.

Darüber hinaus fordern motivierte Studierende von den Professoren Qualität und häufige Rückmeldungen ein. Zahlende Studierende, die sich als Kunden verstehen, akzeptieren keine überfüllten Hörsäle und Professoren, die schlecht vorbereitet unterrichten, weil sie lieber forschen. So können Studiengebühren zur Verbesserung der Lehre führen.

Wenn junge Menschen besser ausgebildet sind, ist das gut für die Arbeitswelt. Ein Land braucht viele hoch qualifizierte Arbeitnehmer. Folglich wäre es im Interesse des Staates, dafür zu sorgen, dass gute Schüler studieren können, auch wenn sie und ihre Eltern es sich nicht aus eigener Kraft leisten können.

Zunächst zeigen Untersuchungen, dass besonders junge Erwachsene aus sozial schwächeren Familien durch Schulden, die sie zur Finanzierung der Studiengebühren aufnehmen müssten, abgeschreckt werden. So wird diese Bevölkerungsgruppe von Aufstiegschancen ausgeschlossen, und ihr akademisches Potenzial bleibt für die Arbeitswelt ungenutzt. Außerdem bedeuten weniger Studienanfänger einen steigenden Bedarf an Ausbildungsplätzen. Falls dieser nicht erfüllt werden kann, führt dies zu Jugendarbeitslosigkeit, die den Staat langfristiger teurer kommt als kostenlose Studienplätze.

Neben den Nachteilen für die Bevölkerung und den Auswirkungen auf die soziale Gerechtigkeit ist zu bedenken, dass Studierende ihre Gebühren durch Nebenjobs während des Studiums finanzieren. Das hat eine Verlängerung des Studiums und teilweise auch den Studienabbruch zur Folge.

Im Großen und Ganzen kann man sehen, dass die Finanzierung des Studiums durch Gebühren allein nicht die Sicherung von Qualität und sozialer Gerechtigkeit gewährleistet. Zwar stimme ich zu, dass ein finanzieller Beitrag der Studierenden diesen den Wert des Studiums bewusst macht. Doch bin ich der Meinung, dass Familien und Einzelne die Entscheidung für oder gegen eine akademische Ausbildung nicht davon abhängig machen sollten, ob sie es sich leisten können. Ich halte eine Lösung, bei der Hochschulabsolventen im späteren Berufsleben zur Kasse gebeten werden, für sinnvoller. So können sie der Gemeinschaft, die ihnen das Studium ermöglicht hat, von ihrem höheren Einkommen etwas zurückgeben.

Checkliste für einen Aufsatz	Erledigt
1 Ich habe das richtige Format benutzt.	
• Ich habe eine Einleitung, einen Hauptteil und einen Schluss.	☐
• Ich habe den Text klar in Absätze gegliedert.	☐

2 Der Ton, die Wortwahl und die Grammatik sind durchgehend angemessen.	
• Der Ton ist sachlich.	☐
• Die Wortwahl ist einheitlich und formell.	☐
• Es gibt keine umgangssprachlichen Formulierungen.	☐
• Ich habe vollständige Sätze benutzt, keine Ausrufe oder Halbsätze.	☐
3 Mein Aufsatz ist logisch strukturiert.	
• Ich habe zuerst einen Plan geschrieben.	☐
• Es gibt eine klare Entwicklung und einen sinnvollen Aufbau der Argumente.	☐
• Alles ist für das Thema relevant.	☐
• Es gibt ein Gleichgewicht zwischen Pro und Kontra.	☐
4 Ich habe eine Einleitung geschrieben.	
• Meine Einleitung erklärt das Thema oder zentrale Aspekte davon.	☐
• Meine Einleitung erklärt den Kontext, falls nötig.	☐
• Meine Einleitung erweckt Interesse.	☐
• In meiner Einleitung habe ich keine Argumente entwickelt.	☐
5 Ich habe eine Schlussfolgerung geschrieben.	
• Meine Schlussfolgerung bezieht sich auf das Thema.	☐
• Meine Schlussfolgerung fasst die Ideen zusammen.	☐
• In meiner Schlussfolgerung gibt es keine neuen Argumente.	☐
• Ich habe in der Schlussfolgerung klar Stellung genommen.	☐
• Meine Schlussfolgerung deutet auf Lösungen, Aktionen, usw. hin.	☐
6 In meinem Aufsatz sind die Textelemente gut miteinander verknüpft.	
• Ich habe passende Mittel benutzt, um die Verbindungen in und zwischen den Absätzen zu verstärken (z. B. *als Folge davon, aus diesem Grund, so, daher*).	☐
• Meine Pronomen (z. B. *es, sie, das, diese*) sind richtig.	☐
• Ich habe Konjunktionen und Adverbien benutzt.	☐
7 Mein Aufsatz ist interessant und die Argumente sind überzeugend.	
• Ich habe Beispiele genannt, um allgemeine Argumente zu untermauern.	☐
• Ich habe (falls relevant) eine persönliche Anekdote als Beispiel genommen.	☐
• Ich habe (falls vorhanden) ein paar Statistiken oder Fakten zitiert.	☐

7 Formeller Brief

Bei einem **formellen Brief** ist es sehr wichtig, dass er einen klaren Unterschied zur **formellen E-Mail** aufweist. Sie erreichen das ganz einfach, indem Sie oben links die Adressen einsetzen und rechts das Datum, noch vor dem Betreff. Es gibt zahlreiche Anlässe für formelle Briefe, nicht nur berufliche wie im folgenden Beispiel.

Mag. Julia Müller
Fürstendamm 18
5020 Salzburg
Tel.: (++43) 662-874455

XYZ AG
Personalabteilung
Herrn Heinz Maier
Hauptstraße 65
5020 Salzburg

Salzburg, 20. April 20.......................

Betr.: Bewerbung auf Ihre Anzeige „Systementwickler gesucht"

Sehr geehrter Herr Maier,

in den „Salzburger Nachrichten" las ich, dass Sie eine Systementwicklerin mit der Aufgabe einstellen wollen, Systeme zur laufenden Anpassung des internen Großrechners an die Bedürfnisse der Marketing-Spezialisten zu entwickeln. Ich bewerbe mich bei Ihnen, weil ich glaube, die dafür notwendigen Voraussetzungen mitzubringen.

Nach dem Abitur studierte ich an der Universität Salzburg Informatik. Ich lernte in den ersten vier Semestern die Grundlagen des Programmierens. Anschließend verbrachte ich zwei äußerst interessante Auslandssemester an der Eidgenössischen Technischen Hochschule in Zürich, wo ich eine Vorliebe für kreative Systementwicklung entwickelte. Nach Salzburg zurückgekehrt, schloss ich mein Informatikstudium mit dem Diplomthema „Die Probleme der Bedarfsabklärung bei Systemanpassungen" ab.

Meine ersten Praxiserfahrungen sammelte ich während eines zweijährigen Praktikums als Programmiererin in der Firma ABP AG in Innsbruck. Nach dem Praktikum blieb ich weiterhin in dieser Firma als teilzeitangestellte Programmiererin tätig. Zurzeit gehört es zu meinen Aufgaben, Kundenwünsche im Bereich Textverarbeitung praxisnah zu realisieren.

Ich bewerbe mich, um meine Vorliebe für Systementwicklung beruflich umzusetzen. Deshalb würde ich gerne im Bereich Systementwicklung in einem bedeutenden Unternehmen wie Ihrem selbstständig arbeiten.

Über Ihre Einladung zu einem Vorstellungsgespräch würde ich mich sehr freuen.

Mit freundlichen Grüßen

Julia Müller

Anlagen:
1 tabellarischer Lebenslauf
3 Kopien von Arbeitszeugnissen
1 Kopie des Diplomzeugnisses

Checkliste für einen formellen Brief	Erledigt
1 Ich habe das richtige Format benutzt.	
• Ich habe Ort und Datum angegeben, eventuell auch vollständige Adressen.	☐
• In einer Betreffzeile habe ich den Bezug meines Schreibens angegeben.	☐
• Ich habe eine korrekte Anrede benutzt (*Sehr geehrte/-er …, Sehr geehrte Damen und Herren,*).	☐
• Ich habe eine korrekte Schlussformel benutzt (z. B. *Mit freundlichen Grüßen*).	☐
2 Der Ton, die Wortwahl und die Grammatik sind durchgehend angemessen.	
• Der Ton ist sachlich und höflich.	☐
• Die Wortwahl ist durchgängig formell ohne umgangssprachliche Formulierungen.	☐
• Ich habe den Adressaten gesiezt.	☐
• Ich habe nur vollständige Sätze verwendet.	☐
• Ich habe ein Komma nach der Anrede verwendet und danach kleingeschrieben.	☐
3 Mein Brief ist logisch strukturiert.	
• Ich habe zuerst einen Plan geschrieben.	☐
• Meine Einleitung erklärt den Grund für meinen Brief.	☐
• Die Argumente sind klar entwickelt und sinnvoll aufgebaut.	☐
• Ich habe versucht, mein Hauptargument vorzustellen und zu verteidigen.	☐
• Ich habe Beispiele benutzt, um allgemeine Thesen belegen.	☐
• Mein Schluss deutet auf Lösungen, Handlungen, Fragen usw. hin.	☐
• Direkt vor der Schlussformel habe ich eine Bemerkung gemacht.	☐
4 In meinem Brief sind die Textelemente gut miteinander verknüpft.	
• Ich habe passende Mittel benutzt, um Sätze und Absätze miteinander zu verbinden.	☐
• Meine Pronomen (z. B. *es, sie, das, diese*) sind richtig.	☐
• Ich habe Konjunktionen und Adverbien benutzt.	☐
5 Mein Brief ist interessant und die Argumente sind überzeugend.	
• Alles in meinem Brief ist für das Thema relevant.	☐
• Ich habe (falls relevant) eine persönliche Anekdote als Beispiel genommen.	☐
• Ich habe (falls vorhanden bzw. relevant) Statistiken oder Fakten zitiert.	☐

8 Bericht

Bei der Textsorte **Bericht** handelt es sich um unterschiedliche Formen, z. B. die schriftliche Aussage eines Augenzeugen (wie im Beispiel unten) oder eine offizielle Stellungnahme bzw. Zusammenfassung für eine Organisation. Näheres hierzu finden Sie in Einheit 5.4.

Verkehrsunfall – Zeugenaussage

Datum:	3 Dezember 2020
Ort:	Leipzig, Kreuzung Bahnhofsstraße/Maiglöckchenweg
Am Unfall beteiligt:	der Fahrer des Pkws mit dem Kennzeichen L-SD-3097 (Ferdinand Fuchs) und der Fahrer des Mountainbikes (Johann Siemers)
Zeugin:	Frau Maria Meister, 23 Jahre alt, wohnhaft in Leipzig, Pulvergasse 13
Einleitung:	Die Polizeibeamten Felix Schneider und Stefan Wiedemann haben den Unfallhergang mithilfe der Zeugenaussage rekonstruiert. Hier die Worte von Frau Meister:

Ich war am 3. Dezember auf dem Weg zum Bäcker am Bahnhofsplatz. Da gehe ich eigentlich jeden Tag hin, deswegen kenne ich den Weg ziemlich gut. Die Ecke Bahnhofsstraße/Maiglöckchenweg ist immer schon unübersichtlich gewesen – man muss als Fußgänger schon ziemlich aufpassen, wenn man über die Straße gehen will. An diesem Tag war es auch noch neblig, und da es noch nicht einmal neun Uhr morgens war, war es auch noch nicht ganz hell.

Als ich an der Kreuzung nach rechts geguckt habe, konnte ich den Radfahrer schon sehen – er hatte eine graue Jacke an und eine graue Mütze auf dem Kopf; man konnte ihn also nicht sehr gut erkennen. Auch ein Licht habe ich nicht sehen können; dafür war das Rad selbst aber gelb, eine auffällige Farbe. Ich bin ja jeden Morgen an der Ecke, deswegen achte ich besonders auf Radfahrer.

Der Pkw kam von der anderen Seite – schräg hinten um die Ecke. Der Wagen, ein Golf glaube ich, war auch grau, aber die Scheinwerfer waren deutlich zu sehen, auch bei dem Nebel. Er fuhr ziemlich schnell, aber es war auch kein anderes Auto zu sehen. Wir Fußgänger sind ja schon gewöhnt, übersehen zu werden, deswegen bin ich stehen geblieben. Der Fahrer des Pkws hat den Radfahrer nicht gesehen und konnte nicht rechtzeitig bremsen. Der Radfahrer raste mit vollem Tempo in die linke Seite des Wagens. Der Radfahrer lag gleich auf der Straße und bewegte sich erst mal nicht. Er trug keinen Helm, und ich konnte nicht erkennen, ob er verletzt war.

Ich bin gleich auf die Straße gelaufen – es war immer noch kein anderes Auto zu sehen. Der Fahrer des Pkws stieg erst mal nicht aus. Als ich mich zu dem Radfahrer herunterbeugte, stöhnte dieser und machte auch schon die Augen auf. Ich habe mich davon überzeugt, dass keine Verletzungen zu sehen waren, dann habe ich auf meinem Handy die Polizei angerufen. Der Streifenwagen war schon wenige Minuten später da, und auch der Krankenwagen.

Maria Meister

Am 3. Dezember 2020 um 14.30 Uhr von Susanne Hagen, diensthabende Beamtin der Wache Leipzig/Bahnhof, protokolliert.

Checkliste für einen Bericht	Erledigt
1 Ich habe das richtige Format benutzt.	
• Mein Bericht hat keine Anrede oder Schlussformel.	☐
• Mein Bericht hat mindestens eine Überschrift. Bei einem längeren offiziellen Bericht gibt es auch Überschriften für die einzelnen Teile.	☐
• Mein Bericht ist logisch aufgebaut, z. B. wird ein Vorfall chronologisch beschrieben.	☐
2 Der Ton, die Wortwahl und die Grammatik sind durchgehend angemessen.	
• Der Ton ist sachlich und unpersönlich.	☐
• Es gibt keine persönlichen Meinungen oder Gefühle.	☐
• Die Wortwahl ist einheitlich und formell.	☐
• Es gibt keine umgangssprachlichen Formulierungen oder stilistischen Verzierungen.	☐
3 Mein Bericht ist logisch strukturiert.	
• Ich habe zuerst einen Plan geschrieben.	☐
• Mein Bericht hat eine kurze Einleitung.	☐
• Bei einem Bericht für eine Organisation habe ich das Ziel des Berichtes kurz erklärt.	☐
• Es gibt eine klare, vollständige und sinnvolle Entwicklung der Tatsachen.	☐
4 In meinem Bericht sind die Textelemente gut miteinander verknüpft.	
• Ich habe passende Mittel benutzt, um die Verbindungen in und zwischen den Absätzen zu verstärken.	☐
• Meine Pronomen (z. B. *es, sie, das, diese*) sind richtig.	☐
• Ich habe Konjunktionen (z. B. *denn, wenn, sodass*) und passende Adverbien benutzt: Zeitadverbien für die Beschreibung eines Vorfalls (z. B. *zuerst, anfangs, dann, später, zuletzt*) oder Kausaladverbien für einen Bericht für eine Organisation (z. B. *allerdings, deshalb, trotzdem*).	☐
5 Mein Bericht enthält alle wichtigen Tatsachen, die der Leser braucht.	
• Bei einem Bericht über einen Vorfall habe ich Datum, Uhrzeit, Ort usw. angegeben.	☐
• Ich habe Personen, Geschehnisse und Tatsachen klar und vollständig beschrieben, wie erforderlich.	☐
• Bei einem Bericht für eine Organisation habe ich, falls relevant, im Schlussabschnitt Empfehlungen gegeben.	☐

9 Anweisung/Gebrauchsanleitung

Anleitungen haben vielerlei Formen und werden oft durch Diagramme oder Bilder vervollständigt. Auch wenn es für Abbildungen keine Punkte gibt, kann es hier sinnvoll sein, eine sehr einfache Skizze anzufertigen.

Bastelanleitung für schöne Strohsterne

Strohsterne sind ein traditioneller Weihnachtsbaumschmuck in Deutschland und glücklicherweise kann man sie ganz einfach selbst basteln. Hier wird beschrieben, wie das geht.

Materialbedarf:

- Bastelstroh (bei Bedarf: Wasser)
- Schere
- Garn/Faden; nach Belieben in verschiedenen Farben
- Nadel, Pinnwandnadel
- Bleistift und Lineal
- Flaschenkorken oder dicker Pappkarton
- Bügeleisen

Anleitung für einen vierstrahligen Strohstern:

1. Schneiden Sie vier gleich lange Stücke Stroh ab und legen Sie jeweils zwei Stücke kreuzförmig übereinander. Wer genau sein möchte, kann die Mitte der Strohhalme vorher ausmessen und mit einem Bleistift markieren.

2. Dann legen Sie die beiden Kreuze schräg übereinander, sodass die Halme sternförmig auseinander stehen. Halten Sie den Stern in der Mitte mit Daumen und Zeigefinger einer Hand fest.

3. Jetzt geht es ans Fixieren – damit der Stern hält, sollten Sie zumindest 30 Zentimeter Faden verwenden. Je mehr Strahlen Sie haben, desto mehr Garn wird gebraucht. Mit der anderen Hand umwickeln Sie nun den Stern mit einem Faden nach folgendem Muster:

Lassen Sie etwa 5 Zentimeter eines Fadenendes überstehen. Führen Sie den Faden zwischen zwei Halmen zum Zentrum des Sterns, halten Sie das überstehende Fadenende fest und führen Sie den restlichen Faden so zwischen den Halmen durch, dass er abwechselnd ober- und unterhalb des jeweiligen Halms liegt.

Wenn Sie beim Ausgangshalm angekommen sind, umwickeln Sie diesen einmal und führen den Faden in umgekehrter Richtung zurück.

Dies wiederholen Sie so lange, bis der Stern fixiert ist.

Zuletzt lassen Sie den Faden zur Unterseite des Sternes hängen, drehen den Stern mit der Unterseite nach oben und verknoten die Fadenenden.

4. Schöne Akzente können mit bunten Fäden gesetzt werden; besonders toll passt natürlich ein roter Faden zu der grünen Tanne und den weißen Sternen!

Einige nützliche Tipps:

- Sie können den Stern auch mit einer Pinnwandnadel an einem Flaschenkorken oder einem Stück Pappkarton befestigen, sodass Sie sich beim Fixieren nicht auf das Festhalten konzentrieren müssen.

- Wenn der Stern flach werden soll, müssen die Halme der Länge nach aufgeschlitzt und in Wasser eingeweicht werden. Danach können Sie sie mit dem Bügeleisen flach bügeln.

- Nach dem Muster oben können Sie auch sechs- oder achtstrahlige Sterne basteln! Sie können aber auch einfach zwei vierstrahlige Sterne übereinanderlegen und sie zusammenkleben. Achten Sie beim Kleben darauf, dass Sie die Sterne lange und fest genug zusammendrücken!

Checkliste für eine Anweisung/Gebrauchsanleitung	Erledigt
1 Ich habe das richtige Format benutzt.	
• Meine Gebrauchsanleitung hat keine Anrede oder Schlussformel.	☐
• Ich habe mindestens eine Überschrift verwendet. Bei einer längeren Anleitung habe ich auch Zwischenüberschriften verwendet.	☐
• Meine Anleitung ist logisch aufgebaut; jeder Handlungsschritt folgt dem vorhergehenden.	☐
2 Der Ton, die Wortwahl und die Grammatik sind durchgehend angemessen.	
• Der Ton ist sachlich, aber der Leser kann auch direkt angesprochen werden (sowohl mit *du* als auch mit *Sie*, im Singular oder Plural – das hängt jeweils vom Kontext ab).	☐
• Ich habe durchgehend die gleiche Verbform verwendet, entweder Imperativ oder Infinitiv.	☐
• Es gibt keine persönlichen Meinungen oder Gefühle.	☐
• Die Wortwahl ist einheitlich und eher formell.	☐
• Ich habe keine umgangssprachlichen Formulierungen oder stilistischen Verzierungen verwendet.	☐
3 Meine Anleitung ist logisch strukturiert.	
• Ich habe zuerst einen Plan geschrieben.	☐
• Ich habe jeden einzelnen Arbeitsschritt klar, vollständig und übersichtlich dargestellt.	☐
• Ich habe alle Materialien und Arbeitsschritte erwähnt.	☐
• Falls relevant, habe ich noch weitere Details aufgeführt (z. B. Schwierigkeiten, Alternativen).	☐
• Falls relevant, habe ich im Schlussabschnitt Empfehlungen gegeben.	☐
• Meine Anleitung hat eine kurze Einleitung, in der ich erkläre, was ich tun will und in welchem Kontext dies geschieht.	☐
• Falls angemessen, habe ich Datum, Zeit, Ort usw. angegeben.	☐
4 Die Textelemente sind gut miteinander verknüpft.	
• Ich habe passende Stilmittel benutzt, um die Verbindungen in und zwischen den Absätzen zu verstärken.	☐
• Meine Pronomen (z. B. *es*, *sie*, *das*, *diese*) sind richtig gebildet und gesetzt.	☐
• Ich habe Konjunktionen und Adverbien benutzt.	☐
• Ich habe verschiedene Bindewörter/Zeitadverbien benutzt, um die Reihenfolge der Schritte klar darzustellen (z. B. *zuerst*, *dann*, *außerdem*, *zum Schluss*).	☐

III Texte für Massenmedien

10 Zeitungsartikel

Zeitungsartikel erscheinen heutzutage zunehmend in der Online-Ausgabe einer Zeitung. Die Merkmale dieser Textsorte bleiben aber weitgehend unverändert. In der Prüfung ist es wichtig, dass der Artikel nicht in einen Aufsatz verfällt.

Die „Heroes" von Berlin-Neukölln

Jungs sind stark und mutig, Mädchen keusch und gehorsam. Das gilt insbesondere in muslimischen Familien. Darunter leiden nicht nur die Mädchen, auch die Jungs stehen unter großem Druck. Das Berliner Projekt „Heroes" will sie bestärken, überlieferte Rollenmuster zu durchbrechen und gegen Unterdrückung im Namen der Ehre einzutreten.

„Stell dir vor, meine Schwester geht abends noch raus und ihr passiert was. Die Nachbarn bekommen das mit und dann heißt es überall, der ist ein Ehrenloser", sagt ein Jugendlicher empört während eines Workshops der „Heroes". „Du musst unterscheiden, ob du auf sie aufpasst oder ob du sie einsperrst, auch sie muss ihre Freiheiten haben", hält Deniz, ein Berliner „Hero", dagegen. Es gehört Mut dazu, in der türkischen Community den althergebrachten Ehrbegriff infrage zu stellen.

„Ein Hero, ein Held zu sein, heißt, dass man was riskiert, und das ist schon ein gewisses Risiko in unserer Gegend", erklärt Deniz selbstbewusst. Der 20-jährige Gymnasiast ist einer von fünf jungen Männern, die in dem Projekt „Heroes" in Berlin-Neukölln arbeiten.

Der Bezirk ist ein Schmelztiegel der Nationalitäten aus mehr als 160 Ländern. 40 Prozent der Bewohner sind zugewandert, in Nord-Neukölln kommen sogar 80 Prozent der unter 18-Jährigen aus Einwandererfamilien. Die Mehrheit hat türkische oder arabische Wurzeln. Und aus ihren Heimatländern haben sie auch ihre Traditionen und Wertvorstellungen mitgebracht. Die unterscheiden sich oft sehr von denen der deutschen Gesellschaft, besonders wenn es um die Rollenmuster für Mann und Frau geht. Und genau da setzen die „Heroes" an.

„Wir reden über Themen, die nicht so angenehm sind, weil wir etwas ändern wollen", betont Ahmad Mansour nachdrücklich. Der Psychologiestudent lebt seit fünf Jahren in Deutschland und hat als Gruppenleiter Deniz, Gökay, Onur, Okcan und Turabi gemeinsam mit dem Schauspieler Yilmaz Atmaca über ein halbes Jahr lang betreut. Die Jungs hörten sich Vorträge an, besuchten Ausstellungen und diskutierten über Themen wie Ehrenkodex, Selbstbestimmung oder Gleichstellung. Das soll sie bestärken, aus alten Denkmustern auszubrechen und sich mit überzeugenden Argumenten für ihre Schwestern oder Freundinnen einzusetzen – auch als Vorbilder für Gleichaltrige.

Dazu entwickelten sie kleine Rollenspiele, die sie in Schulen oder Jugendtreffs aufführen, auch gemeinsam mit den Teilnehmern: Der Vater ist wütend, weil der Sohn nicht auf die Tochter aufgepasst hat, der Bruder schlägt seine Schwester, weil sie zu spät zu Hause war … So erfahren Aki und Abdul direkt, wie es ist, in der Haut von Asiye oder Alima zu stecken.

Wenn die zweite Gruppe ihre Ausbildung mit der feierlichen Übergabe eines Zertifikates beendet hat, werden insgesamt zwölf junge Helden zwischen 17 und 21 Jahren dabei sein. Deniz erinnert sich an seinen Start. Seine Mutter machte ihn auf das Projekt aufmerksam. Er unterhielt sich ein paar Mal ausführlich mit Ahmad und Yilmaz und brachte dann nach und nach die anderen Jungs mit. „Meine Familie und meine Freunde stehen hinter mir und unterstützen mich", sagt er, „und wenn der eine oder andere mal komisch reagiert, stört mich das nicht". Er weiß, er kann die Jugendlichen nicht in drei Stunden ändern, aber für ihn ist es schon ein Erfolgserlebnis, wenn es ihm gelingt, sie zum Nachdenken zu bringen – wenn auch manchmal nur für einen Nachmittag. Das ist auch der Grund, warum er immer noch dabei ist.

Regina Friedrich, *Goethe-Institut*

Checkliste für einen Zeitungsartikel	Erledigt
1 Ich habe das richtige Format benutzt.	
• Mein Text hat eine Schlagzeile/Überschrift, die Interesse weckt und das Thema nennt.	☐
• Ich habe den Namen oder die Initialen des Journalisten entweder am Anfang oder am Schluss angegeben.	☐
• Ich habe formale Elemente eines Zeitungsartikels benutzt, z. B. Abschnitte, Zwischenüberschriften, Spalten, Datum, Fotos.	☐
2 Der Ton, die Wortwahl und die Grammatik sind durchgehend angemessen.	
• Der Ton ist sachlich und informativ, falls relevant, kann der Leser aber auch angesprochen werden.	☐
• Die Wortwahl ist dem Themenbereich angepasst.	☐
• Es gibt keine persönlichen Meinungen oder Gefühle.	☐
3 Der Aufbau meines Artikels ist angemessen und logisch.	
• Mein Text hat einen Einführungsabschnitt, der einen Überblick über das Thema bzw. eine Zusammenfassung der wichtigsten Elemente enthält.	☐
• Der Inhalt ist durchgehend themenrelevant.	☐
• Der Inhalt ist logisch aufgebaut und aufgeteilt.	☐
• Am Schluss wird das Thema zusammengefasst, eventuell mit Lösungsvorschlägen oder weiterleitenden Fragen.	☐
4 In meinem Artikel sind die Textelemente gut miteinander verknüpft.	
• Ich habe passende Mittel benutzt, um die Verbindungen in und zwischen den Absätzen zu verstärken.	☐
• Meine Pronomen (z. B. *es*, *sie*, *das*, *diese*) sind richtig.	☐
• Ich habe Konjunktionen (z. B. *denn*, *wenn*, *sodass*) und Adverbien (z. B. *allerdings*, *deshalb*, *trotzdem*) benutzt.	☐
5 Mein Text ist interessant zu lesen und überzeugend.	
• Ich habe (falls vorhanden) interessante Fakten, Statistiken und Hintergrundinformationen genannt.	☐
• Ich habe Aussagen von Experten bzw. Beteiligten integriert und sie direkt oder indirekt zitiert.	☐
• Ich habe Einzelfälle zitiert und Beispiele genannt, um allgemeine Thesen zu untermauern.	☐

11 Blog (professionell)

Oben sahen Sie ein Beispiel zu einem persönlichen **Blog** (unter „1 Blogeintrag/Forumsbeitrag").
Als weiteres Beispiel zu Texten für Massenmedien sehen Sie hier einen Blog aus der Profi-Blogger-Gemeinde.
Es handelt sich um einen Auszug aus einem alternativen **Reiseführer** (auch eine *IB*-Textsorte).

REISEBLOG
22PLACES   Über unsOnline-Fotokurs   Reise   Fotografie   Videos

Was kann man in Hamburg machen? Unsere 7 Insider-Tipps für Hamburg

Von Sebastian & Jenny

• pinnen   • teilen   • twittern

SCHÖN, DASS DU HIER BIST!

Wir sind Jenny & Sebastian und bis über beide Ohren verliebt in die Fotografie und das Reisen! Vor zwei Jahren haben wir unsere Leidenschaften zum Beruf gemacht und leben unseren Traum! 365 Tage im Jahr sind wir mit unseren Kameras in der Welt unterwegs! Unser Ziel: die 22 schönsten Orte der Welt zu finden.

Auf unserem Reiseblog teilen wir unsere besten Reisetipps und Fototipps mir dir und in unserem *Online-Fotokurs* zeigen wir dir, wie du ganz einfach herausragende Fotos machen kannst.

Hamburg ist die schönste Stadt der Welt! Das behaupten zumindest die Hamburger. So ganz können wir das nicht bestätigen, aber Hamburg ist definitiv eine sehr schöne und lebenswerte Stadt.

Wir sind immer wieder gerne in Hamburg und möchten nun endlich mal die Gelegenheit nutzen, unsere Hamburg-Tipps mit dir zu teilen.

Was kann man in Hamburg machen?

Das typische Programm eines Hamburg-Besuchers besteht aus dem Hamburger Hafen, einem Spaziergang durch die Innenstadt, dem Besuch eines Musicals und einem Absacker auf der Reeperbahn.

Das ist auch alles schön und gut. Jeder sollte das mal gemacht haben. Hamburg hat aber noch einiges mehr zu bieten. In unserem Artikel stellen wir dir also nicht nur die üblichen Hamburg-Tipps vor, sondern zeigen dir auch immer einen alternativen Insider-Tipp.

#2 Bekanntes Musical vs. Reeperbahn-Musical

Hamburg ist mittlerweile so was wie die Musical-Hauptstadt Deutschlands. Viele Besucher kommen sogar extra nur für einen Musical-Besuch nach Hamburg.

Standard-Tipp: König der Löwen & Co.

Wenn du Musicals magst, dann ist Hamburg deine Stadt. Seit vielen Jahren wird am Hamburger Hafen *Der König der Löwen* aufgeführt. Wir waren dort natürlich auch und es ist wirklich sehr schön gemacht. Leider sind die Preise für die Musicals wirklich gepfeffert.

Ganz neu gibt es direkt nebenan das Musical *Das Wunder von Bern*, das auch noch auf unserer Liste steht.

Welche Musicals noch gerade in Hamburg stattfinden, findest du hier.

Insider-Tipp: Heiße Ecke – Das St. Pauli Musical

Heiße Ecke wird nicht selten als das beste Musical Hamburgs bezeichnet und das absolut zu Recht. Im Theater *Schmidt Tivoli* direkt auf der Reeperbahn wird seit vielen Jahren die Geschichte einer Nacht an der Currywurstbude Heiße Ecke erzählt.

Es geht um die verlorenen Gestalten, die auf der Reeperbahn herumturnen und die kleinen Geschichten einer ganz normalen Nacht auf dem Hamburger Kiez.

Infos zu Tickets und Spielzeiten findest du hier: Webseite vom Schmidt Tivoli.

Verrate uns deine Hamburg-Tipps – Was kann man in Hamburg machen?

So, das waren unsere Tipps für Hamburg. Natürlich ist das noch lange nicht alles, was Hamburg zu bieten hat. Deshalb fragen wir dich: Was kann man in Hamburg machen? Hast du auch Insider-Tipps für uns? Wir freuen uns über deinen Kommentar!

Zwei großartige Musicals im Hamburger Hafen: Das Wunder von Bern und Der König der Löwen

www.22places.de

Checkliste für einen professionellen Blogeintrag	Erledigt
1 Ich habe das richtige Format benutzt.	
• Mein Blogeintrag hat einen erkennbaren Anfang, Hauptteil und Schluss.	☐
• Ich habe das Datum/den Ort und/oder die Uhrzeit genannt. Sollte ich mehrere Einträge über eine Aktivität schreiben, dann erscheint der Eintrag, den ich zuletzt geschrieben habe, immer zuerst.	☐
2 Der Ton, die Wortwahl und die Grammatik sind durchgehend angemessen.	
• Ich habe den Eintrag in der ersten Person Singular oder Plural verfasst.	☐
• Der Ton ist vorwiegend sachlich, doch es gibt einige umgangssprachliche, aber angemessene Formulierungen.	☐
• Ich habe verschiedene Zeiten benutzt, um über vergangene Erlebnisse und Erfahrungen, momentane Empfindungen und zukünftige Pläne zu schreiben.	☐
• Ich habe Begriffe und Redewendungen verwendet, die Freude, Engagement und Begeisterung über das Thema vermitteln.	☐
3 Mein Blogeintrag ist logisch strukturiert.	
• Ich habe zuerst einen Plan geschrieben.	☐
• Ich habe meinen Eintrag mit einem Aufhänger begonnen: Warum schreibe ich? Was ist der Anlass dafür?	☐
• In jedem Eintrag habe ich mich auf eine oder wenige Aktivitäten oder Eindrücke bezogen.	☐
• Ich habe zukünftige Ereignisse oder Pläne erwähnt.	☐
• Ich habe am Schluss den Leser durch Fragen eingeladen, meine Ansichten zu kommentieren.	☐
4 In meinem Blogeintrag sind die Textelemente gut miteinander verknüpft.	
• Ich habe passende Mittel benutzt, um die Verbindungen in und zwischen den Absätzen zu verstärken (z. B. *so, aus diesem Grund*).	☐
• Meine Pronomen (z. B. *es, sie, das, diese*) sind richtig.	☐
• Ich habe Konjunktionen (z. B. *denn, wenn, obwohl*) und Adverbien (z. B. *deswegen, trotzdem*) benutzt.	☐
5 Mein Blogeintrag weckt Interesse beim Leser bzw. mein Forumsbeitrag trägt neue Aspekte zum Thema bei.	
• Ich habe persönliche Erlebnisse, Erfahrungen und (falls relevant) Anekdoten erwähnt.	☐
• Ich habe Fotos, Grafiken, Hyperlinks eingefügt, wo angebracht.	☐

343

12 Faltblatt/Broschüre

Es gibt eine große Bandbreite an Werbe- und Informationsmaterial wie **Werbezettel, Poster, Flugblätter, Faltblätter, Prospekte, Merkblätter, Broschüren** und anderes mehr. Auf den folgenden Seiten werden lediglich zwei Beispiele mit unterschiedlicher Zielrichtung vorgestellt. Zuerst ein **Informationsblatt** mit Hilfsappell.

Eine Flucht vor Vertreibung, Krieg und Armut ist für jeden Menschen ein großer Einschnitt in sein bisheriges Leben. Flucht stellt Menschen vor ungeheure Herausforderungen.

Herzlich willkommen!

Seit Anfang des Jahres 2015 unterstützen wir deshalb aktiv die Flüchtlingshilfe in Münster und betreuen sowohl Landeseinrichtungen als auch kommunale Unterkünfte.

Münster ist seit Jahren Heimat für Flüchtlinge, doch nie waren es so viele wie zu dieser Zeit. Bereits zu Jahresbeginn 2015 sind die vier Münsteraner Hilfsorganisationen ASB, DRK, Johanniter und Malteser von der Stadt Münster und vom Land NRW gefragt worden, ob sie die Flüchtlingshilfe unterstützen können. Seitdem sind die vier Hilfsorganisationen aktiv und betreuen sowohl in drei Lande-Notunterkünften sowie in kommunalen Einrichtungen mehrere tausend Flüchtlinge.

Wir treuen uns sehr, dass in Münster das Wort „Willkommenskultur" keine Floskel ist und viele Münsteranerinnen und Münsteraner den Menschen, die aus den Krisen- und Kriegsgebieten dieser Welt fliehen, helfen wollen.

So können Sie helfen

Sie haben Fragen, wollen sich engagieren oder etwas spenden?

So helfen wir

- Unterstützung und Begleitung von Flüchtlingen z. B. bei Arztbesuchen oder Behördengängen
- Soziale Betreuung der Flüchtlinge
- Kinderbetreuung
- Sicherung der Gesundheitsversorgung
- Koordination der Ehrenamtsarbeit
- Zusammenarbeit mit der Stadt Münster, dem Land NRW und der örtlichen Polizei

GEMEINSAM FÜR MÜNSTER.

Kontakt Flüchtlingsunterkunft Wartburgschule:
Tel.: 0151 - 64 04 64 61
E-Mail: wartburg@buendnisms.de

Kontakt Flüchtlingsunterkunft York-Kaserne:
Tel.: 0151 - 16 26 96 54
E-Mail: york@buendnisms.de

Kontakt Flüchtlingsunterkunft Oxford-Kaserne:
Tel.: (0251) 97 41 4 - 920
E-Mail: wartburg@buendnisms.de

www.buendnisms.de

Checkliste für eine Broschüre/ein Faltblatt	Erledigt
1 Ich habe das richtige Format benutzt.	
• Meine Broschüre hat eine Überschrift, eine kurze Einleitung, mehrere Abschnitte, die ebenfalls Überschriften haben, und einen Schlussteil.	☐
• Ich habe die Aufmachung als Broschüre berücksichtigt und habe ein klares Layout gewählt, z. B. mehrere Zwischenüberschriften, Fettdruck, Stichpunkte oder Nummerierung.	☐
• Der Gesamteindruck ist formell.	☐
2 Der Ton, die Wortwahl und die Grammatik sind durchgehend angemessen.	
• Der Ton ist sachlich, wenn ich aber kreative oder emotionale Sprache verwendet habe, ist diese angemessen.	☐
• Ich habe Adjektive, Adverbien, rhetorische Fragen und Ausrufe verwendet.	☐
• Ich habe Imperative benutzt, um zur Tat aufzurufen.	☐
• Es gibt keine zu umgangssprachlichen Formulierungen.	☐
3 Meine Broschüre ist logisch strukturiert.	
• Ich habe zuerst einen Plan geschrieben.	☐
• Es gibt eine klare, sinnvolle Entwicklung der Argumente und Ideen.	☐
• Eventuelle Hilfsappelle werden klar und überzeugend dargestellt.	☐
• Ich habe Kontaktinformationen, z. B. Websites und Telefonnummern, angegeben.	☐
4 In meiner Broschüre sind die Textelemente gut miteinander verknüpft.	
• Meine Pronomen (z. B. *es, sie, diese*) sind richtig.	☐
• Ich habe passende Stilmittel benutzt, um Abschnitte miteinander zu verbinden.	☐
• Ich habe Konjunktionen (z. B. *weil, aber, obwohl*) und Adverbien (z. B. *zuerst, deshalb, außerdem*) benutzt, um Zusammenhänge klar darzustellen.	☐

13 Flugblatt/Poster

Es gibt eine große Bandbreite an Werbe- und Informationsmaterial wie **Werbezettel**, **Poster**, **Flugblätter**, **Faltblätter**, **Prospekte**, **Merkblätter**, **Broschüren** und anderes mehr. Als zweites Beispiel sehen Sie hier ein **Flugblatt**, das zudem einige Merkmale von **Postern** aufweist.

Augen auf beim Schoko-Kauf

Kinder-Schokolade? Nein, danke!

Augen auf beim Schoko-Kauf. Denn die Überraschung, die hier oft auf unschuldige Verbraucher wartet, heißt immer wieder: Kinderarbeit. *Utopia* verrät Ihnen, wie Sie Ihren Schoko-Hunger ohne die Zutat „Kinderarbeit" stillen können.

Der größte Teil aller Schokoladenprodukte in Deutschland wird konventionell hergestellt. Der Anteil an fair gehandelter Schokolade liegt nur bei knapp zwei Prozent. Bekannte Markennamen auf der Packung sind kein Garant dafür, dass auf ein Minimum an Sozialstandards geachtet wird.

- Wer Schokolade unbeschwert genießen möchte, sollte **auf Fair-Trade- (und Bio-)Siegel achten**. Kaufen Verbraucher keine Produkte aus ausbeuterischer Kinderarbeit, üben sie damit auch oft Druck aus, anständige Löhne zu zahlen. Bei fair gehandeltem Kakao werden den Lieferanten Mindestabnahmepreise und damit zuverlässige Einkommen garantiert. Außerdem verlangen die Mitglieder der internationalen „Fairtrade Labelling Organizations" (FLO) von den Bauern unter anderem, dass:

  - Kinder, die auf elterlichen Plantagen helfen, zur Schule gehen

  - keine Jugendlichen unter 15 Jahren als Arbeiter angestellt werden

  - Jugendliche unter 18 nicht mit gefährlichen Chemikalien hantieren oder andere gesundheitsschädliche Tätigkeiten ausüben.

- Das Bio-Siegel bedeutet nicht zwingend, dass die Rohstoffe unter fairen Bedingungen produziert wurden. Der **Kauf von Bio-Schokolade ist trotzdem dem von konventioneller vorzuziehen**: Die höheren Preise für Kakaobohnen aus Öko-Anbau – der zum Beispiel den Einsatz von Kunstdünger und Pestiziden verbietet – sind aber eine Basis dafür, dass die Bauern ihre Kinder zur Schule schicken können.

- Sofern sie kein Transfair- oder Bio-Siegel tragen, können Verbraucher **auch bei teuren Edel-Marken nicht ausschließen, dass die Kakaobohnen von Kindern geerntet wurden** – und ebenso wenig, dass die verarbeitete Milch von Kühen aus Massentierhaltung stammt, die zudem noch genmanipuliertes Futter gefressen haben.

- **Mobilisieren Sie Mitleid und Aufregung über Kinderarbeit lieber als Verbrauchermacht**, statt beides – im wahrsten Sinn – weiter in sich hineinzufressen. Unterstützen Sie Sanktionen gegen Firmen, die an gefährlicher Kinderarbeit verdienen, und verstärken Sie eine öffentlich wahrnehmbare Forderung nach „Waren ohne unzulässige Kinderarbeit"!

- Genießen Sie auch fair gehandelte (Bio-)Schokolade im Bewusstsein, dass viel Arbeit darin steckt – und **essen Sie ruhig weiterhin viel davon, damit die Kakaobauern davon profitieren.**

utopia.de

Checkliste für ein Flugblatt/ein Poster	Erledigt
1 Ich habe das richtige Format benutzt.	
• Mein Flugblatt hat eine Überschrift, eine kurze Einleitung, kurze Abschnitte und einen Schlussteil.	☐
• Ich habe die Aufmachung als Broschüre berücksichtigt und habe ein klares Layout gewählt, z. B. mehrere Zwischenüberschriften, Fettdruck, Stichpunkte oder Nummerierung.	☐
• Der Gesamteindruck ist formell.	☐
2 Der Ton, die Wortwahl und die Grammatik sind durchgehend angemessen.	
• Der Ton ist sachlich, wenn ich aber kreative oder emotionale Sprache verwendet habe, ist diese angemessen.	☐
• Ich habe viele Adjektive, Adverbien, rhetorische Fragen und Ausrufe verwendet.	☐
• Ich habe Imperative benutzt, um zur Tat aufzurufen.	☐
• Es gibt keine zu umgangssprachlichen Formulierungen.	☐
• Ich habe vorwiegend kurze Sätze verwendet, um die Aussagekraft zu verstärken.	☐
3 Mein Flugblatt ist logisch strukturiert.	
• Ich habe zuerst einen Plan geschrieben.	☐
• Es gibt eine klare Entwicklung der Argumente und Ideen.	☐
• Ich habe (falls relevant) Kontaktinformationen, z. B. Websites und Telefonnummern, angegeben.	☐
4 In meinem Flugblatt sind die Textelemente gut miteinander verknüpft.	
• Meine Pronomen (z. B. *es, sie, diese*) sind richtig.	☐
• Ich habe passende Stilmittel benutzt, um Abschnitte miteinander zu verbinden.	☐
• Ich habe Konjunktionen (z. B. *weil, aber, obwohl*) und Adverbien (z. B. *zuerst, deshalb, außerdem*) benutzt, um Zusammenhänge klar darzustellen.	☐

14 Interview

Bei einem **Interview** möchten die Leser auch etwas über den Kontext erfahren. Sie müssen daher das Gespräch zumindest durch eine Einleitung mit Hintergrundinformationen ergänzen.

ÖKOLOGIE

„Das grüne Skigebiet – das wäre doch ein Hit!"
Stefan Forster, 43, leitet seit 2007 die Fachstelle Tourismus und nachhaltige Entwicklung im Center da Capricorns in Wergenstein/GR, einem Aussenposten der Zürcher Hochschule für angewandte Wissenschaften. Forster entwickelt unter anderem Konzepte für die Schweizer Naturparks.

Der Bündner Wirtschaftsgeograf und Tourismusexperte Stefan Forster versteht nicht, wieso Schweizer Skiorte nicht konsequenter auf umweltfreundlichen Tourismus setzen.

Der Schweizerische Beobachter: Hätte grüner Tourismus eine Chance? Wie gross ist das Segment der Leute, die Vorbehalte gegen das „Immer mehr" im Skitourismus haben?

Forster: Die Konsumforschung spricht von „lifestyle of health and sustainability" (Lebensstil der Gesundheit und Nachhaltigkeit), von den sogenannten Lohas. Man schätzt, dass sich über 30 Prozent der Kunden damit identifizieren. Das sieht man zum Beispiel im Detailhandel, der Biomarkt boomt, die Leute achten auf Qualität und nachhaltige Produktionsweisen. Hier hat der Tourismus noch Nachholbedarf.

Beobachter: Was raten Sie da kleineren Skigebieten?

Forster: Mich wundert, dass noch niemand auf ein Öko-Skigebiet setzt. Das wäre doch ein Hit: das grüne, klimaneutrale Skigebiet – eine gute Positionierung im Markt. Es gibt Ansätze dazu. Ein Projekt, an dem wir beteiligt sind, ist zum Beispiel der weltweit erste Solarskilift in Tenna im Safiental, ein einfacher, kleiner Skilift, der national Beachtung findet.

Beobachter: Gibt's weitere gute Beispiele?

Forster: Das Schatzalp-Strela-Skigebiet in Davos, dort setzen sie konsequent auf Entschleunigung. Angesprochen werden Leute, die genug vom Rummel haben. Das Gebiet verzichtet auch bewusst auf künstliche Beschneiung und wirbt mit Naturschnee.

Beobachter: Aber es gibt viele kleinere Stationen, die langfristig nicht mehr schneesicher sind. Sollen die sich ganz vom Wintertourismus verabschieden?

Forster: Wenn der Sommertourismus keine Option ist und auch sonst keine Nische gefunden werden kann: ja. Dann muss man sich mit dem Rückbau solcher Gebiete auseinandersetzen. Diese Entwicklung läuft bereits. Am Gschwender Horn im Allgäu wurde vor ein paar Jahren ein Skigebiet komplett aufgelöst. Dann geht es allerdings auch um die Frage, wer den Abbau der Anlagen bezahlen soll.

Beobachter: Wenn aber die ganze regionale Wertschöpfung am Tropf des Skigebiets hängt: trotzdem abbauen?

Forster: Ja. Auch wenn das schwierig ist, für die Regionalentwicklung gar fatal. Es trifft Gebiete in Randregionen, und man wird nicht alle retten können.

Beobachter: Viele versuchen stattdessen, das Sommergeschäft anzukurbeln – mit Aussichtsplattformen, Hängebrücken, Hüpfburgen. Ist das der richtige Weg?

Forster: Der Kampf um Aufmerksamkeit ist gross. Doch ich halte es langfristig für den falschen Weg, nur auf Spektakel zu setzen. Viele Leute suchen vermehrt Ruhe, Natur, Besinnung und keine Effekthascherei.

Beobachter: Lässt sich mit „Besinnlichkeit" denn Geld verdienen?

Forster: Ja, obwohl die grosse Wertschöpfung natürlich weiterhin mit dem Wintergeschäft gemacht wird. Der Sommer bietet im Segment des naturnahen Tourismus Wachstumspotential. Allerdings nicht als Alternativmodell zum Winter, aber mit dem Sommergeschäft kann man verlorene Anteile des Winters wettmachen. Sehen Sie doch nur, wie das Outdoorgeschäft boomt, Wandern ist in. Zwei Millionen Menschen in der Schweiz wandern und geben dafür fast zwei Milliarden Franken im Jahr aus.

Beobachter: Was hat der Seilbahnbetrieb davon?

Forster: Das Bild des asketischen Rote-Socken-Wanderers ist überholt. Heute gehen auch viele junge Leute, die Geld haben und es auch gern ausgeben, in die Berge. Das erhöht die Frequenz am Berg und die Übernachtungszahlen. Weitwanderwege wie die Via Spluga machen heute schon eine Million Franken Umsatz pro Jahr. Das ist ein interessanter Wachstumsmarkt.

Daniel Benz und Birthe Homann, *Beobachter*

Checkliste für ein Interview	Erledigt
1 Ich habe das richtige Format benutzt.	
• Es gibt immer abwechselnd Fragen und Antworten.	☐
• Mein Interview hat eine Einleitung, einen Hauptteil und einen Schluss.	☐
• Am Anfang gibt es kurze biografische Angaben zur interviewten Person.	☐
• Sollte mein Interview in einer Zeitung oder Zeitschrift veröffentlicht werden, hat es auch eine aussagekräftige Überschrift.	☐
2 Der Ton, die Wortwahl und die Grammatik sind durchgehend angemessen.	
• Der Ton ist vorwiegend sachlich, aber freundlich.	☐
• Ich habe gesprochene Sprache verwendet, aber auf korrekte Rechtschreibung geachtet.	☐
• Ich habe über mich selbst in der ersten Person Singular gesprochen und habe mein Gegenüber mit der Höflichkeitsform *Sie* angesprochen.	☐
• Beide Interviewpartner verwenden einen respektvollen Ton.	☐
• Wenn angemessen, habe ich auch Humor mit in die Unterhaltung einfließen lassen.	☐
• Ich habe verschiedene Zeiten benutzt, um vergangene Erlebnisse, gegenwärtige Aspekte und zukünftige Pläne anzusprechen.	☐
3 Mein Interview ist logisch strukturiert.	
• Mein Interview beginnt mit einem Aufhänger: Was ist der Anlass? Oder wer ist die interviewte Person?	☐
• Die Fragen des Interviewers sind angemessen und interessant.	☐
• Die Antworten beziehen sich klar auf die gestellten Fragen.	☐
• Wenn angemessen, gibt es Zusatzfragen nach den Antworten.	☐
• Mein Interview hat einen klaren Schluss, z. B. eine abschließende Frage nach zukünftigen Ereignissen, oder der Interviewer bedankt sich.	☐
4 In meinem Interview sind die Textelemente gut miteinander verknüpft.	
• Ich habe passende Mittel benutzt, um die Verbindungen in und zwischen den Absätzen zu verstärken (z. B. als Folge davon, aus diesem Grund).	☐
• Meine Pronomen (z. B. *es*, *sie*, *das*, *diese*) sind richtig.	☐
• Ich habe Konjunktionen und Adverbien benutzt.	☐
5 Mein Interview weckt Interesse beim Leser.	
• Ich habe persönliche Erlebnisse, oder Anekdoten der Person erwähnt.	☐
• Abhängig vom Anlass des Interviews werden persönliche Meinungen und Sichtweisen ausgedrückt, verteidigt oder infrage gestellt.	☐

15 Zeitungsbericht

Ein **Zeitungsbericht** ist eine Mischung aus **Bericht** (siehe unter „8 Bericht") und **Zeitungsartikel** (siehe unter „10 Zeitungsartikel") und enthält deswegen Elemente von beiden Textsorten.

73-Jähriger mit Herzinfarkt – Frau nutzt Notfall für Einbruch aus

Peter Bandermann

Dortmund. Während Rettungskräfte einen 73-Jährigen behandeln, bricht eine Frau in das Haus des Patienten ein. Die Ehefrau bemerkt den Einbruch.

Bei einem Rettungsdienst-Einsatz am Samstag in Körne nutzte eine fremde Frau den freien Zugang in eine Wohnung eines Mehrfamilienhauses an der Sennestraße in Dortmund, um aus dem Schlafzimmer eines Ehepaares einen Schmuckkoffer zu stehlen. Die Ehefrau des 73-jährigen Herzinfarkt-Patienten bemerkte die Tat.

Vorläufig festgenommen wurde eine 1971 in Dortmund geborene Frau. Sie ist der Polizei bereits als Straftäterin bekannt. Gegen 16.30 Uhr fuhren Rettungsdienst und Notarzt vor. Schnell kam der Verdacht auf einen Herzinfarkt auf, sodass der 73-jährige Mieter in ein Krankenhaus eingeliefert werden musste.

„Mein Mann wurde durchs Treppenhaus hinab auf die Straße in den Rettungswagen getragen. Ich bin hinterher und habe die Wohnungstür aufgelassen. In dem ganzen Trubel ist dann die Diebin im Haus verschwunden", erinnerte sich die Ehefrau (70).

Maximale Aufmerksamkeit galt dem Patienten

Eine offene Haustür und der freie Zugang zur Wohnung eines Herzinfarkt-Patienten – was für Notarzt und den Mieter lebenswichtig war, nutzte die verdächtige Frau schamlos aus: Wissend, dass die maximale Aufmerksamkeit dem Patienten galt, erkannte sie in diesem Moment eine für sie günstige Tatgelegenheit und ging ins Schlafzimmer, um den Schmuckkoffer an sich zu nehmen.

Die Ehefrau: „Ich bin zurück in die Wohnung. In der Diele stand diese Frau dann vor mir." Dann folgte ein kurzes Gerangel. Die Fremde konnte sich losreißen und das Haus verlassen. Beinahe wäre die Mieterin dabei die Treppe hinuntergefallen. Sie lief auf die Straße und rief um Hilfe – der Rettungsdienst stellte die Tatverdächtige und alarmierte per Funk die Polizei. Der Kommentar der 70-Jährigen: „Uns in solch einer Situation bestehlen zu wollen, das war heftig." Andreas Pisarski von der Feuerwehr: „Für uns ist das ein ganz neuer Tatablauf."

Weitere Aussagen sind wichtig

„Das ist äußerst grenzwertig. Wir müssen jetzt klären, ob die Tatverdächtige spontan gehandelt hat oder ob das eine Masche ist", sagte dazu Polizeisprecherin Dana Seketa. Auch die Aussagen weiterer Zeugen dürften für die Polizei wichtig sein. Nachbarn hatten die Tatverdächtige, die mit einem Fahrrad vorgefahren war, ebenfalls beobachtet. Bei der Tat handelt es sich nicht um einen klassischen Einbruch, für den die Täter Gewalt anwenden müssen, um ein Fenster oder eine Tür öffnen zu können.

Westfälische Rundschau

Checkliste für einen Zeitungsbericht	Erledigt
1 Ich habe das richtige Format benutzt.	
• Mein Text hat eine Schlagzeile, die Interesse weckt und das Thema nennt.	☐
• Ich habe den Namen oder die Initialen des Journalisten entweder am Anfang oder am Schluss angegeben.	☐
• Ich habe formale Elemente eines Zeitungsberichtes benutzt, z. B. Abschnitte, Spalten, Datum, Fotos.	☐
2 Der Ton, die Wortwahl und die Grammatik sind durchgehend angemessen.	
• Ich habe genaue Details des Geschehens, des Handlungsortes und der Beteiligten angegeben.	☐
• Meine Sprache ist anschaulich und informativ.	☐
• Ich habe für die Geschehnisse das Präteritum verwendet.	☐
• Ich habe Interviewaussagen von Augenzeugen oder Experten benutzt.	☐
3 Der Aufbau meines Berichtes ist logisch.	
• Mein Text hat einen Einführungsabschnitt, der die fünf Fragen wer, was, wann, wo und warum anspricht.	☐
• Ich habe mich auf die Tatsachen konzentriert, ohne persönliche Meinungen oder Gefühle.	☐
• Die Ereignisse werden chronologisch dargestellt.	☐
• Ich habe mit einem Ausblick oder Lösungsvorschlag geendet.	☐
4 In meinem Artikel sind die Textelemente gut miteinander verknüpft.	
• Ich habe passende Mittel benutzt, um die Verbindungen in und zwischen den Absätzen zu verstärken.	☐
• Meine Pronomen (z. B. *es*, *sie*, *das*, *diese*) sind richtig.	☐
• Ich habe Konjunktionen (z. B. *denn*, *wenn*, *sodass*) und Adverbien (z. B. *allerdings*, *deshalb*, *trotzdem*) benutzt.	☐
5 Mein Text ist interessant zu lesen und überzeugend.	
• Ich habe interessante Fakten, Zitate und Hintergrundinformationen genannt.	☐
• Wenn angemessen, habe ich Statistiken und Beispiele verwendet.	☐

16 Kolumne/Leitartikel

Die *IB*-Textsorte **Kolumne/Leitartikel** umfasst verschiedene Textsorten. Ein **Leitartikel** bringt die Meinung eines Redakteurs oder der Redaktion zum Zeitgeschehen zum Ausdruck. Eine **Kolumne** gibt eher die persönliche Meinung eines Journalisten wieder und erscheint manchmal unter der Rubrik „Meinung" oder „Kommentar". Vor allem muss klar erkennbar sein, dass es sich um eine Stellungnahme zu einem Thema handelt.

Paradise Lost? Warum der Tourismus an seine Grenzen stößt

Die Toleranz gegenüber dem Massentourismus hat ihr Ende am überlaufenen Mittelmeer. Daran sind die Gäste selbst schuld. Und vor allem die lokale Politik.

Diesen Sommer wurde eine Schmerzgrenze überschritten. In Barcelona schlitzen Einwohner die Reifen eines Touristenbusses auf. In Venedig ziehen Protestmärsche gegen die Kreuzfahrtdampfer durch die engen Gassen. Auf Capri überlegt man ernsthaft einen Numerus clausus für die Besuchermassen. In Palma de Mallorca tauchen anklagende Graffiti auf den Hauswänden auf. „Tourism kills the city". Wie konnte es so weit kommen, dass die Menschen in diesen Reisezielen die Hand, die sie füttert, als ihren Feind betrachten?

Die Dosis macht das Gift. Und die war in den vergangenen Jahren zu hoch. Die Gewalt werde vor allem durch „dieses Modell des Massentourismus erzeugt", sagten die Aktivisten der katalanischen Protestorganisation Arran, nachdem sie die Reifen vor den Augen verschüchterter Touristen zerschlitzt hatten. Nicht der Tourismus per se bringt die Städte um, sollte man den spanischen Sprayern antworten. Es ist die Art des Raubbaus, der mit Sonne, Strand und Meer betrieben wurde. „Dieses Modell des Massentourismus" wird vom spanischen Regierungschef, Mariano Rajoy, nämlich gelobt. Seine kleine touristische Wirtschaftslokomotive war nicht unmaßgeblich daran beteiligt, dass das von der Krise gebeutelte Land einen neuen Aufschwung vorzeigen kann. Kritische Stimmen wurden angesichts von frischem Geld und Arbeitsplätzen gern überhört. Auf die Proteste, die nun mit brachialen Methoden erfolgen, reagiert Rajoy wenig diplomatisch: Ihm zufolge handelt es sich dabei nur um ein paar Extremisten.

Weder die harten Worte des Regierungschefs noch die radikalen Aktionen der Jugendlichen tun Spanien etwas Gutes. Was Barcelona und andere überlaufene Städte brauchen, ist eine ehrliche Kosten-Nutzen-Analyse. Links steht die Frage: Wie sehr will die Stadt von der steigenden Zahl an Städtereisen, Kreuzfahrten, Airbnb-Gästen und der Angst im arabischen Raum profitieren? Rechts muss die Gegenfrage lauten: Wie weit nimmt sie die steigenden Grundstücks- und Mietpreise, die Gentrifizierung der Altstädte,

die Verschmutzung und die nicht immer feinen Manieren der Gäste in Kauf? Nur die Vorteile von links gibt es nicht. So ehrlich müssen die Profiteure des Wirtschaftsbooms sein.

Betrachtet man nur die Fakten, klingt der Fall lösbar. Sobald aufgeschlitzte Reifen, Hass-Graffiti und Demos dazukommen, wird es schwierig. Dass sich die Welttourismusorganisation jüngst einschalten und von den Städten ein nachhaltiges touristisches Wachstum einfordern musste, ist ein Armutszeugnis. Die lokalen Behörden hätten absehen können, dass das Gleichgewicht bei 50.000 Venezianern auf 20 Millionen Besucher, die die Kreuzfahrtschiffe und Busse pro Jahr ausspucken, nachhaltig gestört ist. Oder dass Barcelonas Tausende illegale Airbnb-Wohnungen die Bevölkerung aufbringen werden.

Die Angst, dass sich die Einheimischen gegen ihre Einnahmequelle wenden und Sympathie in Feindseligkeit umschlägt, ist alt. Auch in Österreich. Als Felix Mitterer Anfang der 1990er-Jahre die Hassliebe zwischen deutschen Touristen und ihren Tiroler Gastgebern in der „Piefke-Saga" porträtierte, waren beide Seiten beleidigt. Der Aufschrei wäre wohl nicht so groß gewesen, hätten sie sich in ihrem gegenseitigen Abhängigkeitsverhältnis nicht im Kern wiedererkannt. Es ist Aufgabe von Veranstaltern und Politik, dass aus der Satire kein Ernst wird. In der Tiroler Region Wilder Kaiser ist man daher beispielsweise vorsichtig geworden. Dort, wo die perfekt vermarktete „Bergdoktor"-Serie den Sommertourismus beflügelte, sprach man sich im Voraus gegen Massentourismus aus. Steigende Immobilienpreise und verstopfte Dorfstraßen will hier keiner.

Der Tourismus muss, egal, ob er Geld ins Tiroler Unterland oder nach Barcelona bringt, im sozial verträglichen Rahmen gehalten werden. Das ist Aufgabe von Politik, Hoteliers und Tourismusvereinen. Genauso muss aber der Gast dazu beitragen, dass die Situation nicht eskaliert. Wieso sollte er halb nackt und betrunken am Mittelmeerstrand randalieren, wenn ihm so ein Verhalten zu Hause nie in den Sinn käme? Jedem Touristen muss klar sein: Im Zimmer mit Meerblick ist nicht die grenzenlose Toleranz der Bevölkerung inkludiert.

Antonia Löffler, *Die Presse*

Checkliste für eine Kolumne/einen Leitartikel	Erledigt
1 Ich habe das richtige Format benutzt.	
• Ich habe eine Einleitung, einen Hauptteil und einen Schluss.	☐
• Ich habe den Text klar in Absätze gegliedert.	☐
2 Der Ton, die Wortwahl und die Grammatik sind durchgehend angemessen.	
• Der Ton ist sachlich, wenn ich aber kreative oder emotionale Sprache verwendet habe, ist diese angemessen.	☐
• Die Wortwahl ist einheitlich und formell, ohne umgangssprachliche Formulierungen.	☐
• Ich habe vollständige Sätze benutzt, keine Ausrufe oder Halbsätze.	☐
3 Mein Text ist logisch strukturiert.	
• Ich habe zuerst einen Plan geschrieben.	☐
• Es gibt eine klare, sinnvolle Entwicklung der Argumente und Ideen.	☐
• Ich habe klar und konsequent Stellung genommen.	☐
4 Ich habe eine Einleitung geschrieben.	
• Meine Einleitung erklärt das Thema und den Kontext.	☐
• Meine Einleitung erweckt Interesse.	☐
• In meiner Einleitung habe ich keine Argumente entwickelt.	☐
5 Ich habe eine Schlussfolgerung geschrieben.	
• Meine Schlussfolgerung fasst die Ideen zusammen, ohne neue Argumente hinzuzufügen.	☐
• Ich habe in der Schlussfolgerung klar Stellung genommen.	☐
• Meine Schlussfolgerung deutet auf Lösungen, Fragen usw. hin.	☐
6 In meinem Text sind die Textelemente gut miteinander verknüpft.	
• Ich habe passende Mittel benutzt, um die Verbindungen in und zwischen den Absätzen zu verstärken (z. B. *als Folge davon*, *aus diesem Grund*).	☐
• Meine Pronomen (z. B. *es*, *sie*, *das*, *diese*) sind richtig.	☐
• Ich habe Konjunktionen und Adverbien benutzt.	☐
7 Mein Text ist interessant und die Argumente sind überzeugend.	
• Ich habe Beispiele genannt, um die Argumente zu veranschaulichen.	☐
• Ich habe (falls relevant) eine persönliche Anekdote erzählt.	☐
• Ich habe (falls vorhanden) ein paar Statistiken oder Fakten zitiert.	☐

17 Leserbrief an eine Zeitung

Ein **Leserbrief** hat vorwiegend Merkmale eines **formellen Briefs**, aber auch einige Elemente eines **Forumsbeitrags**, wo die eigene Meinung zentrale Bedeutung annimmt. Der folgende Leserbrief bezieht sich auf das Interview unter „14 Interview".

SCHON WIEDER DIE ÖKOS!

Sehr geehrte Frau Schumann,

ich beziehe mich auf Ihr Interview mit dem „Tourismusexperten" in der Freitagsausgabe von letzter Woche und möchte hiermit ein paar Worte im Namen der einfachen Alpendorfbewohner schreiben.

Uns wird andauernd von solchen selbst ernannten Experten vorgepredigt, wie wir unser Leben verbessern sollten. Jetzt sollen wir „nachhaltigen Tourismus" entwickeln. Für wen denn? Für die Dorfbewohner oder nur für eine kleine Elite der Ökobesessenen, die alles besser wissen wollen?

Ich wohne schon mein ganzes Leben lang in einem kleinen Dorf in der Nähe von Garmisch. Da ergibt sich unser erstes Problem – Konkurrenz vom großen Skiurlaubsort. Wir sind trotzdem fast alle im Dorf darauf angewiesen, dass Urlauber auch zu uns kommen. Diese Urlauber wollen Ski fahren, und dafür muss man Schnee anbieten. Wir haben zwar Naturschnee, aber zum Skifahren reicht das vielleicht für zwei Monate im Jahr. Deswegen müssen wir Schneekanonen einsetzen, egal was die Umweltexperten davon halten und egal was ein Ökolehrer denkt. Unsere Existenz hängt davon ab.

Jetzt meint Ihr Experte, wir sollen uns auf Sommertourismus umstellen. Als ob wir nicht jetzt schon alles Mögliche versuchen, Besucher im Sommer anzulocken. Meint er denn, wir sitzen neun Monate herum und warten auf den ersten Schneefall? Wir müssen doch hier um jeden Übernachtungsgast kämpfen.

Es werden im Interview „nachhaltige Alternativen" angepriesen. Aber wer bezahlt diese Umstellung? Wer bezahlt die Werbekampagne, die diese Ökourlauber anlocken soll? Wer bezahlt unsere Pensions- und Gaststättenbetreiber, während sie darauf warten, dass dieses „Wachstumspotenzial" Wirklichkeit wird? Bekommen wir dafür finanzielle Unterstützung vom Land oder Staat? Oder praktische Hilfe? Das glaube ich nicht.

Es mag leicht sein, nachhaltig zu leben, wenn man in einer Stadt wohnt. Wohnt man dagegen auf dem Land, ist so ein nachhaltiges Leben fast unmöglich, besonders wenn man dabei auch seinen Lebensunterhalt verdienen muss. Diese Ökos sollten es mal versuchen, hier draußen im echten „Einklang mit der Natur" ihren Prinzipien zu folgen. Dann wären ihre wohlgemeinten Ideen vielleicht etwas realistischer.

Friedrich Beckmann

Vorsitzender des Gaststättenverbands Oberhammersbach

Checkliste für einen Leserbrief an eine Zeitung	Erledigt
1 Ich habe das richtige Format benutzt.	
• Ich habe eine Grußformel verwendet und richte mich an den Verfasser des Artikels oder an die Redaktion der Zeitung.	☐
• Mein Leserbrief hat eine kurze, aber treffende Überschrift, die einen klaren Bezug zum Thema herstellt.	☐
• Ich habe am Ende des Leserbriefs meinen vollständigen Namen und meinen Wohnort erwähnt.	☐
• Ich habe den Text in eine kurze Einleitung, den Hauptteil und einen Appell an die Leser gegliedert.	☐
• Der Gesamteindruck ist formell.	☐
2 Der Ton, die Wortwahl und die Grammatik sind durchgehend angemessen.	
• Der Ton ist insgesamt sachlich.	☐
• Ich habe ganz klar Stellung für oder gegen das behandelte Thema bezogen.	☐
• Ich habe Lösungsvorschläge gemacht.	☐
• Meine Gefühle kommen zum Ausdruck, z. B. Enttäuschung, Ärger, Begeisterung (*Es ärgert mich, dass …; Ich finde es ganz und gar nicht akzeptabel, dass …; Als ich xy las, war ich zutiefst gerührt*).	☐
• Ich habe, falls relevant, umgangssprachliche Ausdrücke (hier: *Ökos*) oder Kurzformen verwendet, aber allgemein ist die Sprache eher formell und nicht unhöflich.	☐
3 Mein Text ist logisch aufgebaut.	
• Ich habe zuerst einen Plan geschrieben.	☐
• Mein Leserbrief hat eine kurze Einleitung, die die Aufmerksamkeit des Lesers wecken soll und den Bezug zum kommentierten Text herstellt.	☐
• Es gibt eine klare, sinnvolle Entwicklung der Argumente und Ideen.	☐
• Ich habe konkrete Beispiele benutzt oder Statistiken zitiert, um meine Argumente zu unterstreichen.	☐
• Ich habe immer wieder den Bezug zum Originalartikel hergestellt.	☐
• Mein Leserbrief hat einen Schlussteil, der einen Appell an die Leser, Schlussfolgerungen und Forderungen enthält sowie kritische Bemerkungen.	☐
4 In meinem Leserbrief sind die Textelemente gut miteinander verknüpft.	
• Ich habe passende Mittel benutzt, um die Verbindungen in und zwischen den Absätzen zu verstärken.	☐
• Ich habe Konjunktionen (z. B. *weil, wenn, obwohl*) und Adverbien (z. B. *jedoch, deswegen, trotzdem*) benutzt.	☐

18 Rezension

Bei einer **Rezension** handelt es sich normalerweise um eine Buch-, Film- oder Theaterbesprechung, es kann aber auch z. B. um ein Restaurant oder Ähnliches gehen.

Pausenblablablatt

Die Schülerzeitung am Puls der Zeit

Jeden ersten Freitag im Monat

Februar 2020

Seite 7

Filmecke

von Astrid Hörmann

Wollt ihr wissen, was gerade im Kino läuft und ob es sich lohnt, einen Abend vor der Leinwand zu verbringen? Dann lest hier weiter.

Lola rennt

Im Rahmen der „Deutschen Filmwochen" im Kinoplex in der Goetheallee läuft dieser moderne Klassiker des deutschen Films diese und nächste Woche. Der Film ist vor 20 Jahren erschienen, hat aber an Energie nichts verloren.

Eine junge Frau in der Klemme

Sommer in Berlin. Eine Liebesgeschichte. Ein Wettrennen. Ein atemberaubender Thriller. Die Handlung ist nicht unbedingt neu. Lola liebt Manni, Manni verliert 100.000 Mark, Lola muss das Geld auftreiben, sonst droht dem Manni der Tod. Und dafür hat sie nur 20 Minuten Zeit.

Also: Lola rennt ... und rennt ... und rennt. So entsteht ein

Film, in dem es um Liebe und Angst, um Geld, um Zeit und Tod geht.

Das Besondere am Film

Wie kann man eine 20-Minuten-Geschichte in einen Film verwandeln? Und gleichzeitig dem Kinopublikum keine schleppende Handlung anbieten? Indem der Regisseur und Drehbuchautor Tom Tykwer in drei Teilen die Frage „Was wäre wenn ...?" von verschiedenen Seiten in rasantem Tempo zeigt. Die schnellen Szenenschnitte, die Einblendungen, die pulsierende Musik tragen alle dazu bei, ein spannendes Erlebnis zu schaffen. Lola (Franke Potente) verkörpert diesen atemlosen Rhythmus in den Szenen, wo sie über die Leinwand flitzt. Gleichzeitig wird man wiederholt mit der Frage konfrontiert: Kann sie die Zeit besiegen? Wird die Liebe über den Tod siegen? Hier geht es um Entscheidungen, die jeder wiedererkennt, und um die Konsequenzen und Kettenreaktionen, die darauf folgen. Deswegen die Dominosteinchen am Beginn des Films.

Fazit

Die Geschichte ist wohl allen längst bekannt. Natürlich kann man das alles auf DVD oder in Netflix erleben. Aber dabei verliert man an Atemlosigkeit, Energie und Spannung. Im Kino wird man mitgerissen, in die unbändige Dynamik der Handlung mit hineingezogen. Lola rennt – der Film wurde vor 20 Jahren ein Renner. Rennt mal wieder ins Kino!

Checkliste für eine Rezension	Erledigt
1 Ich habe das richtige Format benutzt.	
• Meine Rezension hat eine Einleitung, die kurz auf das Werk eingeht, einen Hauptteil und einen Schluss.	☐
• Ich habe mit dem Titel begonnen und habe dann wichtige Informationen genannt.	☐
2 Der Ton, die Wortwahl und die Grammatik sind durchgehend angemessen.	
• Der Ton ist sachlich und die Rezension wirkt professionell.	☐
• Ich habe ein angemessenes Film-, Buch- oder Theatervokabular benutzt.	☐
• Ich habe klar Stellung zum Film usw. bezogen. Die Leser werden z. B. entweder dazu angeregt, den Film selbst anzuschauen, oder davor gewarnt.	☐
• Ich habe verschiedene Zeitformen benutzt.	☐
3 Meine Rezension ist logisch aufgebaut.	
• Die Rezension ist übersichtlich in verschiedene Absätze aufgeteilt.	☐
• Wichtig: Ich habe das Ende des Films usw. nicht verraten!	☐
• Ich habe einen Handlungsüberblick gegeben (keine Nacherzählung!) und gleichzeitig meine Meinung geäußert.	☐
• Die Rezension endet mit meiner Empfehlung.	☐
4 In meiner Rezension sind die Textelemente gut miteinander verknüpft.	
• Ich habe passende Mittel benutzt, um die Verbindungen in und zwischen den Absätzen zu verstärken.	☐
• Meine Pronomen (z. B. *es, sie, das, diese*) sind richtig.	☐
• Ich habe Konjunktionen (z. B. *denn, wenn, sodass*) und Adverbien (z. B. *allerdings, deshalb, trotzdem*) benutzt.	☐
5 Meine Rezension weckt Interesse beim Leser.	
• Ich habe verschiedene interessante Aspekte des Films usw. erwähnt, z. B. Charaktere und Spezialeffekte.	☐
• Ich habe den Lesern Hintergrundinformationen gegeben.	☐
• Ich habe verschiedene Szenen zusammengefasst oder Stellen zitiert, um den Lesern einen Vorgeschmack zu geben.	☐

19 Rede/Vortrag/Referat

Bei dieser Textsorte handelt es sich um drei Formen, die sehr ähnlich sind, sich aber kontextbedingt voneinander unterscheiden. Eine **Rede** wird in der breiteren Öffentlichkeit gehalten und oft versucht der Redner, das Publikum von seiner Meinung zu überzeugen. Ein **Vortrag** stellt Informationen oder einen Standpunkt dar. Ein **Referat** wird meist im Unterricht gehalten. Hier finden Sie ein Beispiel für eine **Rede**.

Vortrag – Schulversammlung Heilwig-Gymnasium, Mittwoch, 6. September 2020

Liebe Mitschülerinnen, liebe Mitschüler!

Heute wollt ihr also hören, wieso ich mich zu der exotischen und oft missverstandenen Gruppe der Veganer zähle? Ihr könnt mir glauben, dass das nicht immer leicht ist – man wird ausgelacht, für verrückt erklärt und bekommt in der Kantine fast nie etwas Richtiges zu essen.

Aber ich erzähle euch gern etwas mehr über unsere Lebensweise. Vegan zu leben ist nämlich viel mehr als eine private Marotte – in Deutschland gibt es inzwischen mindestens 80.000 Veganer.

Als Veganer stelle ich mir ein paar grundlegende Fragen: Wie steht es mit dem Verhältnis zwischen Mensch und Tier? Wie gehen wir mit den Tieren um bzw. wie sollten wir mit ihnen umgehen? Ja richtig, so gesehen steht die Entscheidung, vegan zu leben im Zusammenhang mit dem Tierschutz. Aber vegan zu leben, bedeutet viel mehr als bloß kein Fleisch zu essen.

Ich habe seit meinem 12. Lebensjahr kein Fleisch, keine Wurst, keinen Fisch und kein Geflügel mehr gegessen. Damals fing ich an, mir Gedanken über die Herkunft, die Geschichte sozusagen, des Brathähnchens auf meinem Teller zu machen. Ich hatte in der Schule einiges über Schlachthöfe und Masttechniken gehört und auch ein Buch über die Fleischverarbeitung in Amerika gelesen. Das waren ganz schreckliche Bilder, die mich dazu brachten zu erkennen, dass dieses Hähnchen einmal gelebt, geatmet und gefühlt hat – so wie ich.

Auf einmal wurde mir klar: Was da auf meinem Teller lag, war einmal ein Lebewesen gewesen, nicht einfach ein „Ding". Fleisch ist kein harmloses Nahrungsprodukt, das mir das Tier freiwillig zur Verfügung stellt. Es ist vielmehr ein Produkt, für das ein Tier gezwungen wird, sein Leben zu geben. Für mich gab es da nur die Konsequenz, mich diesem Kreislauf zu entziehen. Für mich sollte kein Tier mehr getötet werden. Als Verbraucher bin ich nämlich für das verantwortlich, was da in den Schlachthöfen passiert, auch wenn ich mir beim Griff in die Fleischtheke nicht die Finger blutig mache.

Im Laufe der Jahre haben sich diese Gedanken aber noch weiter entwickelt. Ich habe unseren Umgang mit Tieren im Detail analysiert und irgendwann beschlossen, künftig vegan zu leben, also auch auf Milch, Eier, Käse sowie Leder, Wolle und im Tierversuch getestete Kosmetik zu verzichten. Dabei ist klar, dass 100%ige Reinheit natürlich nicht zu erreichen ist: Denkt nur mal an die Medikamente aus der Schulmedizin oder auch pestizidbehandeltes Gemüse – irgendwo steckt da immer ein Tierversuch drin. Aber vegan zu leben bedeutet, soweit wie irgend möglich auf die Nutzung von Tieren und die Verursachung von Leiden zu verzichten. Wer braucht heute schon einen Pelzmantel oder eine Daunenjacke? Wozu Honig essen, wenn es doch Nutella und Marmelade gibt?

In Indien gibt es eine Sekte, in der Mönche einen Mundschutz tragen, damit sie nicht aus Versehen Insekten einatmen, und mit einem Besen vor sich den Weg fegen, um nicht aus Versehen eine Ameise zu zertreten. Das ginge natürlich für unseren Alltag etwas zu weit, aber die Grundhaltung bewundere ich einfach.

Man muss damit nicht Hals über Kopf beginnen. Als erster Schritt reichte es schon, wenn es in der Kantine ab und zu mal ein vegetarisches Gericht mit Tofu oder einen Gemüseeintopf ohne Speck und Wurst gäbe. Wir Menschen sind nämlich, biologisch gesehen, Allesfresser und brauchen kein Fleisch zum Glücklichsein.

Danke fürs Zuhören! Und wenn jemand noch Fragen hat, dann bin ich in der Mittagspause in der Kantine zu finden.

Checkliste für eine Rede/einen Vortrag/ein Referat	Erledigt
1 Meine Rede/Mein Vortrag/Mein Referat spricht mein Publikum an.	
• Ich habe am Anfang eine geeignete Anrede benutzt.	☐
• Ich habe mich für die Gelegenheit bedankt, die Rede usw. halten zu dürfen.	☐
• Ich habe das Publikum mindestens einmal direkt angesprochen.	☐
• Ich habe dem Publikum Gelegenheit gegeben, Fragen zu stellen, oder Kontaktangaben genannt.	☐
• Ich habe den Zuhörern am Schluss gedankt.	☐
2 Der Ton, die Wortwahl und die Grammatik sind durchgehend angemessen.	
• Der Ton meiner Rede usw. ist sachlich.	☐
• Mein Ton hat (wenn für den Kontext relevant) leidenschaftliche Elemente.	☐
• Ich habe (falls relevant) einen klaren Standpunkt vertreten.	☐
• Meine Wortwahl ist einheitlich und meistens formell.	☐
3 Meine Rede/Mein Vortrag/Mein Referat ist logisch aufgebaut.	
• Ich habe zuerst einen Plan geschrieben.	☐
• Meine Rede usw. hat eine interessante Einleitung, die den Anlass erklärt.	☐
• Es gibt eine klare, sinnvolle Entwicklung der Argumente und Ideen.	☐
• Ich habe (falls relevant) Lösungen vorgeschlagen.	☐
• Ich habe (falls relevant) versucht, zu überzeugen bzw. zu überreden.	☐
• Meine Rede usw. hat einen Schluss, der die Ideen zusammenfasst.	☐
• Mein Schluss deutet auf Lösungen, Konsequenzen, Fragen usw. hin.	☐
• Mein Schluss ruft – falls nötig – zur Tat auf.	☐
4 In meiner Rede/usw. sind die Textelemente gut miteinander verknüpft.	
• Ich habe passende Mittel benutzt, um die Verbindungen in und zwischen den Absätzen zu verstärken.	☐
• Meine Pronomen (z. B. *es, sie, das, diese*) sind richtig.	☐
• Ich habe Konjunktionen und Adverbien (z. B. *allerdings, deshalb, trotzdem*) benutzt.	☐
5 Meine Rede/usw. ist interessant und die Argumente sind überzeugend.	
• Ich habe konkrete Beispiele oder persönliche Anekdoten angeführt.	☐
• Ich habe (falls vorhanden) ein paar Statistiken oder Fakten zitiert.	☐
• Ich habe einige dieser rhetorischen Mittel benutzt: eine Frage, eine Bitte, einen Ausruf, einen Vergleich, eine Wiederholung.	☐

Acknowledgements

The authors and publishers acknowledge the following sources of copyright material and are grateful for the permissions granted. While every effort has been made, it has not always been possible to identify the sources of all the material used, or to trace all copyright holders. If any omissions are brought to our notice, we will be happy to include the appropriate acknowledgements on reprinting.

'Typisch deutsch' by Daniela Kurtz, reproduce with the permission of Yaez Verlag GmbH, © Yaez Verlag GmbH; 'Immer diese Ausländer' by Angie Pfeiffer reproduced with the permission of net-Verlag; 'Martin Luther' by Gregor Delvaux de Fenffe, 14/06/2017 © ARD Planet Wissen; 'Geister und Grusel' by Ingo Neumayer, 18/01/2017 © ARD Planet Wissen; Audio 'Martin Luther und die Musik', 12/05/2017 reproduced with the permission of BR media Service GmbH; 'Die Porträts: Menschen mit Migrationshintergrund im öffentlichen Diensts' by Marco Heinen, 18/05/2011 © Die Bundesregierung; 'Die Faust und die Tränen' by Kübra Gümüsay, 15.02.2012, reproduced with the permission of Tageszeitung; 'Lass ma' lesen, yallah!' By Jens Twiehaus reproduced with the permission of Spiegel/DADP; 'Buntes Berlin' by Klaus Martin Höfer, used with the permission of author; 'Eine Liebe, die stärker war als die Mauer' by Antje Hildebrandt, Published on Berliner Morgenpost, 17.10.2009 © Berliner Morgenpost; Audio Young Germany podcast 'Herausforderungen des Lebens zwischen den Kulturen – ein Interview by Sandra Evans', Published in Deutschland, used with the permission of Alexander Fallier © Deutschland; 'Die Liebe zur Currywurst' by Roger Boyes, translated into German by Christiane Wagler, March 2010, Reproduced with the permission of Goethe Institute; 'Aber bitte mit Sahne' by Udo Jürgens, 1976 © Hal Leonard America; extract from *Die Entdeckung der Currywurst* by Uwe Timms, 1993 used with the permission of Verlag Kiepenheuer & Witsch GmbH & Co. KG; 'Weihnachtszauber' by Hannah Illing; 'Wenn im Harz die Hexen tanzen' by Sebastian Stumpf. April 2011, used with the permission of author; 'Weihnachtslied, chemisch gereinigt' by Erich Kästner, reproduced with the permission of Atrium Verlag AG; 'Lost in Translation - Freiwilligendienst in Südkorea' by Therese Koppe, Redaktion und Alltag, www.fluter.de, 30.7.2006; 'GNTM-Aus! Münchnerin Sabine Fischer zieht jetzt nach New York' by Steffen Trunk, 05.05.2017, reproduced with the permission Abendzeitung Digital GmbH & Co. KG; Loriot *Fernsehahend*, from *Loriot: Gesammelte Prosa*, Copyright © 2006 Diogenes Verlag AG Zurich, Switzerland All rights reserved; 'DSDS und Co: Castingshows - Fluch und Segen zugleich', © Frankenpost; 'Eine fast normale Familie' by Peter Zander, Published on Berliner Morgenpost on 2.1.2016 © Berliner Morgenpost; 'Die Lehrer hatten mich aufgegeben interview with Elyas M'Barek by Lars Christiansen, reproduced with the permission of Absolut Karriere; excerpt from *Crazy* by Benjamin Lebert, used with the permission of Verlag Kiepenheuer & Witsch GmbH & Co. KG; 'Klimawandel in der Popmusik' by Thomas Winkler, used with the permission of author; 'Musik zur Integration' by Sabine Doll, 2 December 2015, reproduced with the permission of Weser Kurier; ' 'Reklame' by Ingeborg Bachmann, reproduced with the permission of Bonnier Media © 1978 Piper Verlag GmbH, München; 'Die Macht der Werbung - oder das Märchen vom bösen Wolf' by Ingo Rütten, NEON.de, 09.01.2004; 'Tagebuch eines jugendlichen Facebook-Nutzers Schumpeter BHAK/BHAS 3 CK' Moritz Marouschek, Die Presse, 15.06.11 (Projekt 'Die Presse macht Schule'); 'Wir wissen noch nicht, was in diesen Netzwerken richtig ist' Interview by Regine Bogensberger, Reproduced with the permission of DIE FURCHE; 'Juuuport de gewinnt klicksafe Preis' für Sicherheit im Internet, www.juuuport.de, 23.06.2011; Audio 'Im Netz fängt's oft an', 21.04.201, reproduced with the permission of BR media Service GmbH; extract *Gut gegen Nordwind* by Daniel Glattauer © Deuticke im Paul Zsolnay Verlag Wien 2006; 'Soziale Milieus der Jugendlichen' by Robby Geyer, reproduced with the permission of Bpb.de, © Gesellschaft für Einsteiger; 'Anna: Ich habe nie Haschisch und Alkohol kombiniert' by Rainer Stadler, reproduced with the permission of Sueddeutsche Zeitung Magazin, © 2011; Extract *Die Reise* by Daniel Kehlmann, used with the permission of ROWOHLT VERLAG GmbH; 'Die Internetschule' by Anna Sandner, © Geolino; 'Anna auf Achse' by Frauke Lüpke-Narberhaus reproduced with the permission of Spiegel Online; 'Lieber in der Werkstatt als in der Zelle' by Sophia Liebig, reproduced with the permission of Frankfurter Allgemeine Zeitung GmbH; Smiling sun logo on balloons, reproduced with the permission of Smilingsun © OOA Fonden; 'What is Fair Trade?' By Alina Borowski, schoolyard whispering from the Bruno Lorenzen School in Schleswig, 30.03.201; 'Fair Trade: zwei Fallstudien', Jugend Handelt Fair (previously at www.fair4you-online.de); 'Umwelt' by Unicef, © German Committee for UNICEF; 'Alps under pressure' Text by Adrian Mangold, reproduced with the permission of Tink.ch; Text from the website Alpine Pearls www.alpine-pearls.com; Audio 'Die alpine Perle Ratschings in Suedtirol', reproduced with the permission of Dr. Georg Bayerle; 'Aus einer spontanen Hilfsaktion wird der Verein das Teemobil' by Felix Tenbaum, © EP Books; 'Ein Jahr Wir schaffen das' by Julian Heissler, © ARD-Stations; 'Fahr Mit Mir Den Fluss Hinunter' Words & Music by Knut Kiesewetter © Copyright 2014 NFR-Musikverlag Knut Kiesewetter KG. Peermusic (UK) Limited. All Rights Reserved. International Copyright Secured. Used by permission of Music Sales Limited; 'Ein Leben im Schatten der Reaktortuerme' by Stephanie Händel, Nürnberger Zeitung/www.nordbayern.de, 16.03.2011; Extract from *Die Wolke* by Gudrun Pausewang, reproduced with the permission of Ravensburger Buchverlag Otto Maier GmbH; 'Heroes von Neu-Koelln', Regina Friedrich, February 2010, reproduced with the permission of Goethe-Institute; 'Was kann man in Hamburg machen?' By Jenny, adapted and used with the permission of author © 22places.de; 'Wir helfen! Fluechtlingshilfe', © Gemeinsam für Münster; 'Augen auf beim Schoko-Kauf', June 2010, reproduced with the permission of www.utopia.de; 'Das gruene Skigebiet - das waere doch ein Hit!' By Daniel Benz & Birthe Homann, 2011 reproduced with the permission of Beobachter Online; '73-Jaehriger mit Herzinfarkt - Frau nutzt Notfall fuer Einbruch aus' by Peter Bandermann, 15.02.2017, © Westfaelische Rundschau; 'Paradise Lost? Warum der Tourismus an seine Grenzen stoesst', Antonia Loeffler, reproduced with the permission of Die Press, © Antonia Loffler.

Thanks to the following for permission to reproduce images:

Cover Kathrin Ziegler/Getty Images; **Unit 1** Nick Dolding/Getty Images; DigitalVision/Getty Images; vadimguzhva/Getty Images; Lammeyer/Getty Images; studerga/Getty Images; Foodcollection/Getty Images; TKphotography64/Getty Images; benedek/Getty Images; jemastock/Getty Images; kbeis/Getty Images; Andrei Filippov/Getty Images; Drawkman/Getty Images; Eloku/Getty Images; David Schaffer/Getty Images; RoyFWylam/Getty Images; BravissimoS/Getty Images; Rob Lewine/Getty Images; LittleBee80/Getty Images; repinanatoly/Getty Images; HitToon/Getty Images; Milkos/Getty Images; iara venanzi/Getty Images; Caiaimage/Trevor Adeline/Getty Images; Jupiterimages/Getty Images; Mahatta Multimedia Pvt. Ltd./Getty Images; PHAS/Getty Images; qingwa/Getty Images; hudiemm/Getty Images; sinankocaslan/Getty Images; Roberto Machado Noa/Getty Images; popovaphoto/Getty Images; Rubberball/Erik Isakson/Getty Images; ullstein bild/Getty Images; Deutsche Bank 2008; nevarpp/Getty Images; Peter Cade/Getty Images; esolla/Getty Images; RapidEye/Getty Images; VisualCommunications/Getty Images; Pixaby; Michael Runkel/robertharding/Getty Images; Sean Gallup/Getty Images; Time Life Pictures/Mansell/The LIFE Picture Collection/Getty Images; mediaphotos/Getty Images; Mike Kemp/Getty Images; duncan1890/Getty Images; Bloomberg/Getty Images; John Lund/Getty Images; Rawpixel/Getty Images; Burak Karadem/Getty Images; heliopix/Getty Images; **Unit 2** Adam Berry/Getty Images; JOHN MACDOUGALL/Getty Images; Frank Lukasseck/Getty Images; Wilfried Krecichwost/Getty Images; Ingo Jezierski/Getty Images; Lolo/Getty Images; Joerg Koch/Stringer/Getty Images; Jeff J Mitchell/Getty Images; Three Lions/Getty Images; Bettmann/Getty Images; Patrick PIEL/Getty Images; Thomas Francois/Getty Images; milanfoto/Getty Images; ngaNielsen/Getty Images; bonchan/Getty Images; Juanmonino/Getty Images; mphillips007/Getty Images; travelstock44/LOOK-foto/Getty Images; masaltof/Getty Images; brue/Getty Images; witoldkr1/Getty Images; Allison Michael Orenstein/Getty Images; drbimages/Getty Images; Jamie Garbutt/Getty Images; mangostock/Getty Images; drbimages/Getty Images; Jeff Greenberg/Getty Images; svetikd/Getty Images; StockFood/Getty Images; Andreas Rentz/Getty Images; David Bishop Inc./Getty Images; homydesign/Getty Images; rsester/Getty Images; SStajic/Getty Images; robynmac/Getty Images; Noppasin/Getty Images; 4FR/Getty Images; **Unit 3** shironosov/Getty Images; Newton Daly/Getty Images; GK Hart/Vikki Hart/Getty Images; Sters/Getty Images; tishomir/Shutterstock; Atlantide Phototravel/Getty Images; Anikona/Getty Images; vikif/Getty Images; Franz-Marc Frei/Getty Images; LarsZahnerPhotography/Getty Images; Kateryna Larina/Shutterstock; mountainpix/Shutterstock; raspu/Getty Images; donstock/Getty Images; Hans Lippert/Getty Images; Universal History Archive/Getty Images; Keystone/Getty Images; narvikk/Getty Images; Conny Brock x3; miniloc/Getty Images; helovi/Getty Images; Erik Decamp/Getty Images; Universal History Archive/Getty Images; xPACIFICA/Getty Images; TPG/Getty Images; YinYang/Getty; Jose Fuste Raga/Getty; liouzojan/Getty Images; Wolfgang Kaehler/Getty Images; shironosov/Getty Images; Newton Daly/Getty Images; Zapf/ullstein bild via Getty Images; Peter Bischoff/Getty Images; AndreyPopov/Getty Images; ahavelaar/Getty Images; Florian Ebener/Getty Images; PIKSEL/Getty Images; Frederick M. Brown/Getty Images; amoklv/Getty Images; Yuri Arcurs/Getty Images; laki19851/Getty Images; Bettmann/Getty Images; Matelly/Getty Images; WireImage/Getty Images; United Archives GmbH/Alamy Stock Photo; Wavebreakmedia/Getty Images; Frank Hoensch/Getty Images; Frank Hoensch/Getty Images; Ahmed Shaker/Getty Images; Kristen McKeithan/Getty Images; Andrew Benge/Getty Images; Daly and Newton/Getty Images; seksan Mongkhonkhamsao/Getty Images; Moxie Productions/Getty Images; Alex Doubovitsky/Getty Images; ullstein bild/Getty Images; Mara360/Getty Images; Cecile Lavabre/Getty Images; **Unit 4** Henrik Sorensen/Getty Images; PeopleImages/Getty Images; Westend61/Getty Images; imtmphoto/Getty Images; ComSource; Compassionate Eye Foundation/Rob Daly/OJO Images Ltd/Getty Images; KatarzynaBialasiewicz/Getty Images; Julijah/Getty Images; filadendron/Getty Images; Luis Alvarez/Getty Images; Hero Images/Getty Images; monkeybusinessimages/Getty Images; Westend61/Getty Images; Zorah/Getty Images; venusphoto/Getty Images; seb_ra/Getty Images; Grant Faint/Getty Images; Tara Moore/Getty Images; Tim Robberts/Getty Images; Halfpoint/Getty Images; Image Source/Getty Images; Tom Robberts/Getty Images; Tim Robberts/Getty Images; Terry Vine/Getty Images; Anna Bizon/Getty Images; Maskot/Getty Images; Heritage Images/Getty Images; Grafissimo/Getty Images; David Schaffer/Getty Images; Ollyy/Shutterstock; Stiftung Aktive Bürgerschaft; Hero Images/Getty Images; Studio One-One/Getty Images; Fuse/Getty Images; Matthew Williams-Ellis/robertharding/Getty Images; Hero Images/Getty Images; WLADIMIR BULGAR/SCIENCE PHOTO LIBRARY/Getty Images; Glow Images, Inc/Getty Images; maskot/Getty Images; Ann-Marie Miller/Getty Images; Joerg Koch/Getty Images; Hans Blossey/Getty Images; Gisela Rentsch/Getty Images; Westend61/Getty Images; Areil Skelley/Getty Images; **Unit 5** woraput/Getty Images; Peter Dazeley/Getty Images; ADRIAN DENNIS/AFP/Getty Images; Image Source/Getty Images; VCG/Getty Images; leonori/Getty Images; Dan Dalton/Getty Images; Bloomberg/Getty Images; Lazi & Mellenthin/Getty Images; AndreyGorulko/Getty Images; Taek-sang Jeong/Getty Images; Nick Fitzhardinge/Getty Images; xxlphoto/Getty Images; Pierre Longnu/Getty Images; Chase Dekker Wild-Life Images/Getty Images; fhr/Getty Images; Bundesumweltministerium, 2014; Buddy Mays/Getty Images; Werner Pallentin/Getty Images; John Elk III/Getty Images; Kisa_Markiza/Getty Images; James Strachan/Getty Images; David Clapp/Getty Images; Marco Di Lauro/Getty Images; Michael Trammer/Pacific Press/LightRocket via Getty Images; DIMITAR DILKOFF/Getty Images; RENE GOMOLJ/Getty Images; StefanieDegner/Getty Images; AFP/Getty Images; © Schwarwel – AMG Leipzig GmbH; AFP/Getty Images; querbeet/Getty Images; PETER HARRISON/Getty Images; © Schwarwel – AMG Leipzig GmbH; **Unit 6** Marcel ter Bekke/Getty Images; Timofey Zadvornov/Getty Images; Rafael Dols/Getty Images; FooTToo/Getty Images; Alen-D/Getty Images; Jean-Pierre Lescourret/Getty Images; Rosemary Calvert/Getty Images; Oliver Lang; Photo 12/Alamy Stock Photo